5. A Ditadura Acabada

Elio Gaspari

5. A Ditadura Acabada

Copyright © 2016 by Elio Gaspari

PREPARAÇÃO
Kathia Ferreira

REVISÃO
Eduardo Carneiro
Vania Santiago

PESQUISA ICONOGRÁFICA
Porviroscópio Projetos e Conteúdos
Coordenador: Vladimir Sacchetta

PESQUISA
Paula Sacchetta
Vinícius de Melo Justo

CHECAGEM DO EPÍLOGO
Rosana Agrella da Silveira

CAPA E PROJETO GRÁFICO
Victor Burton

DIAGRAMAÇÃO
Adriana Moreno

TRATAMENTOS DE IMAGENS
Anderson Junqueira
ô de casa

ÍNDICE REMISSIVO
Gabriella Russano

Visite o site www.arquivosdaditadura.com.br

CIP-BRASIL. CATALOGAÇÃO NA PUBLICAÇÃO
SINDICATO NACIONAL DOS EDITORES DE LIVROS, RJ

G232d
v. 5

Gaspari, Elio, 1944-
    A ditadura acabada / Elio Gaspari. – 1ª ed. - Rio de Janeiro: Intrínseca, 2016.
    16x23 cm.

    Sequência de: A ditadura encurralada
    Apêndice
    Inclui bibliografia e índice
    Inclui encartes com fotos
    ISBN 978-85-8057-915-4

    1. Ditadura - Brasil. 2. Perseguição política - Brasil. 3. Tortura - Brasil. 4. Brasil - Política e governo - 1974-1979. I. Título.

16-29940   CDD: 981.063
                              CDU: 94 (81)

[2016]
Todos os direitos desta edição reservados à
EDITORA INTRÍNSECA LTDA.
Rua Marquês de São Vicente, 99, 3º andar
22451-041 – Gávea
Rio de Janeiro – RJ
Tel./Fax: (21) 3206-7400
www.intrinseca.com.br

Para Ibrahim Sued

Sumário

9	Abreviaturas e siglas
13	Introdução
19	**Parte I Geisel ganhou todas**
21	Uma nova divisão
35	O fator Jimmy Carter
39	Lula, o metalúrgico
47	Sete dias de maio
59	A costura de Petrônio
65	A missa de Geisel
71	O "futuro presidente"
77	A máquina de Figueiredo
83	A anistia
93	Maluf derrota dois presidentes
97	A demolição de Euler
109	O ronco da "tigrada"
117	O mar de lama
123	O vencedor
133	**Parte II A explosão da economia**
135	O ministério "dialético"
141	Vila Euclides
147	Teerã e Washington
157	Um novo país
181	**Parte III A explosão do Planalto**
183	Bombas na rua

195	Riocentro
215	Baumgarten
225	**Parte IV A explosão da rua**
227	1982, a eleição que muda tudo
231	Tancredo
235	Ulysses
241	A rua vai ao palácio
253	Figueiredo
263	**Parte V A construção de Tancredo**
265	Diretas Já
277	A hora de Tancredo
289	Bruxarias militares
297	Uma festa e três problemas
313	**Epílogo 500 vidas**
383	Agradecimentos
387	**Apêndice**
389	Cronologia
407	Fontes e bibliografia citadas
415	Créditos das imagens
417	Índice remissivo

Abreviaturas e siglas

AA	Arquivo do Autor
AEG/CPDoc	Arquivo de Ernesto Geisel/CPDoc
APGCS/HF	Arquivo Privado de Golbery do Couto e Silva/Heitor Ferreira
Arquivo Médici/IHGB	Arquivo Médici do Instituto Histórico e Geográfico Brasileiro
FBIS	Foreign Broadcast Information Service (EUA)

Siglas gerais

ABI	Associação Brasileira de Imprensa
Acnur	Alto-Comissariado das Nações Unidas para Refugiados
ALN	Ação Libertadora Nacional
Arena	Aliança Renovadora Nacional
Cebrade	Centro Brasil Democrático
CNBB	Conferência Nacional dos Bispos do Brasil
CNTI	Confederação Nacional dos Trabalhadores na Indústria
CNV	Comissão Nacional da Verdade
Colina	Comando de Libertação Nacional
CPC	Centro Popular de Cultura
CPDoc/FGV	Centro de Pesquisa e Documentação de História Contemporânea do Brasil da Fundação Getulio Vargas
CPI	Comissão Parlamentar de Inquérito
CUT	Central Única dos Trabalhadores
Fiesp	Federação das Indústrias do Estado de São Paulo

FMI	Fundo Monetário Internacional
IBAD	Instituto Brasileiro de Ação Democrática
IPÊS	Instituto de Pesquisas e Estudos Sociais
JCR	Junta de Coordenação Revolucionária
MAM	Museu de Arte Moderna
MDB	Movimento Democrático Brasileiro
MFPA	Movimento Feminino pela Anistia
MIR	Movimiento de Izquierda Revolucionaria (Chile)
MPLA	Movimento Popular de Libertação de Angola
MR-8	Movimento Revolucionário 8 de Outubro
OAB	Ordem dos Advogados do Brasil
ONU	Organização das Nações Unidas
PC do B	Partido Comunista do Brasil
PCB	Partido Comunista Brasileiro
PCBR	Partido Comunista Brasileiro Revolucionário
PDS	Partido Democrático Social
PDT	Partido Democrático Trabalhista
PIB	Produto Interno Bruto
PM	Polícia Militar
PMDB	Partido do Movimento Democrático Brasileiro
PP	Partido Popular
PPS	Partido Popular Socialista
PSD	Partido Social Democrático
PSDB	Partido da Social Democracia Brasileira
PSOL	Partido Socialismo e Liberdade
PT	Partido dos Trabalhadores
PTB	Partido Trabalhista Brasileiro
PUC	Pontifícia Universidade Católica
PV	Partido Verde
PVP	Partido da Vitória do Povo (Uruguai)
Sinfavea	Sindicato Nacional da Indústria de Tratores, Caminhões e Automóveis
UDN	União Democrática Nacional
UNE	União Nacional dos Estudantes
VAR-Palmares	Vanguarda Armada Revolucionária Palmares
VPR	Vanguarda Popular Revolucionária

Siglas governamentais

ABIN	Agência Brasileira de Inteligência
AI	Ato Institucional
Banespa	Banco do Estado de São Paulo
BNDE	Banco Nacional de Desenvolvimento Econômico
BNDES	Banco Nacional de Desenvolvimento Econômico e Social
CEME	Central de Medicamentos
CIA	Central Intelligence Agency (EUA)
CIEP	Centro Integrado de Educação Pública
CIEX	Centro de Informações do Exterior
CNP	Conselho Nacional do Petróleo
Cosipa	Companhia Siderúrgica Paulista
Deops	Departamento Estadual de Ordem Política e Social
Detran	Departamento Estadual de Trânsito
DOPS	Delegacia de Ordem Política e Social
DPPS	Departamento de Polícia Política e Social
Eletrobras	Centrais Elétricas Brasileiras S.A.
FED	Federal Reserve (EUA)
GAE	Grupo de Assessoramento Especial
HSE	Hospital dos Servidores do Estado
IAPC	Instituto de Aposentadoria e Pensões dos Comerciários
IBGE	Instituto Brasileiro de Geografia e Estatística
IGP-DI	Índice Geral de Preços — Disponibilidade Interna
Infraero	Empresa Brasileira de Infraestrutura Aeroportuária
INPC	Índice Nacional de Preços ao Consumidor
Interpol	International Criminal Police Organization
KGB	Komitet Gosudarstvennoi Bezopasnosti (URSS)
MEC	Ministério da Educação e Cultura
MP	Ministério Público
MPF	Ministério Público Federal
Nuclebras	Empresas Nucleares Brasileiras S.A.
Petrobras	Petróleo Brasileiro S.A.
PND	Plano Nacional de Desenvolvimento
Riotur	Empresa de Turismo do Município do Rio de Janeiro
Seplan	Secretaria de Planejamento

SFICI	Serviço Federal de Informações e Contra-Informações
SNI	Serviço Nacional de Informações
STM	Superior Tribunal Militar
Sudene	Superintendência do Desenvolvimento do Nordeste
SUS	Sistema Único de Saúde
TRT	Tribunal Regional do Trabalho
UERJ	Universidade do Estado do Rio de Janeiro
UFRJ	Universidade Federal do Rio de Janeiro
Unicamp	Universidade Estadual de Campinas
Unifesp	Universidade Federal de São Paulo
URSS	União das Repúblicas Socialistas Soviéticas
USP	Universidade de São Paulo
VASP	Viação Aérea São Paulo

Siglas militares

AMAN	Academia Militar das Agulhas Negras
Cenimar	Centro de Informações da Marinha
CIE	Centro de Informações do Exército
CISA	Centro de Informações e Segurança da Aeronáutica
CMA	Comando Militar da Amazônia
CODI	Centro de Operações de Defesa Interna
DOI	Destacamento de Operações de Informações
EMFA	Estado-Maior das Forças Armadas
EsNI	Escola Nacional de Informações
ESG	Escola Superior de Guerra
FAB	Força Aérea Brasileira
FEB	Força Expedicionária Brasileira
IPM	Inquérito Policial-Militar
PE	Polícia do Exército
PIC	Pelotão de Investigações Criminais
PM	Polícia Militar
RecMec	1º Regimento de Reconhecimento Mecanizado

Introdução

Quando a notícia da rebelião do general Olympio Mourão Filho chegou à Vila Militar do Rio de Janeiro, na manhã de 31 de março de 1964, o capitão Heitor Ferreira e o tenente Freddie Perdigão encontravam-se no quartel do 1º Regimento de Reconhecimento Mecanizado, o famoso RecMec. Tinham cursado juntos a Academia Militar das Agulhas Negras. Perdigão, de 26 anos, era um oficial comum, corpulento, bom atirador, e mantinha-se longe das movimentações políticas daqueles dias. Um ano mais velho, Heitor era um capitão napoleônico. Primeiro aluno de sua turma na AMAN, combatera na guerra de telefonemas da crise da renúncia de Jânio Quadros, em 1961, e gravitava em torno dos coronéis e generais hostis ao governo do presidente João Goulart. Ao meio-dia, a tropa do I Exército foi colocada de prontidão.

Ambos seguiram para o Ministério da Guerra. Heitor saiu de jipe. Alistado na revolta, foi ao encontro do general Golbery do Couto e Silva, seu mentor.[1] Perdigão, cumprindo ordens, saiu de tanque para defender a le-

---

[1] Cinco folhas com registros de Heitor Ferreira, de 1964. APGCS/HF.

galidade, protegendo o quartel-general.² À noite, à frente de cinco blindados M-41, ele guarnecia a entrada do palácio Laranjeiras, onde estava o presidente João Goulart.³ Seus tanques simbolizavam a força do dispositivo militar que defenderia o governo.⁴ A pouco mais de um quilômetro, no palácio Guanabara, sede do governo do estado, estava Carlos Lacerda, o principal adversário de João Goulart. Defendendo-o, havia centenas de pessoas mal armadas, com lenços azuis no pescoço, temerosas de um ataque das tropas legalistas.

O governo João Goulart e seu dispositivo militar ruíram como um castelo de cartas no início da tarde de 1º de abril. Perdigão abandonou o posto, pois o I Exército capitulara. Também nada havia a defender. Goulart fora-se embora para Brasília. Às quatro da tarde, a coluna do tenente parou diante do Guanabara, simbolizando o triunfo militar da sublevação.⁵ Puseram-lhe um lenço azul e fizeram-lhe alguma festa, mas esse personagem discreto sumiu. Nunca mais se ouviu falar em Freddie Perdigão. O episódio só era rememorado numa fotografia emoldurada que ele mantinha em sua sala de trabalho.⁶ Heitor Ferreira rodara pela cidade e vira os festejos pela vitória da revolta, com rojões e papéis picados: "Creio que foi a mais nítida sensação de felicidade da minha vida".⁷

Dezessete anos depois, na noite de 30 de abril de 1981, Heitor completara uma década de poderes palacianos. O capitão do RecMec fora assistente do general Golbery, que fundara o Serviço Nacional de Informações (SNI). Mais tarde, tornara-se o poderoso secretário particular dos presidentes Ernesto Geisel e João Baptista Figueiredo. A extensão de seu prestígio podia ser medida por sua moradia oficial: vivia na granja do

---

2 Freddie Perdigão, em José Amaral Argolo, Kátia Ribeiro e Luiz Alberto Fortunato, *A direita explosiva no Brasil*, p. 245.
3 Para "à noite", Abelardo Jurema, *Sexta-feira, 13*, p. 189.
4 Nos registros do RecMec, seu comandante elogiou Perdigão por ter seguido ordens para guarnecer o palácio Guanabara, o que era falso. Omitiu que, por ordem do comando, guarnecera o Laranjeiras. *Alterações do tenente Perdigão*, 1º de janeiro de 1965, folhas 359 e 360. AA.
5 Depoimento de Freddie Perdigão em José Amaral Argolo, Kátia Ribeiro e Luiz Alberto Fortunato, *A direita explosiva no Brasil*, pp. 246-7; e Hernani D'Aguiar, *A revolução por dentro*, pp. 162-3.
6 Cláudio Guerra em depoimento a Rogério Medeiros e Marcelo Netto, em *Memórias de uma guerra suja*, p. 76.
7 Cinco folhas com registros de Heitor Ferreira, de 1964. APGCS/HF.

Introdução

Riacho Fundo, que fora a residência predileta dos generais Emílio Médici e Geisel. O capitão de 1964 saíra do Exército para o poder. Aos 45 anos, mandava mais que a maioria dos ministros e tinha assento na Executiva Nacional do partido do governo. A ditadura produziu poucos quadros que, tirando a farda, tiveram semelhante desempenho na política.

Perdigão não sumiu de todo. Também foi um dos notáveis quadros da geração de tenentes que conheceu o poder em 1964. Ficou no Exército e chegou a tenente-coronel. Fez a carreira no porão da ditadura e nos desvãos de sua anarquia militar. Pelo nome, era um desconhecido. Evitava fotografias e, passados cinquenta anos, não se conhecia sua fisionomia. Sua fama era a dos *Doutores* do Centro de Informações do Exército, do SNI e dos DOI. Na "Casa da Morte" de Petrópolis (RJ) era o *Doutor Roberto*, na Agência do SNI do Rio, o *Doutor Flávio*.[8] Em 1968 estivera nas volantes de oficiais do CIE que punham bombas em teatros e livrarias do Rio de Janeiro.[9] Num tiroteio com militantes da Ação Libertadora Nacional foi baleado numa perna e no peito. Uma bala ficou alojada no seu tórax e ele contava que a extraíra numa sessão espírita. Mancava, padecendo de dormências.[10] "Era a intempestividade em pessoa", segundo o major Paulo Malhães, seu colega do CIE.[11]

Na noite de 30 de abril de 1981, o tenente-coronel Perdigão era *Aloisio Reis* e atirou uma bomba na direção da casa de força do Riocentro.[12] Lá, uma organização de fachada do Partido Comunista realizava um espetáculo musical para uma plateia de 10 mil pessoas.[13] Pouco antes, explodira outra bomba no estacionamento, dentro de um Puma. Deto-

---

8 Para *Doutor Roberto* e *Doutor Flávio*, depoimentos de Cláudio Guerra e de Inês Etienne Romeu, em *Relatório da Comissão Nacional da Verdade*, vol. 1, pp. 521 e 541, <http://www.cnv.gov.br/images/pdf/relatorio/volume_1_digital.pdf>.
9 Segundo depoimento do coronel Alberto Fortunato, em José Amaral Argolo, Kátia Ribeiro e Luiz Alberto Fortunato, *A direita explosiva no Brasil*, p. 251, Perdigão dirigiu o carro da equipe que colocou uma bomba no depósito do *Jornal do Brasil*.
10 Para o tiro no tórax e as dormências, Carlos Alberto Brilhante Ustra, maio de 2012.
11 Depoimento de Paulo Malhães a Nadine Borges e Marcelo Auler, da Comissão da Verdade do Rio, 18 de fevereiro de 2014. AA.
12 Para *Aloisio Reis*, *Folha de S.Paulo*, 21 de novembro de 1999, com base no IPM presidido pelo general Sérgio Conforto, em 1999.
13 *O Globo*, 4 de julho de 1999: "Coronel Perdigão, o terceiro nome no caso do Riocentro", de Amaury Ribeiro Jr. e Chico Otávio; e "Nome do encarregado do novo IPM sai até quarta-feira", de Ascânio Seleme.

nada acidentalmente, matara *Wagner*, o sargento Guilherme Pereira do Rosário, que a tinha no colo, e estripara *Doutor Marcos*, o capitão Wilson Machado, chefe da seção de operações do DOI carioca.

Desde 1977 dezenas de bombas já haviam explodido em diversas cidades. Na maioria dos casos, danificaram bancas de jornal. No único atentado letal, em 1980, uma carta-bomba matou a secretária do presidente da Ordem dos Advogados do Brasil.[14] Semanas antes da explosão do Riocentro, colocaram bombas no carro e na casa do deputado oposicionista Marcelo Cerqueira, numa gráfica do Rio e em bancas de jornal de Belém. Na reunião da tarde da cúpula do governo, no dia 27 de abril, o general Golbery, chefe do Gabinete Civil do presidente João Figueiredo, mencionara "um atentado contra a filha do marechal Cordeiro de Farias".[15] Veterano de insurreições militares desde 1924, Cordeiro comandara a artilharia da Força Expedicionária Brasileira, governara Pernambuco e o Rio Grande do Sul. Ministro do Interior na infância da ditadura, tornara-se um defensor da abertura do regime.

Na manhã seguinte à explosão no Riocentro, Heitor Ferreira telefonou para Figueiredo, informando-o do "fato gravíssimo". O presidente disse-lhe: "Até que enfim os comunistas fizeram uma bobagem". Logo soube que se enganara. A bobagem não fora dos comunistas.[16] Nas explosões do Riocentro comprovou-se materialmente que havia um núcleo terrorista dentro do regime, na estrutura militar da repressão política. Freddie Perdigão, símbolo da vitória de 1964, estava na cena final da desmoralização da ditadura e do governo de João Figueiredo, um general que chegara ao Planalto convivendo com as duas faces do regime. A bomba do DOI dividiria as Forças Armadas e provocaria o rompimento de Golbery com Figueiredo. Depois dela, o presidente e o regime não seriam mais os mesmos.

---

14 Para uma relação dos atentados ocorridos entre o ano de 1980 e maio de 1981, coronel Dickson Grael, *Aventura, corrupção, terrorismo*, pp. 79-81.
15 Uma folha manuscrita do general Octavio Medeiros, de 27 de abril de 1981, com os tópicos da reunião do dia. APGCS/HF. O incidente teria envolvido uma neta, não a filha do marechal.
16 *O Globo*, 3 de janeiro de 2000, citando uma reportagem de Geneton Moraes Neto que foi ao ar no programa *Fantástico*, da TV Globo, com uma gravação de Figueiredo feita em setembro de 1987.

Introdução

Nos quatro volumes anteriores desta série tratei do amanhecer do regime (*A ditadura envergonhada*), da sua radicalização (*A ditadura escancarada*), do início da abertura política (*A ditadura derrotada*) e do seu declínio (*A ditadura encurralada*). Este volume, o último, trata do seu final. Nele, vão contadas duas histórias. Uma, a dos últimos catorze meses do governo de Ernesto Geisel, do dia seguinte à demissão do ministro do Exército, general Sylvio Frota, em outubro de 1977, a março de 1979, quando a Presidência foi entregue a Figueiredo. Na outra, tratarei do governo de Figueiredo com suas três explosões: a da bancarrota econômica, que começou em 1979; a do Riocentro, de 1981; e a da rua, com a campanha das Diretas Já, iniciada dois anos depois. Finalmente, com seu grande final, a construção da candidatura de Tancredo Neves e sua eleição para a Presidência da República. Distintos, esses episódios se superpuseram e em março de 1985 a ditadura estava econômica, militar e politicamente acabada. Num Epílogo, irão contadas as vidas de quinhentas pessoas que nela viveram e viram seu final.

Nesse período Figueiredo é um personagem central. Patético e errático, o último dos generais deixou o poder pedindo que o esquecessem. Conseguiu, e a narrativa dos seus seis anos de governo acumula fracassos para os quais contribuiu a figura folclórica que ajudou a construir. São raros os casos em que um gesto constrói, ou destrói, a imagem de um político. Na manhã de 24 de agosto de 1954, Getulio Vargas saiu da vida e entrou para a história matando-se. Noutra manhã, a de 25 de agosto de 1961, Jânio Quadros destruiu-se renunciando à Presidência. Numa decisão tomada entre a noite de 14 de março de 1985 e a manhã seguinte, Figueiredo faltou à cena final de seu governo. Num gesto infantil, recusou-se a passar a faixa presidencial a José Sarney e deixou o palácio do Planalto por uma porta lateral. Embaçou seu melhor momento, a entrega do poder a um civil. O cavalariano estourado mutilou a biografia do presidente. Devem-se a ele a condução da anistia de 1979, a lisura das eleições diretas para os governos estaduais de 1982 e o desfecho de um processo atabalhoado que encerrou o consulado militar. Não foi pouca coisa.

PARTE I
GEISEL
GANHOU TODAS

NAS FOTOS DAS PÁGINAS ANTERIORES:
O general Figueiredo, do SNI para a Presidência
Lula, o metalúrgico, surgiu como uma nova liderança
Anistia, uma nova palavra no vocabulário político
O general Euler Bentes Monteiro, o candidato do MDB
Capa do semanário *Movimento*, o eterno "mar de lama"
Ernesto Geisel em sua casa de Teresópolis

Uma nova divisão

O presidente Ernesto Geisel queria evitar que a demissão de seu ministro do Exército, general Sylvio Frota, dividisse as Forças Armadas, mas também não estava para brincadeira. No dia seguinte à defenestração do general, quando soube que o secretário-geral do Ministério do Exército convidara os generais baseados em Brasília a comparecer ao aeroporto para o embarque de Frota para o Rio de Janeiro, mandou desfazer a cortesia. Iria quem quisesse, mas sem farda. Aquilo que poderia ter sido uma demonstração de prestígio tornou-se uma comprovação da volatilidade do poder. Dois meses antes, Frota tivera sessenta generais no almoço de seu 67º aniversário. Embarcou de volta ao seu apartamento do Grajaú com pouco mais de uma dezena deles no saguão do aeroporto.[1]

A maior delegação de oficiais viera do "meu CIE", o Centro de Informações do Exército, cujo chefe já fora dispensado.[2] O general Adyr Fiúza

---

[1] Para o almoço, *O Estado de S. Paulo*, 27 de agosto de 1977. Para o embarque, Sylvio Frota, *Ideais traídos*, p. 530.
[2] Sylvio Frota, *Ideais traídos*, pp. 529-30.

de Castro, seu criador e amigo pessoal de Frota, fora tirado do comando da Região Militar da Bahia e mandado para a diretoria de Inativos e Pensionistas, "o último canil do Exército".[3] O tenente-coronel Carlos Alberto Brilhante Ustra, ex-comandante do DOI de São Paulo e chefe da seção de operações do CIE, viu-se transferido para o Grupo de Artilharia de Campanha de São Leopoldo, no Rio Grande do Sul.[4] Em um mês, foram remanejados sessenta comandos, entre os quais os de 22 batalhões de infantaria.[5]

Frota caiu porque era candidato à Presidência da República mas não era o candidato de Ernesto Geisel. O presidente se decidira, havia anos, pelo general João Baptista Figueiredo, chefe do Serviço Nacional de Informações.[6] Consolidara essa decisão num processo gradual. Até a eleição de 1974, tivera como curingas civis os governadores Paulo Egydio Martins, de São Paulo, e Aureliano Chaves, de Minas Gerais. Derrotados durante a ruína que levou para o Senado dezesseis candidatos oposicionistas, Geisel abandonou a alternativa civil para a sua sucessão.

Cinco anos antes, o presidente Emílio Garrastazu Médici escolhera seu sucessor num ato imperial, sem paralelo na história da República. De certa maneira, tivera facilidades. Geisel tinha as credenciais da hierarquia militar (quatro estrelas), da administração civil (presidira a Petrobras) e era irmão do ministro do Exército.

Dessa vez não havia um curinga militar. Seria necessário construí-lo. Talvez Euler Bentes Monteiro, a quem Geisel admirava, mas ele nunca se aproximara do Planalto. Talvez Reynaldo Mello de Almeida, seu amigo pessoal, que comandara o I Exército e lhe fora fiel em momentos decisivos, inclusive durante a dissidência de Frota. A ambos faltava a cumplicidade do general Golbery do Couto e Silva, chefe do seu Gabinete Civil

---

[3] Depoimento de Adyr Fiúza de Castro em Maria Celina d'Araujo, Gláucio Ary Dillon Soares e Celso Castro (orgs.), *A volta aos quartéis*, p. 197.
[4] Carlos Alberto Brilhante Ustra, 28 de setembro de 1988.
[5] Para sessenta comandos, *Jornal do Brasil*, 13 de novembro de 1977. Para os batalhões, *O Estado de S. Paulo*, 27 de outubro de 1977; e "Ministro substitui 22 oficiais da Infantaria", *O Estado de S. Paulo*, 31 de outubro de 1977.
[6] Em março de 1974, três dias antes de sua posse, Geisel disse a Heitor Ferreira que "se esse troço não evoluir para outra posição, o único homem que eu vejo aí em condições de ser o futuro presidente é o Figueiredo". Conversa de Geisel com Heitor Ferreira, 12 de março de 1974. APGCS/HF.

e principal articulador político do governo. Essa foi a maior qualificação de Figueiredo. Ele fora subordinado de Golbery em três ocasiões e havia quatro anos trabalhava a seu lado, chamando-o sempre de "senhor".[7]

Figueiredo tornara-se o cidadão brasileiro de nível ministerial com mais tempo de serviço acumulado no gabinete presidencial. Nas palavras de Geisel:

> Ele tinha assistido a boa parte do governo do Castello, pois desde o começo foi levado pelo Golbery para a Agência Central do SNI. Depois (...) foi servir com o Médici e o acompanhou no governo como chefe da Casa Militar. Acompanhou também o meu governo do primeiro ao último dia. Quer dizer, acompanhou três governos, sendo que dois no dia a dia.[8]

Como chefe do SNI, Figueiredo participava de duas reuniões diárias "dos ministros da Casa"[9] com o presidente. Em 1976, essas reuniões totalizaram 324 horas, enquanto os demais ministros haviam conseguido entre 8h54 (Saúde) e 45h16 (Justiça).[10] Presença não significava necessariamente experiência. Delfim Netto, que conviveu com Figueiredo durante o governo Médici, recordava que, como ministro da Fazenda, sentara-se com ele a sós, por mais de quinze minutos, em apenas cinco ocasiões.[11]

Pelas características do Exército brasileiro, a experiência militar de Figueiredo assemelhava-se às de Geisel e Golbery, que passaram mais tempo em gabinetes do que em quartéis. Em mais de 41 anos de serviço, esteve apenas cinco fora do circuito das ajudâncias de ordens, dos cursos e das mesas. Enquanto Golbery integrou a Força Expedicionária Brasi-

---

7 Depois da posse, num raro bilhete de 21 palavras, tratou-o duas vezes por "presidente". Bilhete de Golbery a Figueiredo, que o visou, de 22 de fevereiro de 1980. APGCS/HF.
8 Maria Celina D'Araujo e Celso Castro (orgs.), *Ernesto Geisel*, p. 412.
9 Eram "ministros da Casa": os chefes dos gabinetes Civil e Militar, do SNI e da Secretaria de Planejamento.
10 Controle dos despachos com os ministros de Estado, de 1976. APGCS/HF.
11 Delfim Netto, fevereiro de 2000.

leira e Geisel foi mandado para um curso no Estado-Maior americano, Figueiredo viveu a Segunda Guerra Mundial na rotina da cavalaria ao tempo em que as batalhas eram decididas por blindados.

Por qualquer critério, quem quisesse escolher um militar para ocupar a Presidência da República teria de colocar o chefe do SNI na sua lista. As limitações de Figueiredo foram desconsideradas. Faltava-lhe a quarta estrela e, respeitando-se o calendário das promoções, ele não a conseguiria a tempo. Padecia de problemas na coluna, já passara por uma cirurgia e era um cardiopata sexagenário e indisciplinado, mas podia-se arriscar. Ademais, Geisel daria a Vice-Presidência ao ex-governador mineiro Aureliano Chaves, com cinquenta anos e saúde de touro.

Geisel acreditava ter feito a escolha certa. Recebera a Presidência de Médici sem pedidos nem diretrizes e, mesmo dispondo-se a sair do proscênio, via-se como patrono de seu sucessor. Ele nada deveu a Médici em sua carreira militar, mas Figueiredo fora seu colaborador direto e fiel. As razões de Golbery eram mais objetivas. Por saber que continuaria no governo e expandiria seu poder, via no tenente-coronel de 1964 um discípulo. Sem Geisel, Figueiredo jamais teria sido escolhido para sucedê-lo, mas sem Golbery dificilmente o presidente teria persistido nessa escolha. Em graus variáveis, os dois tinham o mesmo objetivo: manter o poder e o regime.

Até a demissão de Frota, em outubro de 1977, a candidatura Figueiredo foi vista como o prolongamento do projeto de seus patronos. Para quem via na abertura de Geisel uma alternativa ao regime do AI-5, Frota era uma ostensiva promessa de retrocesso. Coadjuvante da abertura, Figueiredo somava a essa característica o comando da máquina do Serviço Nacional de Informações. Era a um só tempo o herdeiro da política de distensão e o síndico do aparelho policial da ditadura.

Poucas vezes uma brincadeira política teve um desfecho tão contundente e inesperado quanto a identificação de Figueiredo com o herói intergaláctico Luke Skywalker, de *Star wars*. Depois do sucesso do primeiro filme da série, circulou no palácio do Planalto uma brincadeira segundo a qual Figueiredo seria o cavaleiro Luke Skywalker, protegido e orientado pelo sábio Obi-Wan-Kenobi (Golbery) e pelo robô R2D2 (Heitor Ferreira), na sua luta contra Darth Vader (Frota, com as forças malignas do radicalismo militar). O primeiro filme chegou aos cinemas meses antes da demissão do ministro do Exército. O segundo, que apareceu em 1980, com Figueiredo na Presidência, revelou que Luke Skywalker era filho de Darth Vader, o Príncipe das Trevas.

O quinto general-presidente seria eleito em outubro de 1978 por 581 parlamentares e delegados das assembleias legislativas, um Colégio Eleitoral em que o governo tinha maioria assegurada. Geisel dissera que só trataria do assunto depois de janeiro daquele ano, mas seus colaboradores mais próximos já trabalhavam publicamente pelo chefe do SNI. Humberto Barreto, ex-assessor de imprensa do Planalto e presidente da Caixa Econômica, a quem Geisel estimava como se fosse o filho que perdeu, já tinha dado uma entrevista defendendo a candidatura de Figueiredo.[12] Heitor Ferreira batalhava ostensivamente pelo general.

Dias depois do afastamento de Frota, chegou às mãos de Golbery uma folha manuscrita do general Sebastião Ramos de Castro, chefe da Agência Central do SNI, em que narrava uma conversa do chefe do Gabinete Militar de Geisel, general Hugo Abreu, com um jornalista. Hugo opunha-se à candidatura de Figueiredo e chamava de "esquema palaciano" os seus articuladores.[13] Ao contrário dos frotistas, Hugo não era um adversário da abertura. Chegara por acaso ao governo, porque o escolhido fraturara uma perna. Paraquedista, comandara tropas que caçaram guerrilheiros do PC do B nas matas do Araguaia. Geisel mal o conhecia e, ao convidá-lo para o cargo, esquecera-se de mencionar que ele não ocuparia a residência oficial da granja do Torto, pois Figueiredo, que chefiara o Gabinete Militar de Médici, continuaria vivendo nos seus cinquenta hectares, com sala de cinema, cavalariças e pistas de montaria.[14]

Já os personagens do "esquema palaciano" conheciam-se havia décadas. Durante o governo Castello Branco, Geisel, Golbery e Heitor dividiram a mesma sala no palácio Laranjeiras, o primeiro como chefe da Casa Militar, o outro, do SNI, cuja Agência Central era dirigida por Figueiredo. Heitor fora levado para o Serviço em 1964, e depois de se demitir do Exército

---

12 *Veja*, 11 de julho de 1977.
13 Uma folha manuscrita do general Sebastião Ramos de Castro, de 19 de outubro de 1977. APGCS/HF.
14 Maria Celina d'Araujo e Celso Castro (orgs.), *Ernesto Geisel*, p. 272. Para a granja, *Veja*, 13 de agosto de 1980.

empregou-se num projeto amazônico de um bilionário americano. Em 1972 foi para a Petrobras, como assistente de Geisel. Nesse ninho, Hugo Abreu era um estranho.

Militar profissional, miúdo e atlético, Abreu tinha a cabeça inteiramente raspada e, pelo seu formato, ganhara os apelidos de "Pinduca" e "Chupeta". Estivera na FEB, de onde trouxe a Cruz de Combate de Primeira Classe. Comandou e disciplinou a Brigada Aeroterrestre da Vila Militar, uma fábrica de encrencas nas rebeldias de 1965, 68 e 69. Em 1974 sequer tinha os uniformes adequados para circular no palácio. Conseguiu-os num alfaiate de subúrbio.[15] Sua relação com o presidente era formal. Todas as vezes que tratou da sucessão presidencial com Geisel, o presidente fingia que a escolha não estava feita. Hugo se comportava como se acreditasse que Figueiredo ainda não estava escolhido. Repetia o que ouvia de Geisel e supunha que a partir de janeiro de 1978 seria iniciado um processo de consultas a militares e políticos. Numa reunião em sua casa, quando disse que Figueiredo não estava escolhido, sua mulher, Consuelo, ironizou: "Só você ainda acredita nisso".[16]

Consuelo tinha razão. No final de novembro de 1977 o presidente já discutira com Heitor Ferreira a melhor época para o anúncio da decisão.[17] Golbery havia apresentado um cronograma recomendando que isso ocorresse logo, em janeiro.[18] E assim foi. O processo que deveria ter começado em 1978 terminou no dia 29 de dezembro de 1977, quando Geisel chamou Figueiredo e, reservadamente, comunicou-lhe que ele seria o próximo presidente da República.[19]

No primeiro dia útil do novo ano, Hugo Abreu mandou a Geisel uma *Informação* de cinco páginas denunciando o que seria "uma bem urdida manobra no sentido de impor ao presidente da República, como fato consumado, o nome de determinado candidato, (...) dando-o como participante de uma grande farsa".[20] Listava quatro generais e dois civis como

---

15 Hugo Abreu, *O outro lado do poder*, p. 31.
16 *Veja*, 11 de janeiro de 1978.
17 *Cronologia do Governo Geisel*, de Heitor Ferreira. APGCS/HF.
18 Quatro folhas manuscritas de Golbery e *Cronologia do Governo Geisel*, de Heitor Ferreira. APGCS/HF.
19 *Cronologia do Governo Geisel*, de Heitor Ferreira. APGCS/HF.
20 *Informação para o Senhor Presidente*, do general Hugo Abreu, 2 de janeiro de 1978. APGCS/HF.

Uma nova divisão

possíveis candidatos. Excluiu Figueiredo, pois o general de divisão "nos levaria a descer na escala hierárquica". Geisel chamou-o ao Alvorada e comunicou-lhe que o chefe do SNI estava escolhido. O general voltou ao Planalto e assinou seu pedido de demissão. No dia seguinte, ao apresentar seus colaboradores ao novo chefe do Gabinete Militar, o general Gustavo de Moraes Rego, teve uma crise de choro.[21] (Moraes Rego, ex-assessor especial de Geisel no Planalto, trabalhara com ele durante todo o governo Castello Branco e fora seu chefe de gabinete na Petrobras.)

Por mais que Hugo Abreu estivesse contrariado, em poucos meses seria promovido a general de exército. Para articuladores frios como Geisel e Golbery, não era de esperar que sacrificasse 44 anos de carreira militar. Suas posições políticas, movidas pela paixão, haviam lhe valido períodos de permanência em canis, mas nunca o levaram ao caminho da militância pública. Pois foi exatamente a paixão que contrariou a suposição de que ele absorveria a derrota. Ele vira em Geisel um chefe paternal e reagiu como discípulo traído. Detestava o "esquema palaciano" e haveria de detestá-lo ainda mais. Se em algum momento acreditou que bloquearia a indicação de Figueiredo, enganou-se. Daí em diante acreditaria apaixonadamente em qualquer coisa, inclusive na possibilidade de ele mesmo vir a ser o candidato militar.[22]

Acautelando-se, Geisel pediu a Heitor Ferreira que organizasse "um dossier de tudo o que vem sendo publicado com relação à demissão do Hugo e suas consequências".[23] Golbery chegara antes. Seis meses atrás, depois de ler um expediente do chefe do Gabinete Militar, fizera um pedido semelhante: "O Hugo voltará à carga com suas aleivosias. Convém preparar um arquivo com documentos como este".[24]

---

21 Toledo Camargo, *A espada virgem*, p. 247.
22 "Hugo Abreu poderá ser o candidato militar do MDB", *O Estado de S. Paulo*, 10 de maio de 1978.
23 Bilhete manuscrito de Geisel a Heitor Ferreira, 10 de janeiro de 1978. APGCS/HF.
24 Bilhete de Golbery a Heitor Ferreira, 13 de junho de 1977. E três folhas marcadas "confidencial", de Hugo Abreu. Nelas, Abreu sugere a cassação do mandato de três deputados federais. APGCS/HF.

O último ano de governo de Ernesto Geisel seria o mais agitado e também o mais profícuo. O país de 1978 não se parecia com o que recebera em 1974, quando toda a imprensa estava sob censura e a direção do Partido Comunista e os guerrilheiros do Araguaia estavam sendo exterminados. As denúncias de tortura, que em 1975 haviam chegado a 585, caíram para 214. Pela primeira vez, desde o início do regime, o ano terminara sem que nenhum brasileiro morresse ou desaparecesse nos cárceres políticos. O Ato Institucional nº 5, a caminho de seu décimo aniversário, estava com os dias contados, pois Geisel anunciara o propósito de revogá-lo ao fim de um processo de negociação de "salvaguardas eficazes".

Nos meses seguintes, o partido do governo escolheria os candidatos para 21 governos estaduais, bem como igual número de senadores "biônicos", que seriam eleitos indiretamente em setembro. Em seguida seria ungido o presidente e, em novembro, realizadas eleições gerais. O ferrolho do "Pacote de Abril", baixado em 1977, assegurara ao partido oficial a Presidência da República, os governos de todos os estados, salvo o do Rio de Janeiro, e a maioria no Senado.[25] Garantido o controle do Poder Executivo, restava à oposição disputar a composição da Câmara dos Deputados. Ainda assim, a propaganda eleitoral gratuita nas televisões e nos rádios restringira-se à apresentação das fotografias e dos currículos dos candidatos. Contudo, restara uma janela. Em 1982, os governadores seriam eleitos diretamente, com a prerrogativa de nomear os prefeitos das capitais. Isso significava que o MDB poderia aspirar ao poder em São Paulo, Rio de Janeiro e Rio Grande do Sul. Em Minas Gerais e em Pernambuco, talvez.

Existia um projeto de poder. O arco de interesses que dominava o país desde 1964 entrava no seu décimo quarto ano assegurando-se do controle do Executivo e do Congresso até 1984. O sistema indireto de eleição do presidente da República permitia supor que o regime produzisse o sucessor de Figueiredo, prorrogando esse domínio até 1990.

---

[25] No Rio de Janeiro, o MDB elegeria indiretamente o governador e um senador. Em 1978, seriam eleitos 46 senadores. Com o "Pacote", assegurou-se a eleição indireta de 23 deles, 22 dos quais da Arena. Numa estimativa precária, feita a partir dos resultados do pleito municipal de 1976, Heitor Ferreira projetara que numa eleição direta, pelas regras anteriores, o governo elegeria 22 senadores. Se isso acontecesse, o MDB ficaria com maioria de quarenta senadores contra 29. Uma folha de Heitor Ferreira de 3 de dezembro de 1976. APGCS/HF.

Nesse caso, com suas idas e vindas, duraria pelo menos 26 anos, uma longevidade superior à experiência democrática de 1946 (dezoito anos).

A oposição de 1978 já não era a mesma. Extinguira-se havia anos o surto terrorista iniciado em 1966. Nenhuma organização clandestina defendia mais a luta armada e o último dos 63 fuzis do arsenal roubado em 1969 num quartel de Quitaúna (SP) pelo capitão Carlos Lamarca fora encontrado em janeiro — enterrado num terreno baldio —, graças à captura de Adilson Ferreira da Silva, que fora o *Ari* da VAR-Palmares. Veterano da Universidade Patrice Lumumba de Moscou e da central de treinamento de guerrilha de Cuba, ele foi preso na região dos Jardins de São Paulo. Só e sem ocupação, vivia do roubo de carros, até que um corretor de imóveis atracou-se com ele.[26] Esse seria o último e melancólico enfrentamento de um militante da luta armada.

Em compensação, a oposição política à ditadura ampliara sua base. O cardeal de São Paulo, d. Paulo Evaristo Arns, e o presidente da Ordem dos Advogados do Brasil, Raymundo Faoro, tornaram-se porta-vozes de reivindicações de um conceito ressurreto: a sociedade civil. Estudantes e trabalhadores haviam voltado à cena: uns iam às ruas pedindo a revogação do Decreto nº 477, que permitia a expulsão de universitários envolvidos em atividades consideradas subversivas; outros mobilizavam-se pela reposição salarial de 34,1%, para compensar as perdas provocadas pela maquiagem dos índices de inflação em 1973. "Anistia" e "Constituinte" entraram no vocabulário político. Algumas dessas reivindicações, como a volta do *habeas corpus* e a revogação do 477, uniam. Outras, como a Constituinte e uma anistia "ampla, geral e irrestrita", separavam. Em muitos casos, um bloco fazia de conta que não ouvia a bandeira do outro. Nenhum deles, contudo, achava que derrubaria o regime. Eram personagens em busca de uma negociação.

Mudara também o empresariado. Órfãos de Delfim Netto havia quatro anos, os empresários continuavam a se queixar da falta de um interlocutor capaz de falar, sozinho, em nome do governo. A desaceleração do cresci-

---

[26] Para o codinome, *Informação nº 17/69-IPM-OPM, Relação Alfabética de Codinomes: Colina, VPR, VAR-Palmares*, de 10 de dezembro de 1969. AA. Para a prisão, *Folha de S.Paulo*, 19 e 20 de janeiro de 1978; *O Estado de S. Paulo*, 19 de janeiro de 1978; e *Veja*, 22 de fevereiro de 1978.

mento de 10,6% em 1976 para 4,9% em 1977, a concentração do crédito e dos grandes investimentos nas mãos do governo e o naufrágio das ambições do II Plano Nacional de Desenvolvimento indicavam que o Milagre Brasileiro acabara. Era um patronato cartorial e retrógrado. A indústria pesada combatia a instalação no país de uma fábrica de tubos da Mannesmann alemã, a eletroeletrônica escorava-se no governo para proibir a importação de trezentos minicomputadores da IBM, porque ela ultrapassaria o teto anual de 30 milhões de dólares, e a associação dos supermercados chegaria a expulsar de seu quadro o grupo francês Carrefour por aceitar pagamentos com cartões de crédito.[27]

Os empresários foram os últimos a chegar à mesa onde se debatiam as liberdades democráticas. Vieram aos poucos. Primeiro, os industriais do setor de bens de capital. Depois, cautelosamente, chegaram outros. Banqueiros, poucos. Empreiteiros, nunca. Defendiam mais a livre-iniciativa (deles) do que a liberdade (dos outros), mas havia nesses personagens um impulso renovador, ainda que retardatário. O jornal *Gazeta Mercantil* consultara 5 mil empresas para enumerar as maiores lideranças privadas; 825 responderam, e a lista não tinha um só nome da hierarquia do sindicalismo patronal.[28] Semanas depois da queda de Frota, um pedaço do empresariado chegou a se reunir num Congresso das Classes Produtoras e, depois de quarenta horas de debates, não conseguiu ir além de um consenso pela defesa do "pluralismo político". Resumindo o encontro, o industrial Laerte Setúbal gracejou: "Houve o desejo de dizer ao governo que o empresário ainda não pensa, mas existe".[29]

Por maiores que fossem as queixas dos empresários contra o governo, o que a maioria deles temia eram os trabalhadores. Mesmo um empresário que defendia mais diálogo político, como Americo Campiglia, da Associação de Empresas de Crédito e Financiamento, receava:

---

27 Para a Mannesmann, *O Estado de S. Paulo*, 16 e 19 de fevereiro de 1978. Para os computadores, *O Estado de S. Paulo*, 4 de julho de 1978. Para os cartões, *Jornal do Brasil*, 28 de julho de 1978.

28 *Veja*, 21 de setembro de 1977. Eram os seguintes os dez empresários citados na lista: Claudio Bardella, Severo Gomes, José Mindlin, Antonio Ermírio de Moraes, Paulo Villares, Augusto Trajano Azevedo Antunes, Paulo Velhinho, Laerte Setúbal, Jorge Gerdau e Amador Aguiar. Todos industriais, salvo Amador Aguiar, dono do Bradesco.

29 *Veja*, 31 de outubro de 1977.

"Vamos mudar, se voltar a baderna, faremos outra revolução e voltamos ao estado de exceção".[30]

Só não mudara a ortodoxia do pensamento militar que via nos acontecimentos de 1964 uma "Revolução"; nas Forças Armadas, a base legítima de sustentação do regime; no presidente da República, um delegado da tropa; no MDB, um partido que abrigava comunistas; e nas vozes dissonantes, tentativas de "contestação" ao regime. A ditadura criara um dialeto, no qual diferenciava a "oposição" aceitável da "contestação" subversiva. Ia-se para o décimo quarto ano do regime sem que se soubesse onde terminava uma e onde começava a outra. Num período de cinco meses, em suas *Apreciações Sumárias* semanais e na análise do noticiário da imprensa, o SNI, dirigido por Figueiredo, usara a palavra ameaçadora pelo menos 23 vezes e carimbara como "contestatórios" um congresso de bancários, um seminário da Associação Brasileira de Imprensa, a Campanha da Fraternidade da Conferência Nacional dos Bispos do Brasil e o compositor Chico Buarque de Hollanda.[31]

Desde 1965, quando a anarquia militar emparedou o presidente Castello Branco, todas as vezes que ela desafiou o poder ou a ordem legal, prevaleceu. Assim fora em 1968, com a edição do AI-5, e em 1969, com o impedimento do vice-presidente, Pedro Aleixo. Geisel rompera essa escrita, restabelecendo o primado da Presidência ao demitir Frota, mas não desmobilizou a "tigrada" nem fechou as centrais de tortura dos DOI. Congelou o gesto por dois motivos: primeiro, porque não queria, pois acreditava na eficácia e na necessidade de um aparelho repressivo; finalmente, porque não lhe convinha aprofundar uma divisão militar que estimulasse uma dissidência capaz de flertar com a oposição. Afinal, oficiais da "linha dura" de 1965 haviam se aproximado de alguns parlamentares do MDB em 1968 e no início de 1978 voltavam a fazê-lo.

O radicalismo militar estava em todos os lugares e em lugar nenhum. Produto da anarquia, roncava. Confrontado, recuava. Um mês antes de aceitar o lugar de Frota, o general Fernando Bethlem, então comandante

---

30 *O Estado de S. Paulo*, 4 de setembro de 1979.

31 *Apreciações Sumárias* nºˢ 4, 5, 6 e 8 GAB/78, de 25 de janeiro, 1º e 15 de fevereiro e 1º de março de 1978, marcadas "secreto". CPDoc. *Apreciações* do Grupo de Assessoramento Especial (GAE), de janeiro a maio de 1978. APGCS/HF.

do III Exército, assinara um *Relatório Especial de Informações* dizendo que "a chamada 'Volta ao Estado de Direito' ou 'Redemocratização do país'" eram produto de uma campanha de jornalistas, "intelectuais de esquerda", do "clero politizado" e de empresários "frustados".[32] O general lembrava que o governo era "delegado da Revolução democrática" e sustentava que a "volta aos quartéis" significaria o "afastamento ou o alheiamento" do SNI e dos DOI-CODI, permitindo "a volta aos idos de 61-62 e 63", com "a demagogia, o peleguismo, o avanço dos comunistas e dos corruptos".[33] Uma vez escolhido para o lugar de Frota, Bethlem atribuiria o texto a oficiais de sua área de informações.

O *Doutor Roberto* do aparelho que o Centro de Informações do Exército mantivera em Petrópolis saíra do porão. Fardado, o major Freddie Perdigão estava na Escola de Comando e Estado-Maior do Exército, onde produziu o único documento conhecido que leva sua assinatura, a monografia *O Destacamento de Operações de Informações (DOI) no Exército brasileiro — Histórico papel no combate à subversão: situação atual e perspectivas.*[34] Nas palavras finais, queixava-se das autoridades militares que julgavam seus quadros "indisciplinados, desenquadrados e sem espírito militar". Lembrava que, em três anos, noventa componentes do DOI do II Exército haviam recebido a Medalha do Pacificador. (Ele inclusive.)

Um panfleto distribuído em quartéis denunciava Geisel e Golbery como protetores de "subversivos notórios, exilados escafedidos (...) aquinhoados com importantes cargos públicos".[35] O CIE fez chegar à imprensa uma lista de 96 subversivos aninhados em órgãos públicos. Iam do arquiteto Jorge Wilheim, secretário de Economia e Planejamento do governo de São Paulo, à jovem Dilma Rousseff, de 25 anos, a *Estela* da VAR-Palmares, que ralara 35 meses no DOI, no DOPS e na "Torre das Donzelas" do presídio Tiradentes, na capital paulista. Libertada,

---

32 Grafia do original: *frustado* e, mais adiante, *alheiamento*.
33 *Relatório Especial de Informações nº 1/77*, marcado "confidencial", de 5 de setembro de 1977. APGCS/HF.
34 Rogério Medeiros e Marcelo Netto, *Memórias de uma guerra suja*, pp. 259-91.
35 Uma folha, de março de 1978, que Geisel mandou ao SNI. APGCS/HF.

recomeçara a vida em Porto Alegre, como estagiária da Fundação de Economia e Estatística.[36]

O radicalismo militar persistia porque continuava invicto pela impunidade da tortura e da indisciplina.

---

[36] Sylvio Frota, *Ideais traídos*, p. 365; e *O Estado de S. Paulo*, 24 de novembro de 1977. O governador Paulo Egydio Martins manteve Wilheim no cargo. Seu colega gaúcho, Amaral de Souza, demitiu os denunciados.

O fator Jimmy Carter

O mundo também mudara. Na Presidência dos Estados Unidos não estava mais Richard Nixon, um defensor convicto das ditaduras militares anticomunistas. Seu sucessor, Jimmy Carter, empunhava a bandeira dos direitos humanos, atritando-se com tiranos perplexos diante da nova conduta do aliado de ontem. Geisel detestava-o. A origem da malquerença estava também na militância do presidente americano contra o Acordo Nuclear Brasil-Alemanha. Havia outro ingrediente, pessoal. Em 1977 Carter mandara sua mulher, Rosalynn, em visita oficial ao Brasil, uma atitude vista pelo general como impertinente, por obrigá-lo a receber uma senhora sem mandato nem função pública.

Quando os generais uruguaios anunciaram a expulsão de Leonel Brizola, asilado ali desde 1964, o então ministro Sylvio Frota e Geisel discutiram onde o prenderiam. Supondo que ele seria mandado de volta ao Brasil, passaram a tratar do seu confinamento nas ilhas de Fernando de Noronha ou Trindade. Foi quando receberam a notícia de que o presidente Carter lhe concedera asilo e que o exilado gaúcho estava de partida para os Estados Unidos.[1] Em vez de ir para o silêncio do desterro, Brizola foi

---

1 Sylvio Frota, *Ideais traídos*, p. 489.

para uma suíte do Hotel Roosevelt, em Nova York, e lá reinventou-se. O trovejante adversário dos americanos em 1964 e aliado de Fidel Castro em anos seguintes renasceria como um social-democrata de tintas europeias.

Carter desceu em Brasília em março de 1978 com a mulher e a filha de dez anos para tirar o maior proveito possível de um programa protocolarmente frio, sem grandes recepções ou atos públicos. Era a primeira visita de um presidente americano ao Brasil desde 1960, e em nada se parecia com a passagem do general Dwight Eisenhower pelo Rio, desfilando em carro aberto na avenida Rio Branco. Carter não queria encrencas. O desmanche do Acordo Nuclear seria conseguido em Bonn, não em Brasília. Também não lhe interessava um atrito na questão dos direitos humanos, em relação à qual achava que "vêm sendo feitos progressos".[2]

O Brasil diferenciara-se das demais ditaduras do Cone Sul. As arquidioceses de São Paulo e do Rio de Janeiro haviam se tornado abrigo para centenas de fugitivos da Argentina, do Uruguai e do Chile.[3] Em apenas dois anos, na mais sanguinária das ditaduras latino-americanas, o governo do general argentino Jorge Rafael Videla transformara o desaparecimento de pessoas num instrumento de terror. No dia da chegada de Carter a Brasília, seu embaixador em Buenos Aires estimara que "muitos milhares foram mortos" e duvidava que fosse possível chegar a um número preciso.[4] Numa conta obtida pela base do serviço de informações chileno com militares argentinos, entre 1975 e o início de 1978 haviam morrido 22 mil pessoas.[5] Carter não podia equiparar os regimes.

Batendo no cravo, o presidente americano substituíra o embaixador John Crimmins, cuja relação com o governo azedara.[6] Batendo na ferradura, programou uma reunião com seis representantes da sociedade civil. Acautelou-se, marcando-a para o último dia da visita, quando já teria encerrado seus contatos com Geisel. Na lista de convidados incluiu o cardeal de São Paulo, d. Paulo Evaristo Arns (assim não o veria a sós),

---

2 Jimmy Carter, *White House Diary*, 28 de março a 3 de abril de 1978.
3 *O Estado de S. Paulo*, 11 de fevereiro de 1978; e entrevista de d. Eugênio Sales a Fritz Utzeri, *Jornal do Brasil*, 25 de maio de 2000. Para a ação da Arquidiocese de São Paulo, ver Samarone Lima, *Clamor*.
4 Telegrama do embaixador Raul Castro a Washington, 28 de março de 1978. National Security Archive.
5 John Dinges, *The Condor years*, p. 139.
6 *Jornal do Brasil*, "Coluna do Castello", 11 de fevereiro de 1978.

o cardeal do Rio, d. Eugênio Sales, o presidente da OAB, Raymundo Faoro, o jornalista Julio Mesquita Neto, o empresário José Mindlin e, como tempero oficial, o presidente do BNDE, Marcos Vianna. Na saída, ofereceu uma carona a d. Paulo (assim o viu a sós). O MDB, astuciosamente excluído pelos americanos do encontro no Rio, também evitou constrangimentos. Carter foi saudado no Congresso por um deputado oposicionista e um senador governista. O Itamaraty redigiu os dois discursos.[7]

Os presidentes conversaram três vezes, durante seis horas, mantendo-se no campo das altas generalidades. Trataram de tudo, menos de direitos humanos, e concordaram em divergir na questão nuclear. Quando Geisel (setenta anos) perguntou pela saúde do governante soviético Leonid Brejnev (71 anos), Carter respondeu que o marechal Tito (85 anos) lhe dissera que os boatos sobre sua senilidade lhe pareciam exagerados. Num dos encontros com Geisel, Carter mencionou ter reconhecido a existência de discordâncias entre os dois países, mas esperava que o colega tivesse considerado suas palavras "satisfatórias". Geisel respondeu que "se fosse repórter teria feito as mesmas perguntas" e "seria absurdo que se sentisse constrangido", visto que ambos "eram favoráveis ao respeito pelos direitos humanos e (...) julgavam imprescindível a eliminação de quaisquer armas nucleares".[8]

No seu diário, Carter anotou que Geisel era um "cavalheiro idoso, militar, franco, honesto, direto". As melhores palavras foram para o cardeal Arns: "Um bom homem, eu gostaria de vê-lo como Papa. Extremamente corajoso. (...) Meu palpite é que a atenção que lhe demos não nos ajudará com Geisel, mas acho que é importante para mim, no Brasil e no mundo, não recuar nesse assunto".[9]

Não ajudou. Anos depois Carter veio ao Brasil, tentou marcar um encontro com o ex-presidente e não conseguiu. Telefonou-lhe para casa e não foi atendido.

---

[7] O discurso do senador Eurico Resende foi escrito pelo diplomata Ronaldo Sardenberg; o do deputado Erasmo Martins Pedro, pelo colega Carlos Augusto Santos Neves. Carlos Augusto Santos Neves, março de 1990.
[8] Maço de trinta folhas marcadas "secreto-exclusivo", com as três conversas dos presidentes. APGCS/HF. Para as seis horas, Timothy Power, "Brazil and the Carter human rights policy".
[9] Jimmy Carter, *White House Diary*, p. 182.

Lula, o metalúrgico

Foi coincidência. No dia seguinte à demissão de Frota, o presidente do Sindicato Nacional da Indústria de Autopeças, Luis Eulálio de Bueno Vidigal Filho, chegou à sede do Sindicato dos Metalúrgicos de São Bernardo, no ABC paulista, subiu à sala de Luiz Inácio da Silva, o Lula, e reuniram-se por quatro horas. Discutiram o percentual de aumento salarial da categoria. Lula pedia a reposição dos 34,1%. Sabia que era uma proposta inviável, mas colocava os patrões e o governo na defensiva.[1] Luis Eulálio já havia dito que houvera um "erro de cálculo" e reconhecia que "não há por que deixar de conversar".[2] Era tudo o que o sindicalista queria: quebrar o anel de ferro do Estado, negociando diretamente com as empresas.

Luis Eulálio tinha 36 anos de idade e quatrocentos de sobrenome. Era um Bueno, cujas raízes familiares vinham do século XVII, e um Vidigal,

---

1 Com o restabelecimento do valor da moeda ocorrido a partir de 1994, perdeu-se a percepção dos valores monetários dessa época. A inflação levou o salário mínimo de 1.560 cruzeiros, em 1978, para 2.268 cruzeiros, em 1979, para 2.932 cruzeiros no ano seguinte, e para 4.149 cruzeiros em 1980. Em 1985, quando terminou o governo Figueiredo, estava em 166.560 cruzeiros, <http://www5.jfpr.jus.br/ncont/salariomin.pdf>.
2 *Veja*, 8 de outubro de 1977; e *Jornal do Brasil*, 1º de janeiro de 1977.

cujo poder vinha do início do XX. Seu avô fora ministro da Fazenda; seu pai, diretor da Faculdade de Direito do largo de São Francisco; o tio, "Doutor Gastão", era o senhor do Banco Mercantil de São Paulo, símbolo de prestígio financeiro na primeira metade do século.[3] Em 1969, reunira a plutocracia paulista para um almoço destinado a arrecadar fundos para a *Operação Bandeirante*, o embrião dos DOI.[4] Luis Eulálio herdara e dirigia uma fábrica de equipamentos ferroviários que operava com 80% de capacidade ociosa.[5] Estava em campanha para substituir Theobaldo de Nigris, irrelevante concessionário de revenda de veículos, na presidência da Federação das Indústrias do Estado de São Paulo, no mais duradouro mandarinato da história da instituição.

O presidente do Sindicato dos Metalúrgicos era um retirante pernambucano de 32 anos que chegara a São Paulo em 1952 com a mãe, abandonada no sertão quando estava grávida dele. Encontrara o pai, alcoólatra, com uma nova família. Das muitas mulheres com quem o velho Aristides se acasalara estima-se que tenha tido vinte filhos.[6] Luiz Inácio tivera uma infância de maus-tratos paternos, pobreza e vergonhas. Fumara guimbas de cigarro e chicletes mascados por amigos. Engraxara sapatos na rua, mas conseguira empregar-se como metalúrgico. Persuadido e ajudado por um irmão que militava no Partido Comunista, tornara-se diretor de Previdência Social do Sindicato de São Bernardo. Sua experiência de trabalhador com carteira assinada durara treze anos. Passou de "Baiano" e "Taturana" a Lula. Tendo sofrido a pobreza do Brasil rural e as misérias da periferia das grandes cidades, parecia encaminhado para a vida de um bem-sucedido operário do ABC. Tinha casa, carro e uma mulher tecelã. Grávida de nove meses, ela foi internada com uma hepatite mal diagnosticada. Os médicos disseram que ia tudo bem e que ele deveria voltar no dia seguinte com as roupinhas do bebê. Quando retornou, ambos estavam mortos.[7]

---

3 *Dicionário histórico-biográfico brasileiro pós-1930*, v. 1, pp. 570-1.
4 Gastão Vidigal, novembro de 1995.
5 *Jornal do Brasil*, 8 de fevereiro de 1978.
6 Segundo o depoimento de Marinete Leite Cerqueira, irmã de Lula, em Denise Paraná, *Lula, o filho do Brasil*, p. 247.
7 Denise Paraná, *Lula, o filho do Brasil*, pp. 91-2.

Em 1975, numa cerimônia à qual comparecera o governador Paulo Egydio Martins, Lula assumira a presidência do sindicato. Mesmo com um índice elevado de sindicalização (50%), muito acima da média nacional (18%), a capacidade de mobilização do operariado de São Bernardo era pífia.[8] Incapaz de reunir associados em assembleias, a guilda só conseguia audiência quando ameaçava cortar a assistência médica dos absenteístas.[9] Havia em São Paulo 1 milhão de operários.[10] Pela estimativa de um dirigente da época, para cada cem trabalhadores, no máximo cinco militavam nos sindicatos.[11] A participação direta dos empregados nas fábricas resumia-se à eleição das Comissões Internas de Prevenção de Acidentes, as Cipas.

Com as pernas bambas, Lula fizera seu primeiro discurso lendo um texto redigido pelo advogado do sindicato, militante da esquerda católica: "De um lado vemos o homem esmagado pelo Estado, escravizado pela ideologia marxista, tolhido em seus mais comezinhos ideais de liberdade (...). E, no reverso da medalha, encontramos o homem escravizado pelo poder econômico".[12] "Ideologia marxista", "tolhido", "comezinhos" e "reverso" não faziam parte do seu universo vocabular, nem daquele dos trabalhadores de São Bernardo.

Pela idade, pela origem e pela inexperiência, parecia um urso de circo, simpático e obediente, mas já comera um dono. (O irmão, que pensara em fazer dele um quadro auxiliar ao PCB.) Dois anos depois comeria seu antecessor, que ficara com a secretaria-geral do sindicato, certo de que manipularia o "Baiano". Para a oposição, parecia um capital disponível. Uma parte do governo suspeitava que tivesse dono. Analistas do SNI acreditavam que, "projetado do obscurantismo para o 'vedetismo' jornalístico", ele era produto da manipulação de "pessoas extrassindicais".[13] O consulado americano em São Paulo, contudo, percebeu que seu sindicato

---

8 Para os índices, *O Estado de S. Paulo*, 22 de maio de 1978.
9 Luís Flávio Rainho e Osvaldo Martines Bargas, *As lutas operárias e sindicais dos metalúrgicos de São Bernardo*, p. 32.
10 *Veja*, 8 de março de 1978.
11 Hugo Perez, 23 de julho de 2004.
12 *Folha de S.Paulo*, 19 de abril de 2005.
13 *Apreciação nº 25*, do GAE, de 4 de abril de 1978. APGCS/HF.

rejeitara a presença solidária de parlamentares do MDB numa assembleia e que se recusava a participar de manifestações estudantis.[14]

Seu mundo era outro. Repetia a frase de Joãozinho Trinta — "quem gosta de miséria é intelectual" — e ensinava: "Você sabe que na maioria das empresas há um cartão para controle de quantas vezes um trabalhador vai ao banheiro? (...) Que a demora superior a dez minutos é considerada falta grave?".[15] Lula não tinha dono, raízes, muito menos conexões com ninguém, com nada além da peãozada de São Bernardo. Não tinha projeto político, não queria derrubar o governo, muito menos o regime, nem se fale em criar uma sociedade socialista. Avulso, permitia-se defender posições surpreendentes, sempre contornando as divisões da agenda política.

Reforma institucional?

"O estado de direito para o trabalhador vai muito além de coisas genéricas como liberdade de imprensa e *habeas corpus*. Eles precisam ter autonomia e liberdade sindical."[16]

Arena ou MDB para os governos estaduais?

"Estou em um jogo de dois times para os quais não torço."[17] "Em festa de nhambu, jacu não entra. (...) Existem tão bons políticos no MDB como na Arena. Mas os dois partidos são farinha do mesmo saco."[18]

Repressão?

"Se eu disser que sofri repressão, estou mentindo, sabe. Nunca me prenderam. (...) Chamaram, quando uma empresa me denunciou como subversivo. Fui lá com o diretor do DOPS e fui muito bem-tratado. (...) Agora fui na Polícia Federal (...) mas também fui muito bem-tratado."[19]

---

[14] Telegrama do consulado americano em São Paulo, de 22 de setembro de 1977, <http://aad.archives.gov/aad/createpdf?rid=219668&dt=2532&dl=1629>.
[15] *Jornal do Brasil*, 27 de fevereiro de 1978.
[16] *Veja*, 7 de setembro de 1977.
[17] *Jornal do Brasil*, 17 de fevereiro de 1978.
[18] Idem, 27 de fevereiro de 1978.
[19] *O Pasquim*, 24 de março de 1978.

(Num arrastão em cima do Partido Comunista, seu irmão foi preso e torturado. Ficou 48 dias no cárcere. A prisão de "Frei Chico" se deveu à sua própria militância, mas seus interrogadores buscaram elementos para incriminar Lula.)[20]

Em abril de 1978, três militantes da Convergência Socialista foram presos em São Bernardo distribuindo panfletos. Um deles foi torturado. Quando pediram a Lula que protestasse, ele fez uma nota solidária, mas deixou claro que ninguém fora para a cadeia por atividade sindical. Isso na versão pública. Noutra, "eles vieram me procurar para fazer um ato de protesto e eu mandei eles tomarem no cu, porque deviam ter procurado a gente antes da confusão, não depois".[21]

Pouco depois de sua posse na presidência do sindicato, Lula viajou para o Japão e os Estados Unidos, numa expedição patrocinada por entidades desses países.[22] Suas propostas eram modernas, radicais diante de um sistema estrutural e financeiramente amarrado ao governo. Pedia "um sindicalismo livre, autônomo".[23] Defendia até mesmo as negociações salariais por empresa.[24]

A Consolidação das Leis do Trabalho, vinda do Estado Novo, determinava que cada categoria tivesse um só sindicato numa área geográfica e que eles se agrupassem em federações estaduais, às quais caberiam as negociações dos dissídios coletivos. Esse monopólio da representação era remunerado pela partilha do imposto sindical (um dia de trabalho anual, cobrado a todos os trabalhadores, sindicalizados ou não), repassado exclusivamente às organizações reconhecidas pelo governo. O presidente da Confederação Nacional dos Trabalhadores na Indústria, Ary Campista, estava no cargo desde 1964 e acumulava-o com uma posição de juiz do Tribunal Superior do Trabalho. Parecia um lorde e dizia que "não é necessário ir às fábricas, porque tenho contato com os dirigentes".

---

20 Entrevista de "Frei Chico" a Denise Paraná, *Lula, o filho do Brasil*, pp. 177-89.
21 *O Estado de S. Paulo*, 5 de maio de 1977; e Lula, Nova York, 19 de abril de 1993.
22 Mario Garnero, *Jogo duro*, p. 130; e Denise Paraná, *Lula, o filho do Brasil*, p. 128.
23 *Jornal do Brasil*, 17 de fevereiro de 1978; e *Visão*, 3 de abril de 1978.
24 *Jornal do Brasil*, 26 de fevereiro de 1978.

(Campista estava na caderneta de telefones do general Golbery já nos primeiros meses do regime.)[25]

Do exílio em que vivia desde que fora banido do Brasil, José Ibrahim, ex-presidente do Sindicato dos Metalúrgicos de Osasco, quadro da Vanguarda Popular Revolucionária e líder de uma greve em 1968, estranhou o novo personagem:

> O Lula está oficialmente no sindicato desde 1969. (...) Então, não entendo um dirigente sindical não comprometido com os interesses dos patrões e que tenha passado despercebido como o Lula passou, de 1969 até 1977. Durante esse período o sindicato dos metalúrgicos de São Bernardo permaneceu totalmente desmobilizado.[26]

Diferentemente de Lula, Ibrahim aceitava a existência do imposto sindical.

Desvinculado das correntes políticas, Lula tornou-se uma celebridade, encarnando o "antipelego".[27] Para o cônsul americano em São Paulo, era "a estrela da facção democrática militante do movimento sindical".[28] A abertura de Geisel, a ida dos estudantes às ruas no ano anterior e a bandeira da reposição salarial estimularam o renascimento do sindicalismo em diversos estados. Lula era um dos poucos dirigentes dessa nova safra sem outros vínculos. Alguns dirigentes tinham militância católica, outros, vinculações com o PCB, o PC do B, o MR-8 ou organizações trotskistas. O presidente do Sindicato dos Metalúrgicos de Santo André, por exemplo, era candidato a deputado federal pelo MDB, apoiado pela Convergência Socialista.[29]

---

25 *Lista que Serviu de Base à Primeira Escala de Telefonemas*, uma folha manuscrita de Heitor Ferreira, de 20 de abril de 1964. APGCS/HF.
26 *Veja*, 12 de abril de 1978. Para VPR, Marco Aurélio Garcia, *Em Tempo*, 9 de janeiro de 1980.
27 *IstoÉ*, 1º de fevereiro de 1978.
28 Telegrama do cônsul Frederic Chapin ao Departamento de Estado, de 18 de novembro de 1977.
29 Paulo Markun, *O sapo e o príncipe*, p. 109.

Aqui e ali, ressurgia a palavra esquecida: "greve". Na voz de Ary Campista, "a maior arma dos trabalhadores é a greve, que só vale como ameaça. Depois de deflagrada, traz prejuízos para todos".[30] Lula formularia a questão de outra maneira, também tranquilizadora:

> Aquele sindicalismo fechado em seus próprios problemas, que lança mão a torto e a direito da maior arma que o trabalhador possui, a greve — a sua sagrada arma —, já vai longe. Sei que no Brasil a hora é de diálogo. Deve-se ir ao extremo, à exaustão para que cada um possa se conhecer e, portanto, se respeitar.[31]

Pouco depois, subiria o tom: "Conversar com patrão, já conversamos. Conversar com autoridade? Já conversamos. (...) Então, vamos dar um tempo aí, está chegando o momento, eu sinto".[32] O SNI também sentia. Em abril, informava que "a recusa ao dissídio coletivo levará, inevitavelmente, à greve".[33]

---

[30] *O Estado de S. Paulo*, 4 de janeiro de 1979.
[31] *O Pasquim*, 24 de março de 1978.
[32] Idem.
[33] *Relatório nº 25*, do GAE, de 5 de abril de 1978. APGCS/HF.

Sete dias de maio

Entre os dias 8 e 14 de maio de 1978 aconteceram dois fatos inesperados. Um, no chão das fábricas do ABC paulista; outro, na cúpula das articulações oposicionistas. Dia 8 era uma segunda-feira e Gilson Menezes, um ferramenteiro corpulento da fábrica de caminhões Scania, em São Bernardo, teve uma ideia e contou-a a apenas três pessoas. Na terça, já falara com vinte. Na quarta, ampliou a confidência, recomendando que só se tocasse no assunto nos ônibus e desde que não houvesse chefes por perto. Na quinta, foi ao sindicato, entrou na sala de Lula e disse-lhe que a Scania ia parar. "Ele balançou a cabeça e continuou mexendo com uns papéis. Não perguntou nada. Ele estava sozinho na sala, mexendo numa gaveta."[1]

Na manhã de sexta, dia 12, Gilson não ligou sua máquina. Nem ele nem os trinta colegas de sua seção. Havia operários por perto, esperando o sinal. Eles ouviram o silêncio dos tornos e partiram de bicicleta para outros setores. Meia hora depois a fábrica estava parada. Um supervisor supôs que houvera uma interrupção no fornecimento

---

[1] Gilson Menezes, setembro de 2004. Em depoimento a Ricardo Antunes, *A rebeldia do trabalho*, p. 23, Lula contou: "Dias antes o Gilson, numa reunião da diretoria, falou que a Scania parava no dia 12 de maio".

de energia.[2] A Scania era pioneira da indústria automotiva, com 3 mil operários. Numa categoria que tinha, em média, 25% de trabalhadores sindicalizados, a Scania tinha 50%. Os comunistas não passavam de meia dúzia.[3]

Gilson fazia parte da elite de operários da indústria automobilística, cujos salários oscilavam entre 2,5 e 3,7 salários mínimos.[4] Em dez anos de profissão, completara seis cursos de aperfeiçoamento. Tinha mulher, filha, televisão e casa de dois quartos, banheiro e cozinha. Metia-se em agitações operárias desde os doze anos e, em 1968, aos dezenove, fora à manifestação oficial do 1º de Maio na praça da Sé, na capital, prestigiada pelo Partido Comunista. Queria apenas manifestar-se, mas quando militantes de esquerda, liderados por José Ibrahim, expulsaram o governador Abreu Sodré do local, Gilson ajudou a destruir e incendiar o palanque das autoridades. Nos últimos meses chegara a diretor de base do sindicato e fizera manifestações em portas de fábrica, colava o balanço da Scania, com seus lucros, no banheiro da empresa e, no almoço, puxava conversa com os colegas referindo-se ao papel que fingia ter lido na privada.

Haviam ocorrido outras paralisações. Em janeiro parara a fábrica de produtos eletrônicos Maxwell, em São Paulo, que atrasava pagamentos e pedia dinheiro ao BNDE. No ABC, outras greves, na Ford e na Mercedes, haviam sido parciais e breves, mas na Scania pararam todos. Até onde se pode dizer que uma greve foi espontânea, foi isso que se deu. Há uma década, greve em fábrica era uma ideia, nada mais. Para os trabalhadores, um desejo. Para os empresários, uma ameaça. Para o governo, um risco. Diante dela, nenhum dos três sabia exatamente o que fazer.

A empresa operou pelo manual e pediu aos trabalhadores que formassem uma comissão (tratava-se de criar a figura dos responsáveis pelo que era um ato ilegal). Eles se recusaram. Às dez horas chegaram o representante da Delegacia Regional do Trabalho (o governo) e um agente do DOPS (a polícia). Ambos insistiram na necessidade de se formar uma comissão. Nada. Ao meio-dia a Scania aceitou conversar,

---

[2] *O Estado de S. Paulo*, 13 de maio de 1978; e Laís Wendel Abramo, *O resgate da dignidade*, p. 209.
[3] Para o número de comunistas, Gilson Menezes, setembro de 2004.
[4] Para os salários médios do setor em 1976, John Humphrey, *Capitalist control and worker's struggle in the Brazilian auto industry*, p. 52.

Sete dias de maio

desde que a reunião ocorresse fora da empresa, longe do sindicato. Foram para o hotel Holliday Inn e convidaram Lula. Ele abraçou Gilson, sem uma palavra. A Scania anunciou que negociaria, desde que os operários voltassem ao trabalho. Lula, como presidente do sindicato, esclareceu que nada fizera para que houvesse a paralisação e, portanto, nada faria para mandá-los de volta às máquinas. Ninguém pronunciava a palavra "greve". A conversa deu em nada. Esses dias de maio de 1978 mudariam a história política brasileira.

Na esfera das articulações políticas convencionais, havia meses sucediam-se notícias segundo as quais uma parte da oposição buscava um candidato militar para disputar a Presidência com o general Figueiredo. No sábado, dia 13, o jornalista Carlos Chagas contou ao general Hugo Abreu que publicaria na edição d'*O Estado de S. Paulo* do dia seguinte: "Euler será o candidato do MDB".[5] O SNI temera que o general entrasse na disputa, mas acalmara-se, registrando que os esforços dos dissidentes civis e militares haviam se revelado inúteis: "Não é de se esperar o surgimento de heróis fardados".[6]

Euler Bentes Monteiro tinha 61 anos e estava na reserva desde março de 1977. Era um homem calmo, dirigira a Sudene e por onde passara deixara uma lembrança de seriedade e rigor. Isso para os admiradores. Para os críticos, andava num "nacionalismo façanho", "difícil de tratar", "meio ranheta".[7] Como Figueiredo, era filho de general e "tríplice coroado": primeiro de turma na Academia Militar, na Escola de Aperfeiçoamento de Oficiais e na Escola de Comando e Estado-Maior. Em 1954 assinara o *Manifesto dos Coronéis*, que expôs a fragilidade militar de Getulio Vargas, mas ficara longe da conspiração contra João Goulart. Geisel admirava-o. Em

---

5 *O Estado de S. Paulo*, 14 de maio de 1978. Para a conversa de Carlos Chagas com Hugo Abreu, Hugo Abreu, *Tempo de crise*, p. 40.
6 *Apreciação Sumária nº 3*, de 18 de janeiro de 1978, CPDoc/FGV; e *Apreciação Especial nº 8*, do Grupo de Assessoramento Especial do SNI, de 3 de fevereiro de 1978. APGCS/HF.
7 Cordeiro de Farias a Geisel, *Diário de Heitor Ferreira*, 18 de fevereiro de 1972; Figueiredo a Heitor Ferreira, 9 de fevereiro de 1974; e Dale Coutinho a Geisel, 16 de fevereiro de 1974. APGCS/HF.

1972, admitira que pudesse ser "o seguinte".[8] Na formação do governo, decidiu colocá-lo na chefia do Estado-Maior do Exército. ("Meu caro, ele vai arrumar aquela casa.")[9]

Geisel cogitou também colocar Euler no Ministério dos Transportes, depois decidiu-se pelo da Previdência. Segundo seu filho, o general preferiu continuar na carreira.[10] Da burocracia do Alto-Comando Euler foi para o silêncio do pijama no seu apartamento de Copacabana e para o sítio do Pica-Pau Amarelo, em São Pedro da Aldeia, no litoral fluminense.

Aqui e ali seu nome entrava nas listas de prováveis sucessores de Geisel. Numa pesquisa feita pela revista *Veja* durante o Congresso das Classes Produtoras, tivera 23,6% das preferências entre 318 empresários, enquanto Figueiredo conseguira 12,9%.[11] Hugo Abreu listara-o entre quatro possíveis candidatos militares, no seu derradeiro e inútil esforço para barrar o chefe do SNI.[12]

O telefone de Euler não estava grampeado, mas os de Hugo Abreu e de Severo Gomes, ex-ministro da Indústria e Comércio, estavam. No dialeto da época, grampo chamava-se "dragão".[13] O SNI ouvira que Euler limitava-se a dizer que "a situação é nada boa".[14] Severo Gomes, mais falador, conversara com Fernando Henrique Cardoso. Evitavam nomes. O professor contou que conversara com "nosso amigo" e Severo lhe narrara que o senador Teotônio Vilela estivera com "o sujeito". Ele deveria conversar com "o tribuno" e Severo avisou que "até o final de semana a gente lança uma coisa aí".[15] Sem muito esforço o SNI decifrou que "o sujeito" era Euler, "tribuno" era o senador Paulo Brossard e "nosso amigo", Ulysses Guimarães, presidente do MDB.

No domingo, dia 14, Carlos Chagas mostrou "a coisa": "O general Euler Bentes Monteiro aceitou que seu nome seja levado ao MDB como

---

8 *Diário de Heitor Ferreira*, 26 de março de 1972. APGCS/HF.
9 Conversa de Geisel com Golbery, 10 de dezembro de 1972. APGCS/HF.
10 Yvan Bentes Monteiro, agosto de 2012.
11 *Veja*, 31 de outubro de 1977.
12 *Informação para o Senhor Presidente*, do general Hugo Abreu, 2 de fevereiro de 1978. APGCS/HF.
13 A expressão vinha de "D.G.", distribuidor geral da telefônica.
14 Sete folhas do SNI, com a anotação "secreto", visadas por Geisel, de 4 de maio de 1978. APGCS/HF.
15 Conversa de Fernando Henrique Cardoso com Severo Gomes, em 11 de maio de 1978. Quatro folhas do SNI, marcadas "secreto", visadas por Geisel e anotadas por Golbery. APGCS/HF.

candidato à Presidência da República".[16] O SNI se enganara e o Palácio via-se diante de uma situação inédita: um candidato militar respeitado, disposto a aceitar as regras do jogo.

A greve no ABC e a candidatura militar também não estavam na agenda da cúpula do MDB. Ulysses Guimarães, presidente do partido, e Tancredo Neves, líder de sua bancada na Câmara, não gostavam da ideia de um candidato-general e acreditavam que uma eventual mobilização popular não teria operários em cena. Ulysses esperava que, quando chegasse a vez da oposição, o presidente fosse ele. Tancredo, que vira a derrocada de 1954, como ministro da Justiça de Getulio Vargas, e a de 1964, como líder do governo de João Goulart, tinha horror a divisões militares. Seu objetivo imediato era a conquista de uma cadeira no Senado na eleição de novembro de 1978 e, talvez, o governo de Minas Gerais, em 1982.

Entre a sexta-feira do início da greve de São Bernardo e a noite de domingo, o repórter Jorge Bastos Moreno esteve ao lado de Ulysses e não ouviu dele a palavra "Scania". Viajavam pelo Nordeste e, quando chegaram a Salvador, a única curiosidade do presidente do MDB em relação a acontecimentos de São Paulo fora sobre o resultado do jogo do Santos com o Anapolina, de Goiás.[17] Acompanhado por Tancredo, ele lançaria a candidatura do economista Rômulo de Almeida ao Senado pela Bahia. Foram informados de que a Polícia Militar não permitiria a concentração programada para Campo Grande e que o Centro da cidade estava ocupado pela tropa de choque da PM. Esperava-se que se repetisse o que sucedera em outros estados: fariam uma nota de protesto e iriam embora. Fizeram o contrário. Foram para a sede do partido. No caminho, encontraram uma barreira de policiais, com cães, soldados e baionetas. Tancredo ficou um pouco para trás, mas quando um soldado fez sinal para que Ulysses parasse, ele avançou: "Respeitem o líder da oposição!". Passaram todos, a manifestação realizou-se e os dois discursaram. A cena da praça foi registrada pelo fotógrafo Luciano Andrade.

---

16 Carlos Chagas, *A guerra das estrelas (1964-1984)*, p. 305.
17 Jorge Bastos Moreno, maio de 2012.

Nela Ulysses aparece desafiador, com passos largos e dedo em riste, dando uma nova dimensão à relação dos oposicionistas com as ruas.[18]

Pelo manual do patronato, tratava-se de esperar que a Justiça do Trabalho declarasse ilegal a greve da Scania para que as coisas voltassem ao normal. A surpresa veio no início da tarde de segunda-feira: pararam mais 7 mil operários da Ford. Na Scania, três dias antes da greve houvera um princípio de articulação na ferramentaria. Na Ford, nem isso.[19] Ao fim do dia pararam também ferramenteiros da Volkswagen.[20] Na manhã seguinte, representantes de patrões e empregados reuniram-se na Delegacia Regional do Trabalho. Havia mais de 10 mil trabalhadores parados, mas nessa reunião falaram-se línguas diferentes, de tempos diversos.[21]

Newton Chiaparini, presidente do Sindicato Nacional da Indústria de Tratores, Caminhões e Automóveis (Sinfavea) e diretor da Ford:

> O que está em causa no caso presente é uma tentativa do dispositivo sindical de ampliar um movimento surgido inicialmente na Scania (...) no sentido de fazer contestação à política salarial atualmente em vigor, ampliando se possível o movimento contestatório a nível nacional. (...) Querem eles agora, no molde do que acontecia antes de 1964, uma nova revisão salarial.[22]

Lula: "Mais uma vez a classe empresarial tenta usar o governo como escudo".[23]

---

18 Idem; e *Jornal do Brasil* e *O Estado de S. Paulo*, 14 de maio de 1978.
19 Para o princípio de articulação, Jair Meneguelli, em ABC de Luta, <http://www.abcdeluta.org.br>. Para 7 mil, *O Estado de S. Paulo*, 15 e 16 de maio de 1978.
20 *O Estado de S. Paulo*, 21 de maio de 1978.
21 Para "mais de 10 mil", *Jornal do Brasil*, 19 de maio de 1978.
22 *O Estado de S. Paulo*, 17 de maio de 1978.
23 *Jornal do Brasil*, 17 de maio de 1978.

O ronco de Chiaparini parecia uma ameaça aos grevistas, mas na realidade cobrava força do governo. Quebrara-se o encanto do sistema de controle das relações trabalhistas. Tudo funcionara bem enquanto o patronato tivera à sua disposição o poder dissuasório da ditadura, mas agora ele lhe faltava. Lula estranhou a presença na reunião do industrial Jorge Duprat Figueiredo, vice-presidente da Fiesp e herdeiro de uma fábrica de vidros. Desde 1971 um dos diretores de sua empresa, em nome da Fiesp, fizera mais de cem visitas ao DOPS.[24] Ele era o contato do patronato paulista com o porão.

Chiaparini fingia que a política salarial não era da Ford nem da Scania, mas do governo, e Lula fingia que a greve não era problema do sindicato, mas dos patrões. Pela lembrança do governador Paulo Egydio Martins, nenhum empresário lhe pediu que pusesse a polícia em cena. Se alguém quisesse pedir, deveria fazê-lo por escrito.[25] O comandante do II Exército, general Dilermando Gomes Monteiro, informou: "Ainda não encontrei ambiente suscetível de causar preocupações".[26]

A Scania decidiu negociar. O presidente do seu conselho de administração era João Batista Leopoldo de Figueiredo, "primo rico" do chefe do SNI, ex-presidente do Banco do Brasil e do IPÊS, a central aglutinadora do empresariado na conspiração contra João Goulart. Ele informara ao SNI que "a greve é superorganizada, sem violência".[27] Chegou-se a um acordo verbal: 20% de aumento para quem ganhava até dez salários mínimos, remuneração igual para quem fizesse o mesmo serviço, redução de trabalho noturno e pagamento dos dias parados.[28] Lula levou a proposta a uma assembleia realizada dentro da fábrica e a greve acabou. O acerto feito com a Scania dava à empresa três dias para formalizar a proposta. Lula caíra numa armadilha.

---

24 *O Estado de S. Paulo*, 17 de fevereiro de 2013; e Chico Otávio e José Casado, "O elo da Fiesp com o porão da ditadura", *O Globo*, 9 de março de 2013.
25 Paulo Egydio Martins, 1988; e *Veja*, 31 de maio de 1978.
26 *Jornal do Brasil*, 19 de maio de 1978.
27 Para "primo rico", bilhete manuscrito do general Figueiredo a Heitor Ferreira, de 18 de julho de 1976. Para a opinião sobre a greve, três folhas marcadas "secreto", do SNI, rubricadas pelo general Sebastião Ramos de Castro, de 19 de maio de 1978. APGCS/HF.
28 Ricardo Antunes, *A rebeldia do trabalho*, p. 23.

Liderado pela Ford, o patronato fechou-se em copas. Seus sindicatos e associações não aceitavam negociações bilaterais e tanto a Scania quanto a Mercedes, que haviam feito propostas aos trabalhadores, retiraram-nas. A greve foi declarada ilegal e entrou em ação a censura das emissoras de rádio e televisão, primeiro com telefonemas do ministro da Justiça, Armando Falcão, depois com ordens da Polícia Federal: "De ordem superior, recomenda não divulgarem noticiário referente a movimentos grevistas".[29] Para a TV Globo a ordem era dar notícias breves, sem som ambiente nem voz dos líderes sindicais. Em geral, ia ao ar uma nota de vinte segundos.[30] Uma camionete da emissora já havia sido atacada por grevistas no ABC.

Os velhos manuais falharam novamente. Uma longa entrevista de Lula, concedida ao programa *Vox Populi*, da TV Cultura (do governo de São Paulo), chegou a ser anunciada, mas foi suspensa. Paulo Egydio telefonou a Geisel, argumentou que a iniciativa serviria apenas para acirrar os ânimos e mandou que Lula fosse ao ar.

O que se viu na telinha foi um sindicalista inesperado:

— Você tem alguma pretensão política?
— A única coisa que aprendi a fazer na minha vida foi ser torneiro mecânico e estou tentando aprender a ser um bom dirigente sindical. (...) Eu não sirvo para político.

— Como os estudantes podem se integrar ao movimento operário?
— (...) Eu só tenho curso de torneiro mecânico, talvez essa minha desinformação me leve a ser assim — mas eu acho que a melhor maneira de os estudantes ajudarem a classe trabalhadora seria eles ficarem dentro das universidades.

---

[29] *O Estado de S. Paulo* e *Jornal do Brasil*, 18 de maio de 1978. Para a censura, *O Estado de S. Paulo*, 16 de maio; e *Jornal do Brasil*, 17 de maio de 1978.
[30] *Jornal Nacional — A notícia faz história*, p. 81.

— Como Lula vê a possibilidade de impedir que haja infiltração (de ideologias extremistas) nos sindicatos operários? (Pergunta enviada pelo general Dilermando Gomes Monteiro.)
— (...) Eu gostaria que o comandante do II Exército nos ajudasse a brigar pela liberdade sindical, e me desse o direito, não só a mim mas a todos os dirigentes sindicais que não têm compromissos ideológicos, de lutar contra qualquer um dos dois extremos.[31]

Num jantar onde estiveram o ex-ministro Mário Andreazza e Antonio Carlos Magalhães, então presidente da Eletrobras, o empresário Augusto Trajano de Azevedo Antunes, monstro sagrado da plutocracia nacional, se dispôs a unir sua classe para debelar essa "'crise' presumida". Seu primeiro objetivo seria "amenizar essas distorções da imprensa".[32] Como dizia Antonio Gallotti, outro ícone do empresariado, tratava-se de "costurar por dentro". Mola mestra da articulação empresarial de 1964, "Doutor Antunes" não tinha mais a influência que oferecia. Assistindo à entrevista de Lula no *Vox Populi*, Ruy Mesquita, diretor de *O Estado de S. Paulo*, porta-voz do conservadorismo paulista, contaria o que viu:

O Lula que me surgiu no vídeo, lúcido, objetivo, com uma clareza de raciocínio que se refletia na incrível facilidade de expressão, parecia o produto de um ambiente político totalmente diferente daquele que têm produzido as nossas atuais lideranças (ou pseudolideranças) políticas, eclesiásticas, intelectuais ou estudantis.[33]

Vendo-se enganados com o recuo da Scania, os trabalhadores tentaram recomeçar a greve, mas a empresa isolou seções colocando tapumes, proibiu a comunicação durante o serviço, calou os ramais telefônicos e postou

---

31 Luiz Inácio da Silva, *Lula — Entrevistas e discursos*, pp. 53-83.
32 Duas folhas do SNI, intituladas *Jantar de Empresários*, de 30 de maio de 1978. APGCS/HF.
33 Paulo Markun, *O sapo e o príncipe*, p. 130, citando a revista *Senhor*.

guardas nos corredores e nos banheiros.[34] A fábrica voltou a trabalhar sem ceder um centavo. Do ponto de vista do patronato, a batalha estava ganha. Se o recuo prevalecesse, Lula seria mais um dirigente desmoralizado por uma greve fracassada: "O pessoal achou que nós tínhamos traído eles".[35]

Supunha-se, com razão, que o colapso da greve da Scania abalaria as outras. Deu-se o contrário. A paralisação espalhou-se, transformando-se na maior greve já ocorrida no país. Em quatro semanas pararam cerca de 100 mil trabalhadores em 55 empresas e Lula tornou-se o símbolo desse movimento.[36]

A capitulação dos empresários começou pela Ford, em segredo. A empresa negociou durante dois dias, chegou a um acordo preliminar e pediu uma semana de prazo para estudar a proposta.[37] Ao fim de maio, dezenove dias depois da parada da Scania, Lula e o sindicato das montadoras assinaram um acordo que encerrava a greve em quase todas as grandes indústrias de São Bernardo. Os operários conseguiram 11% de aumento, dividido em duas parcelas, menos do que oferecera a Scania antes do recuo.[38] Mas conseguiram o precedente da negociação direta entre as empresas e o sindicato. Um mês depois, assinaram-se 166 acordos, envolvendo 280 mil trabalhadores.[39]

A greve como forma de reivindicação dos trabalhadores retornara ao cenário político, com eficácia, projetando um personagem estranho ao sistema que vinha do Estado Novo. Lula não cabia nos formulários do MDB, da Igreja nem dos partidos de esquerda. Geisel e Golbery não gostavam de greves, mas seu adversário da hora não eram trabalhadores mobilizados por uma liderança apartidária, era a oposição, que se preparava para a eleição de novembro. Afinal, os senadores oposicionistas Franco Montoro e Orestes Quércia haviam sido vaiados no

---

[34] Luís Flávio Rainho e Osvaldo Martines Bargas, *As lutas operárias e sindicais dos metalúrgicos em São Bernardo*, p. 71; e *A greve na voz dos trabalhadores — Da Scania a Itu*, p. 10.
[35] Depoimento de Lula ao ABC de Luta, <http://www.abcdeluta.org.br>.
[36] Laís Wendel Abramo, *O resgate da dignidade*, p. 216.
[37] *Jornal do Brasil*, 23 e 31 de maio de 1978.
[38] Luís Flávio Rainho e Osvaldo Martines Bargas, *As lutas operárias e sindicais dos metalúrgicos em São Bernardo*, p. 75. A Scania oferecera 20% para quem ganhava até dez salários mínimos, em Luís Flávio Rainho e Osvaldo Martines Bargas, *As lutas operárias e sindicais dos metalúrgicos em São Bernardo*, p. 70.
[39] Gilson Menezes, *O operário prefeito*, p. 18.

Sindicato dos Metalúrgicos de Santo André e o SNI vira na cena um sinal de fraqueza do MDB.[40]

Dois dias antes da greve da Scania, circulara nos meios empresariais o rascunho de um manifesto ameaçador: "Em 1978, quando as próprias democracias europeias mal resistem à pressão comunista, poderá o Brasil dar-se ao luxo de diminuir de modo impressionante as medidas de prudência que se revelaram indispensáveis e eficazes em 1964?".[41] Tinha 32 assinaturas e pouca representatividade — haviam aderido apenas os presidentes da Confederação Nacional da Indústria e da federação de Minas Gerais, além de Jorge Duprat Figueiredo. Depois da greve do ABC, com um novo texto, teria 102 signatários, com mais dez presidentes de federações industriais (faltavam os de São Paulo e do Rio de Janeiro), muitos usineiros e o "primo rico" de Figueiredo. A pergunta ameaçadora fora suprimida e no seu lugar entrara uma nova formulação: "Quanto à denominada abertura política, certa imprensa tem dado excessivo realce a opiniões que não representam o empresariado nacional e tem procurado dar vida ao que se poderia bem chamar de contestação empresarial".[42] Denunciava "o clima de agitação demagógica" e uma "volta ao clima anterior a 1964".

Alguns dos ventos que sopraram em 1964 agora iam noutra direção. O SNI acusava o cônsul americano em São Paulo, Robert Bentley, de estar "atuando ativamente e agitando" em benefício da greve.[43] (Bentley não era um diplomata qualquer. Na madrugada de 2 de abril de 1964, quando se deu a cerimônia de posse do deputado Ranieri Mazzilli, sacramentando a deposição de João Goulart, o palácio do Planalto estava às escuras e a pequena comitiva subiu as escadas iluminando-a com fósforos. Um deputado surpreendeu-se: a seu lado estava o jovem secretário Robert Bentley.)[44]

---

40 Para o SNI, *Apreciação Sumária nº 17*, de 10 de maio de 1978. APGCS/HF. Para o registro das vaias, *O Estado de S. Paulo*, 2 de maio de 1978; e *Veja*, 10 de maio de 1978.
41 *Jornal do Brasil*, 10 de maio de 1978.
42 Idem, 2 de junho de 1978.
43 Três folhas do SNI, marcadas "secreto", do general Sebastião Ramos de Castro a Figueiredo, de 19 de maio de 1978. APGCS/HF.
44 Luis Viana Filho, *O governo Castello Branco*, p. 46.

O general Golbery frequentemente dizia que "muitas alianças são tácitas e, se forem explicitadas, se destroem".[45] Para quem estava a caminho de uma eleição geral, na qual os signatários de manifestos empresariais apocalípticos apoiariam o governo por gravidade, um movimento de trabalhadores sem articulação partidária era uma benfazeja novidade.

---

45 Golbery do Couto e Silva, 1978.

A costura de Petrônio

Para quem discutira com a família a possibilidade de vir a pedir asilo numa embaixada (de língua espanhola), caso o general Frota emparedasse Geisel, o senador Petrônio Portella renascera das cinzas.[1] Esse piauiense de 54 anos era um audaz sobrevivente, colecionador de êxitos implausíveis. Líder da oposição na Assembleia, casara-se com a filha do governador. Tendo condenado o levante militar de 1964 com um manifesto em que anunciara seu "firme propósito de defender, sem medir sacrifícios, e indo às últimas consequências, a ordem democrática", sobrevivera e criara a Arena do Piauí.[2] Em 1973, quando o senador Filinto Müller, presidente do partido, morreu num desastre de avião e Petrônio, seu vice, ascendeu à posição, Geisel comentou: "O Petrônio, presidente do partido da Revolução...".[3]

Conhecendo-o melhor, Geisel equilibraria o juízo com uma analogia histórica, comentando uma biografia do presidente Rodrigues Alves: "Ele não era revolucionário, como o Petrônio. Era conselheiro do

---

[1] Sonia Portella, 2002.
[2] Nota de Petrônio Portella, cópia fornecida por Sonia Portella.
[3] *Diário de Heitor Ferreira*, 16 de julho de 1973. APGCS/HF.

Império".⁴ Tendo-o como operador político, iria adiante: "Tivéssemos seis Petrônios".⁵

O senador não fazia confidências inúteis nem tratava de assunto sério ao telefone. Às vezes telegrafava, marcando um encontro pessoal.⁶ Escrever, nem pensar. Guardar papéis, muito poucos.⁷ Geisel já o conhecia havia quatro anos e ainda não era capaz de reconhecer sua caligrafia, muito menos a assinatura garranchuda.⁸ Mantinha prudente distância dos militares e só tratara de assuntos políticos com Figueiredo, em 1976, num encontro em que se valera da intermediação de Heitor Ferreira.⁹

Sua iniciativa de conversar com líderes da sociedade civil levando a moldura de um projeto de salvaguardas que permitisse a revogação do AI-5 tirara da oposição o monopólio das propostas de mudança. Com o poder simbólico de presidente do Senado e com o poder real de delegado de Geisel e Golbery, ia de um lado a outro do espectro político. Cultivou contatos com Raymundo Faoro, presidente da OAB, e foi à casa do jurista Prado Kelly, um dos expoentes do liberalismo conservador, que ocupara o Ministério da Justiça no governo Café Filho. Esteve com o secretário-geral da Conferência Nacional dos Bispos do Brasil, d. Ivo Lorscheiter, e com seu oposto, o cardeal Eugênio Sales, do Rio de Janeiro; com o presidente da Fiesp, Theobaldo de Nigris, e com seu adversário, Luis Eulálio Vidigal; com Ary Campista e com Lula. Quem melhor resumiu a essência desse parlatório foi Prado Kelly: "Não sei até hoje o que Petrônio veio fazer na minha casa. Não me disse nada, não me perguntou nada. E o pior: não me deixou falar nada".¹⁰

Petrônio era loquaz, esbanjador de advérbios de modo e de expressões como "fundamental", "essencial" e "básico". Faoro percebeu o truque: "Defendia-se com a prolixidade".¹¹ Embrulhava conceitos definitivos em

---

4 Conversa de Geisel com Moraes Rego e Heitor Ferreira, 23 de novembro de 1973. APGCS/HF.
5 *Diário de Heitor Ferreira*, 15 de junho de 1974. APGCS/HF.
6 Thales Ramalho, 15 de maio de 1999.
7 Sonia Portella, junho de 2012.
8 Cartão manuscrito de Petrônio Portella a Heitor, que, enviado a Geisel, levou-o a perguntar de quem era a assinatura; e bilhete de Heitor a Golbery, de 12 de abril de 1977. APGCS/HF.
9 Bilhete de Heitor Ferreira a Figueiredo, de 25 de novembro de 1976. APGCS/HF.
10 *O Estado de S. Paulo*, 12 de novembro de 1986.
11 Raymundo Faoro, em entrevista à *Folha de S.Paulo*, 15 de maio de 2005.

construções vagas: "Eu posso dourar as coisas, mas, mesmo dourando, deixar em termos peremptórios".[12] Nunca expôs suas conversas com Geisel e Golbery. Ocupou espaço abrindo uma agenda cenográfica. Ao fazê-lo, adquiriu tamanho desembaraço que recebeu em seu gabinete, com direito a presença de fotógrafos, a atriz holandesa Sylvia Kristel, que, desde 1974, fazia sucesso mundial no papel de Emmanuelle, um pornô leve que incluía fornicações no banheiro de um avião. "Achei-a melhor na tela", comentou o senador.[13] (O filme estava proibido no Brasil.)

Geisel invertera o jogo. Livre de Frota, oferecendo o fim do AI-5 e seis anos de governo de um general que prometia mais abertura, encurralava a oposição. Por astúcia, e por não ter suficiente conhecimento dos detalhes de um projeto que estava em construção, Petrônio não dizia como as "salvaguardas" substituiriam o AI-5. Aceitava sugestões. Já o MDB mantinha-se preso à bandeira da convocação de uma Constituinte que presumia a queda do regime.

O jornalista Carlos Castello Branco resumiria esse discurso da paralisia voluntária:

> O fato é que o Partido do Sr. Ulysses Guimarães deixou-se isolar, vinculado a uma campanha pela Constituinte, a qual, tendo fundamento ético, não se revelou politicamente válida. O resultado é que hoje nem há campanha pela Constituinte, nem há teses definidas como teses do MDB. O programa do MDB está parcialmente adotado pelo governo sem que o MDB tire disso qualquer proveito.[14]

Ulysses dizia que "se não temos uma democracia, vamos convocar a nação, através dos seus representantes, para dizer o que vamos escrever numa Constituição democrática".[15] A linha absolutista tinha a simpatia

---

12 Conversa de Geisel e Golbery com Petrônio Portella, 15 de fevereiro de 1974. APGCS/HF.
13 *O Estado de S. Paulo*, 20 de outubro de 1977.
14 *Jornal do Brasil*, 13 de janeiro de 1978.
15 Idem, 16 de fevereiro de 1978.

da esquerda, com a ala dos "autênticos" do partido, mas não ia longe. Mesmo um oposicionista como o professor Fernando Henrique Cardoso, para quem o regime dava mostras de que estava "implodindo", admitia que a Constituinte não devia ser "a palavra de ordem inicial".[16]

Tratava-se de um dilema antigo, exposto ainda em 1974, quando o professor Wanderley Guilherme dos Santos sustentara uma "estratégia incremental" para desmanchar a ditadura.[17] "Descompressão", "distensão" e "abertura" pressupunham gradualismo. "Constituinte", "revogação do Pacote de Abril", "anistia ampla geral e irrestrita" pressupunham a capitulação de um regime que não tinha contra si o povo nas ruas e já não padecia de uma ameaçadora divisão.

Para civis e militares que viveram a paz armada da vigência do AI-5, a restauração do *habeas corpus* para pessoas acusadas de subverter a ordem pública parecia um anátema. Havia um ano, Raymundo Faoro abrira suas conversas com Petrônio dizendo-lhe que a medida de qualquer reforma seria a volta plena daquele instituto. Mesmo governistas comprometidos com a abertura, como o ministro da Educação, Ney Braga (coronel da reserva), não queriam que se desse o passo inteiro. Ele propunha que, entre as salvaguardas, houvesse um dispositivo que permitisse ao governo decretar o estado de emergência, suspendendo o *habeas corpus* e colocando em recesso o Parlamento.[18] Já o deputado Marco Maciel condenava a extensão da garantia "a terroristas, por exemplo, aos que praticam atentados".[19] Passados quatro meses, o governo trabalhava com essa válvula, suspendendo o *habeas corpus* só para casos de terrorismo durante o período de vigência da excepcionalidade.[20] A essa altura, o brigadeiro Délio Jardim de Mattos, um militar com amplo acesso a Geisel, defendia o restabelecimento pleno do instituto.[21] Golbery tratava com Petrônio Portella tendo à mão a folha de papel almaço

---

[16] Idem, 6 de março de 1978 e 25 de novembro de 1977.
[17] Wanderley Guilherme dos Santos, "Estratégias de descompressão política", em *Poder & Política*, pp. 145-211.
[18] Maço de 24 folhas de Ney Braga a Golbery, que o enviou a Geisel em 24 de janeiro de 1978. APGCS/HF.
[19] *Jornal do Brasil*, 8 de maio de 1978.
[20] Idem, 6 de maio de 1978.
[21] Idem, 7 de maio de 1978.

em que escrevera o "Minimax" durante as celebrações do "Pacote de Abril".[22] Dividida em colunas, na da extrema direita listava os seus objetivos mínimos, na do meio, ideias e propostas intermediárias, na da esquerda, os objetivos máximos. Inicialmente, não considerava a questão do *habeas corpus*. Um ano depois, aceitava-o.

Em nome da ordem, a ditadura produzira uma balbúrdia constitucional, e nela, desde 1964, fazia-se de tudo. Primeiro criaram-se as eleições indiretas, com o presidente e os governadores eleitos pelo Congresso e pelas assembleias. Quando a oposição avançou, expandiram-se os colégios, e quando nem isso bastou, ocupou-se um terço do Senado com os "biônicos", eleitos indiretamente. Buscando algum tipo de legitimidade eleitoral pela manipulação da seleção dos eleitores, valia tudo. Golbery, uma espécie de caixa postal de propostas, chegou a receber um plano que sugeria que os deputados fossem transformados em viveiro de cargos. Entre eles, o presidente escolheria os governadores e um dos três senadores, cabendo às bancadas eleger os outros dois. Golbery anotou: "Autor — Um congressista eleito...". A sugestão fora considerada "uma fórmula interessante" por Figueiredo.[23]

---

[22] Uma folha manuscrita de Golbery na qual Heitor Ferreira anotou "usado também em maio de 1978". APGCS/HF.

[23] Cinco folhas de xerox, anotadas por Golbery, sem data; e outras cinco originais, com bilhete manuscrito de Figueiredo a Heitor Ferreira. APGCS/HF.

A missa de Geisel

Antes de discutir seu projeto de reforma política e as salvaguardas com o Conselho de Segurança Nacional durante uma reunião realizada em junho, Geisel resumiu-o numa folha manuscrita:

> a - Restabelecimento das garantias constitucionais ou legais da vitaliciedade, inamovibilidade e estabilidade.
> b - Restabelecimento do instituto do *habeas corpus* em casos de crimes políticos, contra a segurança nacional, a ordem econômica e social.
> c - Extinção, entre outras, da competência atribuída ao presidente da República para:
> > 1 - decretar o recesso de órgãos legislativos e, em conseqüência, de o Poder Executivo correspondente legislar em todas as matérias.
> > 2 - decretar a intervenção nos estados e municípios sem as limitações previstas na Constituição.
> > 3 - decretar e prorrogar o estado de sítio sem aprovação do Congresso Nacional.

4 - suspender os direitos políticos de quaisquer cidadãos e cassar mandatos eletivos.
5 - banir brasileiros.
6 - demitir, remover, aposentar, pôr em disponibilidade membros da magistratura, funcionários públicos e de empresas governamentais.
7 - demitir, transferir para a reserva ou reformar militares ou policiais militares.[1]

Era o expurgo da ossatura do AI-5.

A reunião com os 24 membros do Conselho[2] diferiu da ocorrida nove anos antes, quando o marechal Costa e Silva reuniu o mesmo plenário para a missa negra durante a qual escancarara-se a ditadura e baixara-se o AI-5, repetindo-se dezenove vezes a palavra "democracia". Dessa vez a palavra apareceu só nove vezes (cinco no longo voto do ministro do Planejamento, Reis Velloso).[3]

Geisel fez uma breve introdução informando que o projeto de emenda constitucional vinha "em nome" da Arena. (Falso, a proposta vinha dele.) Informou que lhe pareceu "mais adequado" encaminhar o projeto ao Congresso e que convocara a reunião "para ouvir as manifestações e os pontos de vista que cada um dos senhores pode ter ou queira apresentar a respeito". (O caminho da emenda não era apenas "mais adequado", sinalizava que a reforma não seria um ato unilateral da ditadura, como fora o "Pacote de Abril", baixado por ele havia um ano.) Também não indicou que submeteria a proposta à votação do Conselho. Repetiu duas vezes que o projeto dependia da aprovação do Congresso.

O ministro do Exército, general Fernando Bethlem, tinha duas dúvidas. Estranhou o sumiço da palavra "corrupção" entre os fatores que poderiam determinar a decretação do estado de sítio. Geisel explicou:

---

1 Uma folha manuscrita de Geisel, de 23 de junho de 1978, datada por Heitor Ferreira. APGCS/HF.
2 O Conselho era formado pelos vinte ministros, pelo chefe do EMFA e pelos três chefes de estados-maiores.
3 Todas as citações referentes a essa reunião estão na Ata da 50ª Reunião do Conselho de Segurança Nacional, Arquivo Nacional, <http://imagem.arquivonacional.gov.br/sian/arquivos/1013096_2729.pdf>.

A questão, no meu modo de ver, não tem grande relevância. (...) A corrupção existe na França, na Alemanha, nos Estados Unidos, como existe no Brasil. Creio que é um fenômeno próprio da natureza humana. (...) A corrupção não vai ter, nunca terá, um quadro tão geral que implique a decretação do Estado de Sítio. (...) Qual era o outro problema?

Bethlem achou que se criava uma limitação quando se estabelecia que o estado de emergência poderia durar noventa dias, prorrogáveis por mais noventa. "Será que não haverá, em alguns casos, necessidade de prorrogar por mais tempo?"
Geisel: "Eu acho que se o quadro for tão grave que tiver que prorrogar por mais tempo, será o caso de se apelar para o Estado de Sítio. Não é verdade?".
O ministro da Fazenda, Mario Henrique Simonsen, não entendera a diferença entre estado de emergência e medidas de emergência. Geisel:

São coisas diferentes. Porque o que vai caracterizar as Medidas de Emergência é a necessidade de aplicação, mas em locais determinados e restritos. Quer dizer, eu posso amanhã ter um problema dentro da cidade de São Paulo. Então decreto Medidas de Emergência para aquela área. A característica das medidas é que elas sempre são prontas, rápidas. (...) Em 48 horas tenho que comunicar ao Congresso e dizer quais são as medidas. (...) Eu, durante muito tempo, achava que era redundante ter Medidas de Emergência e o Estado de Emergência, mas depois eu me rendi, aceitei isso. Acho que foi bom (...). O Estado de Emergência é coisa mais grave, é de maior duração, é mais drástico. (...) Quer dizer, o Estado de Sítio, o Estado de Emergência ficam mais como espantalho.

Ainda assim, Simonsen achou que, havendo as medidas de emergência, talvez fosse redundante ter o estado de emergência.

"Eu sei!", respondeu Geisel. "É preciso que a situação no país se torne muito grave, ou que nós sejamos muito incapazes em enfrentar o problema para ter que ir às outras medidas."

"Apenas a mim me parece", voltou Simonsen, "que o mais importante não é o Estado de Emergência, são as Medidas de Emergência, porque não há limitação numérica, não há limitação quanto a prazo."

Geisel explicou: "Elas ficam limitadas no espaço".

Simonsen: "No espaço...".

Geisel: "Sendo que isso é um pouco vago".

Simonsen deu a única nota de humor da reunião: "É um pouco vago porque o espaço pode ser tudo, menos vago".

Geisel aproveitou uma pergunta sobre o calendário eleitoral para explicar que o projeto quebrava o sistema bipartidário estabelecido em 1965. Seria "uma nova fórmula que possibilita a criação de novos partidos, mas também adotou-se um dispositivo que evita a proliferação de pequenos partidos". O projeto criava cláusulas de barreira para a sobrevivência dos partidos. Seriam nulos os votos dados a candidatos de uma sigla que não conseguisse 5% do eleitorado nacional. "É um processo que foi imaginado para evitar que, amanhã, o Brasil tenha 10, 12, 14 partidos e aí, através da corrupção, ele começasse a vender legendas."

O ministro da Previdência, Luiz Gonzaga do Nascimento Silva, levantou a única questão conceitual relevante. Como estava, o projeto permitia que "um Congresso adverso ao governo" aprovasse "imediatamente (...) um projeto de lei modificando os efeitos produzidos pelos Atos Institucionais, dando anistia plena, reintegrando funcionários, reintegrando militares". Gonzaga sabia do que falava, pois era um notável advogado.

Geisel: "O senhor argumentou com um Legislativo adverso, mas o presidente tem poder de veto e esse poder só pode ser derrubado por dois terços [do Congresso]. (...) Se amanhã, comigo, ou com o novo presidente da República, houver qualquer problema que implique praticamente numa anistia, existe o veto".

O último a falar, o brigadeiro Mário Paglioli de Lucena, chefe do Estado-Maior da Aeronáutica, fez a pergunta decisiva: "Qual a segurança que temos que esta proposta passe tranquilamente no Congresso, sem acréscimos, com vistas à anistia ampla e irrestrita?".

De fato, tramitavam na Câmara catorze projetos de anistia.[4]

O presidente reconheceu: "Não posso ter certeza de que o projeto passe no Congresso como ele está". Expôs o controle do governo sobre a maioria da Arena e os trâmites parlamentares, impedindo que a emenda fosse fatiada. Numa hipótese catastrófica de rebelião dos deputados e senadores, tinha um plano B: "Eu lhes peço que guardem sigilo sobre isso. (...) Eu retiro o projeto". (Não foi necessário. Em setembro a emenda constitucional foi aprovada por 241 votos contra 145.)

Geisel não falou como representante de um poder revolucionário, mas como chefe do Poder Executivo. Em três ocasiões disse que a aprovação do projeto dependia do voto do Legislativo. Reunira-se no Alvorada com os ministros militares, mas não lhes submetera o texto.[5] Dos três ministros, só o da Aeronáutica, brigadeiro Joelmir Araripe de Macedo, velho amigo seu, mostrou-se inteiramente favorável. O almirante Geraldo Henning temia o regresso dos banidos e a revisão das punições políticas. Bethlem e o general Ariel Pacca, chefe do seu estado-maior, acharam excessiva a "amplitude" da abertura.[6] Ficaram só nisso. Durante a reunião trataram de outros assuntos e o voto de Henning foi um dos mais curtos: "De acordo".

O caráter soberano do Congresso na aprovação da emenda fora uma figura de retórica, tanto que na hipótese catastrófica, a de retirada do projeto, seria inevitável um confronto com o Legislativo. O horizonte demarcado por Geisel tinha um prazo de validade implícito. O novo ordenamento valeria para o governo de seu sucessor. Mesmo conhecendo as articulações da campanha do general Euler Bentes e os movimentos de Hugo Abreu, em nenhum momento o general mencionou a disputa no Colégio Eleitoral. Pelo contrário, referiu-se a Figueiredo como "futuro presidente". A reforma não foi apresentada como algo que se esperava duradouro. A última vez que a ditadura fizera isso, com a Constituição de 1967, ela durara um ano, atropelada pelo AI-5, que seria transitório, mas durara nove. Era uma mudança à espera de uma negociação.

---

4 Para projetos de anistia, *Jornal do Brasil*, 14 de maio de 1978.
5 *Cronologia do Governo Geisel*, de Heitor Ferreira, 11 de maio de 1978. APGCS/HF.
6 Depoimento de Moraes Rego, em Maria Celina d'Araujo, Gláucio Ary Dillon Soares e Celso Castro (orgs.), *A volta aos quartéis*, pp. 74-5.

Heitor Ferreira receberia uma carta do deputado Marco Maciel: "Conversei ontem muito com o líder Tancredo Neves a respeito do projeto de reformas. Ele demonstrou estar de acordo com o projeto e deve ser um valiosíssimo aliado".[7] Tancredo era o líder do MDB na Câmara. Uma semana antes, o senador Franco Montoro apresentara um projeto de emenda constitucional restabelecendo imediatamente as eleições diretas para os governos estaduais e a extinção da figura dos senadores "biônicos". A oposição parlamentar falava dois idiomas. Com um negociava o presente; com outro, demarcava posições futuras.[8] Outra oposição falava mais claro: o semanário *Em Tempo* chegou às bancas com uma lista de 233 torturadores.[9]

---

[7] Carta de Marco Maciel a Heitor Ferreira, 29 de junho de 1978. APGCS/HF.
[8] Para a emenda Montoro, *O Estado de S. Paulo*, 23 de junho de 1978.
[9] *Em Tempo*, 26 de junho de 1978.

O "futuro presidente"

Com o projeto de reformas na rua, o general João Figueiredo voou para o Rio, onde se encontrou com quarenta estudantes. Não acontecia coisa parecida desde 1968, quando o marechal Costa e Silva teve uma reunião desastrosa com uma comitiva de universitários e professores.[1] Não só os estudantes disseram o que quiseram, como deram seus nomes.

— O que vocês temem mais? O 477 ou a Lei de Segurança Nacional? — perguntou Figueiredo.
— Ambos. Toda a legislação repressiva do governo. A Lei de Segurança como está é pior que o 477. É pior do que qualquer lei existente na face da Terra. (Anísio Khader, 25 anos, estudante de direito da UERJ.)
— Vocês por acaso conhecem todas as leis do mundo?
— Conheço a Declaração Universal dos Direitos Humanos.[2]

---

[1] Zuenir Ventura, *O ano que não terminou*, pp. 167 e segs.
[2] Este diálogo e o próximo estão em *O Estado de S. Paulo*, 27 de junho de 1978.

— Presidente, o que nós sentimos falta é do potencial de crítica da universidade. Ela não é exercida. Os professores vivem constantemente ameaçados de delação. Se ele teve alguma ideia nova, o aluno leva para o pai, que a encaminha para o SNI. (Carlos Eduardo Castello Branco, 21 anos, estudante de economia da Faculdade Candido Mendes, parente afastado do marechal-presidente. Ele se referia a denúncias feitas por pais de alunos contra professores.)
— SNI, não. Isso não é verdade, posso garantir. O SNI tem sido acusado de tudo de ruim que existe no país, e isso não me parece justo.

(Havia poucas semanas passara por Figueiredo uma *Apreciação* do SNI que informava a realização de um congresso estudantil na Universidade Federal da Bahia para discutir a reforma universitária, que "deverá contar com a participação de professores, em consonância com o preconizado na Resolução Política do Comitê Central do Partido Comunista Brasileiro".)[3]

— Por que o senhor é contra a anistia ampla, geral e irrestrita? (André Martins, vinte anos, estudante de direito da UFRJ.)
— Porque eu não aceito a afirmação de que uma pessoa assalte um banco e depois venha dizer que fez isso para arrecadar dinheiro para o Partido Comunista. Assalto é crime comum no Brasil...[4]

De certa maneira, essa conversa remediara o vexame de uma entrevista que dera aos repórteres Getúlio Bittencourt e Haroldo Cerqueira Lima em abril. O general já conversara com diversos jornalistas, sempre sem gravador. Com sua prodigiosa memória, Getúlio reconstituiu fielmente mais de uma hora de conversa, preservando o coloquialismo desabusado de Figueiredo. Um desastre:

---

3 *Apreciação Sumária nº 21*, de 7 de junho de 1978, marcada "secreto". CPDoc/FGV.
4 *O Estado de S. Paulo*, 27 de junho de 1978.

O "futuro presidente"

— General, temos lido os pronunciamentos do senhor e sua concepção de democracia não está muito clara. (...)
— Vejam só, nós temos a laranja-lima, a laranja-pera, a laranja-baía, que têm sabores diferentes, mas nem por isso deixam de ser laranjas. (...)

— A impressão que fica, general, é que para o senhor o povo não está preparado para votar.
— E vocês me respondam, o povo está preparado para votar? (...) Vejam se em muitos lugares do Nordeste o brasileiro pode votar bem, se ele não conhece noções de higiene? Aqui mesmo, em Brasília, eu encontrei outro dia, num quartel, um soldado de Goiás que nunca escovara os dentes e outro que nunca usara um banheiro. E por aí vocês me digam se o povo está preparado para eleger o presidente da República. (...)

— Considerando que só caminharemos para a abertura com a vitória da Arena, então se pode considerar que o povo pode votar em quem quiser, desde que seja com a Maria?
— Não, o MDB é que está radicalizando e aceita o diálogo desde que ele comece com o casamento da Maria. Vejam bem, se o MDB vencer, e somar a isso essa questão da Constituinte, bem, os militares não estão preparados para isso. E aí a coisa explode; ou eu explodo junto ou me componho com eles e vamos para um regime muito pior que este.[5]

Os presidentes brasileiros sempre foram formais em suas conversas, ou tiveram-nas formalizadas pelos jornalistas que se encontravam com eles. Só Jânio Quadros, um professor de português encantado pelas mesóclises, dava-se ao luxo dos diálogos livres, que lhe valeram enorme anedotário.

5 *Folha de S.Paulo*, 5 de abril de 1978.

Geisel era formal em qualquer situação. Às vezes, privadamente, dizia que alguém tinha "merda na cabeça", soltava um "sacripanta" (referindo-se ao cardeal Paulo Evaristo Arns), ou "patetas" (referindo-se à Junta Militar que governou o país em setembro de 1969).[6] Figueiredo, contudo, era desbocado até por escrito, em papéis de serviço. Quando a Associação de Docentes da Unicamp lhe telegrafou protestando contra a expulsão de um professor, ele despachou: "Vão à merda".[7]

O coloquialismo desabusado acompanharia o general pela vida. Teve a persegui-lo a frase "prefiro o cheiro de cavalo ao cheiro do povo". Numa visita ao interior de São Paulo, um repórter lhe perguntara: "E o cheiro de povo, como o senhor está sentindo?". E ele respondeu: "Para mim era melhor o cheiro de cavalo, o cheirinho de cavalo era melhor".[8] Anos depois, explicando-se, o general disse: "Aquilo só pode ter sido uma maldade dos jornalistas que ouviram o que eu disse. Eu disse que gosto mais do cheiro de cavalo, para não dizer outra coisa que deveria ter dito e ele compreendeu maldosamente".

Tempos depois, quando o país se habituou, entendeu e apreciou o coloquialismo desabusado de outro presidente, a expansividade de Figueiredo merece um novo olhar. Na mesma entrevista em que relacionou o direito de voto com o hábito de escovar os dentes, tratou de uma palavra que voltava ao vocabulário político: privatização.

— O senhor topa [privatizar a Petrobras]?
— Eu topo. Mas relacionem aí quatro ou cinco grupos privados brasileiros que tenham dinheiro para comprar a Petrobras. E não é só a Petrobras, não. Quem é que tem dinheiro neste país para comprar a Vale do Rio Doce, a Companhia Siderúrgica Nacional? Quem tiver

---

6 Para Arns, Ernesto Geisel, 11 e 24 de abril de 1995 e 7 de junho de 2001. Para o general Lyra Tavares, o almirante Rademaker e o brigadeiro Márcio de Souza Mello, "os três patetas", conversa de Geisel com Heitor Ferreira, 11 de novembro de 1973. Ulysses Guimarães usou a mesma expressão em 1988, *O Estado de S. Paulo*, 18 de fevereiro de 1988.
7 Telegrama de Eliezer Rizzo de Oliveira a Figueiredo, de 4 de agosto de 1982. AA.
8 A frase foi dita no dia 21 de agosto de 1978; *O Estado de S. Paulo*, 22 de agosto de 1978. Para a explicação, *Jornal do Brasil*, <http://www.jblog.com.br/hojenahistoria.php?itemid=29211>.

que se apresente. Que eu saiba, não há ninguém. Mas o empresário brasileiro é engraçado: a privatização de que ele tanto fala é na verdade doação.[9]

O general montava um tipo, não uma personalidade. Fazia o gênero do cavalariano rude. Por trás do oficial atlético que se exibia saltando obstáculos, havia um cardiopata sexagenário, já enfartado, que padecia de crises na coluna e, em 1974, passara por uma delicada cirurgia.[10] (Em dezembro, seu exame de sangue revelaria que o indicador de colesterol estava "bem pouco aumentado" e o de triglicerídeos "bastante aumentado". Seu cardiologista reclamava que ele "havia fugido do exame clínico e do eletrocardiograma".)[11] Atrás do hierarca de um regime moralista havia um ancião promíscuo que seduzira uma jovem de dezesseis anos frequentadora das pistas de montaria da granja do Torto.[12]

Saindo da redoma do palácio, Figueiredo expusera um novo personagem, real. Na Presidência da República, Castello Branco, Médici e Geisel se pareceram com o que haviam sido desde os primeiros anos da carreira militar. De certa maneira, Costa e Silva também. Figueiredo surpreendia o país e até mesmo pessoas que o conheciam pela convivência palaciana. Desempenhava dois papéis, o do chefe político destinado a prosseguir uma abertura política que não formulara, mas na qual acreditava, e o do chefe militar formado no Planalto e no SNI durante o governo de dois presidentes amparados pela força do AI-5, que ia embora.

---

9 *Folha de S.Paulo*, 6 de abril de 1978.
10 Américo Mourão, fevereiro de 1998. APGCS/HF.
11 Carta do médico Franklin Veríssimo a Figueiredo, de 7 de janeiro de 1979. APGCS/HF.
12 *Veja*, 20 de julho de 1988. Edine Souza Correa sustentou que teve um longo romance com Figueiredo e documentou-se com depósitos bancários. Para um registro do caso, *Veja*, 17 de outubro de 1990; *O Globo*, 17, 18, 19 e 20 de julho e 17 e 18 de agosto de 1988; *Jornal do Brasil*, 17 e 20 de julho de 1988, 20 de junho de 1990 e 14 de maio de 1991; e *O Dia*, 11 de janeiro de 1990. Edine perdeu na Justiça o processo de paternidade que moveu contra Figueiredo.

A máquina de Figueiredo

O Serviço Nacional de Informações de Figueiredo tinha mais de 2 mil funcionários e irradiava por estados, ministérios e empresas estatais.[1] Em 1964, quando o general Golbery o criara, recrutara vinte oficiais em todo o Exército. Em 1978, só no Planalto o SNI tinha catorze, três dos quais generais da ativa.[2]

Essa rede foi colocada a serviço de Figueiredo. Ela era atemorizadora, às vezes implacável, mas quase sempre inepta. Sua disfunção vinha da própria origem, pois em vez de ser um serviço de informações para atender ao Estado, tornara-se uma assessoria política do palácio do Planalto.

O SNI preocupava-se mais em propagar o pensamento de seus funcionários do que em analisar o dos outros. Durante o mês de maio, cinco documentos do Serviço que passaram por Geisel ou Figueiredo

---

[1] Um trabalho do general Ivan de Souza Mendes, mencionado numa entrevista do general José Luiz Coelho Netto ao CPDoc, informa que em 1984, antes de ele assumir a chefia do SNI, o órgão tinha 2.300 funcionários. *José Luiz Coelho Netto (Depoimento, 1993)*, disponível em <www.fgv.br/cpdoc/historal/arq/Entrevista634.pdf>.
[2] Para 1964, *Relação dos Militares (Exército) Colocados à Disposição do SNI a Partir de Setembro de 1964*. Para 1978, *Lista Telefônica — Autoridades*, de agosto, marcada "reservado". APGCS/HF.

registraram vinte interceptações telefônicas relacionadas com articulações oposicionistas.[3] Nesse período, o general Euler permitiu que sua candidatura fosse anunciada, e Hugo Abreu (grampeado em doze telefonemas) reuniu-se numa noite com a cúpula do MDB. As escutas foram inúteis nos dois casos. Como ninguém (nem Figueiredo) falava coisa séria ao telefone, por meio deles o SNI ouviu tudo, ficou sabendo de nada e descobriu que Euler seria candidato lendo a reportagem de Carlos Chagas.[4]

Em seu apartamento no Rio, o general Sylvio Frota convenceu-se de que não só o SNI o escutava, como fazia questão de mostrar que seu telefone estava sendo vigiado, pois atendiam-se chamadas em que se passavam informações falsas a seu respeito.[5]

A crônica do período informa que o general Reynaldo Mello de Almeida foi descarrilado por grampos de conversas pessoais. Dessa manobra há dois registros, um deles feito pelo jornalista Carlos Castello Branco numa entrevista à *Playboy*: "[Ele] não foi presidente por causa de gravações que o SNI fez de seus casos com mulheres".[6] A mesma intriga foi exposta pelo repórter Luiz Gutemberg no *roman a clef O jogo da gata-parida*. (A lolita que Figueiredo seduzira anos antes nas cavalariças do Torto conseguira um emprego na Escola Nacional de Informações.)[7]

A imprensa escrita, livre da censura havia pouco tempo, era uma permanente causa de desconforto, vista pelo Serviço como uma fonte de estímulo para a oposição ao regime, com esquerdistas em todas as redações, sobretudo "nos postos de segundo escalão". Entre todos, para o

---

[3] Sete folhas de 4 de maio e quatro folhas de 15 de maio de 1978, todas do SNI, marcadas "secreto" e visadas por Geisel; três folhas de 19 de maio, três folhas de 20 de maio e uma de 22 de maio de 1978, todas rubricadas pelo general Sebastião Ramos de Castro, do SNI, e endereçadas ao general Figueiredo. APGCS/HF.

[4] Bilhete de Figueiredo a Geisel, de 5 de agosto de 1977. APGCS/HF. Para a reunião, Hugo Abreu, *Tempo de crise*, p. 44.

[5] Sylvio Frota, *Ideais traídos*, p. 560.

[6] *Playboy*, março de 1990.

[7] Consultor Jurídico, 16 de outubro de 2004, <http://www.conjur.com.br/2004-out-16/ex-servidora_nao_esquece_figueiredo_voltar_cargo>. Edine foi à Justiça para que Figueiredo reconhecesse como seu um filho nascido em 1982, quando ela já tinha 23 anos. No processo, apresentou documentos e gravações. Ela perdeu a ação.

SNI, a *Folha de S.Paulo* tivera "o mais bem montado esquema marxista da imprensa".[8]

O Serviço confundia contatos com conspirações, exacerbando as adversidades. Só isso explica o fato de o general Sebastião Ramos de Castro, chefe da Agência Central do SNI, ter listado Octavio Frias de Oliveira, dono da *Folha de S.Paulo*, e Ruy Mesquita, do *Estadão*, entre as doze conexões civis e militares de um coronel assistente de Hugo Abreu numa lista de 31 ramificações intitulada *Atuação do Grupo Militar Descontente*.[9] Num período de seis meses, caíram nessa rede os movimentos de nove generais, dez coronéis, três majores e cinco capitães.[10]

Quando o SNI suspeitou que Hugo Abreu estivesse articulando dissidências na Brigada Para-Quedista, um coronel da reserva foi à Agência Rio do SNI, autorizado pelo comandante da unidade, general Fernando Pamplona, para desfazer o que seria uma rede de intrigas tecendo outra. Ele narrou duas reuniões com oficiais e informou que Pamplona comunicara aos subordinados que, apesar de sua amizade com o ex-chefe do Gabinete Militar, discordava de suas posições e proibia "taxativamente" novos encontros. O coronel foi adiante: "Posteriormente, a nora do general Hugo telefonou para a residência do general Pamplona, destratando sua esposa e ofendendo-o moralmente, chamando-o inclusive de traidor".[11]

O SNI tornou-se um comitê de campanha de Figueiredo. O general Octavio Medeiros, diretor da Escola Nacional de Informações, criou um Grupo de Assessoramento Especial, composto por um coronel, três professores e um analista. Ganharam uma sala e tinham como função produzir uma *Apreciação* diária do noticiário nacional e estrangeiro. Esses documentos não podiam ser copiados e eram distribuídos a pelo menos

---

8 *Retrospecto de 1977 com Perspectivas para 1978*, do SNI, de 2 de janeiro de 1978, marcado "secreto". CPDoc/FGV.
9 Uma folha manuscrita do general Sebastião Ramos de Castro, de 30 de abril de 1978. APGCS/HF.
10 Idem; e duas folhas marcadas "confidencial", de Sebastião Ramos de Castro a Figueiredo, de 1º de fevereiro de 1978. APGCS/HF.
11 Duas folhas datilografadas para *Dr. Linhares (Cópia para Dr. Avelar)*, encaminhadas pelo general Sebastião Ramos de Castro, em 20 de abril de 1978, narrando a ida do coronel R/1 Gilberto Azevedo Silva ao SNI. APGCS/HF.

sete clientes, entre eles o presidente da República (codinome *José*) e o candidato (*Pedro*).[12]

O trabalho dessa assessoria pouco diferiu dos similares que, em qualquer tempo, foram produzidos nas antessalas de candidatos. O que havia nele de mais revelador era a sua visão do processo político, da oposição, do país e do mundo. O radicalismo militar, que estava em todos os lugares e, quase sempre, em nenhum, aparece (e desaparece) nas suas *Apreciações*.

O GAE disse logo a que veio:

> Sob o aspecto de conteúdo político-ideológico, dois assuntos têm merecido o destaque de jornais e revistas brasileiros: um criando exagerada expectativa em torno dos primeiros atos do futuro presidente, que, segundo o noticiário, tem missão especial de revogar, imediata e simplesmente, toda a legislação revolucionária, incluindo a premissa de que "o AI-5 será revogado pela mesma caneta que servirá para a assinatura da posse".[13]

Analisando um discurso de Geisel, o GAE dizia que "reforçou a compreenção da estratégia governamental de que o retorno à democracia deverá ser gradual e sob a tutela do poder revolucionário".[14] Se o presidente lesse a palavra "tutela", haveria de se aborrecer mais do que com a cedilha. O GAE dizia isso, mas dizia também o contrário: "(...) a sucessão de Geisel é vivida exatamente no momento mais propício para a evolução das instituições brasileiras, em que a vontade militar subordinou-se ao interesse essencialmente político da Nação (...)".[15]

Em dois textos, os analistas da EsNI chamaram os exilados de "apátridas".[16] Numa *Apreciação* louvaram uma nota do governo negando

---

12 Livro intitulado *Grupo de Assessoramento Especial*, período de 16 de janeiro a 15 de maio de 1978, SNI, marcado "secreto". APGCS/HF.
13 *Apreciação*, GAE, de 18 de janeiro de 1978. APGCS/HF.
14 *Apreciação*, GAE, de 27 de janeiro de 1978. APGCS/HF.
15 *Apreciação nº 8*, GAE, de 10 de fevereiro de 1978. APGCS/HF.
16 *Apreciações nos 10 e 15*, GAE, de 14 de fevereiro e 2 de março de 1978. APGCS/HF.

que estivesse estudando fórmulas para conceder uma anistia, pois assim perseguiam-se "os objetivos marcados desde 1964".[17] Noutra, quando a CNBB manifestou-se a favor de uma "anistia restrita", registraram que ela "se aproximou politicamente do pensamento governamental, que estaria propenso a estudar uma solução para os punidos pela Revolução".[18]

Havia no SNI quem acreditasse na existência de um "eixo Washington-Moscou-Vaticano".[19] O GAE transcreveu longamente um artigo do jornalista Alexandre von Baumgarten "demonstrando o negativismo da intromissão direta da Igreja na política e o vínculo que existiria entre Moscou e o Vaticano para favorecer os interesses comuns e multinacionais de ambos".[20] No caso, ecoava a própria voz, pois Baumgarten tinha negócios com o Serviço. O general Castro sugerira que o governo amparasse a tentativa de Baumgarten de ressurreição da revista *O Cruzeiro*; ela foi rebarbada, mas o jornalista conseguiu reanimá-la com periodicidade irregular.[21]

---

[17] *Apreciação nº 13*, GAE, de 23 de fevereiro de 1978. APGCS/HF.
[18] *Apreciação nº 32*, GAE, de 27 de abril de 1978. APGCS/HF.
[19] *Apreciação nº 3*, GAE, de 23 de janeiro de 1978. APGCS/HF.
[20] *Apreciação nº 22*, GAE, de 22 de março de 1978. APGCS/HF.
[21] Uma folha do general Sebastião Ramos de Castro a Heitor Ferreira, de 4 de setembro de 1974. APGCS/HF.

A anistia

Quando o marechal Ademar de Queirós assumiu a presidência da Petrobras, em abril de 1964, recomendou que se suspendessem as demissões sumárias de comunistas pois eles acabariam reintegrados nas asas de uma anistia. Como eram procurados pela polícia, deveriam ser demitidos por abandono de emprego. Aos 64 anos, o "Tico-Tico" sabia do que estava falando. Sua geração já vira seis anistias. Elas favoreceram comunistas, oficiais rebelados, guerrilheiros da Coluna Prestes e sequestradores de avião do levante de Aragarças. Um dos expoentes do radicalismo na FAB, o coronel João Paulo Burnier, exilara-se na Bolívia depois do fracasso da quartelada e só recuperara a patente graças a uma anistia. Entre os beneficiados por pacificações anteriores estiveram o pai de Figueiredo e o oficial comunista Agildo Barata, amigo de juventude de Ernesto Geisel.[1] A próxima, o marechal sabia, seria uma questão de tempo.

Nas contas do Planalto, em catorze anos a ditadura cassara os mandatos e/ou suspendera os direitos políticos de 1.088 cidadãos e três ex-presidentes da República; afastara do serviço público 3.215 civis, entre os quais três ministros do Supremo Tribunal Federal e um do Superior Tribunal

---

1 Nos anos 1930, o comunista Agildo Barata servira na Paraíba com Geisel.

Militar; excluíra do serviço ativo 1.387 militares, inclusive 55 oficiais-generais. Além dessas punições, banira 125 brasileiros, condenara 11 mil pessoas, pusera na cadeia dezenas de milhares de cidadãos e mantinha 213 encarcerados.[2] Deles, 82 cumpriam penas superiores a dez anos de prisão por assaltos praticados com motivação política.[3]

Pode-se estimar que houvesse entre 3 mil e 5 mil brasileiros exilados, fugidos, ou apenas precavidos. D. Paulo Evaristo Arns dissera a Jimmy Carter que eram 10 mil, mas esse número era exagerado.[4] Um documento do SNI estimava-os em 2.692.[5] Muitos deles eram vigiados pelo Centro de Informações do Exterior, o CIEX, braço do aparelho repressivo dentro do Itamaraty. Quase todos estavam arrolados no *Fichário de Pessoas com Registro de Atividades Nocivas à Segurança Nacional*, não podiam receber passaportes e se tentassem renová-lo ficariam sem ele.[6] Esse aparelho não era um simples subsidiário do SNI ou da Justiça Militar, pois às vezes mostrava-se mais rigoroso que eles. No caso do engenheiro Carlos Eduardo Sena Figueiredo e de sua mulher, Maria Regina, o CIEX negava-lhes passaporte sem justificativa legal. Eles viviam no exterior desde que fora descoberto um grupo que enviava notícias sobre torturas à Europa. Haviam sido absolvidos, mas o Itamaraty não recuou. Quando o secretário-geral Dario Castro Alves encaminhou uma gestão de Heitor Ferreira pedindo-lhe que lhes desse passaportes, recebeu um expediente informando que a imprensa noticiara a sentença, porém, "não tem o Itamaraty confirmação oficial desse fato". Heitor resolveu o problema recorrendo ao SNI e os passaportes foram liberados.[7] Os diplomatas ne-

---

2 Para 213, cálculo do presidente do Comitê Executivo da Anistia Internacional, *O Estado de S. Paulo*, 15 de novembro de 1977.
3 *O Estado de S. Paulo*, 24 de dezembro de 1978.
4 Para 11 mil condenados, *Veja*, 10 de março de 1978. Para os demais, duas folhas com a estatística das 5.396 punições aplicadas com base nos Atos Institucionais, de 31 de dezembro de 1978. APGCS/HF. Para d. Paulo Evaristo Arns, Jimmy Carter, *White House Diary*.
5 *Relatório da Comissão Nacional da Verdade*, vol. 2, p. 41, <http://www.cnv.gov.br/images/pdf/relatorio/volume_2_digital.pdf>.
6 *Circular Postal 04261*, do Itamaraty, de 22 de outubro de 1975, referente a Antonio Carlos Pinto Peixoto e Valentina Rocha Lima. APGCS/HF.
7 Carta de Lauro Abranches a Heitor Ferreira, de 14 de novembro de 1978; *Informação para o Sr. Secretário-Geral*, de 22 de novembro de 1978; carta de Dario Castro Alves a Heitor Ferreira, de 23 de novembro de 1978; cartão de Heitor a Newton Cruz, de 24 de novembro de 1978; e bilhete de Newton Cruz a Heitor, de

A anistia

gavam registros até as crianças dos "apátridas". Liszt Vieira, ex-militante da VPR, sequestrador do cônsul japonês em São Paulo, banido em 1970 em troca do embaixador alemão, passara por Argélia, Cuba, Chile, Argentina e Portugal, sem conseguir registrar sua filha, Elise, em diversos consulados brasileiros na Europa.[8]

Uma mulher obstinada, Therezinha de Godoy Zerbini, deu a partida na mobilização política pela conquista da anistia. Em 1975 ela e outras quatro senhoras fundaram em São Paulo o Movimento Feminino pela Anistia. Advogada, teve o cuidado de organizar o grupo dentro da absoluta legalidade. Registraram-se num cartório, reuniam-se com atas, expediam ofícios, pediam audiências e formavam núcleos estaduais.[9] Aquela senhora que vinha de lugar nenhum inspirava receios na esquerda — "ela quer que a gente mostre a cara, para nos prenderem".[10] O MFPA ainda engatinhava quando o SNI viu no grupo "vinculações do movimento feminista no Brasil com o Movimento Comunista Internacional".[11] Foi uma de suas militantes, Mila Cauduro, quem entregou a Denise Goulart, filha de Jango, a faixa com a inscrição "Anistia", que a jovem colocou sobre o caixão do pai, em dezembro de 1976.[12]

Onde aparecia um espaço, lá estava dona Therezinha. Ora pedindo para ser recebida por Golbery, ora mobilizando a reunião anual da Sociedade Brasileira para o Progresso da Ciência, ou mesmo ocupando o espaço nobre da entrevista semanal publicada pelo *Pasquim*. Em janeiro de 1978, o Serviço reconhecia nela uma "figura de projeção nacional" e registrava

---

5 de dezembro de 1978, juntando o expediente enviado pelo SNI ao Itamaraty. Um cartão de Dario Castro Alves a Heitor, do dia 6 de dezembro de 1978, informou que já fora expedida a ordem para a entrega dos passaportes. APGCS/HF.
8 Liszt Vieira, *A busca*, p. 130.
9 *Livro de Atas do Comitê Feminino Pró-Anistia*. AA.
10 Therezinha Zerbini, outubro de 2004.
11 *Apreciação Sumária nº 29*, do SNI, marcado "secreto", de 2 de agosto de 1976. CPDoc/FGV.
12 Therezinha Zerbini, outubro de 2004.

que o Movimento criara sete bases estaduais e ampliara "extraordinariamente as suas atividades".[13]

Aquela senhora que parecia uma burguesona da elite paulista, morando numa boa casa do Pacaembu, era mulher do general Euryale de Jesus Zerbini, uma das peças do fracassado "dispositivo militar" de João Goulart. Quando tenente, levara dinheiro de jovens oficiais ao pai de Figueiredo, asilado na Argentina.[14] O casal aproximara-se dos dominicanos do convento paulista de Perdizes e ela fora presa em 1970, condenada a dois anos de prisão. Passara pela "Torre das Donzelas" do presídio Tiradentes, onde estava Dilma Rousseff, que cumpria pena de dois anos e seis meses.[15] As duas reencontraram-se em 1975, quando a ex-*Estela* da VAR-Palmares foi a São Paulo para discutir a organização do MFPA no Rio Grande do Sul.

O Movimento de Therezinha Zerbini procurava manter-se longe das demais bandeiras e da própria militância política. Depois dele, surgiu outra organização, o Comitê Brasileiro pela Anistia, guarda-chuva sob o qual se abrigariam militantes do MDB e de organizações clandestinas. Presidindo-o estava o marechal Pery Bevilaqua, de 79 anos, um adversário do sindicalismo esquerdista em 1964 e da tortura que se instalara nos anos seguintes. Afastado da tropa por uma designação astuciosa, fora para o Superior Tribunal Militar, onde se tornou um estorvo. Propunha uma anistia e concedia generosamente *habeas corpus* para presos e perseguidos. Beneficiara professores como Florestan Fernandes e Fernando Henrique Cardoso e estudantes esquerdistas que, nos anos seguintes, iriam para organizações envolvidas na luta armada. Em 1968, quando estava a três meses da compulsória, foi cassado numa das primeiras fornadas do AI-5. Tomaram-lhe até mesmo as condecorações militares.

Na sua expressão mais simples, a anistia parecia significar o esquecimento do passado. Era muito mais que isso. Ela redesenharia o futuro político para o país. As reformas de Geisel, o fim da censura à imprensa escrita e a revogação do AI-5 seriam mudanças na estrutura do regime,

---

[13] *Retrospecto de 1977 com Perspectivas para 1978*, do SNI. CPDoc/FGV.
[14] Para o dinheiro, Therezinha Zerbini, outubro de 2004.
[15] Paulo Moreira Leite, *A mulher que era o general da casa*, pp. 26-7; *Folha de S.Paulo*, 10 de julho de 2012.

mas a anistia significaria seu desfecho, devolvendo à política personagens que dela estavam banidos. Essa mudança afetaria tanto o governo quanto a oposição, abrindo espaço para velhas lideranças, como Leonel Brizola e Miguel Arraes, e para uma geração de jovens radicais de esquerda que viviam na clandestinidade ou no exílio. José Dirceu, líder estudantil de 1968, passara por Cuba e vivia na cidade paranaense de Cruzeiro do Oeste, convertido no comerciante Carlos Henrique Gouvea de Melo; o jornalista Fernando Gabeira, sequestrador do embaixador americano em 1969, trabalhava como maquinista no metrô de Estocolmo. Concedida a anistia, o jogo político seria outro. Tratava-se de negociar sua calibragem, no tempo e no alcance.

Em 1975 Golbery tivera um encontro secreto com Ulysses e mencionara que o processo da anistia viria gradualmente, começando pela revisão de alguns casos de "inegáveis injustiças".[16] Raymundo Faoro mostrou que esse caminho, aparentemente generoso e racional, era inviável, "roça a quadratura do círculo": "A revisão de caso por caso seria politicamente desastrosa. Na medida em que fossem reveladas as injustiças cometidas e os motivos absurdos para muitas punições, a revisão converter-se-ia num contraprocesso político do regime".[17] Por exemplo: em 1964 Geisel batalhara sem sucesso para impedir a cassação do economista Jesus Soares Pereira, seu ex-colega no Conselho Nacional do Petróleo. Sempre que relembrava o caso, o general culpava os plutocratas da refinaria de Capuava, contra cujos interesses ele e Jesus atuaram no CNP.

Geisel não pretendia assinar uma anistia e acreditava que seu sucessor deveria concedê-la por partes.[18] Golbery informava que "quem vai dar o bombom é o Figueiredo".[19] Figueiredo, por sua vez, aceitava a ideia, mas não queria tratar do assunto antes da eleição.[20] Era a calibragem do tempo.

O futuro presidente não admitia que o benefício trouxesse de volta políticos como Leonel Brizola. Além disso, excluía aqueles que "assaltaram

---

16 Thales Ramalho, 21 de julho de 1999. Thales esteve no encontro.
17 *Jornal do Brasil*, 29 de janeiro de 1978; e *Veja*, 10 de março de 1978.
18 Maria Celina D'Araujo e Celso Castro (orgs.), *Ernesto Geisel*, p. 398.
19 *Jornal do Brasil*, 27 de janeiro de 1979.
20 Said Farhat, agosto de 1999.

bancos, assassinaram e sequestraram".[21] Essa era também a opinião do general Euler: "Em tese, sou a favor da revisão dos processos, mas não para aqueles sequestradores e assaltantes de bancos".[22] Na Igreja, a anistia seletiva era defendida tanto pelo cardeal conservador Vicente Scherer, de Porto Alegre ("[É] um contrassenso jurídico e medida inteiramente antissocial pleitear pura e universal anistia para os autores de atentados a direitos alheios ou danos irreparáveis") quanto por Aloísio Lorscheider, presidente da CNBB, um bispo malquisto pela ditadura ("a anistia não se destina aos que cometeram crimes comuns").[23] Tancredo Neves ia na mesma linha: "Por exemplo, de quem assassinou, por paixão política, um soldado na guarita, ou assaltou bancos. Isso é outro caso, é caso para a Justiça".[24] A própria Therezinha Zerbini dissera que "a gente fala em anistia ampla e irrestrita, mas nunca descartamos a possibilidade de uma anistia parcial".[25]

Os punidos formavam um arco que ia da simples injustiça praticada contra inocentes à imposição de penas a pessoas que praticaram crimes capitulados no Código Penal. Num extremo estava a madre Maurina Borges da Silveira, que vivia no México, banida, porque em 1969 os sequestradores do cônsul japonês em São Paulo puseram seu nome na lista de presos a serem libertados. Não tivera militância política, pois seu contato com jovens esquerdistas de Ribeirão Preto não implicara militância, nem quisera deixar o país.[26] O capitão Sérgio Miranda de Carvalho, o *Sérgio Macaco*, fora expulso da Força Aérea porque desafiara ordens ilegais do brigadeiro Burnier. O ex-deputado Marcio Moreira Alves estava exilado em Lisboa por causa de um discurso feito na Câmara e tinha uma pena de dois anos e três meses.[27] Luiz Carlos Prestes, dirigente de um partido comunista que se mantivera longe da luta armada, estava condenado a 25 anos e vivia em Moscou. Em Paris, tocando violão no metrô, estava Carlos Eugenio Sarmento da Paz, o *Clemente*, ex-comandante militar da ALN que, na

---

21 João Baptista Figueiredo, 1978; e *Veja*, 11 de janeiro de 1978.
22 *Jornal do Brasil*, 29 de julho de 1978.
23 Para d. Vicente, *Jornal do Brasil*, 4 de abril de 1978; para d. Aloísio, *Veja*, 10 de março de 1978.
24 *Jornal do Brasil*, 4 de março de 1978.
25 *Veja*, 10 de março de 1978.
26 Entrevista a Luís Eblak, *Folha de S.Paulo*, 7 de junho de 1998.
27 Para a pena, *Jornal do Brasil*, 7 de março de 1978.

sua conta, matara perto de dez pessoas, entre elas um companheiro que pretendia deixar a organização. Carregava uma sentença de quinze anos.[28] Rholine Sonde, do PCBR, encarcerado no presídio de Itamaracá (PE), fora condenado à prisão perpétua, acusado de ter participado do assalto em que foi morto um gerente da Souza Cruz. Admitida a diferenciação, madre Maurina, *Sérgio Macaco*, Moreira Alves e Prestes seriam anistiados. *Clemente* e Rholine, não.

Num ano eleitoral, eram raras e irrelevantes as vozes contrárias a uma anistia, tratava-se apenas de qualificá-la. Deixada para o ano seguinte, tudo seria negociado.

O obstáculo dos passaportes foi vencido aos poucos. O Tribunal Federal de Recursos determinara que o consulado do Brasil em Buenos Aires revalidasse o documento do teatrólogo Augusto Boal. Nos meses seguintes, dezenas de exilados conseguiram ordens judiciais. O SNI sustentava que havia uma orquestração da "imprensa comprometida com a contestação", pois só os 128 banidos estavam proibidos de voltar.[29] Era mentira. O consulado em Genebra recusara-se a renovar o passaporte do ex-deputado Lysâneas Maciel, cassado em 1976.[30]

Therezinha Zerbini fundou o MPFA com meia dúzia de mulheres na sua casa. Em fevereiro de 1978, quando o Comitê Brasileiro pela Anistia foi criado, tinha trinta associados. Em maio, 3 mil pessoas reuniram-se no largo de São Francisco, em São Paulo, pedindo uma "Anistia Ampla Geral e Irrestrita".[31] Não era muita gente, mas prenunciava a relevância do tema.

Além do alcance do benefício dos perseguidos, havia outra questão. Como ficariam os agentes do Estado que, a seu serviço, praticaram crimes que também podiam ser considerados comuns, como a tortura, os assassinatos e os desaparecimentos? Nas palavras de um estudo do Centro de Informações do Exército, "ações que qualquer justiça do mundo qualifi-

---

[28] Entrevista de Carlos Eugenio Sarmento da Paz a Expedito Filho, *Veja*, 28 de julho de 1996. Para a pena, mandado de prisão expedido em 26 de setembro de 1973 pela 2ª Auditoria do Exército, Arquivo Público do Estado de São Paulo, <http://www.arquivoestado.sp.gov.br/upload/Deops/Prontuarios/BR_SP_APESP_DEOPS_SAN_P001246_01.pdf>.
[29] *Apreciação Sumária nº 07*, do SNI, de 13 a 19 de fevereiro de 1978. CPDoc/FGV.
[30] *Jornal do Brasil*, 14 de maio de 1978.
[31] *Brasil dia-a-dia*, p. 39.

caria de crime".[32] Como lembrara o major Freddie Perdigão, em apenas três anos noventa componentes do DOI de São Paulo haviam recebido do Exército a Medalha do Pacificador.

Ao governo e à própria oposição, interessava que os exilados aguardassem. Passando por Paris, Leonel Brizola (condenado a dez anos de prisão e réu em 32 processos no STM) dissera que se o seu retorno fosse um obstáculo, abandonaria a política.[33] Na verdade, pensava em recriar o Partido Trabalhista Brasileiro e reunira-se com os presidentes de Portugal, Venezuela e México, bem como com o primeiro-ministro alemão, Willy Brandt.[34] Em Nova York, recebera um recado de Golbery: se voltasse, seria preso.[35] Duvidou e informou que retornaria em abril de 1979. Dessa vez o recado veio de Figueiredo: iria do aeroporto para a prisão.[36] Nos últimos dias do governo Geisel, Brizola almoçou num restaurante de carnes de Nova York com Thales Ramalho, secretário-geral do MDB, e jogou sobre a mesa uma passagem aérea, pois pretendia embarcar de volta. "O senhor não tira a cabeça do avião", avisou-lhe Thales. Aborrecido, Brizola foi-se embora, mas adiou a viagem.[37]

Desde agosto havia nos aeroportos manuais de oito folhas renovando as normas para lidar com exilados. Os banidos, os condenados e aqueles contra os quais houvesse ordem de prisão deveriam ser detidos. Aqueles que nada devessem, cujos nomes constassem de uma lista do SNI como "terrorista, subversivo, com curso de guerrilha ou que exerceu atividades difamatórias no exterior, particularmente o que vive ou viveu em países de governo comunista", deveriam fornecer seus endereços e seriam intimados a prestar declarações. Se fosse o caso, poderiam ser abertos inquéritos contra eles.

O SNI já não chamava os exilados de "apátridas", mas de "repatriados". Ainda assim, eles deveriam responder a um questionário de 36

---

[32] Maço de vinte folhas com *Estudo e Apreciação sobre a Revolução de 1964*, incompleto, de 16 de junho de 1975, do CIE, marcado "confidencial". AA.
[33] *Jornal do Brasil*, 6 de março de 1978; e *Veja*, 8 de março de 1978. Para os processos no STM, *Jornal do Brasil*, 6 de julho de 1978; e para as condenações, *Jornal do Brasil*, 20 de março de 1978.
[34] *Veja*, 10 de maio de 1978.
[35] Idem, 2 de agosto de 1978.
[36] *Folha de S.Paulo*, 23 de agosto de 1999.
[37] Thales Ramalho, agosto de 1999.

perguntas. Algumas impertinentes, outras policialescas, muitas impossíveis de serem respondidas. Alguns exemplos:

- Qual o local ou locais de residência no estrangeiro? (Rua, número, cidade, país, apresentar comprovante)
- Que sabe sobre cada brasileiro exilado? Qual a situação econômica de cada um?
- Ouviu críticas ao Brasil, seu regime, seu governo? Da parte de quem?
- Que acha da filosofia marxista?
- Citar cantores, artistas e intelectuais que vivem no exterior e que exercem atividade pública.
- Onde e como os conheceu?
- Qual desses citados promovem ou fazem campanha contra o Brasil, de que forma, ostensiva ou velada? Qual o veículo de comunicação utilizado? Como fazem essa campanha?[38]

O formulário fora concebido por algum oficial onipotente, com a cabeça no radicalismo militar. Muitos brasileiros haviam deixado o país exatamente para não terem de responder a esse tipo de perguntas. Num caso exemplar, Chico Buarque de Hollanda foi chamado a depor depois de retornar de uma viagem a Havana. Submetido a um questionário semelhante, deu respostas que indicavam um novo quadro político:

Estou sendo obrigado a prestar essas declarações em lugar de trabalhar. Trabalho dez horas por dia e estou perdendo um tempo precioso vindo à polícia.

Encerrou o depoimento de forma desafiadora:

---

[38] Oito folhas com *Instruções Particulares, Procedimentos a Serem Adotados pelos Órgãos de Segurança e Informações*, de 15 de agosto de 1978. APGCS/HF.

No dia 27 de fevereiro de 1978, nas dependências do DPPS, quando estava sendo ouvido, neguei-me a responder às perguntas que me eram formuladas.

Nove anos antes, por precaução, Chico Buarque deixara o país, indo morar em Roma. Em janeiro de 1979 a Censura liberou uma de suas canções, que se tornara um hino de protesto. Em 1971, quando a proibiram, Chico avisara:

Apesar de você
Amanhã há de ser
Outro dia.[39]

O dia era outro. Ao final de 1978, pelo menos cinco exilados já haviam regressado ao Brasil.[40] Nenhum tinha sentença pendente. Maria Nazareth Cunha da Rocha havia sido banida em 1971, depois do sequestro do embaixador suíço. Vivia em Paris, onde cuidava de um quiosque de artesanato. Avisou que voltaria, foi detida no aeroporto, mas, semanas depois, acabou libertada.[41] Quando ela partiu, a "tigrada" matava os banidos que capturasse.

---

[39] Simões Inimá, *Salas de cinema*, p. 144. *Apesar de você* foi composta e lançada por Chico Buarque em 1970 na versão compacto simples, pela Philips. Com duração de 3min52s, a canção estourou nas rádios e acabou sendo censurada em 1971.
[40] O primeiro exilado a regressar foi Carlos de Figueiredo Sá, em março. *Jornal do Brasil*, 8 de março de 1978.
[41] *Jornal do Brasil*, 11 de agosto e 10 de setembro de 1978.

Maluf derrota dois presidentes

Geisel não repetiu em 1978 o erro do início de 1974, quando a autoconfiança levou-o a estilhaçar a unidade da Arena, abrindo caminho para a vitória do MDB. Em 1974, por qualquer critério, Delfim Netto, recém-saído do Ministério da Fazenda, seria escolhido pelo partido para governar São Paulo. Não só Geisel vetara-o, como também impusera Paulo Egydio Martins. Em 1978, deu espaço para que houvesse disputa nas convenções que escolheriam os próximos governadores.

Paulo Egydio queria ser sucedido por Olavo Setubal, um quatrocentão vindo da cepa da baronesa de Campinas, prefeito de São Paulo e criador do banco Itaú. Geisel chegara a enviar um recado por intermédio do general Moraes Rego: a escolha estava feita e Setubal seria o governador.

Figueiredo preferia o ex-governador Laudo Natel, em cuja administração comandara a Força Pública do estado. O general tinha razões para supor que, como em 1974 a escolha fora de Geisel, agora seria sua. Paulo Egydio já havia combinado um foguetório em cidades do interior para comemorar a vitória do seu candidato quando o mesmo Moraes Rego pediu-lhe um novo encontro, às sete da manhã, em São Paulo. O jogo virara. Figueiredo prevalecera e o governador seria Natel.[1]

Boa parte dos convencionais da Arena no interior do estado iria para qualquer lado, menos para Natel. Foram para Paulo Maluf, cuja candidatura não era levada a sério por Brasília. Aos 46 anos, industrial e milionário, fora presidente da Caixa Econômica e prefeito de São Paulo. Formara uma imagem de administrador dinâmico, tocador de obras. Estava espetado num escândalo de financiamento do BNDE à tecelagem do sogro e era detestado pelo presidente, por seu sucessor e pela velha plutocracia paulista. Figueiredo chegara a acreditar que ele sairia da disputa se recebesse um telefonema "incisivo" do ministro da Justiça, Armando Falcão.[2]

Maluf aproximara-se perigosamente do general Frota e, até bem pouco tempo, defendera a inclusão do AI-5 na Constituição.[3] Sua tenacidade parecia insuficiente para levá-lo a uma dissidência desafiadora. Dias antes da convenção, Figueiredo dissera a Delfim Netto que se afastasse de Maluf, pois ele perderia e, se porventura ganhasse, Geisel interviria no processo.[4] O azarão teve 617 votos contra 589 dados a Natel. Temendo que a urna fosse sequestrada, correu em sua direção e abraçou-se a ela.[5] Maluf mostrara que entendia de convenção. Tão surpreendente quanto sua vitória foi a rapidez com que Geisel e Figueiredo aceitaram-na, em menos de 24 horas. Heitor Ferreira registrou-a como "absorção de Maluf".[6]

Não tinham simpatia por ele, mas um golpe contra o resultado da convenção paulista avacalharia o projeto que se desenhara. Se uma decisão do partido do governo no maior estado do país fosse desrespeitada, tudo não passaria de uma farsa. Geisel, Golbery e Figueiredo sabiam que o governador de São Paulo é sempre um forte candidato a presidente da República. De 1926 a 1960, os ocupantes do palácio dos Campos Elíseos haviam dispu-

---

1 Paulo Egydio Martins, junho de 2012.
2 Notas manuscritas de Figueiredo, visadas por Geisel, de 22 de julho de 1977. APGCS/HF.
3 *Informe*, do SNI, de 10 de outubro de 1977. APGCS/HF; e *O Globo*, 29 de novembro de 1977.
4 Delfim Netto, junho de 2012.
5 Para a urna, Paulo Egydio Martins, junho de 2012.
6 *Cronologia do Governo Geisel*, de Heitor Ferreira, 5 de junho de 1978. APGCS/HF.

tado cinco das sete eleições presidenciais e venceram três.[7] Geisel vetara Delfim Netto exatamente por isso. Contra Maluf, esse caminho foi abandonado. O problema, se surgisse, seria resolvido depois, por Figueiredo.

[7] Venceram Washington Luís, Júlio Prestes (que não tomou posse) e Jânio Quadros.

A demolição de Euler

A candidatura do general Euler Bentes à Presidência precisava do apoio do MDB, de uma divisão militar e de uma cisão na Arena para enfraquecer Figueiredo. Além disso, o senador mineiro Magalhães Pinto, que desde o ano anterior declarava-se candidato, deveria deixar a disputa, apoiando-o. Em maio, quando Euler assombrou o Planalto e aceitou que seu nome fosse discutido, as quatro condições pareciam alcançáveis.

A cúpula do MDB, contudo, mostrou-se arisca. Ulysses Guimarães não gostava da ideia de uma candidatura militar: "Isso dá besteira".[1] Ele acreditava no rompimento do regime por dentro, e quando isso acontecesse teria chegado a sua vez. Tancredo Neves mantinha sua aversão epidérmica a manobras nos quartéis.

A candidatura militar saíra da esquerda do partido. Inicialmente, tivera o senador Roberto Saturnino como articulador e fortalecera-se com a adesão do senador Paulo Brossard. A força dos "autênticos", contudo, era menor do que parecia. Tancredo mostrara isso em março, ao eleger-se líder do partido na Câmara. Quando Hugo Abreu apresentou-lhe o

---

[1] Celia Solbeimann Melhem e Sonia Morgenstern Russo (orgs.), *Dr. Ulysses*, pp. 126-7.

nome de Euler, Ulysses condicionou a eficácia da manobra à desistência de Magalhães Pinto.² O general assegurou que ela viria, mas Ulysses conhecia a raposa mineira. Falando com o filho, Magalhães dizia: "Querem conversar comigo, dizem que eu tenho um grande papel a desempenhar no país. É levantar a candidatura do Euler. Eles estão pensando que eu vou nessa".³

O senador disputava a Presidência desde 1963. Era um mineiro de fala mansa e calva inesquecível. Dono do Banco Nacional, tinha muitos amigos e poucos inimigos. Mestre da costura silenciosa, articulava-se à esquerda e à direita. Como governador de Minas Gerais, nos últimos meses do governo João Goulart tentara uma aliança com Miguel Arraes e, na manhã de 31 de março, telefonara ao colega pernambucano informando-o que rebelara o estado.⁴ No dia seguinte, ele festejava a vitória ao lado dos generais e o outro estava preso, a caminho de Fernando de Noronha. No governo Costa e Silva, ocupara o Ministério das Relações Exteriores e, nessa posição, defendera, "constrangido", a edição do AI-5. Na reunião do palácio Laranjeiras que o instituiu, dissera que a "Revolução precisa chegar ao fim", mas na ata sua fala foi reescrita: "A Revolução precisa atingir seus objetivos".⁵ Golbery queixava-se de que nas conversas com ele "é difícil saber o assunto principal" e Geisel dizia que "eu (o) recebo de boca fechada".⁶ A "manhosidade mineira" prejudicava-o quando a disputa dependia da força da rua ou da tropa.⁷ Antes de 1964, faltara-lhe carisma para competir com Carlos Lacerda ou Juscelino Kubitschek. Depois, faltaram-lhe os tanques para disputar com Castello, Costa e Silva, Médici e Geisel. Se um general aceitasse o posto de vice em sua chapa, essa carência seria mino-

---

2 Para a reunião com Ulysses, Hugo Abreu, *Tempo de crise*, p. 44.
3 Uma folha do SNI, marcada "secreto", de 19 de maio de 1978, rubricada pelo general Sebastião Ramos de Castro. APGCS/HF. Esse texto parece ser a transcrição de uma interceptação telefônica, e um trecho ("eu estou com simpatia com o Figueiredo") sugere que o senador falava para o grampo.
4 Violeta Arraes, maio de 1991.
5 Áudio da reunião do Conselho de Segurança Nacional de 13 de dezembro de 1968; e Ata da 43ª Reunião do CSN. APGCS/HF.
6 *Diário de Heitor Ferreira*, 10 de abril e 24 de novembro de 1975. APGCS/HF.
7 Para "manhosidade", *Estimativa nº 2*, do SNI, de Golbery do Couto e Silva, 15 de dezembro de 1964. APGCS/HF.

rada. Ofereceu-a a Euler, mas ele a recusou: "Não fui convidado e se fosse, não aceitaria".[8]

A entrada do general na disputa desidratou a costura de Magalhães, retirando-lhe o sonho da base militar e o apoio do MDB. Meses depois, o senador mostrava que não o apoiaria, dizendo que "nesse empurra ninguém me leva". Queria ser empurrado na direção oposta. Lançara pelo menos duas pontes na direção do governo e trocara sinais pacificadores com o Planalto, admitindo um encontro com Figueiredo.[9] Ao perceber um dos sinais, Heitor Ferreira anotou: "Está maduro".[10] Em agosto, Magalhães teve uma conversa com o poderoso empresário Antonio Gallotti, presidente da Light. Queixou-se do comportamento de Euler ("desleal", "miserável"), dos aliados da Arena e da esquerda do MDB. Elogiou Geisel ("um homem altamente inteligente, determinado, mas muito rígido") e teve uma boa palavra para Figueiredo ("entre os militares, excelente"). Em resumo: "Jamais poderei apoiar Euler".

Magalhães sabia que a conversa com Gallotti, pedida por ele, chegaria ao Planalto e perguntou: "Por que, estando eu disponível, o presidente, num gesto de grandeza (...) não me convoca para uma audiência?". O encontro poderia ser público, a três, incluindo-se Figueiredo, "o que seria melhor ainda". Queria apenas uma "combinação, a fim de ficar desde logo estabelecido o que dizer à imprensa".[11]

Magalhães capitulara. Em seguida encontrou-se secretamente com Figueiredo.[12] Semanas depois reuniu-se em público com o general e acabou candidato a deputado federal. A dissidência arenista, com a qual Magalhães e Euler sonharam, não existia.

Restava a Euler a esperança de uma cisão militar. Pelo menos um general de quatro estrelas, Ayrton Tourinho, não simpatizava com a sagração do chefe do SNI, mas comandava uma mesa do Departamento

---

[8] *O Estado de S. Paulo*, 24 de janeiro de 1978; e *Jornal do Brasil*, 27 de janeiro de 1978. No *Jornal do Brasil*, "Coluna do Castello", 28 de janeiro e 29 de junho de 1978.
[9] *Jornal do Brasil*, "Coluna do Castello", 11 de julho de 1978.
[10] Bilhete de Heitor Ferreira, de julho de 1978. APGCS/HF.
[11] Carta de Antonio Gallotti a Golbery, de 30 de agosto de 1978, narrando o encontro de 25 de agosto. APGCS/HF.
[12] *Jornal do Brasil*, "Coluna do Castello", 15 de setembro de 1978.

Geral de Pessoal. Eram muitos os oficiais que estranhavam a ideia de se entregar o comando do país a um general de divisão. O chefe do SNI era o quinto colocado na lista dos generais de três estrelas e tinha à frente colegas cuja ultrapassagem soaria desonrosa. Geisel chegara a pensar que poderia carregá-lo sem a patente.[13] Mudou de ideia e decidiu promovê-lo. Em março, o Alto-Comando apresentou-lhe a lista dos generais que poderiam receber a quarta estrela.[14] Figueiredo encabeçava-a. Esse movimento, que parecera impensável, refletia o domínio de Geisel sobre a cúpula militar.

Conhecem-se dezenas de documentos produzidos pelo SNI e pelas centrais de maledicências que chegaram a Geisel, Golbery, Figueiredo e Heitor Ferreira durante os nove meses em que o Planalto temeu uma inquietação nos quartéis. Computando-se os nomes arrolados, listaram-se as movimentações, reais ou supostas, de 31 oficiais da ativa, entre eles cinco generais (num quadro de 123), doze coronéis e tenentes-coronéis, mais catorze majores e capitães. A esse grupo juntava-se a infantaria da dissidência, que o jornalista Carlos Castello Branco chamou de "Glorioso Exército da Reserva".[15] Somavam, na ativa, um general e oito coronéis. Ao longo da história, muitas articulações militares triunfaram com núcleos menores que esse, mas tudo dependia de uma clareza de propósitos capaz de atrair o grosso da tropa e da indispensável audácia, decisivas em 1889 e 1964.

O bloco da dissidência fardada diferenciava-se do perfil profissional de Euler e de Hugo Abreu, dois oficiais que não se envolveram nas indisciplinas militares ocorridas depois de 1964.[16] Eram quadros da "linha dura" que infernizaram o governo Castello Branco. Voluntaristas, buscavam relevância política. Defenderam surtos autoritários, mas, salvo a passagem de Hugo Abreu pelo combate à guerrilha do PC do B no Araguaia, nenhum estivera

---

13 Para a posição de Figueiredo, Hugo Abreu, *Tempo de crise*, p. 68.
14 Para a decisão, *Cronologia do Governo Geisel*, de Heitor Ferreira, 17 de fevereiro de 1978. APGCS/HF. Para a lista, 100ª reunião do Alto-Comando do Exército, de 23 de março de 1978. APGCS/HF.
15 *Jornal do Brasil*, "Coluna do Castello", 24 de junho de 1978.
16 Euler assinou o *Manifesto dos Coronéis*, que, em 1954, derrubou João Goulart do Ministério do Trabalho. Em 1964, comandando a Escola de Comunicações, recusou-se a fornecer equipamentos de comunicação aos revoltosos.

na "tigrada"[17] do Centro de Informações do Exército e dos DOI-CODI. Três oficiais haviam passado pelo SNI, entre eles o mais destacado assessor de Euler, coronel Amerino Raposo. Na FEB, como tenente, recebera a rendição da 148ª Divisão de Infantaria alemã.[18] Sócio fundador do Serviço, fora afastado por Golbery, que o detestava.[19] Figueiredo também, pois acreditava que, na grande divisão ocorrida durante o governo Castello, Amerino repassava segredos ao grupo de Costa e Silva.[20] Como capitão, o tenente-coronel Tarcísio Nunes Ferreira, comandante do 13º Batalhão de Infantaria Blindado, a tropa mais poderosa do Paraná, estivera na revolta de Aragarças contra o presidente Juscelino Kubitschek.[21] Em 1969, Dickson Grael, comandante do Grupo de Artilharia da Divisão de Para-Quedistas da Vila Militar, recusara-se a desfilar com sua tropa na parada de Sete de Setembro, protestando contra a troca de quinze presos políticos pelo embaixador americano Charles Elbrick.[22] O major Adalto Lupi Barreiros, que deixou o palácio do Planalto depois da demissão de Hugo Abreu, estivera no grupo de oficiais que pensaram em impedir a decolagem do avião que levou os prisioneiros ao México.[23] O coronel Francisco Boaventura tomara uma cadeia por ter divulgado um manifesto desafiando o presidente Castello Branco. Em 1969, numa vindita, fora colocado na reserva por ter se reunido com dois deputados do MDB e promovido pequenas assembleias de militares.[24]

A relevância política fora negada a esse grupo de oficiais por Costa e Silva, Médici e Geisel. Eles anexaram-se ao círculo de Euler, envenenando-o. Generais como Hugo Abreu e Ayrton Tourinho podiam ter seguidores na tropa, mas coronéis cujas carreiras foram destruídas pela atividade política eram, em si, um fator de risco.

---

17 Expressão cunhada por Delfim Netto.
18 Portal Segunda Guerra, <http://portalsegundaguerra.blogspot.com.br/2012/01/90-anos-do-cel-amerino-raposo-filho-seu.html>.
19 Telefonema de Heitor Ferreira a Golbery, de 27 de dezembro de 1973. APGCS/HF.
20 Conversa de Figueiredo com Geisel, de 9 de fevereiro de 1974. APGCS/HF.
21 *O Estado de S. Paulo*, 15 de dezembro de 1959.
22 Rogério Daflon, *Bons ventos*, p. 41.
23 Depoimento de Adalto Lupi Barreiros, em Aricildes de Moraes Motta (org.), *1964 — 31 de março*, t. 14, pp. 266-8.
24 Elio Gaspari, *A ditadura envergonhada*, pp. 69-71.

Havia coronéis da velha "linha dura" dos anos 1960 no entorno de Euler, mas, partindo-se de uma lista de 34 oficiais do Exército qualificados como radicais pelo general Moraes Rego num depoimento ao CPDoc, verifica-se que seis deles — todos na reserva — apoiavam abertamente o general, enquanto outros sete — todos na ativa — alinhavam-se com Figueiredo.[25] Em 1978 a "linha dura", que se associara à máquina repressiva do regime, estava no SNI, comandado por Figueiredo, e nos DOI-CODI. Ela jamais se acercou de Euler.

A movimentação militar que apoiava o general do MDB produziu planos visionários e boatos.[26] Em apenas dois dias, Geisel foi informado de que ele próprio havia sido preso em Marabá (PA), que Euler estava a caminho de Brasília para comandar atos de força e que oficiais paraquedistas prenderiam o comandante da brigada. Em Brasília, a notícia era outra, vinda de parlamentares do MDB: "O presidente iria continuar no governo e prender todo o pessoal".[27] O Planalto reprimiu a dissidência militar com poucos incidentes: cinco transferências e apenas dez prisões disciplinares, impostas a seis oficiais da ativa.[28]

A candidatura de Euler continha ingredientes de indisciplina militar, mas o general cumpriu seu papel sem incentivar soluções extraconstitucionais. Pelo contrário, tendo aceitado um convite para falar na Universidade de Brasília, preferiu cancelar o evento depois que a reitoria da escola comunicou-lhe que o ato seria ilegal. Outra era a posição de alguns de seus adversários. Em maio ou junho, o general Samuel Alves Correa, comandante do III Exército, entregou ao ministro do Exército quatro folhas

---

[25] Para a lista dos 34, depoimento do general Gustavo de Moraes Rego em Maria Celina d'Araujo, Gláucio Ary Dillon Soares e Celso Castro (orgs.), *Visões do golpe*, p. 55.

[26] Para planos visionários, depoimento do general Moraes Rego em Maria Celina d'Araujo, Gláucio Ary Dillon Soares e Celso Castro (orgs.), *A volta aos quartéis*, p. 95.

[27] Cartão do general Octavio Medeiros, chefe da Agência Central do SNI, a Geisel, que o visou, de 12 de outubro de 1978. APGCS/HF. Rádio Guaíba, no FBIS, de 14 de outubro de 1978, para o desmentido oficial de que Geisel tivesse sido preso em Santarém.

[28] Os seis oficiais: general Hugo Abreu; os tenentes-coronéis Tarcísio Nunes Ferreira, quatro vezes, e Nivaldo Dias; major Adalto Barreiros, duas vezes; capitão Barbosa Franco, por ter visitado Frota; e o capitão Itamar Perenha. *Movimento*, 30 de outubro de 1978. Para Barbosa Franco, ver Sylvio Frota, *Ideais traídos*, p. 567.

intituladas *Reflexões sobre a Candidatura do General Euler*, marcadas "pessoal/secreto". Era claro:

> A Revolução deve continuar a ser. [Ela] tem sido combatida de modo duro, acerbo e afrontoso pela oposição sintonizada com a contestação. Todas as tentativas feitas pelos governos revolucionários, desde o presidente Castello Branco, até o presidente Geisel, no sentido do aperfeiçoamento institucional democrático não tem tido êxito. (...) Já existe a candidatura apresentada pelo presidente Geisel. (...) é, portanto, a candidatura da Revolução, outra que houver não será da Revolução.[29]

Diante da campanha de Euler, o general via dois desfechos. Num, Euler perderia e tudo bem. E se ganhasse?

> Quem pode garantir que não possa haver essa vitória? (...) Pode-se correr o risco de perder? (...) Pode a Revolução correr o risco de ser colocada no banco dos réus? Queremos ter uma repetição de Allende e Perón?

O radicalismo militar estava em todos os lugares e em lugar nenhum. O general Samuel não assinou seu documento.

Sem o apoio de Magalhães Pinto e dos dissidentes da Arena e à falta da crise militar, restava a Euler o MDB, mas nem isso ele teve. Figueiredo conseguira 97% dos votos na convenção da Arena (775 em 802) e ele ficara com 71% no MDB (352 em 497).[30] A ala moderada do partido dividira-se entre a indiferença e um apoio teatral. O senador Itamar Franco chegou a

---

[29] Quatro folhas sem data nem assinatura, onde Geisel anotou: "Documento do general Samuel entregue ao ministro em reunião do Alto-Comando de junho ou maio". APGCS/HF.
[30] Para Euler, *Folha de S.Paulo*, 24 de agosto de 1978.

ironizar seu comportamento: "Ele é muito enquadrado para ser da oposição. Dos dois generais candidatos, até parece que o nosso é que foi lançado pelo governo. O outro, pelo menos de vez em quando, tem rompantes oposicionistas".[31] Restava a Euler apenas aquilo que fora seu capital ao lançar-se na disputa: o próprio prestígio.

No topo das desordens militares do século XX houve três figuras de chefes derrotados em campanhas presidenciais: o brigadeiro Eduardo Gomes e os marechais Juarez Távora e Henrique Lott, batidos por Getulio Vargas, Juscelino Kubitschek e Jânio Quadros. Durante suas campanhas, todos pairaram acima dos oficiais ativistas e das vivandeiras civis. Euler Bentes parecia-se mais com esses três do que Figueiredo. Era formal, mau orador e avesso a conversas fiadas. Jamais atacou pessoalmente Ernesto Geisel, nunca atiçou radicalizações e distanciou-se das tentativas de ressurreição da tática do "mar de lama" estimuladas por Hugo Abreu. Tratava jornalistas de "senhor" ou "senhorita".

Enquanto Figueiredo oferecia a seus aliados seis anos de prorrogação do poder e uma negociação para o gradual abrandamento do regime, Euler tinha uma complexa plataforma. Prometia um retorno à Constituição de 1967 "expurgada de seus excessos", a imediata "revogação dos Atos Institucionais e leis que impedem as liberdades de organização e de reunião, assim como as liberdades individuais".[32] Paralelamente, propunha a discussão da anistia. Esta poderia ser a parte compreensível.

A complexidade surgia quando Euler se apresentava como candidato a um mandato de seis anos, mas aceitava transformar-se em chefe de um "governo de transição" que duraria três, ao fim dos quais seriam realizadas eleições diretas para a escolha do presidente da República. No primeiro ano seriam convocadas eleições diretas para substituir todos os governadores e os senadores eleitos indiretamente. O Congresso eleito em novembro seria transformado em Assembleia Constituinte um ano depois. Noutra hipótese, Câmara e Senado funcionariam normalmente e seria convocada uma outra eleição, para a escolha da Assembleia: "É preciso esperar um ano, no mínimo, para que possam aflorar certos

---

31 *Jornal do Brasil*, 25 de setembro de 1978.
32 Entrevista a Getúlio Bittencourt, em *A quinta estrela*, pp. 126-37; *Folha de S.Paulo*, 7 de julho de 1978.

problemas estruturais da sociedade brasileira, que precisam ser considerados e equacionados na Constituinte". Conceitualmente, defendia "um Poder Executivo forte".

Era a plataforma de uma promessa democrática que pressupunha o fim do regime sem que houvesse povo na rua. Parecia um plano de estado-maior. Na análise de Carlos Castello Branco, havia nele um componente "idealista", pois "o problema já não se põe em termos de vanguarda, mas de retaguarda".[33] Alguns de seus ingredientes só fariam sentido se o país estivesse num clima de instabilidade política. O Brasil já tivera sete governos de transição, sempre resultantes do colapso da ordem estabelecida ou da instalação de breves períodos de anarquia.[34] Euler propunha decapitar o poder do presidente, dos governadores e de um terço do Senado. Semelhante projeto dependeria de um expressivo triunfo do MDB na eleição geral de novembro. À época em que o general anunciou sua proposta, essa possibilidade não existia. Os pleitos de 1978 estavam presos ao cadeado do "Pacote de Abril". Em setembro seriam eleitos indiretamente os 21 governadores e, em outubro, o presidente, o que definiria, antes da eleição geral de novembro, o poder nos estados pelos quatro anos seguintes e na Federação, por seis. O Senado, viciado pela escolha indireta dos "biônicos" criados pelo "Pacote de Abril", teria maioria da Arena. Para a expressão da vontade popular restava a eleição para a Câmara, onde seriam disputadas todas as 420 cadeiras. Ela prenunciava-se apertada.

Ainda assim, o governo acautelara-se contra uma possível mobilização popular. Censurou a transmissão de um evento da campanha de Euler e negou-lhe o acesso ao horário gratuito das emissoras de televisão e rádio, alegando que eleição indireta não previa essa modalidade de propaganda.[35] Num bilhete a Geisel, Antonio Carlos Magalhães, o governador escolhido da Bahia, propunha que os comandantes militares fossem alertados para impedir passeatas.[36]

---

[33] *Jornal do Brasil*, "Coluna do Castello", 9 de julho de 1978.
[34] Em 1831, 1889, 1930, 1945, 1961, 1964 e 1969.
[35] Para a censura de transmissões, *Jornal do Brasil*, 4 de julho de 1978; e *Jornal do Brasil*, "Coluna do Castello", 8 de julho de 1978.
[36] Uma folha de Antonio Carlos Magalhães, visada por Geisel e anotada por Golbery, de julho de 1978. APGCS/HF.

A vigilância do SNI mantinha seu cerco a Euler. Vigiava os telefones de sua equipe e acusava-o de desempenhar "o papel de porta-voz antirrevolucionário". Não só estaria cercado por "comunistas, esquerdistas e militares frustrados", como nele havia também um "esquerdismo (...) que apenas agora obtém contornos mais nítidos".[37] O Centro de Informações do Exército panfletara artigos contra o general em sua rede de comunicação com a tropa, mas vários comandantes devolveram um deles.[38]

Num último esforço para levar a campanha de Euler aos quartéis, o general Hugo Abreu mandou a 120 oficiais uma carta denunciando o governo. Era o esperado *Relatório Hugo Abreu*, a respeito do qual se falava desde janeiro. Nele estariam graves denúncias de corrupção contra o governo. Publicado, foi anticlimático. Com mais de 3 mil palavras, referia-se à "corrupção mais desenfreada", dedicando apenas 26 a referências nominais a empresas: "Queremos, enfim, que o Brasil não caia nas mãos de uma oligarquia espúria, perigosamente comprometida com interesses escusos de multinacionais, como Jari, Dow Chemical e outros".[39]

O sujeito oculto da referência ao Projeto Jari era Heitor Ferreira. Entre 1968 e 1973, depois de ter se demitido do Exército, trabalhara no empreendimento do bilionário americano Daniel Ludwig. Era uma Fordlândia 2.0. Numa área quase do tamanho de Sergipe, o misantrópico americano planejara uma floresta de gamelinas e pínus que seriam transformados em celulose numa plataforma que importara do Japão. Durante o governo de Geisel, Ludwig teve quase todos os seus pleitos desatendidos, inclusive um convite para que o presidente visitasse o empreendimento, como fizera seu antecessor.[40]

"Dow Chemical" queria dizer Golbery. Ele fora contratado pela filial brasileira da petroquímica americana em 1968 e presidira-a de 1971 ao início de 1974. Sua migração para o mundo das corporações internacionais

---

[37] Dois bilhetes do general Octavio Medeiros a Heitor Ferreira, de setembro de 1978; e duas folhas do SNI, anotadas pelo general Newton Cruz, de 28 de setembro de 1978. APGCS/HF. *Apreciações Semanais*, do SNI, de 14, 21 de agosto e 16 de setembro de 1978. CPDoc/FGV.
[38] *O Estado de S. Paulo*, 14 de setembro de 1978; e *Última Hora*, 13 de setembro de 1978, em FBIS, de 14 de setembro de 1978.
[39] Carlos Chagas, *A guerra das estrelas (1964-1984)*, pp. 292-8.
[40] Carta de Francisco Andrade e Avertano Rocha a Geisel, que a anotou, de 23 de setembro de 1976. APGCS/HF.

A demolição de Euler

custara-lhe não só o apelido de "Genedow", como estimulara malqueranças. O ex-presidente Médici dizia que o general, que "conhecia o direito e o avesso de todos os homens importantes do país", não poderia ter assumido a direção de uma empresa estrangeira.[41] Já no primeiro panfleto da *Novela da Traição* — série em que oficiais combatiam a abertura —, dizia-se que ele "arrendou-se aos trustes americanos". Daí em diante, outros nove mencionaram-no como "trânsfuga", "serviçal" e até mesmo "doublê de lacaio da Dow Chemical e agente de Moscou".[42]

A mais específica das denúncias de Hugo Abreu relacionava-se com a espionagem telefônica do SNI. Ele a conhecia e, como dissidente, tornara-se sua vítima. Na manhã de 20 de maio, falando ao telefone com o genro, disse que Golbery continuava recebendo dinheiro da Dow Chemical. No mesmo dia a conversa estava transcrita num relatório anotado por Figueiredo. Ao lado da acusação contra Golbery ele marcou: "! FP".[43]

Segundo a narrativa de Hugo, "na primeira quinzena de setembro, comecei a remeter os primeiros exemplares da carta. Essas primeiras cartas foram dirigidas a amigos em quem eu podia confiar e entregues em mão". Não podia. No seu registro cronológico do governo, Heitor Ferreira anotou, no dia 6 de setembro: "Geisel me chama e me mostra o *Relatório Hugo Abreu*".[44]

O governo respondeu prendendo o general por vinte dias, limitando-lhe as visitas a familiares e militares. O general Tourinho encontrou-o por duas horas, mas um major que foi vê-lo tomou quatro dias de cadeia por ter deixado seu posto em Mato Grosso.[45]

---

[41] Entrevista de Roberto Médici a Fernando Molica, *Folha de S.Paulo*, 16 de junho de 1995.
[42] *Novela da Traição*, 3º, 4º, 5º, 6º, 7º e 8º capítulos, abril a julho de 1975. Panfleto dos Voluntários da Pátria, com a referência a "agente de Moscou", de julho de 1975. Quatro folhas com cópias de panfletos. Uma cópia, do início de 1975, endereçada ao general Sylvio Frota, chegou a Geisel. Três panfletos sem título, dois deles coletados pelo SNI, de 9 de março e 9 de abril de 1976 e de março de 1978. APGCS/HF.
[43] Três folhas do general Sebastião Ramos de Castro a Figueiredo, de 20 de maio de 1978. APGCS/HF. É provável que, ao acusar Golbery, o general estivesse falando para o grampo, pois pouco antes reclamara de interceptação telefônica.
[44] *Jornal do Brasil*, 11 de outubro de 1978; e Hugo Abreu, *Tempo de crise*, pp. 149-50. *Cronologia do Governo Geisel*, de Heitor Ferreira, 6 de setembro de 1978. APGCS/HF.
[45] Hugo Abreu, *Tempo de crise*, pp. 156 e segs.

No dia 15 de outubro, o general Figueiredo foi eleito por 355 votos contra 226. Euler despediu-se da disputa com um discurso em que denunciou a falta de legitimidade do regime — pois "uma Nação de 120 milhões de pessoas não pode ser governada por um presidente escolhido por um único brasileiro e referendado por mais alguns poucos" — e lembrou que "jamais admiti que minha pregação se transformasse em fato militar".[46] Dito isso, afastou-se da política, regressando à sua rotina e dividindo o tempo com a família entre Copacabana e o sítio de São Pedro da Aldeia.[47] Nunca fora, nem se tornaria, uma celebridade. Sua passagem pela política não deixou divisões militares e, sem dúvida, serviu de contraponto a Figueiredo, obrigando-o a buscar mais alianças ao centro.

Eleito, o ex-chefe do SNI foi à televisão e anunciou: "Quero apresentar ao povo (...) a minha mão estendida em conciliação". Na sua primeira entrevista coletiva, a formulação foi refraseada, ao estilo da cavalaria: "É para abrir mesmo e quem não quiser que abra, eu prendo e arrebento. A minha reação agora vai ser contra os que não quiserem abertura".[48]

---

[46] Quinze páginas com o discurso de Euler, anotadas por Geisel. Ele sublinhou os trechos citados. APGCS/HF.
[47] O general Euler morreu em sua casa do Rio, aos 85 anos. No dia seguinte, faleceu a porta-bandeira Mocinha, da Escola de Samba Estação Primeira de Mangueira. Ela teve um necrológio de 268 palavras. Ele, de 131. *O Globo*, 25 de julho de 2002.
[48] *Jornal do Brasil*, 16 de outubro de 1978.

O ronco da "tigrada"

Figueiredo sabia a quem estava se dirigindo quando disse que "é para abrir mesmo e quem não quiser que abra, eu prendo e arrebento. A minha reação agora vai ser contra os que não quiserem abertura".[1] A "tigrada" continuava invicta. A Comunidade de Informações, que trabalhava em seu benefício, não desvendara um só dos atentados que ocorriam no país. Em seis meses, haviam explodido 26 bombas em redações de pequenos jornais, diretórios estudantis, igrejas e residências.[2] O semanário *Em Tempo*, que divulgara uma lista de 233 torturadores, sofrera quatro ataques, um deles em Curitiba, na área de comando do general Samuel Alves Correa.[3] O Comando de Caça aos Comunistas invadira o Diretório Acadêmico da Faculdade de Arquitetura da Universidade Mackenzie, em São Paulo, destruindo seu arquivo.[4] Em Belo Horizonte, explodira uma bomba ao lado da casa onde estava Therezinha Zerbini. Outro explosivo

---

[1] *Jornal do Brasil*, 16 de outubro de 1978.
[2] Idem, 1º de outubro de 1978.
[3] Para a lista de torturadores, *Em Tempo*, 26 de junho de 1978. Para os ataques, *Brasil: nunca mais*, t. I, p. 45; *Jornal do Brasil*, 29 de julho de 1978; rádio Guaíba de 18 de agosto, em FBIS, de 22 de agosto de 1978; e Cadeia Verde-Amarela, em FBIS, de 15 de setembro de 1978.
[4] *Apreciação Sumária nº 17*, do SNI, de maio de 1978. CPDoc/FGV.

foi desativado no colégio em que ela deveria fazer uma palestra. Junto, havia um panfleto assinado pelo GAC, Grupo Anti-Comunista.[5]

O SNI racionalizava os acontecimentos, torcendo para que, como em 1968, prevalecesse a tensão. Lembrava ao governo que a "tendência é para a radicalização de posições — de direita e de esquerda — através de ações comandadas de forma centralizada, sejam apenas de efeito moral, sejam atentados terroristas".[6]

Geograficamente, a abertura brasileira era uma excentricidade. Afinal, Uruguai, Argentina, Chile, Paraguai e Bolívia eram governados por generais que não se mostravam dispostos a abrir coisa alguma. Quando comandava o III Exército, o general Fernando Bethlem disse que o Uruguai era "um exemplo de democracia para o mundo".[7] Desde o golpe militar de 1973 no país, 73 cidadãos haviam desaparecido. Lá, um general proclamara: "Não é com clemência que tornaremos o Uruguai mais digno".[8]

Figueiredo conhecia a máquina em que estivera como chefe da Casa Militar de Médici e do SNI de Geisel. Desde 1964 os militares e policiais brasileiros mantinham relações promíscuas com seus vizinhos. Trocavam informações e prisioneiros. Em 1978 o Centro de Informações do Exército monitorava 130 pessoas em território brasileiro, supondo que aqui se formavam "tropas especiais de agitação" e de "infantaria".[9] Com a cumplicidade do aparelho argentino, um comando brasileiro sequestrara em Buenos Aires o ex-major Joaquim Pires Cerveira. Aos 51 anos, com militância em várias organizações, fora preso em 1970 e libertado na troca pelo embaixador alemão Von Holleben. Passara por Cuba, vivia na Argentina e era vigiado pelos militares e pelo Itamaraty. Uma equipe brasileira capturou-o em dezembro de 1973. Cerveira foi visto no DOI do Rio e desapareceu. O SNI sabia do episódio, pois o chefe da Agência Central, Sebastião Ramos de Castro, contou-o a Geisel.[10] Depois da

---

[5] Paulo Moreira Leite, *A mulher que era o general da casa*, pp. 58-9.
[6] *Apreciação Sumária nº 39*, do SNI (Campo Interno), de 7 de outubro de 1978. APGCS/HF.
[7] *O Globo*, 6 de abril de 1977; em FBIS de 8 de abril de 1977.
[8] J. Victor, *Confissões de um ex-torturador*, p. 98.
[9] Chico Otávio e Raphael Kapa, "O elo perdido da Condor", *O Globo*, 23 de novembro de 2014.
[10] *Diário de Heitor Ferreira*, 13 de fevereiro de 1975. APGCS/HF.

anistia, os militares brasileiros já não caçavam a diáspora nacional, mas, com a ajuda da "tigrada", agentes argentinos e uruguaios continuavam a agir clandestinamente no país.

A essa rede contrapôs-se a atividade pública dos cardeais Paulo Evaristo Arns e Eugênio Sales, que montaram centrais de amparo a centenas de fugitivos de ditaduras da região.[11] Os dois mantinham uma discreta relação com o Alto-Comissariado da ONU para Refugiados, que funcionava no Brasil com a cumplicidade do governo. Seu cadastro registrava cerca de cem argentinos, mas o chefe do programa brasileiro acreditava que esse número podia chegar a 2 mil.[12]

O ramo paulista da teia conseguira libertar em setembro o engenheiro argentino Carlos Alfredo Claret, que vivia em Passo Fundo (RS). Preso na rua, fora levado para um quartel e transferido, incomunicável, para a Polícia Federal de Porto Alegre. Tudo mudou depois que sua prisão foi noticiada e a arquidiocese mandou-lhe um funcionário do Acnur, informando-o de que o melhor a fazer seria pedir asilo, imediatamente. Podia escolher entre a Holanda e a Suécia. Claret preencheu um formulário e semanas depois estava em Estocolmo, com a mulher e os dois filhos.[13] Em outro caso, foram presos em São Paulo dois argentinos que participavam de uma reunião da Convergência Socialista brasileira. A prisão foi pública e o consulado americano moveu-se junto ao DOPS, conseguindo que eles fossem discretamente recambiados para um terceiro país. Um deles seria um "peixe gordo".[14] Era Hugo Miguel Brassano, ou *Nahuel Moreno*, um dos dirigentes do trotskismo argentino. Norberto Habegger

---

11 Entrevista de d. Eugênio Sales em *O Estado de S. Paulo*, 11 de fevereiro de 1978; e Fritz Utzeri, "Rua da Glória 446, a esperança", *Jornal do Brasil*, 25 de maio de 2000.
12 Jamil Chade, "Regime militar exigiu que a ONU operasse no Brasil na clandestinidade", *O Estado de S. Paulo*, 5 de novembro de 2012. Para a tolerância do governo, telegramas da embaixada americana em Brasília ao Departamento de Estado, de 13 de maio, 16 e 24 de junho e 29 de julho de 1977. A estimativa de 2 mil é conservadora, talvez porque seja baseada numa contagem de chefes de família. Num caso, vinham sete crianças. O número de refugiados pode ter chegado a 4 mil. José Casado, "O general do papa", *O Globo*, 2 de março de 2008.
13 Reportagem de Felipe Bachtold, *Folha de S.Paulo*, 7 de janeiro de 2013. A prisão de Claret foi noticiada pela Agence France-Presse em 21 de setembro de 1978, em FBIS, de 27 de setembro de 1978.
14 Telegrama da embaixada dos Estados Unidos em Brasília para o Departamento de Estado, de 29 de agosto de 1978. Arquivo Nacional. Para a identidade do preso, *Apreciação Semanal nº 33*, do SNI, de 18 a 26 de agosto de 1978. CPDoc.

não teve a mesma sorte. Católico, peronista e montonero, tinha 37 anos, vivia no México com identidade falsa. Em setembro de 1978, decidiu voltar à Argentina e sumiu no Aeroporto do Galeão, de onde teria sido levado para um cárcere de Buenos Aires.[15] Quando sua viúva veio ao Brasil para tentar localizá-lo, d. Eugênio Sales avisou-a que mandaria um sacerdote esperá-la no aeroporto para levá-la a uma casa de freiras, pois "há elementos da polícia argentina aqui".[16]

Semanas depois do "prendo e arrebento" de Figueiredo chegaram a Porto Alegre dois majores e três capitães do Exército uruguaio. Estavam atrás de dois militantes do Partido da Vitória do Povo que viviam na cidade e disseminavam notícias sobre a violência da ditadura em seu país.[17] Universindo Díaz, de 27 anos, e a professora Lilián Celiberti, de 28, viviam num apartamento do bairro de Menino Deus com os dois filhos dela, Camilo, de nove anos, e Francesca, de três. Buscando contatos, estiveram com jornalistas, com a presidente do Movimento Feminino pela Anistia e com o líder sindical bancário Olívio Dutra.[18]

Lilián foi sequestrada na manhã do domingo 12 de novembro, na rodoviária, e Universindo ao sair de casa, à tarde. Foram levados para um prédio da polícia gaúcha e torturados por um capitão uruguaio. As capturas, inclusive das crianças, foram dirigidas pelo DOPS.[19] À noite estavam todos no Uruguai. Num novo interrogatório, Lilián disse que tinha um encontro marcado para a sexta-feira, em seu apartamento de Porto Alegre. A informação pareceu valiosa e os militares resolveram levá-la de volta, montando uma ratoeira. A ratoeira era dela.

Desde janeiro haviam desaparecido doze uruguaios que viviam na Argentina e pelo menos um deles teria sido localizado no quartel de La Tablada, em Buenos Aires.[20] Jamais ocorrera caso semelhante com o Brasil. Pelo contrário, meses antes uma discreta ação diplomática associada

---

15 Sylvia Colombo, "Argentina pede ajuda à Comissão da Verdade", *Folha de S.Paulo*, 10 de junho de 2012.
16 *IstoÉ*, 10 de março de 1993.
17 Para os militares uruguaios, J. Victor, *Confissões de um ex-torturador*, pp. 43-5.
18 Para os contatos, Ramiro José Reis em Lilián Celiberti e Lucy Garrido, *Meu quarto, minha cela*, p. 18.
19 Lilián Celiberti e Lucy Garrido, *Meu quarto, minha cela*, pp. 12-6.
20 Investigación Histórica sobre Detenidos Desaparecidos, <http://www.desaparecidos.org/uru/doc/tomo1.pdf>.

à pressão interna levara Geisel a obter do governo uruguaio a libertação do jornalista brasileiro Flávio Tavares, banido do Brasil em 1969 e preso em Montevidéu, aonde chegara a serviço do jornal mexicano *Excelsior*.[21] Como não podia voltar ao seu país, voou para Lisboa.

Escoltada, Celiberti voltou ao seu apartamento. Pelos seus cálculos, como não telefonara para os contatos do PVP, sinalizara que estava presa. Eles mobilizariam a imprensa e a rede de d. Paulo Evaristo. Assim foi feito. Na sexta-feira, Luiz Cláudio Cunha, chefe da sucursal da revista *Veja* em Porto Alegre, com quem ela estivera semanas antes, recebeu um telefonema informando-o de que um casal de uruguaios e duas crianças que moravam na rua Botafogo 621 estavam desaparecidos havia uma semana: "*Por favor, necesitamos que alguien vea lo que se pasa*". Horas depois, a mesma denúncia chegou ao advogado gaúcho Omar Ferri. Cunha foi ao endereço em companhia do fotógrafo João Baptista Scalco, um veterano de coberturas esportivas. Apertou a campainha e a porta foi entreaberta por uma morena miúda, "com dois olhos arregalados, negros como um par de jaboticabas".[22]

Era Lilián. Seu plano dera certo: "No primeiro momento sinto uma grande euforia".[23] Foi empurrada de volta para um quarto e os visitantes viram o cano de uma pistola. Rendidos, com as mãos na cabeça e voltados para a parede, foram interrogados por um brasileiro. Identificando-se como jornalistas, foram liberados. Flagrada, a equipe escafedeu-se, levando a prisioneira. Celiberti supunha que quando saísse à rua haveria "fotógrafos e o resto da imprensa". "Não aconteceu nada do que eu esperava."[24] Levaram-na de volta para Montevidéu.

O plano dos uruguaios e de sua escolta brasileira também dera errado. Primeiro, quando perceberam que sequestrariam duas crianças. Mas isso seria apenas um embaraço. A visita de dois jornalistas é que fora coisa mais perigosa. Para piorar, Scalco saiu do apartamento suspeitando que já vira o agente que empunhava um revólver. Era o atacante "Didi Pedalada", que até 1971 jogara no Internacional.

---

21 Flávio Tavares, *Memórias do esquecimento*, p. 261.
22 Luiz Cláudio Cunha, *Operação Condor*, p. 28.
23 Lilián Celiberti e Lucy Garrido, *Meu quarto, minha cela*, p. 25.
24 Idem.

Omar Ferri, que durante três dias fora cinco vezes ao endereço e não encontrara ninguém, denunciou o desaparecimento dos quatro uruguaios, falando em nome do Alto-Comissariado da ONU para Refugiados. Na sua edição de quarta-feira a *Folha de S.Paulo* noticiou o episódio, publicando uma fotografia de Celiberti e a palavra "sequestro".[25] Em seguida, chegou a Porto Alegre a mãe de Lilián, pedindo que lhe devolvessem os netos.

Lilián e Universindo não eram tupamaros que planejavam assaltos e sequestros, mas militantes que denunciavam assassinatos e torturas. Vistos pela onipotente ditadura uruguaia, eram os "sediciosos" de sempre. Ir buscá-los em Porto Alegre poderia ser um serviço rápido, semelhante aos que se faziam na Argentina. Voltar a Porto Alegre com Lilián foi um gesto audacioso, mas, na lógica de Montevidéu, seria apenas um detalhe operacional.

Os generais uruguaios e o governo brasileiro viram-se numa ratoeira desmoralizante que os levou a comportamentos ridículos na forma e intimidadores na essência. O secretário de Segurança do Rio Grande do Sul, irritado com uma pergunta sobre o sequestro das crianças, respondeu: "O senhor tem prova disso? Eu lhe levo agora na Polícia Federal para o senhor dar isso por escrito".[26] Diante da chegada a Montevidéu da mãe de Lilián, protegida pela imprensa internacional, a polícia uruguaia entregou-lhe os netos e informou que o "matrimônio sedicioso" fora capturado, numa inspeção de rotina, na região de Aceguá, quando entrou no país. Uma versão da Polícia Federal brasileira, contudo, dizia que o casal e as crianças foram vistos num ônibus, indo de Bagé (RS) para a cidade uruguaia de Melo, a sessenta quilômetros de Aceguá.[27] Além disso, o menino Camilo contara que, em Porto Alegre, o haviam levado para "um prédio grande, que ficava na frente de um riozinho, com duas ruas, uma de cada lado". Descrevera a sede do DOPS. Finalmente, Scalco e Cunha identificaram "Didi Pedalada" na edição de Natal da revista *Veja*.[28] Dias depois, Orandir Portassi Lucas, funcionário da Secretaria de Segurança, matrícula

---

25 *Folha de S.Paulo*, 22 de novembro de 1978.
26 Omar Ferri, *Sequestro no Cone Sul*, p. 55.
27 Luiz Cláudio Cunha, *Operação Condor*, p. 224; e *O Estado de S. Paulo*, 3 de dezembro de 1978.
28 *Veja*, 27 de dezembro de 1978.

1-193295-3, deixou a barba crescer.[29] Não queria mais ser reconhecido como "Didi Pedalada".

As versões implausíveis foram endossadas pelo silêncio de Brasília e pelo desembaraço do comandante do III Exército. Lilián Celiberti e Universindo Díaz ficaram cinco anos nos cárceres uruguaios. A "tigrada" passara por um enorme constrangimento, mas saíra impune, novamente invicta. Ao contrário das bombas, que podiam ser atribuídas a atos de voluntarismo de militares insatisfeitos, o sequestro de Porto Alegre tivera a colaboração da máquina e a cumplicidade da hierarquia.

A apuração de um só dos atentados dos últimos anos teria permitido a Geisel sinalizar um risco ao aparelho repressivo. Não fez isso, mantendo-se a doutrina do acobertamento que, desde 1964, dava aos torturadores a garantia da impunidade. A abertura política resultara, pouco antes, no reconhecimento, pela Justiça Federal, de que a União fora responsável pela morte de Vladimir Herzog. Não porque o tivessem matado, mas porque morrera sob a guarda do Estado. Era pouco, mas isso jamais tinha acontecido. Responsabilizava-se um ente, a União. No caso do casal de uruguaios e das dezenas de explosões, poderiam ser responsabilizadas pessoas. "Prendo e arrebento", quem? Este seria um problema para Figueiredo.

---

29 Luiz Cláudio Cunha, *Operação Condor*, p. 160.

O mar de lama

Ao chegar ao poder, em 1964, Golbery listou seis itens para orientar a "missão a cumprir pelo governo". Catorze anos depois, Heitor Ferreira mandou-lhe o papel em que confrontava a esperança com o presente. Ele desejara "reintegrar, desde logo, as Forças Armadas no seu papel constitucional". Em 1978, reconheceu: "Como é difícil".[1]

No item seguinte, propusera: "Implantar severos padrões de austeridade e moralidade públicas, acabando com a corrupção". Em 1978, admitiu: "Também".

Quatro generais e uma Junta Militar haviam produzido um período de inédita anarquia nos quartéis e o presidente da República via-se acusado de acobertar esbanjamentos, nepotismos, favores financeiros, concorrências fraudadas e "caixinhas". Às vésperas da votação do Colégio Eleitoral, o semanário *Movimento*, com 34 mil exemplares de tiragem, circulou com a manchete "Geisel num mar de lama".[2] No dia de sua prisão, o general Hugo Abreu estava acompanhado de um oficial que

---

[1] Uma folha de Golbery, escrita pouco depois da deposição de João Goulart, que lhe foi mandada em 1978 por Heitor Ferreira com o comentário: "Lembra?". No original, "tb". APGCS/HF.
[2] *Movimento*, 9 de outubro de 1978. Dias depois o jornal foi processado pelo governo com base na Lei de Segurança Nacional. Para a tiragem, Raimundo Rodrigues Pereira, fevereiro de 2013.

carregava sua pasta e um exemplar do semanário da semana anterior. A denúncia mais grave era atribuída ao ex-chefe do Gabinete Militar: "Multis fizeram 'caixinha' de 600 milhões para Figueiredo".[3]

A expressão "mar de lama" vinha da crise que levou Getulio Vargas ao suicídio. O feitiço que até 1964 servira aos generais virara-se contra os feiticeiros. Dessa vez, agravando-a, a suspeição era levantada por hierarcas que até pouco tempo atrás estavam no coração da ditadura. Em seu manifesto de despedida, Frota denunciara o governo pela

> ausência de uma resposta incisiva e imediata às acusações abertas, lançadas através de órgãos de comunicação, sobre irregularidade e corrupção, na máquina administrativa do Estado, deixando pairar dúvidas sobre a honestidade dos revolucionários e sua firmeza em combatê-las.[4]

Hugo Abreu fora mais agressivo: "A verdade é que temos institucionalizado o arbítrio e, com ele, a corrupção mais desenfreada".[5]

Para um governo que se instalara em 1974 com toda a imprensa sob controle, proibindo até mesmo que se mencionasse o nome de d. Helder Câmara, o fim da censura a jornais e revistas significava um choque semelhante ao de 1945, depois da queda do Estado Novo.[6] Com uma diferença: enquanto Getulio Vargas deixou o palácio e foi para a sua fazenda em São Borja, Geisel continuou no Planalto convivendo com uma liberdade de imprensa que não apreciava, mas para a qual verificara que não dispunha de alternativa. Quando lhe foi mostrada uma frase atribuída ao general De Gaulle — "jornal, ou a gente não lê, ou o escreve" — ele anotou que, lendo-os, "me enveneno continuamente".[7]

---

3 *Movimento*, 9 de outubro de 1978. APGCS/HF.
4 Sylvio Frota, *Ideais traídos*, p. 548.
5 Hugo Abreu, *O outro lado do poder*, p. 184.
6 O fim da censura foi noticiado com grande destaque em todos os jornais do dia 9 de junho de 1978. D. Helder foi o entrevistado das "Páginas Amarelas" de *Veja* na edição de 13 de setembro daquele ano.
7 Anotação de Geisel num bilhete de Heitor Ferreira, de 20 de setembro de 1978. APGCS/HF.

Era um veneno forte, produzido pelo represamento das críticas num regime que, desde a primeira hora, apresentara-se como paladino da moralidade. Havia denúncias para todos os gostos. Um dos dois filhos de Figueiredo dirigiria uma cadeia de boates de má fama no Rio de Janeiro. Na realidade, de 1972 a março de 1978, ambos exploraram um *drive--in* concedido pelo governador de Brasília.[8] Geisel teria especulado com ações do setor petroquímico.[9] Heitor Ferreira, além de ter trabalhado com Daniel Ludwig, seria sócio milionário de um ex-governador de Mato Grosso.[10] O filho de Golbery, funcionário de uma corretora de valores do Rio, faria negócios com ações da Petrobras.[11] Esses eram os ataques às pessoas físicas. Na esfera das pessoas jurídicas, empreiteiras brigavam por causa dos contratos de obras na Bahia, no Rio Grande do Norte e na Usina Nuclear de Angra 2.[12] Instalara-se no Senado uma CPI para investigar um desvio de 296 milhões de dólares nos projetos do Acordo Nuclear Brasil-Alemanha. O empresário Antonio Ermírio de Moraes, descontente com a fatia de 33% dada à indústria nacional para a compra de equipamentos da siderúrgica de Tubarão, dizia que "falta ao atual governo um pouco mais de ética".[13]

A principal acusação contra Golbery partia do presidente do BNDE, Marcos Vianna, que só a assumiria publicamente anos depois. Ele contava que o general visitara-o no fim de 1973, quando já dava expediente no escritório do presidente eleito, levando-lhe um projeto da Dow Chemical, em que se solicitava apoio institucional e financeiro para um empreendi-

---

[8] Xerox de um exemplar do *Latin America Report*, anotado por Figueiredo em 17 de janeiro de 1978. APGCS/HF. Para o *drive-in*, denúncia do deputado José Costa, *O Estado de S. Paulo*, 14 de outubro de 1978; e *Movimento*, 30 de outubro de 1978.
[9] *Jornal de Brasília*, 3 de novembro de 1978. APGCS/HF.
[10] A acusação teria partido do deputado Waldomiro Gonçalves (Arena-MT) e teria sido ouvida pelo senador Mendes Canale (Arena-MT). Canale desmentiu a informação em carta a Petrônio Portella de 15 de março de 1978. Bilhete de Heitor Ferreira a Petrônio Portella, oferecendo uma procuração a Canale e cedendo-lhe quaisquer negócios ou terras que tivesse em Mato Grosso, de 18 de março de 1978. APGCS/HF.
[11] Uma folha sem assinatura, de 7 de abril de 1978, enviada por Heitor Ferreira a Golbery. O general perguntou a origem, mas Heitor desconhecia. APGCS/HF.
[12] Para a briga em torno da obra de Pedra do Cavalo, denunciando o "Clube da Barragem", *Jornal do Brasil*, 24 de setembro de 1978. Para a disputa pela barragem do Rio Grande do Norte, uma folha de agosto de 1978, anotada por Geisel. APGCS/HF. Para Angra 2, *Jornal do Brasil*, 22 de outubro de 1978.
[13] *O Estado de S. Paulo*, 15 de agosto de 1978.

mento petroquímico na Bahia.[14] O senador Roberto Saturnino, que à época trabalhava no banco, tornou a acusação pública, revelando que o general não fora atendido nem "bem-recebido": "Isso se chama falta de escrúpulos, pelo menos no meu código de ética".[15]

As menções de Hugo Abreu à Dow eram genéricas insinuações. O aparte de Saturnino foi específico: Golbery fora ao BNDE com dois chapéus, o de conselheiro de Geisel e o de presidente da empresa. O general respondeu com uma carta de dezoito páginas, repelindo o ataque com "indignação, veemência e náusea".[16] Sua argumentação centrava-se em dois pontos. No primeiro, informava que fora ao BNDE no dia 17 de setembro de 1973, quando presidia a Dow, mas Geisel ainda não se instalara no gabinete do largo da Misericórdia. Contudo, ele fora eleito dois dias antes e a posição de relevo de Golbery no novo governo era fava contada. No segundo ponto, mostrou que sua gestão fora oficial e documentada, pois levara a Marcos Vianna uma cópia da carta-consulta com que a Dow tratava do assunto no Conselho de Desenvolvimento Industrial, datada de 24 de agosto.

Restava a alma do encontro de Golbery com Vianna. Pela lembrança do presidente do BNDE, sua resposta foi "dura, quase brutal": "O Golbery encarou-me (...) e disse que aguardava minha resposta formal, sugerindo que eu refletisse melhor, tendo em vista a perspectiva de mudanças que poderiam ser introduzidas pelo novo governo".[17] Golbery contestava essa versão e apresentou trechos da carta em que Vianna registrou "satisfação pela gentileza de sua visita" e "em razão dessa mesma gentileza e espírito de franqueza", reiterou-lhe que o BNDE recusava o financiamento.

Certo mesmo é que se produziu uma inimizade. Quando Geisel discutiu a concentração de recursos oficiais no caixa do BNDE, Golbery observou que não ficava "confortável em ter lá o 'seu' Marcos Vianna. (...) Eu acho que o presidente do BNDE tem que ser um homem seu". "Mas o pro-

---

14 Marcos Vianna, novembro de 1997.
15 *O Estado de S. Paulo*, 6 de outubro de 1978.
16 Carta de Golbery ao senador Jarbas Passarinho, de 10 de outubro de 1978, que a leu no Senado no dia 12. APGCS/HF.
17 Marcos Vianna, mensagem de 12 de novembro de 2003.

blema é que ele é, o Marcos Vianna", respondeu Geisel.[18] (Os dois haviam trabalhado juntos na montagem do modelo da indústria petroquímica.)[19]

Geisel conviveu com os ataques sem exacerbações públicas, absorvendo críticas que até bem pouco não toleraria. Suas participações acionárias haviam sido corriqueiras. Ele aplicara 200 mil cruzeiros da cota de incentivos fiscais dedutíveis do imposto de renda na empresa Oxiteno do Nordeste. Esse tipo de aplicação ficava indisponível por dois anos.[20] O general tornara-se um presidente comandando uma campanha eleitoral. Respondia com outra voz, a de um político:

> O governo está cheio de corruptos; eu sou ladrão, meus auxiliares são ladrões; todos nós somos corrompidos. Mas não apontam um fato, não têm condições de apontar nada de concreto que possa ser investigado e esclarecido pelo governo.[21]

No final da campanha, quando uma parte do MDB incentivava a tática do "mar de lama", partiu de seu secretário-geral, Thales Ramalho, uma palavra de cautela. Ele era a um só tempo moderado e um dos parlamentares mais bem-informados do Congresso. A esquerda do partido detestava-o, sobretudo por sua capacidade de articulação.

> Eu já disse, repito: sou de uma geração que participou da luta contra a ditadura Vargas. (...) Aquela geração de estudantes se habituou, enquanto a ditadura caía, que Vargas e todo o seu ministério eram um valhacouto. As coisas que começavam a sair nos jornais nos ensinaram isso. Assim, homens como o próprio ditador, o Agamenon Magalhães, Souza Costa, o Oswaldo Aranha, o Gustavo Capanema,

---

18 Conversa de Geisel com Golbery, 23 de janeiro de 1974.
19 Marcos Vianna, mensagem de 12 de novembro de 2003.
20 Rascunho de uma nota oficial do Planalto, emendada por Geisel, sem data. APGCS/HF.
21 *O Estado de S. Paulo*, 1º de novembro de 1978.

eram tidos e havidos por locupletadores do dinheiro do país. (...) Muitos morreram pobres.[22]

Thales previra a devastadora vitória do MDB na eleição de 1974. Estimara uma bancada de dezessete senadores e elegeram-se dezesseis.[23] Havia meses, assegurava publicamente que a oposição faria pequena maioria na Câmara.[24] Precisando de 211 cadeiras, conseguiria até 220. Num levantamento feito pelo SNI, a previsão de Thales era mais modesta: o MDB elegeria pelo menos 204 deputados (abaixo da maioria) e, no máximo, 212.[25]

---

22 *Jornal do Brasil*, 17 de outubro de 1978. Agamenon Magalhães foi governador de Pernambuco durante o Estado Novo; Souza Costa, ministro da Fazenda, de 1934 a 1945; Oswaldo Aranha, da Fazenda e das Relações Exteriores; e Gustavo Capanema, da Educação, de 1935 a 1945.
23 *Folha de S.Paulo*, 8 de novembro de 1974.
24 *Jornal do Brasil*, 22 de março, 23 de abril e 26 de outubro de 1978.
25 *Previsão Empírica dos Resultados das Eleições de 15 de novembro de 1978 para a Câmara*, do SNI, anotada por Geisel. APGCS/HF.

O vencedor

Geisel foi votar tendo concluído a parte principal de seu projeto. Elegera o sucessor e colocara na Vice-Presidência Aureliano Chaves, o governador de Minas Gerais que um dia chegara a pensar que pudesse ser uma das alternativas civis à sua sucessão.[1] Garantira a maioria no Senado e marcara a data da revogação do AI-5. Faltava só a Câmara e ganhou com folga. Elegeu 231 deputados contra 189 do MDB, ficando com uma maioria de 42 votos. Ao contrário do que sucedera em 1974, as previsões do palácio revelaram-se corretas e as do SNI tiveram uma margem de erro desprezível. O Serviço festejou, mas quando sua *Apreciação Semanal* chegou ao presidente, ele conteve a euforia: o SNI dizia que "a Arena ampliou a maioria obtida em 1974".

Geisel anotou: "Em números absolutos, sim, mas em termos relativos — já que o número de deputados aumentou — houve um real avanço do MDB". (Percentualmente, o MDB crescera de 37,8% para 39,3%.)[2]

Para o SNI, "finalmente (...) verifica-se que a Arena deverá obter votação superior à do MDB nas eleições para deputados federais". Geisel: "Se che-

---

[1] Humberto Barreto, fevereiro de 2013.
[2] Para o crescimento percentual, Maria D'Alva G. Kinzo, *Legal opposition politics under authoritarian rule in Brazil*, p. 63.

gar a ter, será muito menor que em 1974".³ (Tinha razão, a diferença ficou em apenas 250 mil votos.)

O Serviço exagerava e esquecia-se de que, semanas antes, jogara na crise, especulando que se a oposição prevalecesse o caminho seria o golpe: "Não se poderá fugir a uma posição de caráter revolucionário, pois não se acredita que o Governo, na atual conjuntura política, possa conviver com a Oposição majoritária na Câmara Federal".⁴

O resultado eleitoral garantira quatro anos de paz ao governo no Congresso, mas a contenção de Geisel se justificava. Os candidatos do MDB ao Senado tiveram 17,5 milhões de votos, contra 13,2 milhões dados à Arena. A oposição prevalecera em São Paulo, Rio de Janeiro, Minas Gerais, Paraná, Santa Catarina, Rio Grande do Sul, Goiás e Paraíba. Esses oito estados concentravam 69% do eleitorado. Ademais, os candidatos do MDB haviam sido os mais votados em vinte das 23 capitais.⁵ Em São Paulo, a oposição tivera 68,2% dos votos, contra 9,6% da Arena na disputa pelo Senado e 61,5% contra 18,3% no pleito para a Câmara.⁶ A ditadura fora derrotada nos estados mais populosos e nos grandes centros urbanos. O resultado aritmético mostrou ao regime a erosão de sua base popular, mas assegurou-lhe o controle da velocidade das futuras mudanças, e era disso que ele precisava.

Geisel foi para os últimos meses do seu mandato com uma inédita coleção de êxitos políticos. Como Médici, escolhera o sucessor. Impusera um general a quem inicialmente faltava a quarta estrela. Superara a hostilidade do ministro do Exército e o surgimento de um adversário militar. Prevalecera numa eleição realizada num ano em que, com o movimento sindical ressurreto, tivera as maiores greves operárias desde 1964. Quando soube da especulação segundo a qual planejava a convocação de uma "Constituinte com Geisel", anotou: "Muita besteira".⁷ O lance seguinte seria a reorganização política, com a criação de novos partidos, mas essa engenharia ficaria por conta de Figueiredo, Golbery e Petrônio Portella.

3 Pasta com doze páginas do SNI e uma folha de bloco de notas manuscritas de Geisel, de 12 de dezembro de 1978. APGCS/HF.
4 *Apreciação Semanal*, do SNI, marcada "secreto", de 4 de novembro de 1978. AEG/CPDoc.
5 Maria D'Alva G. Kinzo, *Legal opposition politics under authoritarian rule in Brazil*, p. 200.
6 Bolivar Lamounier (org.), "O voto em São Paulo", em *Voto de desconfiança*, p. 21.
7 Anotação de Ernesto Geisel num recorte de jornal de setembro de 1978. APGCS/HF.

Eles deveriam redesenhar o cenário político do país. Ninguém poderia prever o que seria a campanha eleitoral de 1982, com um novo quadro partidário e eleições diretas para os governos estaduais, muito menos o reflexo desse resultado na sucessão presidencial de 1984. Além disso, a demissão de Frota e a neutralização de Hugo Abreu haviam demonstrado o predomínio de Geisel sobre as Forças Armadas, mas essa força viera dele. Documentos como o do general Samuel Alves Correa e a *Apreciação* apocalíptica do SNI às vésperas da eleição mostravam que persistiam concepções radicais e indisciplinadas nos quartéis.[8] O comandante do III Exército tivera um parente afastado preso em 1975 e, ao mesmo tempo em que negava a existência de torturas, recusara-se a ajudá-lo.[9] Sob seu comando na 5ª Região Militar, depois da demissão de Frota, foram presas 105 pessoas no Paraná e em Santa Catarina. A Justiça Militar condenou dezesseis delas e o promotor argumentou: "Se apanharam ou não, não importa. O fato é que contaram a verdade".[10] Em fevereiro de 1978, um professor denunciou ter passado por sessões de tortura no DOPS de Curitiba e um mês depois uma jornalista foi sequestrada pelo Comando de Caça aos Comunistas na cidade.[11]

Os interesses de Geisel pareciam outros. Quando recebeu um bilhete em que Figueiredo dizia que o nomearia "para qualquer função, depende dele", respondeu: "Está muito bem, mas eu vou mesmo descansar! Já estou muito velho e, com a experiência, imprestável".[12] Oficialmente, tinha 69 anos, mas eram setenta, pois seu pai produzira uma certidão falsa para permitir que ele entrasse no Colégio Militar. Acompanhava a construção de uma casa nas montanhas de Teresópolis (RJ), vizinha à de seu amigo Humberto Barreto. Nela pretendia passar seus dias depois que deixasse Brasília.

Seus contatos com Figueiredo, diários desde 1974, tornaram-se ocasionais depois que o general deixou o SNI e o palácio. Ficavam amarrados

---

[8] Quatro folhas sem data nem assinatura, onde Geisel anotou: "Documento do general Samuel entregue ao ministro em reunião do Alto-Comando de junho ou maio". APGCS/HF. *Apreciações Semanais*, do SNI, de 14, 21 de agosto e 16 de setembro de 1978. CPDoc/FGV.
[9] Pedro Paulo de Sena Madureira, 1990.
[10] Para o promotor, *Veja*, 15 de fevereiro de 1978.
[11] *Jornal do Brasil*, 21 de março de 1978; e *Veja*, 22 de março de 1978.
[12] Bilhete de Heitor Ferreira a Figueiredo, com as respostas dele e de Geisel, *circa* outubro de 1978. APGCS/HF.

pela formalidade que Geisel impunha à sua rotina. Como sempre, não se visitavam e não conversavam ao telefone. O presidente tratava o general de "você" e era chamado por ele de "senhor". Nos seis meses seguintes encontraram-se sete vezes, numa delas, num domingo à tarde, para que Geisel preservasse seu banho de sol matutino.[13] Não há registro conhecido de que Figueiredo tenha submetido a Geisel seu ministério. É quase certo que o tenha feito cerimonialmente, pois enviou uma lista de nomes ao ex-presidente Médici, afirmando que só os divulgaria após sua aprovação, apesar de já ter feito todos os convites.[14] Num caso, o da nomeação de Shigeaki Ueki para a presidência da Petrobras, Geisel mostrou sua contrariedade numa conversa com Humberto Barreto. (Quando Humberto estranhou a reação, pois Ueki fora ministro de Minas e Energia durante todo o governo de Geisel, ele respondeu: "Você sabe que não é a mesma coisa".)[15]

Figueiredo mandou ao presidente um projeto de discurso no qual prometia eliminar o teto dos incentivos fiscais para investimentos no Nordeste concedidos a sociedades de economia mista e o presidente advertiu: "Cuidado com a promessa! Haverá maior redução da renda da União!".

O candidato queria dizer que o crescimento do Nordeste apenas acompanhava o do país, tornando-o "um atleta que precisa correr muito". Geisel anotou: "Ao que me consta, o índice de crescimento do Nordeste tem sido maior que o do resto do país! Convém verificar!".[16]

Desestimulou triunfalismos para marcar o fim do governo e quando lhe mandaram uma programação de uma homenagem de 3 mil empresários e trabalhadores da indústria automotiva, respondeu com um seco "não".[17] Também não fez testamento. Tinha tudo pronto para criar um ter-

---

[13] Segundo a *Cronologia do Governo Geisel*, de Heitor Ferreira, os dois encontraram-se em 11 e 19 de julho, 2 de agosto, 30 de setembro, 16 de outubro e 12 e 28 de novembro de 1978. APGCS/HF. Para o tratamento, Humberto Barreto, janeiro de 2013.
[14] Carta de Figueiredo a Médici, de 16 de janeiro de 1979. Arquivo Médici/IHGB.
[15] Humberto Barreto, janeiro de 2014.
[16] Dezesseis folhas com o texto de um discurso de Figueiredo para sua visita à Sudene, com uma nota manuscrita de Geisel. APGCS/HF. Segundo dados da Sudene, depois de ter crescido a taxas inferiores às do país durante a década de 1960, o Nordeste cresceu 8,7% ao ano na década de 1970, contra 8,6% do conjunto da economia.
[17] Três folhas com o detalhamento do programa, de 17 de janeiro de 1979. APGCS/HF.

ritório federal na região do Araguaia, achava a ideia boa, mas congelou-a, deixando o caso para Figueiredo.[18]

No dia 31 de dezembro de 1979, o *Jornal do Brasil* estampava numa manchete: "Regime do AI-5 termina à meia-noite de hoje". Muita gente surpreendeu-se, inclusive Ulysses Guimarães.[19] O mais duradouro instrumento ditatorial da história brasileira extinguira-se dez anos e dezoito dias depois de sua edição. Acabara-se numa mistura de suspiro (para quem queria se livrar dele) e de gemido (para quem o defendia). A rigor, não havia novidade na manchete, pois a data estava anunciada desde junho, quando Geisel divulgara seu cronograma de reformas constitucionais. A distensão lenta, segura e gradual de Geisel chegara vitoriosa ao final, preservando sua essência. O arco de interesses políticos e econômicos surgido em 1964 continuaria no poder até 1984.

O tenente de 1930, nascido num país que importava manteiga, numa casa onde a mãe costurava as roupas dos quatro filhos, testemunhara um progresso sem paralelo. Em 1913, quando ele era uma criança de seis anos, o Brasil tinha 0,7% da economia mundial. Em 1979, 3%. Nesse período, as economias da China, da Índia e da Argentina reduziram sua participação no PIB mundial. O economista Angus Maddison, celebrado estudioso das estatísticas mundiais, estimou que, na época, o desempenho brasileiro pode ter sido o melhor do mundo. O Produto Interno Bruto cresceu a uma média anual de 5,9% e a renda *per capita* quintuplicou.[20] O general costumava desenhar um gráfico ilustrando a trajetória do país — uma linha sinuosa subia e descia, mas a resultante era uma ascensão de 45 graus.[21]

Geisel recebeu seu último contracheque de salário integral (39.107 cruzeiros líquidos, equivalentes a cerca de 1.800 dólares da época) e pediu que cuidassem da transferência do pagamento de março para Teresópolis, onde construíra sua casa, a quinze minutos do Centro da cidade.[22] Cha-

---

[18] Maço de quarenta folhas e carta do ministro Rangel Reis, anotada por Geisel em 18 de janeiro de 1979. APGCS/HF.
[19] Luiz Gutemberg, *Moisés, codinome Ulysses Guimarães*, p. 177.
[20] De acordo com dados de Angus Maddison, <http://www.ggdc.net/maddison/Historical_Statistics/horizontal-file_02-2010.xls>.
[21] Ernesto Geisel. AA.
[22] Contracheque de Ernesto Geisel de fevereiro de 1979 e bilhete de Geisel a Heitor Ferreira. APGCS/HF.

mou-a de Recanto dos Cinamomos. Era espaçosa, com piscina e jardim. Pela localização, refletia o isolamento familiar que cultivava. Pela planta, era um equívoco. Tinha dois pavimentos, ligados apenas por escadas. Isso para abrigar um septuagenário, mais a irmã, nove anos mais velha, que se apoiava numa bengala. Só mais tarde ele abriria um acesso que levasse ao piso dos aposentos.

Cinco anos antes, eleito presidente, tivera que dar o número do telefone de sua residência oficial no Rio a amigos e listara, além da família, catorze pessoas. Políticos, só três. Deixou a Presidência levando consigo uma nova lista, a dos telefones que eventualmente precisaria em Teresópolis. Dessa vez eram trinta. Quatro, de parentes. Amigos sem cargos em Brasília, sete. Ministros, cinco, três dos quais servindo no palácio. Nenhum general em comando de tropa, empresário ou parlamentar.[23] Depois de entregar a faixa presidencial a Figueiredo, já instalado na serra, permitiu que jornalistas entrassem na propriedade. Tirou primeiro a gravata, depois o paletó, e anunciou que conquistara o "direito de fazer o que quiser".[24] Pretendia ficar na serra, indo ao seu apartamento de Ipanema, no Rio de Janeiro, só quando bem entendesse.

Não demorou e Ernesto Geisel descobriu que não estava preparado para o ócio. Desde a adolescência tivera a vida ordenada pela rotina militar. Somara a isso uma personalidade metódica, frugal, que dividia seu tempo entre a casa e o trabalho. Raramente recebia amigos ou fazia visitas fora do pequeno círculo familiar. Havia décadas seus fins de semana eram ocupados por longas partidas de biriba (ou pôquer), sempre com os mesmos parceiros. No alto da serra, descobriria que se enganara no planejamento do *far niente*. Acordava, lia os jornais, fazia caminhadas, tomava chimarrão, almoçava e dormia a sesta. Passava as tardes com livros e música.

---

[23] Os sete amigos eram: Humberto Barreto; Américo Mourão, seu médico; Moraes Rego, que, pela relação pessoal que mantinha com o casal, não poderia ser classificado como general; Henrique Soares; o coronel da reserva Mário da Purificação; José Biale, corretor de Teresópolis; e o marechal Ademar de Queirós. Os ministros eram Golbery, Petrônio Portella, Danilo Venturini, Octavio Medeiros e Mario Henrique Simonsen, de quem levava o número do telefone de sua casa em Teresópolis. Três números eram de pessoas que cuidavam de seus interesses burocráticos e bancários. Outros oito eram de colaboradores que estiveram em seu governo ou serviam no SNI. A essa lista juntavam-se o ex-presidente Médici, o número de Figueiredo na granja do Torto e o geral do Planalto: 225-7755.

[24] *Jornal do Brasil* e *O Estado de S. Paulo*, 16 de março de 1979.

Ernesto Geisel impôs o general Figueiredo para a sua sucessão, concluiu seu projeto de abertura "lenta, segura e gradual" e foi para Teresópolis.

Em 1978, o senador Petrônio Portella (à esquerda) conversava com todo mundo para costurar o fim do AI-5. Falava muito e dizia pouco. Lula, o metalúrgico do ABC, foi vê-lo, mas não vestiu paletó. Levou-o na mão.

AO LADO:
O presidente da OAB, Raymundo Faoro (à direita), foi um dos primeiros a acreditar em Petrônio. Ele exigia o restabelecimento do *habeas corpus*.

Geisel tinha horror ao presidente americano Jimmy Carter, porque ele se opunha ao Acordo Nuclear, defendia os direitos humanos e mandara a mulher ao Brasil em missão oficial, obrigando-o a recebê-la. Encontrou-o em Brasília com fria cordialidade. Anos depois, fora do poder, não quis vê-lo.

Carter (à direita) reuniu-se com líderes da sociedade civil no Rio de Janeiro. Incluiu na lista o cardeal Paulo Evaristo Arns, para não vê-lo a sós, e levou-o como carona ao aeroporto, vendo-o a sós.

Em 1978, o chefe do SNI, general João Baptista Figueiredo, escolhido por Geisel para sucedê-lo, poliu a própria imagem pública de general durão mostrando-se como um atleta. A montaria e os saltos arruinavam sua coluna vertebral e ele sabia disso.

Figueiredo com Dulce, sua mulher.

O sexagenário desportista era cardiopata. Fugia dos exames médicos, fumava (Parliament) e desrespeitava dietas. Enfartou em 1981 e, anos depois, passou por uma cirurgia e implantou duas pontes de safena e uma mamária.

Durante o governo de Médici (à esquerda), Figueiredo, que chefiava seu Gabinete Militar, era um típico general de óculos escuros.

Em 1978, o MDB lançou a candidatura do general Euler Bentes Monteiro (ao centro) à Presidência. A manobra agradava à esquerda do partido (Paulo Brossard e Roberto Saturnino — à direita), mas não encantava os moderados (Tancredo Neves e Ulysses Guimarães — à esquerda).

AO LADO:
Na ativa, Euler foi um oficial disciplinado e rigoroso. Antes de tomar posse, Geisel chegara a pensar nele como um provável sucessor.

13 de maio de 1978: em Salvador, um PM ordena a Ulysses Guimarães (ao centro) que pare sua caminhada. Ele desafia, pede respeito e avança em direção ao local onde discursaria.

AO LADO:
1º de julho de 1978: em São Paulo, centenas de pessoas ouviram o discurso de Ulysses a favor da candidatura de Euler Bentes Monteiro.

Paulo Maluf (no alto da escada) era apenas um milionário quando o marechal Costa e Silva (à frente) deu-lhe a prefeitura de São Paulo.

Maluf deu à convenção da Arena tintas de reunião partidária dos Estados Unidos.

AO LADO:
Vitorioso, Maluf tentou o apoio de Laudo Natel, seu adversário. Chegou a constrangê-lo, mas foi inútil.

Em 1978, Geisel e o governador Paulo Egydio (à esquerda) não acreditavam que Maluf pudesse vencer a convenção da Arena, elegendo-se governador. Enganaram-se. Ele seria candidato à Presidência da República.

AO LADO:
Maluf cortejou Médici (ao centro) na festa de bodas de ouro do ex-presidente, em 1981. A senhora de estola é Scylla, mulher de Médici, que gostava de Maluf mas não o apoiou.

Em 1979, o semanário *Em Tempo* listou 233 militares e civis acusados de terem torturado presos.

AO LADO:
A redação de *Em Tempo* depredada. No final do governo Geisel, o terrorismo de direita praticou pelo menos 26 atentados.

O general Samuel Alves Correa, comandante do III Exército, tornou-se mais tarde embaixador no Iraque.

Em 1978, os uruguaios Universindo Díaz e Lilián Celiberti foram sequestrados por um comando do Exército uruguaio em Porto Alegre que tinha o apoio logístico do DOPS.

Policiais do DOPS, acusados de envolvimento no sequestro dos dois uruguaios: o delegado Pedro Seelig, João da Rosa, o "Irno", e "Didi Pedalada".

AO LADO:
Em nome de um organismo da ONU, o advogado gaúcho Omar Ferri denunciou à imprensa o sequestro dos uruguaios.

Heitor Ferreira (à esquerda), secretário de Figueiredo, e Golbery do Couto e Silva, chefe de seu Gabinete Civil, foram os principais articuladores da campanha de Figueiredo.

Ao final de seu mandato, com a imprensa livre, Geisel era acusado de presidir um governo corrupto.

General Hugo Abreu.

Daniel Ludwig, do Projeto Jari.

Marcos Vianna, do BNDES.

Senador Roberto Saturnino.

No dia 12 de maio de 1978, inesperadamente, as máquinas da fábrica de caminhões da Scania silenciaram. Foi a primeira grande greve do ABC paulista.

O governador de São Paulo, Paulo Egydio Martins, não reprimiu a greve. Para fazê-lo, queria pedidos por escrito.

AO LADO:
Gilson Menezes, o ferramenteiro que parou a Scania.

Até onde se pode dizer que uma greve foi espontânea, esse foi o caso da Scania. A paralisação ocorreu sem discursos, muito menos piquetes.

AO LADO:
João Batista Leopoldo de Figueiredo, presidente da Scania, a quem o general chamava de "primo rico".

JORNAL DO BRASIL

Regime do AI-5 acaba à meia-noite de hoje

Xá vai para o "exílio" pelo menos por 18 meses

A meia-noite de hoje o Brasil sai do mais longo período ditatorial de sua História. Dez anos e 18 dias depois de sua edição, o Ato Institucional n.º 5, que suspendeu liberdades individuais, eliminou o equilíbrio entre os Poderes e deu atribuições excepcionais ao Presidente da República, encerra sua existência.

Alimentos no Rio sobem mais que a inflação

EUA deixam hoje Formosa e amanhã reatam com Pequim

Moscou tem frio recorde: 36,2 abaixo de zero

Construtores pedem apoio à casa popular

Exportadores querem incentivo à produtividade

Gallotti declara em N. Iorque que vendeu o que pôde

A partir de meia-noite:

Exilados retornam

"Caderno Especial"

"Caderno B"

Jornal do Brasil, 31 de dezembro de 1978.

(Uma de suas primeiras leituras foi The Third World War,[25] um exercício de futurologia para uma guerra que ocorreria em 1985.) Depois do chá, quando havia parceiros, ia ao biriba. Essa rotina seria para ele uma receita de tédio. Afora o convívio nos fins de semana com a filha, Amália Lucy, e com o amigo Humberto Barreto, seus visitantes habituais contavam-se nos dedos de uma mão. Mario Henrique Simonsen e Armando Falcão, que tinham casa por perto, eram os mais frequentes. Às vezes, Shigeaki Ueki. Era raro que telefonasse para alguém. Um dia ligou para Figueiredo e ele não devolveu a chamada. Nunca mais. Golbery e Heitor Ferreira foram parcos em suas visitas. O amigo com quem Ernesto Geisel mais convivia em Teresópolis era José Biale, um anônimo corretor de imóveis da cidade. Um velho companheiro do general comentaria: "Eu nunca consegui entender o que é que o Ernesto e o Biale podem conversar".[26]

O retraimento de Geisel era parte de sua personalidade, mas a recíproca também era verdadeira: as pessoas evitavam aproximar-se dele devido à imagem pública que projetara. Num episódio, Jô Soares comprovou que havia algo de lenda na reclusão do ex-presidente. Passava em sua motocicleta pelo Recanto dos Cinamomos quando lhe veio a ideia de visitar o castelão. O segurança disse-lhe que isso era impossível, mas aceitou ficar com o cartão de Jô, "caso o general possa me receber". Ao chegar em casa havia uma ligação de Ernesto Geisel. Falaram-se e o ex-presidente convidou-o para uma conversa no dia seguinte, às seis da manhã. Jô conseguiu remarcá-la para as nove. Conversaram durante duas horas, tempo superior ao total de seus encontros oficiais com jornalistas durante todo o governo.[27]

No palácio do Planalto, Ernesto mandara no país. Em Teresópolis, mandava Lucy, sua mulher. Com 41 anos de matrimônio, restabeleceram as regras que vigoravam ao tempo em que viviam no apartamento do Leblon. Sofrendo com viagens de avião, multidões e companhias que julgava incômodas, ela fora uma companheira disciplinada. Agora seria a vez dele. Quando um ex-ministro mostrou-se desejoso de comprar um terreno na vizinhança, ela cortou-o: "Aqui não". Fechou o portão da casa e poucas foram as vezes em

---

[25] Livro de Sir John Hackett.
[26] Humberto Barreto, janeiro de 2013.
[27] Jô Soares, junho de 2014.

que o marido chamou-a para voar. Resumindo a nova vida, Geisel explicaria: "Aqui é dona Lucy quem manda. Estamos conversando neste escritório, mas se vier a arrumadeira mandando a gente sair para que ela passe o aspirador, vamos sair, porque foi ela quem mandou".[28]

Dois anos depois, Geisel tornou-se presidente da Norquisa, empresa controladora do Polo Petroquímico de Camaçari. Com um amplo gabinete na praia de Botafogo, saiu do isolamento e do tédio.

---

28 Ernesto Geisel, 1980.

PARTE II
A EXPLOSÃO DA ECONOMIA

NAS FOTOS DAS PÁGINAS ANTERIORES:
Delfim Netto, da Agricultura para o Planejamento
Mario Henrique Simonsen, o fugaz czar da economia
Assembleia de grevistas do ABC em Vila Euclides
O aiatolá Khomeini derrubou o xá do Irã
Capa do grande sucesso editorial de Fernando Gabeira

O ministério "dialético"

Figueiredo assumiu a Presidência com o discurso de um novo tempo:

> Reafirmo: É meu propósito inabalável (...) fazer deste país uma democracia. (...).
> Reafirmo: Não descansarei até estar plenamente assegurado — sem sobressaltos — o gozo de todos os direitos do homem e do cidadão.
> Reafirmo o meu gesto: A mão estendida em conciliação.

Seu ministério parecia ter a marca da continuidade. Golbery continuava na Casa Civil e Mario Henrique Simonsen trocara a Fazenda pelo Planejamento, de onde comandaria a política econômica do governo. As duas permanências, contudo, significavam menos do que pareciam. Figueiredo tentara tirar Golbery do Gabinete Civil talvez para colocá-lo na Secretaria de Planejamento, ou até mesmo em um ministério sem pasta. Pedira a Antonio Carlos Magalhães que sondasse o general, mas a raposa baiana recusou-se: "Essa é uma conversa que só você pode ter com ele".[1] Geisel chegou a contar-lhe que ele iria para a Secretaria de Planejamento.[2] Na pequena *Cronologia* organizada por Heitor Ferreira, há o registro de que Golbery lhe disse, em novembro de 1978: "Só fico como ministro de Estado".[3] O próprio Heitor, sem saber de seu destino, armara-se para retornar à Petrobras, da qual era funcionário.[4]

A cogitação do remanejamento de Golbery, tirando-o do Gabinete Civil, revelava um desejo de Figueiredo de desmanchar a ideia de que seria uma criação do "grupo palaciano". Surpreendentemente, no dia seguinte à sua eleição, o velho general passara a chamá-lo de "senhor". Para Golbery, era uma questão de etiqueta, pois achava impróprio chamar o presidente de "você". Para Figueiredo, foi um choque. A despeito da formalidade, Golbery via-se como superministro. Ao saber que Figueiredo pretendia manter o organograma do ministério, não criando novas pastas, comentou: "É, mas o papai aqui quer".[5]

Simonsen, o segundo pilar da continuidade, tentara sair do governo. Aos 43 anos, não tinha gosto por pompa, poder ou fortuna. Era homem rico, sócio de um banco que levava seu sobrenome. Sabia que os números da economia eram ruins e haveriam de piorar. Tendo fechado o ano de 1977 com um crescimento de 4,93% do PIB, fecharia 1978 com 4,97%, as menores taxas desde 1967, e uma inflação de 40,8%. Isso e mais um movimento sindical renascido.

Em duas conversas com Golbery, Simonsen havia recusado o convite, colocando condições que julgava intransponíveis e até mesmo impertinentes. Aceitaria continuar na equipe se fosse colocado na Secretaria de Planejamento, dirigindo a política econômica do governo:

---

[1] Antonio Carlos Magalhães, início de 1979. Há uma referência a esse desejo de Figueiredo nas memórias do general Sylvio Frota (*Ideais traídos*, p. 596), mas ele não cita suas fontes militares.
[2] *Cronologia do Governo Geisel*, de Heitor Ferreira. APGCS/HF.
[3] Nota de Heitor Ferreira, 19 de novembro de 1978. APGCS/HF.
[4] Bilhete de Heitor Ferreira a Golbery, de 3 de janeiro de 1979. APGCS/HF.
[5] Golbery do Couto e Silva, 1979.

O ministério "dialético"

> Sob o ponto de vista da unidade e coerência de comando, o sistema atual é provavelmente pior do que aquele que funcionou até março de 1974. (...) A divisão das responsabilidades da condução da política econômica geral entre dois ministérios, a Seplan e o Ministério da Fazenda, é uma peculiaridade da estrutura administrativa brasileira que não encontra paralelo na maioria dos países dignos de imitação. A manutenção dos dois ministérios é aceitável desde que se definam mais precisamente as atribuições de cada um, caracterizando-se a Seplan como de Estado-Maior e o Ministério da Fazenda como órgão executivo.[6]

Seria ministro se o governo decidisse apertar a economia ao preço de uma recessão que duraria até dois anos, com uma equipe comprometida com essa diretriz, sobretudo na Fazenda e nos ministérios gastadores (Agricultura, Minas e Energia, Indústria e Comércio e Transportes). Queria poder de veto contra ministros e políticas expansionistas. Imaginava um governo capaz de resistir aos empresários, à imprensa e às greves. Oferecia um cenário de dificuldades só comparável aos primeiros anos do regime, quando as reformas de Roberto Campos e Octavio Bulhões contraíram a economia para reformá-la.

Suas condições exigiam que ele fosse transformado no grão-vizir que não conseguira ser durante cinco anos. Ele sabia que a origem dos descontroles dos últimos anos não estivera em seus colegas, mas em Geisel. A relação quase filial que mantinha com o presidente reprimiria essa crítica por todo o tempo. Fulanizando sua ansiedade, mostrou-se preocupado com as notícias segundo as quais o ex-ministro Delfim Netto, que hibernara como embaixador em Paris, poderia ser convidado para a Agricultura. Impunha-lhe um veto suave: "Por que não Educação?".[7] Entre sua primeira conversa

---

[6] Nove folhas de um trabalho sobre a gestão econômica, sem data, de Mario Henrique Simonsen, para ser entregue a Figueiredo. APGCS/HF.

[7] Maço de papéis intitulado *Affaire Simonsen* por Heitor Ferreira, contendo notas manuscritas de Golbery relativas a uma reunião de 16 de dezembro de 1978 e notas de Heitor Ferreira sobre outra reunião, do dia 20. No dia 27, Heitor Ferreira anotou que Simonsen aceitara ficar no ministério com Delfim Netto. APGCS/HF.

com Golbery e a hora em que aceitou ir para a Secretaria de Planejamento, sabendo que Delfim iria para o Ministério da Agricultura, passaram-se apenas onze dias. Simonsen acreditava que Figueiredo na Presidência teria um comportamento parecido com o do chefe do SNI: disciplinado, colegial e submetido à influência de Golbery.

Enganara-se, mas Figueiredo não o enganou. Trouxe de volta a Brasília não só Delfim (na Agricultura), mas também Mário Andreazza, o grande tocador de obras do "Brasil Grande". O retorno ao poder dos dois influentes ministros de Médici mostrava que Figueiredo e Golbery pretendiam soldar fissuras abertas em 1974, quando foram colocados na geladeira.

Andreazza fizera a Transamazônica, expandira a malha rodoviária federal e construíra a ponte Rio-Niterói. Embora o "Italiano" ou "Gringo" cobiçasse o Ministério de Minas e Energia, iria para o do Interior, com sua constelação de projetos de desenvolvimento.[8] Além disso, Figueiredo teria no Ministério dos Transportes o mineiro Eliseu Resende, um aliado de Andreazza que comandara o Departamento Nacional de Estradas de Rodagem durante o governo Médici. Nas discussões para a formação da equipe, a menção a seu nome veio acompanhada da observação: "Golbery vacinado contra maledicência sobre pessoas. Mas verificar Eliseu no SNI".[9]

Ex-companheiro do novo presidente desde as agitações dos anos 1950 no Clube Militar e desde a época do Serviço Federal de Informações e Contra-Informações no governo Jânio Quadros, Andreazza tinha com ele uma relação pessoal. Aos sessenta anos, com fina estampa, olhos verdes e sempre bronzeado, era um coronel de hábitos simples e enérgico. Durante o governo Costa e Silva fora um cortesão; com Médici, um engenheiro, quindim das grandes empreiteiras. Colocado na geladeira por Geisel, tivera uma ação politicamente discreta desde que migrara para a iniciativa privada, como vice-presidente da Atlântica Boavista, um braço do Bradesco no mercado de seguros. Era perseguido por acusações de

---

[8] Nota de Heitor Ferreira a Golbery, de 2 de fevereiro de 1978. APGCS/HF. Ver também carta de Andreazza a Figueiredo, do final de 1978, anotada por Geisel. Nela, o coronel trata longamente da questão energética. APGCS/HF.

[9] Uma pasta intitulada *Reuniões com Figueiredo no Torto, Fim do Ano*, com notas de Heitor Ferreira. Uma observação refere-se a uma reunião de Golbery com o general Danilo Venturini e Heitor, de 29 de dezembro de 1978. APGCS/HF.

corrupção, cristalizadas na compra de um apartamento na Lagoa Rodrigo de Freitas, erguido por uma imobiliária que pertencia a um estaleiro. O edifício Garça Branca tinha 44 apartamentos de 170 metros quadrados, com quatro quartos e sala. Uma denúncia chegada ao Planalto informara que a construtora do edifício tinha como sócio um ex-diretor financeiro da Superintendência Nacional da Marinha Mercante (que financiava a construção naval). Um dos apartamentos fora comprado por um hierarca do Ministério dos Transportes. Dois outros, por Andreazza.[10]

Delfim Netto era outra história. Durante o governo Médici, mandara como poucos na economia brasileira. Mandara como Simonsen jamais conseguira mandar. Para alegria do empresariado, o mago do Milagre renascera das cinzas. Numa cerimônia oficial, ainda como chefe do SNI, Figueiredo tratara-o com ostensiva frieza. (Segundo Antonio Carlos Magalhães, recusara-lhe o cumprimento, mas, segundo Delfim, "cumprimentou de cara fechada, mas cumprimentou".) A essa época, ressentido pela derrota que Paulo Maluf lhe impusera em São Paulo, o general dizia que "do Delfim não espero mais nada, só pensa nele".[11] Seu prestígio diferenciava-o de Andreazza. Enquanto o coronel da Transamazônica poderia tocar obras em várias pastas, Delfim era um tocador de ideias e de pessoas, com uma personalidade muito maior que a dos eternos e subsidiários ministros da Agricultura. Deixara o poder em 1973 com crescimento alto e inflação baixa, retornava com crescimento baixo e inflação alta.

Se a política econômica teria em Simonsen um comandante, o "Gordo" seria certamente um contraponto. Estariam juntos naquilo que Heitor Ferreira chamaria de "o governo dialético". De um lado, o "Grupo A", com Simonsen e Golbery; de outro, o "B", com Delfim e Andreazza.[12]

Nos ministérios militares, Figueiredo colocou sua marca pessoal. Entregou o Exército, o SNI e o Gabinete Militar a três amigos. Os generais Walter Pires, um chefe duro, ex-diretor da Polícia Federal e comandante da Vila Militar no dia da demissão de Frota; Octavio Medeiros, um veterano da comu-

---

10 Carta manuscrita do comandante João Carlos Palhares, presidente da Docenave, a Heitor Ferreira, de 18 de fevereiro de 1978. APGCS/HF. Palhares trabalhara com Geisel no Gabinete Militar de Castello Branco.
11 Antonio Carlos Magalhães, julho de 1978; Delfim Netto, novembro de 1988; e anotação de Figueiredo num bilhete de Heitor Ferreira, de 8 de junho de 1978. APGCS/HF.
12 Uma folha com um mapa de nomes, de Heitor Ferreira, do final de 1978. APGCS/HF.

nidade de informações; e Danilo Venturini, uma sombra, apelidado por Heitor Ferreira de C-3PO, o robô dourado e elegante da série *Star wars*. Como o presidente, todos haviam passado pela comunidade de informações.[13]

Afora Simonsen, a única estrela do ministério diretamente ligada a Golbery era Petrônio Portella, colocado na pasta da Justiça para coordenar as ações políticas do governo. Caberia ao mago piauiense a negociação da anistia e a armação de uma reforma que romperia o bipartidarismo da Arena e do MDB, rearrumando as divisões parlamentares. Petrônio tornara-se o político civil mais prestigiado do país. Era a face pública das articulações para o desmanche do AI-5, liderava a maioria da Arena e conversava com uma parte do MDB. Produziria o ordenamento político que garantiria seis anos de paz parlamentar a Figueiredo. Nas suas especulações, Heitor Ferreira já listava os prováveis candidatos à Presidência em 1984. Em primeiro lugar, ia o vice, Aureliano Chaves. Em segundo, Golbery. Adiante, Petrônio, Andreazza e Delfim. Nono e último da lista, Paulo Maluf.[14] Meses depois, Heitor passou Maluf para o terceiro lugar e, entre quinze nomes, entrou o de Tancredo Neves, do MDB.[15]

---

13 Walter Pires estivera no SFICI durante o governo Jânio Quadros; Medeiros era o titular do SNI; e Venturini dirigia a Escola Nacional de Informações.
14 Uma folha de Heitor Ferreira, de 7 de janeiro de 1979. APGCS/HF. Eram os seguintes os candidatos com mais chances: "Aureliano, Golbery, Petrônio, Andreazza, Delfim, Jair Soares [ministro da Previdência], Antonio Carlos Magalhães, Ney Braga e Paulo Maluf".
15 Anotação de Heitor Ferreira, sem data, iniciada antes de janeiro de 1980. Essa nova lista tinha a seguinte ordem: Petrônio, Delfim, Maluf, Aureliano, Antonio Carlos Magalhães, Ney Braga, Marco Maciel, Jarbas Passarinho. Provavelmente, quatro nomes foram incluídos depois de janeiro de 1980: Ibrahim Abi-Ackel, Andreazza, Tancredo Neves e Costa Cavalcanti. Numa ordem separada, três militares: Golbery, Danilo Venturini e Octavio Medeiros. APGCS/HF.

Vila Euclides

O novo governo começou tendo que lidar com uma crise na porta das fábricas. Os metalúrgicos de São Bernardo estavam parados havia dois dias e dessa vez a greve nascia com alguma organização. O SNI avisara:

> O novo Governo, por ocasião de sua instalação, em março de 1979, deverá defrontar-se com cerca de 500 mil metalúrgicos em plena campanha salarial, que se prenuncia sob clima de radicalização por parte de empregados e empresários, já que estes, reunidos, no dia 8 de janeiro, na Federação das Indústrias do Estado de São Paulo, decidiram adotar uma base mais forte para enfrentar as paralisações futuras.[1]

Desde as greves de maio do ano anterior, não houve mês sem paralisações. Depois de mais de uma década de controle dos salários por meio de uma fórmula originalmente concebida por Mario Henrique Simonsen,

[1] *Apreciação Semanal*, do SNI, de 13 de janeiro de 1979. CPDOC.

todos os assalariados do país passaram a achar que uma greve poderia melhorar sua vida.[2] Pararam até dubladores, coveiros e delegados de polícia. Na fábrica de lingeries De Millus, as operárias rebelaram-se contra a revista. Durante o auge da campanha eleitoral de 1978, 100 mil trabalhadores haviam cruzado os braços em São Paulo, Osasco e Guarulhos.[3] Algumas paralisações tiveram êxito, outras fracassaram, mas o empresariado aprendera a lição de maio. A Scania demitira 450 operários nos dois meses seguintes à greve, entregara ao DOPS uma lista de 344 nomes e informara que infiltrara o encarregado de seu serviço de segurança numa reunião política. A Volkswagen levou à polícia uma lista de nomes de operários demitidos e de militantes de organizações de esquerda.[4] A Fiat chamou a PM em Betim (MG) e dispensou 160 em São Paulo.[5] A Villares demitiu 310.[6] Na fábrica de fogões Alpha, o advogado Cassio Scatena matara com quatro tiros o operário Nelson Pereira de Jesus, de 21 anos.[7]

O patronato articulou-se. Diante do anúncio das paralisações, algumas indústrias fecharam as portas. O Planalto foi avisado de que os grevistas seriam suspensos e os sindicatos de empresas de São Paulo sugeriram a seus associados que estocassem a produção.[8] Uma cartilha da Fiesp recomendava que se tentasse, "de todas as formas", manter os grevistas fora das fábricas para "envolver o poder público". No coração dessa estratégia ficava a recusa do pagamento dos dias de quem parasse. Esse seria o preço de uma greve prolongada.[9] Uma semana de paralisação custaria ao trabalhador, nos doze meses seguintes, pelo menos o equivalente a dois pontos percentuais de um eventual reajuste.[10]

[2] Para a fórmula de Simonsen, John W.F. Dulles, *Castello Branco*, p. 49.
[3] *Jornal do Brasil*, 31 de outubro de 1978.
[4] Idem, 21 de julho, 11 de agosto e 25 de dezembro de 1978.
[5] Idem, 25 de outubro de 1978; e *O Estado de S. Paulo*, 31 de outubro e 6 de dezembro de 1978.
[6] Luís Flávio Rainho e Osvaldo Martines Bargas, *As lutas operárias e sindicais dos metalúrgicos de São Bernardo*, p. 115.
[7] *O Estado de S. Paulo*, 12 e 15 de outubro de 1978.
[8] Idem, 10 de novembro de 1978; e nota do coronel Gleuber Vieira a Heitor Ferreira, de 30 de outubro, transmitindo a Heitor Ferreira um recado de Luis Eulálio Bueno Vidigal. APGCS/HF. Luís Flávio Rainho e Osvaldo Martines Bargas, *As lutas operárias e sindicais dos metalúrgicos de São Bernardo*, p. 118.
[9] Luís Flávio Rainho e Osvaldo Martines Bargas, *As lutas operárias e sindicais dos metalúrgicos de São Bernardo*, p. 213.
[10] Paulo Francini, 15 de dezembro de 2005.

Os dois lados estavam preparados para o confronto. Os metalúrgicos pediam (de novo) a reposição de 34,1% da inflação escamoteada a partir de 1973 e mais os 43% do índice oficial de 1978.[11] Era apenas uma bandeira. Além disso, queriam que fosse criada a figura do delegado sindical, eleito nas fábricas, com direito a estabilidade no emprego. O patronato ofereceu uma escala decrescente de aumentos que iam de 63% a 44%, embutindo um dispositivo convencional: no cálculo dos novos salários não seriam computados os aumentos anteriores, como aqueles concedidos depois das greves de maio. Isso significava que os metalúrgicos do ABC pouco teriam a ganhar.[12] Para os sindicatos que ficaram fora das primeiras greves, a proposta era boa, e 29 entre 34 entidades a aceitaram.[13] Eles abandonaram a reivindicação do delegado sindical, mas Lula, cujo carisma liderava o movimento, dizia que esse era o "ponto de honra de nossa campanha".[14]

O empresariado buscava a desforra. Dividira o movimento, isolando o ABC.[15] A greve foi declarada ilegal e a polícia foi para a rua, dissolvendo piquetes e fazendo algumas prisões. No governo do estado havia um novo personagem, Paulo Maluf, disposto a mostrar a que vinha, e seu secretário de Segurança argumentava: "O espancamento às vezes é uma atitude enérgica, mas não tem nada de exagerado".[16] No terceiro dia da greve havia cerca de 210 mil trabalhadores parados.[17] Os empresários conversavam, mas não cediam. Num dos encontros com Lula, num hotel, a negociação foi distraída por duas turistas francesas que estavam na piscina sem a parte superior do biquíni.[18] O presidente da federação estadual de trabalhadores, que aceitara a proposta patronal, informou

---

11 Em 1973, o índice oficial da inflação fora de 15,5%. Segundo um estudo do Banco Mundial, o número real era 22,5%.
12 Luís Flávio Rainho e Osvaldo Martines Bargas, *As lutas operárias e sindicais dos metalúrgicos de São Bernardo*, p. 215.
13 Ricardo Antunes, *A rebeldia do trabalho*, pp. 43-4; Almir Pazzianotto, *100 anos de sindicalismo*, p. 124; e *O Estado de S. Paulo*, 13 de março de 1979.
14 *O Estado de S. Paulo*, 13 de março de 1979.
15 Pararam também 35 mil metalúrgicos de São José dos Campos (SP) e Jundiaí (SP).
16 Declaração do secretário de Segurança Octávio Gonzaga Jr., *Jornal do Brasil* e *O Estado de S. Paulo*, 18 de março de 1979.
17 *Jornal do Brasil*, 16 de março de 1979.
18 Paulo Francini, 15 de dezembro de 2005.

que se o ABC conseguisse mais que ele, pararia suas bases.[19] A greve se tornara onerosa para os milhares de trabalhadores que haviam aderido sem sacar o pagamento da primeira quinzena de março.

Na manhã do décimo dia, diante da ameaça explícita de intervenção nos sindicatos, Lula e os demais dirigentes do ABC aceitaram levar à assembleia um protocolo com o resultado das últimas negociações. Admitiam uma escala modesta de aumentos, esqueciam a demanda do delegado de fábrica e estabeleciam uma trégua de 45 dias, durante os quais seria discutido o remanejamento dos aumentos obtidos nas greves de maio. Não haveria punições e os dias parados seriam descontados em cinco parcelas.[20] Aritmeticamente, a greve havia sido derrotada.

No manual das empresas e do governo, uma proposta levada aos trabalhadores pela diretoria do sindicato tendia a ser aceita, sobretudo se Lula a sancionasse. Desde o segundo dia da greve ocorrera uma novidade: as assembleias não eram mais realizadas no sindicato, transbordando milhares de peões para as ruas vizinhas, mas no estádio municipal de São Bernardo, em Vila Euclides. O governo, os patrões e até mesmo os líderes sindicais supunham que essas reuniões tinham uma essência cenográfica, pois habitualmente chancelavam as propostas que lhes eram levadas. A assembleia de Vila Euclides inverteu inesperadamente esse quadro.

Ao chegar ao estádio, Lula sentiu que a peãozada queria o prosseguimento da greve. Leu o protocolo, fez um discurso em que expôs o risco da intervenção, mas não defendeu o acordo que, a princípio, aceitara.[21] Vila Euclides rejeitou a trégua. No dia seguinte foi decretada a intervenção nos sindicatos e, com a polícia cercando o prédio, Lula deixou-o. Foi para a casa de parentes. Temendo que aquilo fosse o início de uma escalada repressiva, desapareceram também outros dirigentes dos sindicatos. Os

---

19 Sindicalista Argeu Egidio dos Santos, *Jornal do Brasil*, 17 de março de 1979.
20 Para a íntegra desse protocolo, Luís Flávio Rainho e Osvaldo Martines Bargas, *As lutas operárias e sindicais dos metalúrgicos de São Bernardo*, pp. 217 e segs.; Almir Pazzianotto, *100 anos de sindicalismo*, pp. 127-8; e *Jornal do Brasil*, 22 e 23 de março de 1979. Em seu depoimento a Denise Paraná, *Lula, o filho do Brasil*, p. 141, Lula se refere a esse "acordo que eu considerava, se não extraordinário, um bom acordo". Na narrativa, confunde-se com datas e aspectos da negociação.
21 Luís Flávio Rainho e Osvaldo Martines Bargas, *As lutas operárias e sindicais dos metalúrgicos de São Bernardo*, p. 217.

que continuaram articulados não sabiam do paradeiro do líder da greve.[22] Seus temores tinham base, pois Paulo Maluf sugerira ao Planalto que Lula fosse preso.[23] Lula não foi à assembleia do dia seguinte convocada para o Paço Municipal. Nela havia 20 mil pessoas.[24]

Os trabalhadores haviam decidido prolongar a greve sem que os sindicatos tivessem formado um fundo de reserva para socorrê-la. Havia gente sem dinheiro para a feira e o movimento parecia solto no ar, dependendo da solidariedade alheia. Teve-a. Ela veio primeiro do bispo de Santo André, d. Cláudio Hummes, um frade de 44 anos. Calado, não tinha a notoriedade do cardeal Paulo Evaristo Arns. Abrira uma assembleia no sindicato de Santo André dizendo que "os metalúrgicos sabem o que fazem".[25] Logo depois, ofereceu suas paróquias para servirem de centro de recolhimento de comida e, quando a intervenção tornou-se iminente, aceitou que os mantimentos estocados no sindicato fossem transferidos para a igreja matriz de São Bernardo.[26] Havia simbolismo no gesto, mas nessa fase a arrecadação foi rala: 55 mil cruzeiros e três toneladas de alimentos.[27]

De Brasília, via-se um cenário de êxito. De olho na inflação, Mario Henrique Simonsen cuidava dos números e Golbery buscava a derrota do movimento. Do resto, cuidava o novo ministro do Trabalho, Murilo Macedo, um suave mineiro que presidira o Banco do Estado de São Paulo e ocupara a Secretaria da Fazenda no governo de Paulo Egydio. Conversava, chegando a se reunir com sindicalistas em sua casa, mas não cedia. O patronato dizia que pelo menos 40% dos operários já haviam voltado ao trabalho. Mesmo que fosse verdade, metade estava parada.

---

22 Idem, p. 138.
23 *Veja*, 9 de abril de 1980.
24 Luís Flávio Rainho e Osvaldo Martines Bargas, *As lutas operárias e sindicais dos metalúrgicos de São Bernardo*, pp. 138-9. Depoimento de Lula ao projeto ABC de Luta, <http://www.abcdeluta.org.br/_depoimento_historiadevida_frame.asp?id_DEP=100>.
25 *Jornal do Brasil*, 15 de março de 1979.
26 Luís Flávio Rainho e Osvaldo Martines Bargas, *As lutas operárias e sindicais dos metalúrgicos de São Bernardo*, p. 129.
27 *O Estado de S. Paulo*, 20 de março de 1979. No final de maio, o sindicato informou que foram recolhidas 76,6 toneladas de alimentos e 1,5 milhão de cruzeiros, atendendo a 6.384 famílias de trabalhadores que tinham uma média salarial de 4.384 cruzeiros. Luís Flávio Rainho e Osvaldo Martines Bargas, *As lutas operárias e sindicais dos metalúrgicos de São Bernardo*, p. 170.

O empresário Paulo Francini, presidente do sindicato patronal da indústria de ar-condicionado, destacado liberal do núcleo de negociadores da Fiesp, estava almoçando e foi chamado ao telefone. Era o ministro Macedo, pedindo-lhe que negociasse com Lula o fim da intervenção no sindicato. Estava-se no décimo terceiro dia da greve, o terceiro depois da intervenção. Francini chamou Lula para uma conversa no escritório do industrial Claudio Bardella, um dos barões da indústria pesada. Um carro iria buscá-lo, identificando-se apenas pelo nome do motorista. Lula entrou pela garagem e a conversa durou três horas. Quando Bardella ofereceu-lhe uma bebida, esclarecendo que não tinha cachaça, ouviu: "Que pinga nada, eu quero uísque".[28]

Estava encerrada a greve. O acordo foi resumido em três folhas de bloco por Bardella: o sindicato seria devolvido em quinze ou 45 dias, não haveria demissões, a CNBB seria a avalista da renegociação e o salário de março não teria desconto imediato dos dias parados, mas eles seriam negociados durante os 45 dias seguintes ao fim da greve. Ao pé das anotações, as quatro palavras essenciais: "Antes: volta ao trabalho".[29]

Para quem acompanhava a greve com uma máquina de calcular, ela fora batida. Os dias parados seriam descontados parceladamente e viriam a ser chamados de "carnê Lula".

Enquanto estavam reunidos, Bardella foi chamado ao telefone. Era seu filho Claudio, que, ao saber que o pai estava com Lula na sala, pediu-lhe que conseguisse um autógrafo do líder sindical. Lula atendeu-o e, numa folha do mesmo bloco em que seu pai listava as bases do acordo, escreveu: "Ao querido amigo Claudinho, um abraço do amigo Lula".[30]

Esse simples episódio mostra o paradoxo da greve de 1979. Matematicamente, ela foi uma ruína. Fizeram melhor negócio os sindicatos que ficaram fora dela. Politicamente, o patrão pedia um autógrafo do operário para seu filho.

Lula voltou a Vila Euclides com d. Cláudio Hummes, cantou o *Hino nacional*, rezou o padre-nosso e disse as cinco palavras essenciais: "Companheiros, vamos voltar a trabalhar".

---

28 Paulo Francini e Claudio Bardella, 26 de março de 1979.
29 Xerox de três folhas de bloco manuscritas, de Claudio Bardella. AA.
30 Xerox de uma folha de bloco manuscrita, de Lula, datada 29 de março de 1979. AA.

Teerã e Washington

Para Mario Henrique Simonsen, Vila Euclides era um detalhe. Uma nova crise vinha do Irã, onde o aiatolá Ruhollah Khomeini, um clérigo de aparência serena e língua de fogo, depusera o xainxá Reza Pahlevi, o "Rei dos Reis", "Luz dos Arianos". O xá era o maior exportador de petróleo depois da Arábia Saudita e simbolizava as megalomanias das ditaduras modernizadoras da época. Nadava em dinheiro e julgava-se dotado de conhecimentos divinos ou, pelo menos, de poderes para receber mensagens do Padre Eterno.[1] Em 1965, quando visitou o Brasil, fincara pé para que o presidente Castello Branco o hospedasse no palácio da Alvorada.[2] Partira deixando para o marechal um esplêndido e enorme tapete de seda que, provavelmente, tornou-se o objeto mais valioso de seu patrimônio.[3]

Ashraf, a irmã gêmea do xá, estivera no Brasil em agosto de 1978 e seu porta-voz dissera que os distúrbios que ocorriam no Irã eram coisa de fanáticos religiosos tirando proveito de uma liberdade para a qual o povo

---

[1] Entrevista do xá a Oriana Fallaci, 10 de dezembro de 1973, <http://www.newrepublic.com/article/world/92745/shah-iran-mohammad-reza-pahlevi-oriana-fallaci>.
[2] *Jornal do Brasil*, "Coluna do Castello", 29 de abril de 1965.
[3] Paulo Castello Branco, 1973.

não estava preparado.⁴ Duas semanas depois Reza Pahlevi colocou o país sob lei marcial. Em janeiro de 1979, o monarca abandonou seus palácios e exilou-se no Egito.

Khomeini era um ancião de 78 anos, com uma enorme barba branca e turbante preto. Prometia criar uma República Islâmica, mas ninguém sabia direito o que era isso, e quem sabia não acreditava que ele conseguisse, pois descera em Teerã apoiado por uma coligação na qual juntavam-se de comunistas ateus a liberais seculares. O embaixador americano na ONU, Andrew Young, dissera que ele seria recebido como "um santo". Um professor de Princeton escrevera no *New York Times* que "seu círculo de assessores compõe-se de pessoas progressistas, moderadas", antevendo "um modelo de governança humana".⁵ Aparecia para o mundo sentado na grama do jardim da casa em que vivia, nos subúrbios de Paris. Poucas semanas depois de seu desembarque foram fuzilados quatro poderosos generais e Amir Hoveyda, o ex-primeiro-ministro que, por mais de uma década, com excêntricas orquídeas espetadas na lapela, simbolizara o cosmopolitismo e a prosperidade do país.

Ao contrário de 1973, quando o choque do petróleo derivou de um conflito antigo que envolvia povos e nações, em 1979, o segundo choque, imprevisto, foi produzido por uma só pessoa: Khomeini. A oposição ao xá paralisara as refinarias iranianas, a chegada do aiatolá ao Irã desorganizara os contratos internacionais de fornecimento, a perplexidade dos governos das nações importadoras adicionara ansiedade ao mercado e a especulação fez o resto. O preço do barril de petróleo passou de 14 dólares para um pico de 34.⁶ Para o conjunto dos países em desenvolvimento importadores de combustíveis, isso significava que uma conta equivalente ao valor de 15% de suas exportações em 1978 passaria a custar 23%.⁷ Antes da encrenca iraniana, Simonsen encaminhara ao general Figueiredo um estudo secreto no qual antevira dificuldades, caso o barril chegasse a 30 dólares. Estimara que isso po-

---

4 *O Estado de S. Paulo*, 26 de agosto de 1978.
5 Daniel Yergin, *The prize*, p. 680.
6 Idem, p. 784.
7 *Silent Revolution: the IMF 1979-1989*, 10 de outubro de 2001, Chapter 8 — The crisis erupts, <https://www.imf.org/external/pubs/ft/history/2001/ch08.pdf>.

deria ocorrer em 1985. Se a conta do petróleo ultrapassasse os 7 bilhões de dólares, "o déficit comercial, o déficit em conta-corrente e a dívida externa" chegariam a "níveis perigosos".[8]

O choque do petróleo de 1973 abatera as economias de países importadores e abrira um ciclo recessivo na Europa, no Japão e nos Estados Unidos. Ao mesmo tempo, patrocinara uma bonança para as nações exportadoras e a banca internacional, que captava seus petrodólares. A essa época toda a dívida externa da América Latina ia a 42,8 bilhões de dólares. Em 1978, o Brasil, sozinho, passou de uma dívida de 12,6 bilhões para 43,5 bilhões de dólares.[9] Os empréstimos já não eram tomados só para projetos, mas também para refinanciar o que se devia. O jogo era outro. Continuava a ser financeiramente lucrativo para a banca, mas trazia uma inquietação intelectual. O novo diretor-geral do Fundo Monetário Internacional, Jacques de Larosière, fez circular um memorando perguntando se não havia o risco de a dívida externa do Terceiro Mundo sair do controle. Ouviu que não.[10] No calor da crise iraniana, com o petróleo a 18 dólares, o assunto foi discutido no Federal Reserve, o Banco Central americano.[11] Em todas as ocasiões o risco foi considerado desprezível. Como acontecia desde o século XIX, os riscos eram dois: da banca que emprestou e poderia não receber e dos devedores que tomaram o que não poderiam pagar.

O primeiro colapso dos empréstimos internacionais à América Latina dera-se na primeira metade do século XIX. É dessa época a ruína dos papéis lançados no mercado de Londres pelo aventureiro Gregor McGregor, que financiava a colonização do reino de Poyais, com seus bulevares, uma catedral e um teatro de ópera. Seus papéis valiam mais que os chilenos e rendiam tanto quanto os argentinos. Poyais simplesmente não existia, era uma mata virgem tomada pela malária nas terras que

---

[8] Maço de dezoito páginas de Mario Henrique Simonsen, intitulado *Notas sobre uma Política Energética para o Brasil*. APGCS/HF.
[9] Dionísio Dias Carneiro, em Persio Arida (org.), *Dívida externa, recessão e ajuste estrutural*, p. 95.
[10] Phillip L. Zweig, *Wriston*, p. 577. O francês Jacques de Larosière pertencia a uma família normanda que, durante o reinado de Luís XIV, solicitou isenções de impostos por descender de Essomeriq, um príncipe levado para a França no século XVI pelo navegador normando Binot de Gonneville. Essomeriq chamara-se Açá-Mirim e era filho de um cacique carijó da ilha de Santa Catarina. Sobre a isenção de impostos, Leyla Perrone-Moisés, *Vinte luas*, pp. 109-3.
[11] Phillip L. Zweig, *Wriston*, p. 627.

hoje estão entre Nicarágua e Honduras.[12] Poyais foi de uma vigarice emblemática, mas em todos os tempos os períodos de expansão do crédito internacional embutiram irresponsabilidades. No centro da questão sempre ficou a análise, pela banca, dos riscos que assumiam. Entre 1925 e 1981, dezessete nações latino-americanas haviam caloteado ou reestruturado suas dívidas. O Brasil renegociara em quatro ocasiões: 1931, 1937, 1961 e 1964.[13]

A mãe de todas as crises viria de Washington, aos poucos. O presidente Jimmy Carter decidira trocar seu secretário do Tesouro, deslocando para o seu lugar o presidente do Federal Reserve. A primeira escolha de Carter para o lugar vago foi o banqueiro David Rockefeller, mas ele não aceitou e sugeriu Paul Volcker. O presidente sequer o conhecia. Era uma figura imponente, com 2,1 metros. Para Volcker, o novo emprego seria o pior negócio de sua vida. Cuidaria do valor de uma moeda que desde março estava sendo corroída por uma inflação acima de 10% ao ano. Perderia metade da renda (toda vinda do salário) e deveria viver com 19 mil dólares mensais líquidos. Iria para Washington sozinho, instalando-se numa quitinete de estudante. Sua mulher, obrigada a arrumar um emprego, alugaria um dos quartos do apartamento do casal em Nova York.[14] Volcker não entrou no FED com uma ideia clara a respeito do que deveria fazer para derrubar a inflação, até mesmo porque o Banco Central americano opera como um colegiado.

Mario Henrique Simonsen levou menos de um mês para descobrir que não seria o superministro da Economia. O governo estava no seu vigésimo dia e o general Octavio Medeiros registrou o resumo de uma fala do professor durante a reunião matutina presidida pelo presidente no Planalto: "Inflação: quem cuida de quê? Simonsen, Rischbieter,[15]

---

12 David Sinclair, *The land that never was*; e Kenneth Rogoff e Carmen Reinhart, *This time is different*, pp. 93-4.
13 Kenneth Rogoff e Carmen Reinhart, *This time is different*, p. 96.
14 Joseph B. Treaster, *Paul Volcker*, p. 122.
15 Karlos Rischbieter era o ministro da Fazenda.

Delfim".[16] Tratavam dos preços agrícolas. Dias depois, o ministro queixou-se de "divergências na imprensa entre pessoas dos altos escalões". Karlos Rischbieter ilustrou com uma piada a situação em que estava seu Ministério da Fazenda — comparou-o à Santíssima Trindade, com um ocupante involuntário (ele), outro que não desencarnara (Simonsen) e um terceiro aspirando à reencarnação (Delfim).[17]

De um lado, Simonsen era atacado porque, depois de três pacotes de mudanças na economia, a inflação continuava renitente (4,4% no mês de julho). O economista que chamara o II PND de "obra de ficção", recuperara a verve. Quando o ministro de Minas e Energia defendeu um programa que aproveitasse o metano do esterco, perguntou-lhe: "Vamos criar a Bostobras?". Mais que isso: inventou uma unidade monetária de despesas do governo, o "andreazza". Um "andreazza" equivaleria à unidade dos recursos pedidos pelo ministro do Interior e valeria 1 trilhão de cruzeiros.[18] No ministério dialético, a busca da unidade dos contrários produziria apenas falta de comando.

Numa audiência com um deputado, Figueiredo disse que "se me trouxerem um nome capaz de resolver o problema econômico, eu exonero Simonsen e nomeio a pessoa indicada".[19] Era apenas mais uma das frases do general, mas, no dia 2 de agosto de 1979, Heitor Ferreira registrou em seu diário:

Meio-dia e pouco, estou chegando de uma incrível conversa com o Simonsen. Ele simplesmente disse-me nas bochechas que vai embora! (...) Ele quer abreviar o trabalho "para não ser quem vai apresentar a inflação de 50% ao presidente".

Mas "o que falta, Mario?", perguntou Heitor.

---

16 Uma folha com o resumo da reunião, de Octavio Medeiros, de 5 de abril de 1979. Nos primeiros dias do governo, Heitor Ferreira pedira ao chefe do SNI que registrasse brevemente, em folhas padronizadas de um bloco, os temas discutidos na reunião das nove e na das quinze horas, quando se encontravam com o presidente seus chefes dos gabinetes Civil e Militar, bem como o do SNI e o da Secretaria de Planejamento. Ao longo do governo, Medeiros preencheu 475 dessas folhas. APGCS/HF.
17 *Jornal do Brasil*, "Coluna do Castello", 16 de maio de 1979.
18 *Veja*, 15 de agosto de 1979.
19 Idem.

— Falta alguém que dê esporro nos ministros. Eu não posso dar. O Golbery faz alguma coordenação, mas na base da ascendência e do prestígio pessoal. O Médici designou o Leitão para isso.[20] No governo, agora, ninguém faz. O Geisel dava, puxava orelhas.
— E a inflação foi a 40%.
— Pois é, governo eclético, com puxão de orelha, a inflação vai a 40%; governo eclético, sem puxão de orelha, a inflação vai a 80%. (...)
— Mas a tua análise tem implícita uma crítica ao Figueiredo.
— É. Você não concorda com a minha análise?

Heitor mudou de assunto.[21]
Simonsen decidiu sair e na sua última audiência, quando se despediu de Figueiredo, o general perguntou-lhe:

— Mario, você acha que o meu governo está uma merda, não?
— Presidente, eu estou indo embora...[22]

Dias depois, Heitor registrou: "Golbery indicou o nome do Delfim para o Planejamento e conversou-se muito em torno das derivadas disso".[23]
A primeira derivada apareceu na posse de Delfim. Euforia do empresariado. O salão estava tão cheio que o presidente da Arena de São Paulo, Claudio Lembo, encurtou caminho passando acrobaticamente por cima de uma mesa. Delfim entrou ao seu estilo. Detonou o presidente do Banco Central e o do IBGE, além do diretor de operações do Banco do Brasil, preenchendo os lugares com amigos provados durante seu mandarinato anterior. Para o Ministério da Agricultura, promoveu seu secretário-geral. Foi a um congresso de economistas onde estavam alguns de seus principais críticos, botou a plateia para cantar o

---

20 João Leitão de Abreu, chefe do Gabinete Civil durante todo o governo do general Médici, de 1969 a 1974.
21 *Diário de Heitor Ferreira*, 2 de agosto de 1979.
22 *Veja*, 20 de março de 1985.
23 *Diário de Heitor Ferreira*, 6 de agosto de 1979.

Hino nacional e deu um recado teatral: "O mundo não vai acabar. Logo, podemos afirmar que o Brasil também não vai acabar".[24] Meses depois, detonou Rischbieter.

À perspectiva de baixo crescimento de Simonsen, Delfim contrapôs um salto para a frente. Desvalorizou a moeda em 30% (o que ajudava as exportações) e, em dois lances, prefixou a correção monetária em 45% e a variação cambial em 40%. Essas medidas pretendiam segurar a expectativa inflacionária. Enriqueceram quem tinha dívidas indexadas, num dos maiores episódios de transferência de renda já ocorridos no país. Em 1979 o Produto Interno Bruto cresceu 6,8%. No ano seguinte, expandiu em 9,2%. O Brasil parecia ter retornado aos tempos do Milagre.

A aposta de Delfim foi ruinosa. As prefixações da correção monetária e do câmbio pressupunham que a inflação ficasse abaixo de 50%. Deu-se o contrário: ela ficou em 77,25% em 1979, saltando para 110,24% em 1980. Pela primeira vez na história, a carestia chegava aos três dígitos. As medidas contracionistas necessárias para conter uma explosão trouxeram a conta em 1981 e o PIB contraiu-se em 4,25%. Não só o vinho do novo Milagre virara vinagre, como a economia brasileira entrara num novo ciclo histórico.[25] O crescimento de 9,2% jamais voltaria a se repetir.

O ferrolho em que estava aprisionada a economia brasileira foi assim descrito por Figueiredo a seu colega venezuelano Herrera Campins, quando se reuniu com ele em Caracas para conseguir (sem sucesso) mais petróleo:

> Um país como o Brasil, por exemplo, que já despende 7 bilhões de dólares com importação de petróleo, poderia, em muito curto prazo, dobrar essas despesas para 14 bilhões, o que corresponde exatamente à nossa receita de exportação. O Brasil terá, ainda, um serviço de dívida externa da ordem de 10 bilhões de dólares — isso lhe permite fazer uma projeção talvez pessimista da ordem de um dispêndio de 24 bilhões de dólares, para cobrir apenas duas parce-

---

[24] *Veja*, 22 de agosto de 1979.
[25] Em seu poema *Jogos florais*, o poeta Cacaso avisara: *"Ficou moderno o Brasil/ ficou moderno o milagre:/ a água já não vira vinho,/ vira direto vinagre"* (*Lero-lero (1967-1985)*, Rio de Janeiro/São Paulo: Sete Letras/ Cosac Naify, 2002, p. 157).

las das contas externas do país. (...) A crise do Brasil é imediata e é problema para os próximos seis meses, e, da forma pela qual a mesma está se manifestando, a economia nacional não terá condições de resistir.[26]

A projeção pessimista de Figueiredo ganharia outro complicador. Paul Volcker decidira-se pelo combate à inflação através do remédio da alta dos juros. (Como sempre acontece em situações semelhantes, economistas como Milton Friedman sustentavam que o remédio correto seria uma política de encarecimento do custo da moeda associada à contração das despesas públicas. O déficit orçamentário dos Estados Unidos estava em 1,6% do PIB.) No fim de 1980, os juros americanos, que influenciavam a taxa móvel da dívida brasileira, chegaram a 21%. A economia nacional estava presa num alicate. De um lado, a conta do petróleo arruinava a balança de pagamentos. De outro, a taxa de juros obrigava o país a gastar mais no serviço da dívida para comprar coisa nenhuma. A cada ponto percentual de elevação da taxa de juros americana, a amortização da dívida custava mais 500 milhões de dólares. Uma parte dessa dívida era de empresas privadas. Dobrando a aposta, o governo tranquilizou os bancos, tornando-se avalista de todos os papagaios.

Em tese, a explosão da dívida brasileira, como muitas outras, não era uma inevitabilidade. Nações asiáticas passaram por isso sem maiores crises. As ruínas ocorreram quando devedores e credores juntaram--se no financiamento de projetos que não teriam a rentabilidade esperada em países que faziam mágicas com o câmbio. Como sempre, essa miopia derivava do interesse dos bancos (pela qualidade dos balanços),

---

26 A importação de petróleo custou 6,3 bilhões de dólares em 1979 e nunca passou de 10,6 bilhões, em 1981. Luiz Aranha Correa do Lago, em Persio Arida (org.), *Dívida externa, recessão e ajuste estrutural*, p. 58. Nove folhas rubricadas por Ramiro Guerreiro, *Entrevista do Presidente João Baptista Figueiredo com o Presidente Herrera Campins*. Palácio Miraflores, de 6 de novembro de 1979. APGCS/HF. No original, erradamente, o serviço da dívida é dado como se fosse de "10 milhões", o que levaria a soma para 14,1 bilhões de dólares.

de seus executivos (pelo volume das comissões) e, em algumas ocasiões, pelo risco que adviria do reconhecimento de maus empréstimos. Naquela crise juntaram-se todos esses fatores.

A banca internacional continuava pedalando. Em outubro de 1979 o Brasil conseguiu um crédito de 1 bilhão de dólares de casas americanas, europeias e japonesas. O governo dizia que o dinheiro iria para o programa de produção de álcool, mas o ministro da Indústria e Comércio, que não sabia de nada, ironizou: "Será que posso passar pelo caixa e pegar o bilhão de dólares?".[27] Tinha razão, era apenas uma rolagem. Os novos empréstimos destinavam-se a saldar velhas dívidas, preservando a saúde dos balanços dos bancos.

Numa rápida viagem a Nova York e Londres, Delfim reuniu-se com a elite da banca e defendeu sua política com a mesma teatralidade de sua teoria segundo a qual, como o mundo não ia acabar, o Brasil não acabaria: "O Brasil é um país curioso. Muitos brasileiros que não são nem banqueiros estão mais preocupados com a saúde dos banqueiros americanos do que eles próprios".[28] Nas versões públicas, a banca estava em paz. Não era bem assim e a própria viagem do ministro sinalizava isso. Do banco Morgan já partira um sinal de alerta, com uma suave recomendação de que o Brasil buscasse um empréstimo do Fundo Monetário Internacional para garantir suas contas externas.[29]

---

[27] *Gazeta Mercantil*, 19 de outubro de 1979.
[28] *Veja*, 5 de março de 1980.
[29] Antony Gebauer, junho de 1993.

Um novo país

Durante os anos de chumbo o Brasil vivia o Milagre Econômico, com um crescimento médio de 11,4% ao ano entre 1969 e 1973. A repressão política (mais de 1,8 mil casos de tortura e mais de quatrocentos mortos e desaparecidos)[1] era abafada pela censura. No primeiro ano de Figueiredo, a liberdade política e a conquista da anistia abafavam, sem censura, as dificuldades da economia. O general presidia um novo Brasil. O livro *Mil razões para viver*, de d. Helder Câmara, permaneceu 24 semanas na lista dos mais vendidos.[2] Terminara o tempo em que a censura ordenara: "Nenhuma referência, contra ou a favor de d. Helder Câmara".[3] Mudara até o verão. O livro *O que é isso, companheiro?*, com as memórias do jornalista Fernando Gabeira, ficou 61 semanas seguidas na lista, tornando-se o maior sucesso editorial da década. Em apenas dois anos, Gabeira passara do radicalismo juvenil de 1968 para a função de guardião do cativeiro do embaixador ameri-

---

[1] Para os casos de tortura, *Projeto Brasil: nunca mais*; para mortos e desaparecidos, *Relatório da Comissão Nacional da Verdade*.
[2] *Veja*, 4 de abril de 1979.
[3] Paolo Marconi, *A censura política na imprensa brasileira*, p. 247.

cano sequestrado. Baleado, preso e banido, vagara por Argel, Havana, Paris, Estocolmo e Lisboa. De volta ao posto 9 de Ipanema, chocara os velhos militantes vestindo uma tanga de crochê de uma prima.[4]

Figueiredo sancionou a Lei da Anistia em agosto de 1979. Semanas depois voltaram ao país Leonel Brizola, Miguel Arraes e Luiz Carlos Prestes. Em Paris, o dirigente comunista *Julio* voltou a ser Armênio Guedes, cujo irmão fora assassinado em 1972. Em Cruzeiro do Oeste (PR), Carlos Henrique Gouvea de Melo jogou no milhar da Lei da Anistia (6.683) e ganhou o suficiente para convidar sua mulher, Clara Becker, para jantar. Contou-lhe que era José Dirceu de Oliveira e Silva e seguiria outro rumo.[5] Famílias que estiveram diante das portas de prisões para visitar seus parentes tornaram-se grupos alegres nos aeroportos, onde iam buscá-los na volta do exílio.

A anistia que Figueiredo mandou ao Congresso foi menor do que pedia a praça. O presidente insistira em não estendê-la a "terroristas" e cuidou para que isso ficasse expresso no projeto. Recebera, e guardara, uma carta de Edyla Mangabeira Unger, cuja filha, Nancy, estudava filosofia e fora presa no Recife, em 1970. Militara no PCBR, e no aparelho em que foi capturada achou-se um plano para sequestrar o cônsul americano.[6] Havia sido banida na troca de presos depois do sequestro do embaixador suíço. Edyla escreveu ao general:

> Ao dirigir-me ao senhor neste momento tenho diante de mim, presente como se vivos fossem, a imagem de dois homens que se encontravam presos na então chamada "Sala da Capela" da Casa de Correção do RJ.
>
> Nós, os seus familiares, nos encontrávamos semanalmente à porta daquele presídio no dia em que nos era permitido visitá-los.
>
> Tenho diante de mim, repito, presentes como se vivos fossem, esses dois presos políticos irmanados pelo mesmo ideal. Um deles

---

[4] Para a tanga, *Veja*, 17 de janeiro de 1995.
[5] Otávio Cabral, *Dirceu*, pp. 111-2.
[6] *The New York Times*, 10 de agosto de 1970.

era seu pai, o general Euclides Figueiredo. O outro era meu pai, Otavio Mangabeira.[7]

(...) Meu pai, através da palavra inflamada do orador — do tribuno —, denunciando as injustiças, as violências cometidas pela ditadura de Vargas.

E o general Euclides Figueiredo, fiel à defesa dos direitos de que haviam privado nosso povo, através das armas, que empunhou na Revolução de São Paulo.

As mesmas armas que empunharam, na guerra aqui travada, tantos anos depois, alguns dos jovens revolucionários, combatentes que foram por um Brasil melhor. Por um Brasil mais justo. Esses que o seu governo injustamente qualificou de terroristas e que foram, por isso, excluídos do Projeto de Anistia. Projeto este, de tal modo parcial — a tal ponto restrito —, que excluiria também, se vivo fosse, o general Euclides Figueiredo.

Terrorismo, senhor general, é o que ocorreu nas tristes salas de tortura, nos porões dos quartéis, numa das fases mais negras da nossa História.[8]

Edyla Mangabeira apontara duas questões centrais: a amplitude da anistia, à esquerda, e a responsabilização criminal dos torturadores, à direita. Golbery e Petrônio Portella trabalharam inicialmente na primeira anistia, "ampla, mas nos pontos fundamentais, restrita".[9] Só o Executivo poderia mandar o projeto ao Congresso e a oposição, minoritária, pouco

---

[7] O coronel Euclides Figueiredo (1882-1963) foi preso depois da Revolução de 1930 e novamente em 1932, por combater na Revolta Constitucionalista de São Paulo. Exilou-se na Argentina até 1934, quando retornou ao país, beneficiado por uma anistia. Voltou a ser preso em 1938. Libertado, exilou-se em Portugal, regressando com a anistia de 1945. Otavio Mangabeira (1886-1960) foi o último chanceler da República Velha. Foi preso, viveu no exílio até 1934. Em 1938 foi novamente preso e, uma vez libertado, voltou a exilar-se, retornando ao Brasil em 1945. Para a condenação a dez anos, bilhete de Figueiredo a Heitor Ferreira, de 9 de novembro de 1981. APGCS/HF.

[8] Cópia de duas folhas manuscritas de Edyla Mangabeira Unger a Figueiredo, de 8 de agosto de 1979. APGCS/HF.

[9] Uma folha datilografada, provavelmente vinda de Petrônio Portella, datada por Heitor Ferreira e anotada por Figueiredo. APGCS/HF.

poderia fazer. Como observou o jornalista Carlos Castello Branco ao registrar o apoio dos dois líderes do MDB na Câmara, Tancredo Neves (no exercício do cargo) e Freitas Nobre (eleito para a legislatura seguinte), "seria um contrassenso recusar o bom e insistir no ótimo".[10]

O assunto foi tratado em nove reuniões do palácio do Planalto. Numa, de 4 de abril, Golbery levou "ideias gerais apresentadas por Petrônio". Noutras, de maio e junho, Figueiredo e o chefe do Gabinete Militar, general Danilo Venturini, trataram do "projeto de anistia".[11] É provável que no período que separa essas reuniões tenham sido produzidos os dois rascunhos conhecidos do projeto. O primeiro está fortemente emendado por Golbery.

Toda a questão girava em torno do artigo 1º, que definia a essência e o alcance da iniciativa. O texto original dizia:

"É concedida anistia a todos quantos praticaram crimes políticos (...)"

Golbery emendou:

"É concedida anistia a todos quantos praticaram crimes políticos **por motivação política ou ideológica no quadro da segurança nacional** (...)"

O general tratava da segunda questão, a responsabilidade da "tigrada". Numa nova emenda, foi mais sucinto:

---

[10] *Jornal do Brasil*, 29 de janeiro de 1979. Carta de Alexandre Garcia a Figueiredo, de 4 de setembro de 1979, narrando um encontro com Freitas Nobre. APGCS/HF.

[11] Notas do general Octavio Medeiros, de 4 de abril, 23, 28 e 29 de maio, 18, 19, 20, 21 e 26 de junho de 1979. APGCS/HF.

"É concedida anistia a todos quantos praticaram **crimes políticos relacionados com a segurança nacional (...)**"

Riscou. Parecia querer dizer mais alguma coisa e chegou ao seguinte:

"É concedida anistia a todos aqueles que praticaram **crimes políticos, contra a segurança nacional, ou por motivação política ou ideológica (...)**"

No que pode ter sido a última emenda escreveu:

"É concedida anistia a todos aqueles que praticaram **crimes políticos, assim considerados os crimes contra a segurança nacional ou a ordem política e social e os motivados pela radicalização política e ideológica.**"

No projeto seguinte apareceu a palavra que Golbery parecia procurar:

"É concedida anistia a todos quantos (...) cometeram crimes políticos ou **conexos.**"[12]

"Conexos" eram os atos dos servidores civis e militares cujo futuro inquietava os generais. O Centro de Informações do Exército previra essa ameaça, lembrando que nos cárceres da ditadura haviam ocorrido, com o "patrocínio efetivo das Forças Armadas e governo (...), ações que qualquer

---

[12] Cinco folhas datilografadas, sem datas, anotadas por Golbery. Duas com um texto do projeto e outras três, com um novo texto, resultante de mudanças feitas no primeiro e de novas emendas. APGCS/HF.

justiça do mundo qualificaria de crime".[13] Era a anistia da tortura e de sua linha de comando.

O bloqueio da anistia a pessoas condenadas pela prática de crimes de sangue ocorridos durante o surto terrorista foi descosturado pontual e habilmente na Justiça Militar. Em janeiro, estimava-se que houvesse no país 268 presos.[14] Em agosto, na conta do STM, haveria 52 pessoas presas e dezessete seriam libertadas imediatamente.[15] Não só os tribunais desconheciam quantos eram os condenados, como o próprio palácio do Planalto não fora além de uma estimativa. Havia também incongruências. A professora Glenda Mezarobba mostrou uma delas: tomando-se o caso de quarenta pessoas condenadas por terem militado na Ação Libertadora Nacional, dezesseis que estavam presas não teriam direito à anistia, mas treze, que haviam sido banidas, teriam.[16] Manuel Cirilo de Oliveira, que participara do sequestro do embaixador americano Charles Elbrick em 1969 e fora preso logo depois, continuaria na cadeia. Fernando Gabeira, que estivera na mesma ação e fora banido em 1972, seria anistiado. Nancy Mangabeira, trocada pelo embaixador suíço, poderia retornar ao Brasil. Entre os presos estava José Sales de Oliveira, um ex-seminarista cearense que militara no PCBR e fora condenado por ter participado em 1970 de um assalto, durante o qual morrera um comerciante, continuaria cumprindo sua pena.[17]

À primeira vista a incongruência era insolúvel. Contudo, por meio de uma série de expedientes, como a redução das penas e a concessão de liberdades condicionais, as cadeias esvaziaram-se. No dia 7 de outubro de 1980, passados catorze meses da promulgação da anistia, Sales de Oliveira, o último preso da ditadura a ganhar a liberdade, deixou o quartel do Corpo de Bombeiros de Fortaleza.[18] Apesar de suas limitações, a anistia

---

[13] Centro de Informações do Exército, *Estudo e Apreciação sobre a Revolução de 1964*, de 16 de junho de 1975. APGCS/HF.
[14] *Veja*, 8 de fevereiro de 1979.
[15] Ver <http://atlas.fgv.br/verbete/2016>.
[16] Glenda Mezarobba, *Um acerto de contas com o futuro*, p. 38.
[17] Para o assalto, Ternuma, <http://www.ternuma.com.br/index.php/memorial/27-memorial-1964-primeira-parte>. Para a libertação, *Veja*, 15 de outubro de 1980.
[18] *Veja*, 20 de fevereiro de 1980; e Glenda Mezarobba, *Um acerto de contas com o futuro*, pp. 53-4.

de Figueiredo beneficiou, de imediato, cerca de 5 mil pessoas.[19] Foi a maior da história do país.

Para Figueiredo, num documento preparado para ser discutido numa reunião com as cúpulas do governo e da Arena,

> concluída a etapa da anistia, o clima está criado e a necessidade é evidente de acertar-se o quadro partidário de maneira permanente e que aumente as possibilidades de conservarmos o poder efetivo até 1991, com mais um período presidencial assegurado para o partido do governo.

Golbery anotou no documento: "Em último caso, fazendo concessões e acordos (quem sabe, até união nacional) com um partido de oposição democrática confiável".

Era o projeto de poder, e nesse documento há uma surpreendente revelação de Figueiredo:

> Finalmente, como guia confidencial de longo prazo, conforme os resultados [da eleição] de 1982, contemplo coroar a ação política de meu governo promovendo uma transformação do Congresso Nacional em Constituinte, em 1983.[20]

---

19 Almanaque da Folha de S.Paulo, "Cronologia da ditadura", disponível em <http://almanaque.folha.uol.com.br/ditadura_cronologia.htm>.
20 Oito folhas datilografadas, intituladas *Considerações e Diretriz do Presidente para a Reforma Partidária*, anotadas por Golbery, de 21 de setembro de 1979. APGCS/HF. Não há registro público de que esse documento tenha sido lido. Pelo estilo e pelas anotações de Golbery, não foi ele quem o escreveu. Em março de 2014, o ex-presidente José Sarney, que está listado entre os participantes da reunião, não se lembrava de que isso tivesse acontecido, assim como afirmava nunca ter ouvido Figueiredo defender uma Constituinte. É possível que essa reunião não tenha acontecido ou que, tendo sido escrito o documento, não tenha sido lido.

Golbery reescreveu: "(...) contemplo coroar a ação política de meu governo promovendo uma reforma (consolidação) da Constituição. (Congresso Nacional como Constituinte, em 1983)".

Anistia, reorganização partidária ou mesmo uma Constituinte pressupunham um nível de distensão política que Figueiredo almejava, em tese. Na prática, semanas depois da apresentação dessa minuta, o general descontrolara-se durante uma cerimônia em Florianópolis. Da sacada do velho palácio acenara para a multidão e rira para uma pequena manifestação organizada por estudantes com faixas dizendo "Abaixo a fome" e gritos de "Abaixo Figueiredo, o povo quer dinheiro". Isso jamais lhe acontecera. Quando ouviu uma variante do grito de torcida ("Um, dois, três/ quatro, cinco mil..."), desvencilhou-se da comitiva, desceu do salão e foi para a rua bater boca: "Eu gostaria de perguntar por que a minha mãe está em pauta. Vocês ofenderam minha mãe. (...) Se é esse o argumento que vocês têm, podem ir para a Rússia. No meu país, não".[21] Foram presas sete pessoas, libertadas dias depois e absolvidas em 1981.[22] (Cinco anos antes o deputado Francisco Pinto fora condenado pelo Supremo Tribunal Federal a seis meses de prisão por ter chamado o general Augusto Pinochet de "sangrento personagem" e "fascista".)

No projeto de Golbery, o tamanho da população anistiada tinha um valor quase simbólico. Seu interesse estava, no máximo, numa dezena deles. Voltariam ao cenário Jânio Quadros, em São Paulo, Leonel Brizola, no Rio Grande do Sul, e Miguel Arraes, em Pernambuco. Cada anistiado que resolvesse recomeçar sua vida política disputaria espaço na oposição. Desde 1975 Golbery pensava em quebrar o bipartidarismo, criando novas siglas que funcionariam como fiéis de uma nova balança de poder. Conseguiu.

Nela deveriam estar Figueiredo, Golbery, Danilo Venturini, Octavio Medeiros, Petrônio Portella, Sarney e os líderes da Arena na Câmara e no Senado.
21 Novembrada, <https://www.youtube.com/watch?v=45tv7ZllWOs>.
22 René Dotti, "As lições da rebeldia popular", *Gazeta do Povo*, 2 de dezembro de 2004, <http://www.dotti.adv.br/artigosgdp_085.htm>.

Havia sonhos para tudo. Golbery e Petrônio Portella acreditavam que o MDB se desintegraria.[23] Ulysses Guimarães queria preservá-lo. À esquerda, uma corrente tentava formar um partido socialista. Leonel Brizola quis refundar o Partido Trabalhista Brasileiro, mas a deputada Ivete Vargas (combinada com Golbery) passou-lhe a perna, registrando a legenda.

O MDB não se desintegrou, mas surgiu a terceira força, o Partido Popular, liderado por Tancredo Neves. O reordenamento garantiu ao novo Partido Democrático Social a maioria no Senado. Na Câmara, ficou a apenas cinco votos de distância da maioria. A velha Arena perdeu 37 deputados, enquanto o MDB teve 79 baldeações. Nos dois casos, a maior parte da migração deu-se para o partido de Tancredo. Figueiredo via em Tancredo "o chefe do partido de oposição moderada e independente". Golbery não ia tão longe e corrigiu: "O possível chefe".[24] A poderosa bancada esquerdista revelou-se apenas um sonho. O Partido Democrático Trabalhista de Brizola juntou dez deputados e o PTB de Ivete, quatro.[25]

O governo conseguira na política um controle muito superior ao que dispunha na economia. Diante dos resultados obtidos com a anistia e a reordenação partidária, Heitor Ferreira reavaliou o ministro da Justiça. Em outubro anotou num recorte de jornal: *"Petrônio for president"*.[26]

Diabético, hipertenso, atazanado por uma hérnia de hiato, Petrônio Portella achava que devia viver cada dia como se fosse uma dádiva. Sobrevivera a um câncer no pulmão e fumava. Depois do Réveillon de 1980,

---

23 Duas folhas de Heitor Ferreira, de 23 e 28 de maio de 1979, em que estima que os novos partidos seriam quatro: o do "governo", um "independente", outro "trabalhista populista" e o quarto, "esquerdista". Na segunda folha, com a mesma divisão, em que estima "quem vai para onde" no Senado, Heitor anotou: "Feita com Petrônio". APGCS/HF.

24 Oito folhas datilografadas, intituladas *Considerações e Diretriz do Presidente para a Reforma Partidária*, anotadas por Golbery, de 21 de setembro de 1979. APGCS/HF.

25 Maria D'Alva G. Kinzo, *Legal opposition politics under authoritarian rule in Brazil*, p. 209, números de janeiro de 1982. Num levantamento de 25 de julho, quando ainda havia três senadores e seis deputados federais indecisos, o SNI estimou que o PDS teria 222 deputados e o PMDB, apenas 102. *Informação nº 44*, de 25 de julho de 1980. APGCS/HF.

26 Anotação de Heitor Ferreira numa reportagem intitulada "O triângulo Golbery-Petrônio-Delfim Netto", *O Globo*, 29 de outubro de 1979. APGCS/HF.

sentiu-se enjoado e atribuiu o desconforto a um copo de vinho e duas mangas, mas cumpriu o compromisso de uma viagem a Santa Catarina. Não quis cancelá-lo porque o destempero de Figueiredo em Florianópolis estava na memória de todos.

Petrônio chegou a Santa Catarina numa quinta-feira, abatido. Dormira mal e vomitara. Na madrugada de sábado um médico foi chamado ao seu hotel.[27] Ao final da manhã, o governador da Bahia, Antonio Carlos Magalhães, telefonou a um amigo: "O Petrônio enfartou em Santa Catarina".[28]

O ministro da Justiça voltou a Brasília, passou discretamente por uma casa de saúde e seguiu para casa, tomando soro. No domingo entrou em estado de choque e morreu.[29] A demissão de Mario Henrique Simonsen, quatro meses antes, fora previsível e havia um Delfim para substituí-lo. A morte de Petrônio, inteiramente imprevista, quebrou a perna do comando parlamentar do governo. Antes de completar o primeiro ano de mandato, Figueiredo perdeu dois de seus três ministros mais importantes. Restava apenas Golbery. Ele e o presidente perderam também uma das principais cartas para o projeto de "conservarmos o poder efetivo até 1991".[30] Na sua lista de prováveis sucessores de Figueiredo, Heitor riscou Petrônio. Encabeçando-a, ficou Delfim Netto, sucedido por Paulo Maluf e o vice-presidente, Aureliano Chaves.[31] O futuro de Delfim e do projeto dependeriam do desempenho da economia.

No projeto do Planalto pouca importância tivera a reunião que formalizou a criação do Partido dos Trabalhadores, realizada no Colégio Sion,

---

[27] *Veja*, 16 de janeiro de 1980; e Zózimo Tavares, *Petrônio Portella*, pp. 21-35.
[28] Antonio Carlos Magalhães, 5 de janeiro de 1980.
[29] *Veja*, 16 de janeiro de 1980; e Zózimo Tavares, *Petrônio Portella, grandes vultos que honraram o Senado*, pp. 21-35.
[30] Oito folhas datilografadas, intituladas *Considerações e Diretriz do Presidente para a Reforma Partidária*, anotadas por Golbery, de 21 de setembro de 1979. APGCS/HF. Cinco meses depois da morte de Petrônio, na Apresentação de uma coletânea póstuma de seus escritos, Golbery escreveu que ele estava em "plena marcha ascencional à suprema magistratura da Nação". Petrônio Portella, *Tempo de Congresso*, Centro Gráfico do Senado Federal, p. VIII.
[31] Uma folha com nota de Heitor Ferreira, intitulada *Início de 1980*, sem data. APGCS/HF.

em São Paulo, um mês depois da morte de Petrônio. Ele tiraria parlamentares e votos do arco oposicionista. Juntaram-se intelectuais socialistas, como o historiador Sérgio Buarque de Holanda e o professor Antonio Candido, comunistas, como Apolônio de Carvalho, e ex-trotskistas, como o crítico de arte Mário Pedrosa. Parecia mais um agrupamento frentista da esquerda, mas havia ali algo de original. Pela primeira vez na história política brasileira o personagem central da criação de um partido de trabalhadores era um trabalhador, Lula. Ademais, ao lado dos notáveis, estavam sindicalistas provados nas greves dos últimos anos. Olívio Dutra, de 39 anos e inesquecíveis bigodões, presidira o Sindicato dos Bancários de Porto Alegre, fizera a greve de servidores, perdera o mandato e passara pela cadeia; Henos Amorina, de 51 anos, liderava os metalúrgicos de Osasco; Jacó Bittar, de quarenta anos, fundara o Sindicato dos Petroleiros de Paulínia (SP). Nesse partido agrupavam-se militantes católicos e também pequenas organizações esquerdistas que agiam clandestinamente. O PT formaria uma bancada de apenas seis deputados federais.[32] Um deles chegou a acusar o governo de trabalhar contra o novo partido e Heitor Ferreira sugeriu a Golbery: "Devemos agir". O general respondeu: "Acho que não, agora".[33]

O governo planejara o terceiro confronto com Lula e os operários do ABC. Em 1978, mantivera-se longe da greve iniciada na Scania. Em 1979 respondera com uma mistura de força (intervindo nos sindicatos de metalúrgicos) e conciliação (devolvendo-os em troca do retorno ao trabalho). Em março de 1980, para perplexidade do SNI, o governo cedera aos grevistas do Porto de Santos.[34] Dias depois, Golbery traçou a linha onde esperava os metalúrgicos paulistas: teriam apenas 3% de aumento acima da inflação.[35]

Os sindicatos começaram a conversar pedindo uma escala proporcional que ia de 6,5% a 15%, mais um ano de estabilidade para os trabalha-

---

[32] *Informação nº 44*, com a estimativa do SNI de 25 de julho de 1980, quando ainda havia parlamentares indecisos. APGCS/HF.
[33] Recorte de jornal anotado por Heitor e Golbery, *circa* novembro de 1980. APGCS/HF.
[34] *Apreciação Semanal nº 11*, do SNI, de 22 de março de 1980. APGCS/HF.
[35] Uma folha com os temas da reunião da manhã de 27 de março de 1981, no Planalto, do general Octavio Medeiros. APGCS/HF.

dores. Baixaram os índices para 7% e 4%, mas nada conseguiram.[36] A greve estourou no dia 1º de abril de 1980. Além do governador Paulo Maluf, havia um novo personagem na cena. O general Milton Tavares de Souza, poderoso e implacável chefe do Centro de Informações do Exército durante o governo Médici, era o novo comandante da guarnição paulista. Franzino, cardíaco, discreto e tenaz, "Miltinho" nunca dera entrevistas. Começada a greve, chamou a imprensa ao QG do Ibirapuera e informou que a reivindicação dos metalúrgicos era "inviável do ponto de vista econômico e financeiro". Quando lhe perguntaram se o movimento poderia acarretar um retrocesso político, respondeu:

> Quem está interessado em destruir a democracia que a Revolução está querendo implantar é o eterno inimigo da democracia, o Movimento Comunista Internacional, que, tranquilamente, paulatinamente, aspira conquistar o domínio do mundo.[37]

Com a greve iniciada e 320 mil trabalhadores parados, cada lado seguiu seu protocolo. Os empresários anunciaram que não tinham o que conversar e Lula chamou os peões para o estádio de Vila Euclides. A assembleia mal começara quando o general marcou presença. Helicópteros artilhados e tripulados por tropa do Exército fizeram sucessivos voos rasantes sobre a multidão.[38]

O Tribunal Regional do Trabalho julgou o litígio e tomou duas decisões surpreendentes: recusou-se a discutir a legalidade da greve e concedeu um aumento de até 7%.[39] Seria um bom desfecho, mas Lula acrescentou uma nova surpresa: não abria mão da estabilidade por um ano.[40] A greve prosseguiu, o general alertou Brasília de que o governo estava sendo ultrapassado

---

[36] *Jornal do Brasil*, 10 de abril de 1980.
[37] Idem.
[38] Idem, 3 de abril de 1980. Os operários parados eram 410 mil, segundo os sindicatos, e 328 mil, segundo a Delegacia Regional do Trabalho.
[39] *Jornal do Brasil*, 3 de abril de 1980.
[40] *Veja*, 9, 16 e 23 de abril de 1980.

e o chefe do SNI, Octavio Medeiros, desceu em São Paulo. O TRT reapreciou o caso, declarou a greve ilegal e os sindicatos foram novamente colocados sob intervenção. Dessa vez não haveria volta. Enquadrado na Lei de Segurança Nacional, Lula foi preso e colocado numa solitária do DOPS. Grevistas foram para a rua e a polícia também, dessa vez com um aparato de 2 mil homens. Noutro gesto, quarenta viaturas do Exército alinharam-se na Via Dutra.[41] A maior greve do movimento operário brasileiro estava batida.

Quando esse desfecho ficou claro, d. Cláudio Hummes puxava caminhadas por São Bernardo, carregando uma cruz, e parlamentares oposicionistas iam à praça da Matriz levar solidariedade, buscando saídas. Uma delas veio do deputado Marcelo Cerqueira: o Tribunal Superior do Trabalho suspenderia a ilegalidade da greve abrindo uma trégua e os trabalhadores voltariam às fábricas. A proposta chegou a Golbery. Ao ouvi-la, expôs a própria tática: "É uma fórmula engenhosa, mas não atende ao meu objetivo. Cedemos na greve de Santos para travar a batalha no campo e na hora adequados. O objetivo é quebrar a espinha dorsal do movimento do ABC".[42]

Depois de 42 dias parados os trabalhadores voltaram às fábricas sem nada, devendo às empresas os dias parados, que foram descontados parceladamente. No ano seguinte não houve greve no ABC.

Aquilo que pareceu o predomínio do governo foi o predomínio de uma das facções que conviviam no palácio de Figueiredo. Se na economia tinha havido uma clivagem radical separando Simonsen de Delfim Netto e Andreazza, na política havia mais nuances. Golbery articulara a derrota da greve, mas a vitória não era só sua. Surgira um novo polo.

Liderava-o o general Octavio Medeiros, chefe do SNI. Como Figueiredo, era de outra geração e, como ele, começara a servir ao regime no Serviço que Golbery fundara em 1964. Cuidava da SC-4, encarregada de sovietologia.[43] Durante o governo do general Costa e Silva, Medeiros fora para o canil do comando do Centro de Preparação dos Oficiais da Reserva de Belo Horizonte. Lá, fez fama. Foi o primeiro chefe de Inquérito Policial-Militar

---

41 Idem, 23 de abril de 1980.
42 Golbery do Couto e Silva, abril de 1980.
43 Lista dos oficiais lotados no SNI, de 10 de setembro de 1964; e *Diário de Heitor Ferreira*, 3 de março de 1965. APGCS/HF.

que conseguiu desbaratar uma organização com propósitos terroristas.[44] Era o Comando de Libertação Nacional, Colina. O quartel do coronel Medeiros tornou-se um centro de torturas. Jovens do Colina, levados para o Rio, foram cobaias na aula de suplícios ministrada pelo "tenente Ailton" nas dependências da Polícia do Exército da Vila Militar.

Medeiros era um dos bons amigos de Figueiredo, que o tirara do canil, levando-o para o Planalto quando assumiu a chefia do Gabinete Militar, no governo Médici. À época, Golbery sentiu "um gosto tamanho", ao ver seus discípulos de volta ao palácio.[45] Em 1978, Figueiredo passara a Medeiros a direção do SNI e manteve-o depois que assumiu a Presidência. O "Serviço" do general perseverou na rotina de prenúncio do fim do mundo. Via a situação social do país num quadro de "ilegalidade consentida" — desordem, em português claro.

Perto da meia-noite de 29 de abril, o delegado Romeu Tuma, chefe do DOPS de São Paulo, tirou Lula da cela e levou-o para uma sala. "Achei que ia apanhar."[46] Havia mais um cidadão (e um grampo) na sala. Sua missão era tirar a limpo uma dúvida. O general Milton Tavares de Souza fora a Brasília e denunciara que Golbery e Heitor Ferreira comunicavam-se secretamente com Lula. Medeiros contraditou-o e desentenderam-se, mas, para rever o caso, um oficial do SNI foi mandado ao DOPS. Essa conversa deve ter durado mais de duas horas. Dela existe apenas uma transcrição, na qual o agente é designado como *Tarc*. Ele se apresentou como assessor da Secretaria de Segurança:

— Como você se sente?
— Eu me sinto como vítima. Acho que no Brasil tem muita gente que devia estar presa no meu lugar, porém está solta.

---

[44] *Jornal da Tarde*, 30 de maio de 1969; e *Veja*, 4 de junho de 1969. Nesse inquérito, Medeiros não conseguiu associar o Colina ao seu mais espetacular atentado, o assassinato do major alemão Ernst von Westernhagen, que os matadores julgavam ser o capitão boliviano Gary Prado, um dos comandantes da operação que capturou Che Guevara.
[45] Carta de Golbery a Heitor Ferreira, de 10 de novembro de 1969. APGCS/HF.
[46] Lula, Nova York, abril de 1993.

— Você poderia relacionar as autoridades federais [com] quem você falou?
— Durante esse processo ninguém falou com mais autoridade do que eu. (...)[47]
— Você teve contato com Golbery alguma vez?
— Não. Não. (...)
— Você nunca procurou o ministro Golbery?
— Eu tentei ligar para o ministro Golbery quando passou o helicóptero em São Bernardo.
— Foi a única vez?
— A única vez. Tentei ligar. Ele não estava, disse que estava no rancho, sei lá. (...)
— Nunca te falaram no doutor Heitor?
— Não. Não vi. Eu sei quem é o Heitor! Heitor Aquino, né...?
— Nunca falou contigo, nunca te mandou nenhum recado?
— Não, nunca.[48]

(Noutro tempo, em 1975, durante o interrogatório de um preso no DOI de São Paulo, disseram-lhe: "Você sabe onde está? Aqui é o porão do regime! Agora, seu filho da puta, sai daqui e vai falar com aquele comunista de Brasília, aquele puto do Golbery!".)[49]

No seu segundo ano de mandato, Figueiredo equilibrava-se entre a ruína econômica e o êxito político. O salto para a frente de Delfim Netto garantira um crescimento de 6,8% em 1979 e fecharia 1980 com um eco

---

[47] Lula mencionou que se encontrou rapidamente com Geisel e que se reuniu com o então governador Paulo Egydio Martins, com Petrônio Portella, Delfim Netto, Murilo Macedo e Karlos Rischbieter, além dos ex-ministros Reis Velloso, Ângelo Calmon, Arnaldo Prieto.
[48] Maço de vinte folhas datilografadas, encaminhadas por Newton Cruz a Heitor Ferreira. Na primeira folha, são identificados *Tum*, que seria o delegado Romeu Tuma, e *Tarc*, cuja identidade é desconhecida. APGCS/HF. Não se conhece o áudio que teria gerado essa transcrição. É certo que ela circulou também no CIE. Segundo o delegado Romeu Tuma, *Tarc* era um coronel. Percival de Souza, *Autópsia do medo*, p. 412.
[49] Depoimento de Frederico Pessoa da Silva, em Fernando Pacheco Jordão, *Dossiê Herzog*, p. 194.

do Milagre: 9,2%. A inflação do governo "eclético" ultrapassara os 80% da maldição deixada por Simonsen. Com o mecanismo da correção monetária, contratos e salários eram periodicamente reajustados e os trabalhadores reivindicavam aumentos trimestrais. Figueiredo já se queixara de que "ninguém está vivendo a crise econômica brasileira com os pés no chão".[50] Nem ele.

A renitente inflação americana levara o FED a contrair o crédito de tal forma que a taxa de juros chegou a um pico de 20% em abril de 1980, levando a dívida externa brasileira para 52,3 bilhões de dólares. Até o fim do ano seu serviço custaria 12,5 bilhões.[51] Se isso e mais o aiatolá Khomeini fossem pouco, em setembro nove divisões do Exército iraquiano invadiram o Irã e o barril de petróleo, que baixara para 14 dólares, chegaria a 35.[52] Passando por Londres, Delfim Netto começou a ouvir com mais insistência a pergunta: como o Brasil captaria 12 bilhões de dólares sem pedir socorro e aval ao Fundo Monetário Internacional? "Temos que esperar", respondeu.[53] De volta, contou na reunião ministerial das nove da manhã que o ambiente em Londres fora hostil e narrou a existência de "pressões para entrar no FMI".[54] As pressões tornaram-se públicas e o representante do banco Morgan no Brasil foi claro: "O país terá que recorrer ao FMI para merecer o nosso voto de confiança".[55]

As três letras, malditas desde o governo Kubitschek, significavam simultaneamente uma elegante bancarrota e a necessária submissão do governo a um receituário de austeridade fiscal do Fundo. Numa palavra, recessão. Ela viria em 1981.

Aquilo que seria chamado de Crise da Dívida do Terceiro Mundo, ou Crise da Dívida Latino-Americana, era um problema de duas pontas. De

---

50 Bilhete de Figueiredo a Heitor Ferreira, de 19 de julho de 1979. APGCS/HF.
51 Declarações do diretor da área externa do Banco Central à *Gazeta Mercantil*, de 14 de julho de 1980.
52 De acordo com os números levantados por James L. Williams, em <http://www.wtrg.com/prices.htm>.
53 Matias Molina, *Gazeta Mercantil*, 24 de outubro de 1980.
54 Nota do general Octavio Medeiros, reunião de 3 de novembro de 1980. AA.
55 *Gazeta Mercantil*, 3 de dezembro de 1980.

um lado, estavam os países devedores de 400 bilhões de dólares à banca internacional. De outro, essa mesma banca que emprestara o dinheiro, muitas vezes irresponsavelmente.[56] Desde a alta dos juros americanos em 1980, o risco do colapso desse crédito rondava o mundo financeiro. Os bancos, interessados em preservar seus balanços, continuaram rolando seus empréstimos em condições cada vez mais duras, por prazos cada vez menores. Entre dezembro de 1979 e dezembro de 1981, a exposição dos bancos subiu de 28,8 bilhões para 44,8 bilhões de dólares no Brasil. Triplicou na Argentina e duplicou no México.[57] Em 1980, a carteira de empréstimos do Citibank ao Brasil passara de 3,2 bilhões para 4 bilhões de dólares.[58] No ano seguinte, 19% do lucro líquido do banco viera de negócios com o Brasil.[59] Seu presidente, Walter Wrinston, tornara-se o oráculo do otimismo: "Sou muito cético a respeito do Apocalipse. (...) O Brasil talvez possa tomar empréstimos em proporções ainda maiores".[60] Não era bem assim. Henry Wallich, do Federal Reserve Bank, achava que o giro não iria longe:

> Deve-se evitar uma situação na qual um país começa a acreditar numa rolagem indefinida de sua dívida. A rolagem pode se tornar um jogo de Ponzi,[61] na qual os bancos estarão emprestando os juros para não terem que enfrentar o calote.[62]

---

56 Para 400 bilhões de dólares, William Greider, *Secrets of the temple*, p. 433.
57 Jeffrey Sachs, *Developing country debt and the world economy*, p. 9.
58 *Gazeta Mercantil*, 3 de dezembro de 1980.
59 *Veja*, 8 de setembro de 1982.
60 Pedro-Pablo Kuczynski, *Latin American debt*, p. 51; e entrevista de Walter Wrinston a *Veja*, 14 de outubro de 1981.
61 O jogo de Ponzi é uma modalidade de pirâmide em que o pagamento dos compromissos depende da entrada de novos clientes. Inevitavelmente, a pirâmide desaba. Charles Ponzi foi um vigarista que criou nos Estados Unidos uma gigantesca pirâmide financeira, prometendo retornos de 50% em 45 dias. Lesou milhares de investidores. Foi condenado a sete anos de cadeia. Morreu no Rio de Janeiro em 1949, aposentado pelo Instituto de Aposentadoria e Pensões dos Comerciários, o IAPC. Desde então, chama-se de "jogo de Ponzi" a manobra de pagar dívidas com mais dívidas.
62 William Greider, *Secrets of the temple*, p. 546.

A distância entre as declarações públicas e os temores privados refletia uma queda de braço. De quem era o problema? De quem emprestou ou de quem não teria como pagar? Ou dos dois? Delfim Netto era claro: "Temos que cortar tudo o que for supérfluo para pagar a nossa dívida. É a nossa necessidade de saldá-la, e não outra coisa, que está na raiz dos nossos problemas".

A dívida poderia ser refinanciada, mantendo-se algum fluxo nos créditos e mudando-se os prazos das amortizações. Isso poderia ser feito de duas formas. Novos empréstimos permitiriam aos bancos manter os créditos em seus balanços, mas teriam o efeito de um narcótico. Noutra hipótese, a dívida seria reestruturada, espichando-se os prazos de amortização e reduzindo-se a carga do serviço. Essa alternativa não convinha aos bancos, pois exigiria que reconhecessem a má qualidade dos créditos. Desde 1956 onze nações, inclusive o Brasil, haviam percorrido o caminho da reestruturação.[63] Todos os parceiros da crise sabiam que ela desembocaria ali, só não sabiam quando isso aconteceria.

Ao final de 1981 todos os indicadores da economia mundial haviam piorado. O barril de petróleo, que ao final de 1978 custava 14 dólares, estava a 34.[64] As exportações dos países devedores, fonte do dinheiro para pagar o que deviam, sofreram uma retração. Os juros americanos, que encareciam o serviço das dívidas, estavam em 15,75%. Além disso, a economia americana entrara em recessão.[65] A brasileira ia na mesma direção; em julho, as reservas reais do país haviam secado e os dólares que o país captava eram insuficientes para pagar o serviço da dívida.[66] O deputado Herbert Levy, um dos porta-vozes da plutocracia paulista, mandara uma carta a Figueiredo antevendo "a insolvência externa". Heitor Ferreira sugeriu ao general duas respostas protocolares, mas ele anotou: "Melhor não responder (...). Por que esse camarada não ficou na oposição?".[67] O

---

63 Phillip L. Zweig, *Wriston*, pp. 386, 508 e 569. No final de 1981, a banca refinanciara a pequena dívida (582 milhões de dólares) do governo sandinista da Nicarágua, espichando por doze anos o pagamento dos juros e das amortizações. William Rhodes, *Banker of the world*.
64 Daniel Yergin, *The prize*, p. 680.
65 William Greider, *Secrets of the temple*, p. 430.
66 Carlos Alberto Soares de Freitas, chefe do Departamento de Operações nas reservas internacionais, a Claudia Safatle, em "A mãe de todas as crises do Brasil", *Valor Econômico*, 10 de agosto de 2012.
67 Carta de Herbert Levy a Figueiredo, de 14 de abril de 1982. APGCS/HF.

Banco do Brasil segurava as contas externas captando dinheiro no mercado por 180 dias e emprestando à União por dez anos.[68]

Em abril de 1982, a maior empresa do México anunciou que não tinha como honrar seus compromissos de 2,3 bilhões de dólares. Era o fim da ilusão do refinanciamento, ou do "jogo de Ponzi". Discretamente, foi socorrida pelo Citibank, amortecendo-se o impacto da notícia. Faltavam três meses para a eleição presidencial mexicana e outros sete para a brasileira, na qual seriam renovados o Congresso, as assembleias legislativas e, sobretudo, seriam eleitos diretamente os governadores dos 22 estados. Longe dos holofotes, o ministro da Fazenda, Jesus Silva Herzog, vinha se encontrando com Paul Volcker em Nova York. Seu país estava literalmente quebrado. No final de abril, o presidente do FED deu-lhe um crédito secreto, trocando 600 milhões de dólares por pesos mexicanos. Não deu. Em junho, foram necessários mais 200 milhões de dólares. Um mês depois, mais 700 milhões. Nada. Em agosto, Silva Herzog avisou Volcker que não tinha mais reservas. O governo americano adiantou pagamentos, recrutou bancos europeus e levantaram-se 3,5 bilhões de dólares. Também não deu. O ministro, quase sempre chamado de "Chucho" (para evitar que alguém dissesse que falou com Jesus), desceu em Nova York e, ajudado por Volcker, pediu uma moratória no pagamento de 10 bilhões.[69] Em Brasília, ao receber a notícia, o diretor de Operações nas reservas internacionais do Banco Central, Carlos Alberto Soares de Freitas, resumiu a situação: "Fudeu!".[70]

Como diria mais tarde o secretário do Tesouro americano Donald Regan, "não houve nenhum Toscanini. Não houve um Beethoven. Foi mais parecido com Arnold Schoenberg, improvisando na medida em que compunha".[71] A banca ouviu a proposta mexicana e foi afinar seus instrumentos na sede do Citibank. As dez maiores casas americanas haviam emprestado ao México o equivalente a algo entre 25% e 73% de seu capital.[72] Um

---

68 Carlos Alberto Soares de Freitas, chefe do Departamento de Operações nas reservas internacionais, a Claudia Safatle, em "A mãe de todas as crises do Brasil", *Valor Econômico*, 10 de agosto de 2012.
69 William Greider, *Secrets of the temple*, pp. 483-6 e 517-8.
70 Claudia Safatle, em "A mãe de todas as crises do Brasil", *Valor Econômico*, 10 de agosto de 2012.
71 Tim Congdon, *The debt threat*, p. 131.
72 William Greider, *Secrets of the temple*, pp. 485-6 e 518. Silber, *Volcker*, p. 220.

calote mexicano seria a espoleta de uma crise financeira nos Estados Unidos. A moratória, com esse nome, seria um mau precedente. Ofereceram a Herzog uma estia de noventa dias, condicionada a um acerto do governo mexicano com o Fundo Monetário Internacional.

Nascia, assim, a partitura da negociação dos países com o FMI, que tinha duas virtudes: transferia os interesses da banca e a primeira linha de qualquer negociação para a vitrine do FMI, sob a proteção do prestígio supranacional da instituição. Contornando a clareza, o cartel de bancos que negociava com os governos trocou de nome. Em vez de Comitê de Reestruturação, passou a chamar-se Comitê Assessor.[73] O que poderia vir a ser uma crise financeira da banca ficou conhecido como Crise da Dívida do Terceiro Mundo, ou Crise da Dívida Latino-Americana. Na verdade, a crise era dos dois. Vinte e seis anos depois, quando os bancos e os cidadãos americanos que tomaram empréstimos irresponsáveis provocaram a maior crise financeira ocorrida desde 1929, ninguém a atribuiu exclusivamente aos devedores.

Paulo Nogueira Batista, presidente da Nuclebras, estava na Alemanha negociando um crédito no Commerzbank quando o banqueiro saiu da sala para receber um recado e voltou, lívido, com um telex que noticiava a proposta da moratória mexicana: "Veja como esses americanos são irresponsáveis. Ontem estiveram aqui representantes do Citi armando um consórcio para emprestar ao México".[74]

O vice-diretor do FMI já considerara "sinistro" o futuro do Brasil, mas era preciso que todos se comportassem com naturalidade até a eleição de novembro.[75] Silenciosamente, o governo americano patrocinou a entrada de 2,7 bilhões de dólares nas contas brasileiras. Não adiantou. A posição do Banco do Brasil em Nova York tornara-se uma caixa-preta, fechando suas contas catando dinheiro aqui e ali.[76] Nessa xepa o governo armou uma ponte aérea ligando a mina de ouro a céu aberto de Serra Pelada, no coração da Amazônia, ao Rio de Janeiro e Nova York. Como os lingotes de Serra Pelada não tinham certificação internacional, um agente do banco

---

[73] William Rhodes, *Banker of the world*, p. 67.
[74] Paulo Nogueira Batista, março de 1990.
[75] Para "sinistro", Claudia Safatle, "A mãe de todas as crises do Brasil", *Valor Econômico*, 10 de agosto de 2012.
[76] Delfim Netto, 1989.

Morgan presenciava a decolagem do avião que os levaria para os Estados Unidos, telefonava para Nova York e depositava-se o equivalente a 85% do valor da carga na conta do Banco do Brasil. Essa operação rendeu ao Morgan cerca de 25 milhões de dólares.[77]

A gestão econômica do governo Figueiredo pode ter explodido quando o aiatolá Khomeini chegou a Terrã, quando Simonsen foi-se embora, ou mesmo quando Paul Volcker subiu os juros americanos, mas o certo é que ela se acabou quando o México estourou. A partir daí, ao colapso financeiro somou-se um processo de desmoralização. Havia um problema e o governo, perplexo, dizia tudo, menos a verdade.

É natural que em momentos difíceis os discursos públicos se distanciem dos fatos, mas poucas vezes esse hiato foi tamanho. O presidente do Banco Central dizia que "o Brasil não é o México" e atribuía as dificuldades nacionais a uma "crise de liquidez" de raízes domésticas nos Estados Unidos.[78] Delfim Netto classificava de "antinacionais" as notícias de que o Brasil estava sem crédito e classificava como "fato desprovido de maior significado" um saque de 260 milhões de dólares feito com o FMI.[79] Ernane Galvêas, ministro da Fazenda, ia mais longe: "O FMI é uma obsessão atávica da imprensa. O problema da dívida externa é meu".[80] Delfim era mais preciso: "O importante é não deixar ninguém com um papagaio na mão, se o setor privado deve e não pode pagar, o governo paga. Depois nós acertamos as contas dentro de casa".[81] Era o que a banca precisava ouvir.

Tratando desse "depois", realizou-se na PUC do Rio de Janeiro um seminário interno para discutir a crise. Dele participaram catorze jovens professores do Departamento de Economia. Lá, era outra a conversa. Pedro Malan ia contra o principal argumento oficial. Segundo ele, a crise "não é de caráter conjuntural e portanto não estará 'superada' a partir de 1983, como sugerem os mal-informados, malformados, ingênuos

---

[77] Antony Gebauer, 1992.
[78] *Veja*, 15 de dezembro de 1982.
[79] Delfim Netto, setembro de 1982; e *Veja*, 15 de dezembro de 1982.
[80] *Veja*, 17 de novembro de 1982.
[81] Idem, 2 de setembro de 1982.

e engenhosos otimistas-por-dever-de-ofício".[82] Marcelo de Paiva Abreu e Winston Fritsch denunciavam "a catequese, ora em curso, nos centros financeiros internacionais, com relação à 'naturalidade' da adoção desta alternativa pelos países em desenvolvimento".[83] André Lara Resende garantia: "Nenhuma demonstração de austeridade ou mesmo autoimolação poderá restabelecer o fluxo de empréstimos externos de longo prazo", antevendo "uma depressão profunda e prolongada".[84] Francisco Lopes lembrava que "não se pode descartar a renegociação da dívida como opção para a economia brasileira. (...) O importante é não tentarmos obter nota dez em disciplina, às custas de uma reprovação em aritmética".[85] Todos tinham menos de quarenta anos. Malan, o mais velho, completara 39.

É impossível precisar a data em que Figueiredo ilustrou sua situação com a frase "o Geisel fez um plano para uma galinha botar um ovo de avestruz, ela botou o ovo e eu tenho que costurá-la".[86] Sem a imagem gráfica, ao ser confrontado com a quebra, Figueiredo queixou-se: "Largaram os Quatro Cavaleiros do Apocalipse em cima do meu governo!". Ou ainda: "Puta que pariu! E o filho da puta do Geisel me botou aqui por seis anos!".[87] Nessa linha de raciocínio, a culpa era de seu antecessor. Quando Galvêas expôs-lhe a situação, Figueiredo foi mais preciso: "Você e o Delfim só fazem coisas para arrasar com meu governo!".[88]

Figueiredo sabia o tamanho do problema, mas seu governo procurava se comportar como se ele não existisse, ou, pelo menos, fosse menor do que diziam. Andreazza prometia a duplicação das obras contra as secas, a Força

---

[82] Pedro Malan, "Recessão e renegociação", em Persio Arida (org.), *Dívida externa, recessão e ajuste estrutural*, p. 108.

[83] Marcelo de Paiva Abreu e Winston Fritsch, "As lições da história: 1929-33 e 1979-8?", em Persio Arida (org.), *Dívida externa, recessão e ajuste estrutural*, p. 37.

[84] André Lara Resende, "A ruptura no mercado internacional de crédito", em Persio Arida (org.), *Dívida externa, recessão e ajuste estrutural*, p. 53.

[85] Francisco Lopes, "A crise do endividamento externo: alguns números e suas consequências", em Persio Arida (org.), *Dívida externa, recessão e ajuste estrutural*, pp. 105-6.

[86] Segundo Delfim Netto em depoimentos prestados décadas depois, Figueiredo fez esse comentário em 1979, ao convidá-lo para o lugar de Simonsen.

[87] Ernane Galvêas a Claudia Safatle, "A mãe de todas as crises do Brasil", *Valor Econômico*, 10 de agosto de 2012.

[88] Claudia Safatle, "A mãe de todas as crises do Brasil", *Valor Econômico*, 10 de agosto de 2012.

Aérea testava o motor do primeiro míssil brasileiro e os ministérios militares recebiam 170 bilhões de cruzeiros em menos de seis meses.[89]

O governo brasileiro recorreu ao Fundo Monetário Internacional, onde De Larosière montara um sistema de duas caixas. Quando os bancos se comprometessem a refinanciar uma determinada quantia, o Fundo entraria com sua parcela, desde que o governo brasileiro apresentasse programas de metas para suas contas. Esses compromissos denominavam-se carta de intenção e os créditos, "empréstimos-ponte". Não eram nem uma coisa nem outra. Delfim Netto assinou sete delas, prometendo ajustes e resultados. Na primeira, comprometia-se a baixar a inflação de 100% para 78% em 1983, e para 40% em 1984. Fechou 1983 com 211%; e 1984, com 224%. Nesses dois anos a economia ficou estagnada.[90]

Mais tarde Delfim comentaria: "Você pode achar que não cumpri a primeira porque fiz uma avaliação equivocada, não cumpri a segunda porque sou teimoso. Não cumpri a terceira porque sou mentiroso, mas, a partir daí, não é o caso de achar que era tudo encenação?".[91]

Os "empréstimos-ponte" seriam créditos destinados a tirar o devedor de uma margem do problema, onde estava momentaneamente sem fundos, em direção a outro ponto, em que estaria sólido. Essas pontes iam do nada a coisa nenhuma. O país quebrara, quebrado continuava, faria outra carta de intenção, receberia outro empréstimo, e assim por diante. Em apenas dois anos o Brasil transferiu para o exterior o equivalente a 9% do seu PIB.[92]

O regime que dera ao país o Milagre Brasileiro dos anos 1970 colocara-o nas cabeceiras do que viria a ser a Década Perdida.

---

[89] *Veja*, 15 de dezembro de 1982.
[90] Sobre a sexta dessas cartas, *Folha de S.Paulo*, 29 de setembro de 1984.
[91] Delfim Netto, 2000.
[92] Claudia Safatle, "A mãe de todas as crises do Brasil", *Valor Econômico*, 10 de agosto de 2012.

PARTE III
A EXPLOSÃO DO PLANALTO

NAS FOTOS DAS PÁGINAS ANTERIORES:
O general Octavio Medeiros, do SNI, com Golbery
Atentados terroristas em bancas de jornal e redações
Propaganda do show de música popular no Riocentro
O carro do capitão do DOI explodido no Riocentro
Capa do jornal *Tribuna da Luta Operária* sobre o Riocentro

Bombas na rua

Ao "governo dialético" na gestão da economia correspondeu outro "governo dialético" nas relações com o aparelho repressivo. Tanto Figueiredo quanto os generais Golbery, Octavio Medeiros e o ministro do Exército, Walter Pires, sabiam o que acontecera no porão. Se não sabiam quem tinha estado por trás dos catorze atentados terroristas ocorridos entre 1976 e 1978, o que é implausível, sabiam quem distribuía panfletos nos quartéis contra a abertura.[1] Alguns desses oficiais praticavam atos terroristas desde 1962, quando explodiram uma bomba no pavilhão de uma exposição comercial soviética, no Rio de Janeiro.[2]

Até a criação do Centro de Informações do Exército, em 1967, esse grupo era avulso; com ele, ganhou uma base operacional. Saiu do CIE a militância que explodiria vinte bombas em teatros e livrarias no ano se-

---

[1] Pelo menos no episódio da bomba colocada na casa do jornalista Roberto Marinho, em setembro de 1976, em apenas três meses o detetive particular Bechara Jalkh desvendou o caso, identificou os autores e descobriu a origem do explosivo. As informações foram repassadas por Roberto Marinho ao general Reynaldo Mello de Almeida. Bechara Jalkh, 1999.
[2] Para a participação de oficiais no atentado, José Amaral Argolo, Kátia Ribeiro e Luiz Alberto Fortunato, *A direita explosiva no Brasil*, p. 204.

guinte.³ Alguns de seus quadros, como o major Luiz Helvecio da Silveira Leite, chefe da seção de contrainformações do CIE, eram veteranos de antigas conspirações. Outros eram jovens oficiais, recém-chegados ao que se denominava "comunidade de informações". O capitão Freddie Perdigão tinha 31 anos quando foi para o CIE. Tivera uma carreira banal, marcada com duas cadeias por desordens. Ninguém se lembrava da marcha de seus tanques na tarde de 1º de abril de 1964, quando deixara a defesa da legalidade, protegendo o palácio Laranjeiras, para guarnecer a insurreição no Guanabara. Era um oficial de tropa blindada, mas não tirara o curso de motomecanização. No CIE, Perdigão foi lotado na seção do major Luiz Helvecio. Nos anos seguintes tornou-se um dos *Doutores* dos DOIs do Rio e de São Paulo, voltou ao CIE e de lá migrou para o SNI.

O CIE foi o cérebro e a mola da repressão da ditadura, respondendo diretamente ao ministro do Exército. O presidente Castello Branco opusera-se às primeiras propostas para sua criação. Entendia que a coleta de informações deveria continuar no Estado-Maior do Exército, a instituição militar tradicionalmente encarregada desse serviço e do planejamento de operações. Temia que um novo organismo, anexo ao gabinete do ministro, fortalecesse seu poder político e pessoal.⁴ Foi o que aconteceu. Em 1969, o general Milton Tavares de Souza acumulou a chefia do CIE com a do gabinete do ministro Orlando Geisel. Tornou-se o mais poderoso entre seus pares. Isso se fosse possível haver um general poderoso sob o comando daquele ministro. Monástico nos hábitos, "Miltinho" fora um radical disciplinado. Destruíra o surto terrorista urbano e comandara o extermínio da guerrilha do Araguaia. Figueiredo entregara-lhe o comando do II Exército. Ao seu subchefe no CIE, general José Luiz Coelho Netto, o presidente deu a 4ª Divisão de Exército, com sede em Minas Gerais. Como "Miltinho", era também um oficial retraído. Quando lhe perguntaram se fora ferido nos combates da Força Expedicionária Brasileira, Coelho Netto respondeu: "Levemente". Mencionando-se sua condição de tríplice coroado nas escolas militares, ressalvava: "Isso aí é maneira de dizer". Parente do escritor

---

3 Para o surto terrorista de direita em 1968, ver Elio Gaspari, *A ditadura envergonhada*, pp. 305-33.
4 Para essa discussão, ver Elio Gaspari, *A ditadura envergonhada*, pp. 262-6.

Coelho Neto, chamado de "Príncipe dos Prosadores"? "Não. É outra família completamente diferente."[5]

"Miltinho" e Coelho Netto foram implacáveis no combate à esquerda. Contudo, nem o seu CIE nem o SNI de Figueiredo e de Medeiros responsabilizaram um só autor de atentados, nem mesmo de panfletos. O próprio Coelho Netto sustentaria que "atentado sem morte não é atentado".[6] Num caso, o general Newton Cruz provara que o traque saíra do Serviço e interpelara pessoalmente o coronel Luiz Helvecio, chamando-o de "filho da puta".[7]

Houve uma diferença entre o uso da tortura como política de Estado e o envolvimento de oficiais em atentados terroristas. A primeira saiu da hierarquia. Torturadores foram elogiados e condecorados. A violência chegou a ser defendida por Médici e Geisel.[8] No caso dos oficiais envolvidos em atos terroristas não houve esse estímulo, mas complacência, cumplicidade mesmo. A migração de uma parte da "tigrada" para o terror seguiu o precedente histórico da conduta do Exército francês na Argélia dos anos 1950. A diferença deu-se na chefia. O general De Gaulle, que chegara ao poder com o apoio dos radicais, encarcerou-os e fuzilou-os quando se tornaram terroristas.[9]

Durante o primeiro ano do governo Figueiredo, o terrorismo de direita praticou pelo menos doze atentados. A sucursal de Belo Horizonte do semanário *Em Tempo*, que publicara uma lista com os nomes de torturadores, foi depredada pela terceira vez. No Rio de Janeiro, colocaram uma bomba no carro do jornalista Hélio Fernandes, diretor da *Tribuna da Imprensa*, o último diário a ter sua censura prévia suspensa. Foram atacados três diretórios acadêmicos, um teatro, uma livraria, uma reunião de sindicalistas e duas igrejas.[10] Em pelo menos um episódio, o da bomba que explodiu no altar da catedral de Santo Antônio, em Nova

---

[5] Entrevista do general José Luiz Coelho Netto ao CPDoc, <http://www.fgv.br/cpdoc/historal/arq/Entrevista634.pdf>.
[6] *Veja*, 10 de setembro de 1980.
[7] General Newton Cruz, 1996.
[8] Para Médici, ver Antonio Carlos Scartezini, *Segredos de Medici*; para Geisel, Maria Celina D'Araujo e Celso Castro (orgs.), *Ernesto Geisel*.
[9] Para o paralelo com o caso franco-argelino, ver Elio Gaspari, *A ditadura escancarada*, pp. 34-8.
[10] *Em Tempo*, 21 a 27 de julho de 1980.

Iguaçu (RJ), a origem do atentado foi identificada e denunciada. O coronel José Ribamar Zamith, veterano militante da "tigrada" na Baixada Fluminense, que viu seu nome associado ao ataque, contaria que procurou o general Coelho Netto e ameaçou "botar o carnaval na rua". Zamith soubera que a bomba da igreja havia sido colocada por gente da Secretaria de Segurança, dirigida pelo general Waldyr Muniz, que chefiara a Agência Rio do SNI.[11]

Os atentados contra *Em Tempo* ecoavam uma obsessão da "comunidade" com a imprensa alternativa. Os dois semanários mais populares, *O Pasquim* e *Opinião*, já haviam recebido três bombas.[12] O general Sebastião Ramos de Castro, chefe da Agência Central do SNI, culpara as vítimas, associando sutilmente "assaltos a agências da Caixa Econômica" à "desabrida atuação da imprensa alternativa ou 'nanica', contando com recursos que não são, evidentemente, oriundos da publicidade".[13] Em março de 1980, o SNI reclamava: "As Forças Armadas sofrem ataques constantes, a partir, em especial, de uma intensa orquestração da 'imprensa nanica', que livremente circula. Criminosos de ontem são as vítimas de hoje, a cobrar punição pelas 'injustiças' sofridas e 'abusos' cometidos".[14] Nessa *Apreciação*, o Serviço listou o semanário *Hora do Povo* entre as publicações que "difamam as autoridades". Passada uma semana, sua redação foi atacada.[15] Dois meses depois, Medeiros levou impertinências do "nanico" para a reunião matutina do Planalto.[16] Em seguida, Golbery pediu que o SNI verificasse onde o jornal vinha sendo impresso.[17] Dias depois, explodiram duas bombas na redação do *Hora do Povo*. Em maio, mais duas.[18]

---

[11] Depoimento do coronel José Ribamar Zamith ao Ministério Público em 2014, <http://www.prrj.mpf.mp.br/institucional/crimes-da-ditadura/atuacao-1/caso-riocentro-integra-de-audios-de-depoimentos-colhidos-pelo-mpf/depoimento-de-zamith/view>.
[12] Para as bombas em *O Pasquim* de 12 de março e 10 de maio de 1970, José Amaral Argolo, Kátia Ribeiro e Luiz Alberto Fortunato, *A direita explosiva no Brasil*, pp. 260-1; para a lançada contra o *Opinião* em 15 de novembro de 1976, ver *Opinião* de 19 de novembro de 1976.
[13] Pasta com treze folhas do SNI, de 3 de maio de 1978, acompanhadas por um cartão de Sebastião Ramos de Castro a Figueiredo. APGCS/HF.
[14] *Apreciação Semanal*, do SNI, de 15 a 22 de março de 1980. APGCS/HF.
[15] *CartaCapital*, 27 de julho de 2010.
[16] Notas do general Octavio Medeiros da reunião de 13 de maio de 1980. AA.
[17] Notas do general Octavio Medeiros da reunião de 21 de maio de 1980. AA.
[18] Ministério Público.

Pode-se estimar que foram explodidas ou incendiadas mais de cem bancas de jornal em uma dezena de cidades. As distribuidoras e os jornaleiros recebiam listas com os nomes das publicações que não deveriam vender. A intimidação foi eficaz. O semanário *Movimento*, que chegara a uma tiragem de 20 mil exemplares no final de 1978, vendia menos de 5 mil no final de 1980.[19] A dona de uma banca no Itaim Bibi, em São Paulo, recebeu um bilhete ameaçador e levou-o ao Deops. Seu ponto foi explodido. Quando perguntaram ao general Milton Tavares de Souza qual seria a origem desses atentados, ele respondeu que era coisa de "um bando de alucinados dessa chamada imprensa nanica". (Passados alguns minutos, desmaiou. Socorrido pelo cardiologista Adib Jatene, reanimou-se. Tivera sua penúltima parada cardíaca.)[20]

Não se investigou sequer o caso da explosão de uma banca em Campinho, no Rio de Janeiro. Um transeunte viu quando um senhor grisalho desceu de uma camionete vermelha e colocou um pacote debaixo de sua estrutura. Logo depois a banca explodiu. O cidadão anotou a placa do carro, foi à 28ª Delegacia e comunicou o fato. Posteriormente, soube-se que o veículo pertencia ao DOI do I Exército. Essas informações foram mandadas ao presidente Figueiredo numa carta em que seu autor se identifica como um detetive lotado naquela repartição. Ele revelou o nome do inspetor que recebeu a denúncia e o do delegado a quem a comunicou. Golbery encaminhou a carta a Heitor Ferreira, com uma anotação: "Para seus arquivos implacáveis".[21]

As explosões desse período indicavam uma tática intimidatória. Num só caso, em Salvador, houve feridos. Assemelhavam-se aos atentados de 1968, quando se destruiu o Teatro Opinião, no Rio, e os atores da peça *Roda viva* foram agredidos. Naquela época, havia grupos à esquerda e à direita querendo fabricar um clima de radicalização política. Em 1980, os assaltantes de bancos haviam se abrigado no PMDB ou no Partido dos Trabalhadores, que acabara de ser formado. À esquerda, ninguém mais defendia a luta armada, nem mesmo os pequenos grupos de organizações

---

19 Carlos Azevedo, *Jornal Movimento*, p. 294.
20 *O Estado de S. Paulo*, 26 de agosto de 1980. Para a parada cardíaca, Paulo Maluf, 1980.
21 Carta anônima de duas folhas, de 20 de setembro de 1980, enviada a Figueiredo e anotada por Golbery. APGCS/HF.

clandestinas. Não tendo adversário real, o radicalismo da direita buscava inventá-lo. Num nível, precisava disso para explicar temores políticos. Noutro, era necessário justificar a existência da máquina repressiva. Ela encolhera, talvez à metade, mas ainda assim faltava-lhe serviço. Se durante o surto terrorista um oficial que acompanhava a militância clandestina podia evitar um assalto a banco ou um sequestro, em 1981 esse mesmo oficial ocupava seu tempo lendo publicações trotskistas vendidas em livrarias e em bancas de jornal. O veterano *Doutor Diogo*, controlador de informantes do DOI do I Exército, reconheceria: "Havia uma apatia (...) iam ao cinema ou iam para casa".[22] No DOI de São Paulo, a mesma coisa: "Aquilo passou a ser um marasmo".[23] A própria composição dos DOI mudara; os veteranos dos anos 1970 haviam sido mandados para outros quartéis. No DOI do Rio, em cuja carceragem não havia mais "nem baratas", a seção de operações fora entregue ao capitão Wilson Machado, sem qualquer experiência no setor de informações.[24]

O SNI tirou do arquivo sua velha clientela: o PCB e o Movimento Comunista Internacional. Numa só *Apreciação*, listou 63 problemas da "sonhada democracia brasileira". O terrorismo do qual era condômino não foi mencionado e a dívida externa teve uma referência perfunctória. Já o PCB teve sete. O Serviço identificou no Centro Brasil Democrático, o Cebrade, um "comando nacional de manifestações e campanhas do interesse do partido", mobilizando intelectuais, como Oscar Niemeyer, e artistas, como Milton Nascimento e Chico Buarque de Hollanda.[25] (Em março de 1980, quando esse documento foi escrito, o PCB estava implodido. Luiz Carlos Prestes continuava na secretaria-geral por astúcia cerimonial. Havia sido derrotado por uma maioria moderada do comitê central e seu herdeiro presuntivo, José Salles, fora afastado da direção, acusado de envolvimento num rocambolesco episódio de tráfico de drogas. Segundo Anita Leocádia, filha de Prestes, a operação destinava-se a "angariar recursos financeiros para o trabalho

---

[22] Depoimento do coronel PM José Crispiniano Beltrão Lessa ao Ministério Público.
[23] Marcelo Godoy, *A Casa da Vovó*, p. 152.
[24] Depoimento do coronel Wilson Machado ao Ministério Público, em 22 de fevereiro de 2014.
[25] *Apreciação Semanal*, do SNI, de 22 de março de 1980. APGCS/HF.

de reorganização do partido no Brasil e, certamente, para fortalecer sua posição dentro do comitê central".)[26]

O perigo comunista iria além. O SNI perseguia uma multinacional terrorista latino-americana, a Junta de Coordenação Revolucionária, JCR. Apontava a presença de brasileiros treinando guerrilha no Líbano, de terroristas latino-americanos atuando no país e alertava: "O processo de abertura poderá transformar o Brasil em palco de atividades terroristas internacionais".[27] Essa *Apreciação* poderia parecer mais uma coleção de disparates da Comunidade, mas o "Serviço" sabia mais. A certa altura, o documento menciona "vários incidentes com argentinos ligados ao grupo subversivo Montoneros, que é filiado à Junta de Coordenação Revolucionária". Entre eles, "o suicídio de um casal" no Rio Grande do Sul. Figueiredo marcou todo esse trecho.

Figueiredo soube o que acontecera ao casal Liliana Inés Goldemberg, de 27 anos, e Eduardo Gonzalo Escabosa, de trinta. Eram montoneros, estavam no Brasil e embarcaram numa balsa em Foz do Iguaçu. Quando a barca aproximou-se do ancoradouro argentino, dois agentes brasileiros que estavam a bordo sacaram suas armas e mandaram que o piloto parasse. Havia policiais argentinos na outra margem. Os jovens perceberam e pediram ajuda aos outros passageiros. Estavam cercados. Mataram-se com as pastilhas de cianureto que carregavam.[28] (Ao ouvir uma descrição dessa cena durante uma audiência, Figueiredo manteve-se em silêncio, rodando os polegares.)[29]

Apesar da humilhação imposta ao governo Geisel pelo desembaraço com que o Exército uruguaio sequestrara Lilián Celiberti e Universindo Díaz, o CIE e o SNI continuavam colaborando com a política de extermínio da ditadura argentina. Ela mantinha duas bases de operações no Brasil, uma em São Paulo, outra no Rio, e encaminhava pedidos de captura ao CIE, que repassava à polícia gaúcha nomes e roteiros de mon-

---

26 Anita Leocádia Prestes, *Luiz Carlos Prestes*, p. 228. A autora esclarece que uma comissão encarregada de apurar a denúncia não chegou a conclusão alguma.
27 *Apreciação Semanal*, do SNI, de 23 de agosto de 1980. APGCS/HF.
28 Aluizio Palmar, *Onde foi que vocês enterraram nossos mortos?*; e Colectivo Ex Presos Politicos y Sobrevivientes, <http://www.desaparecidos.org/arg/victimas/g/goldenbergl/>.
29 Cena presenciada pelo autor.

toneros que tentavam retornar ao seu país.[30] O major Enio Pimentel da Silveira, o *Doutor Ney*, da ofensiva do início da década, chefiava a seção de operações do CIE e montara um aparelho em São Paulo para vigiar refugiados. Tinha a ajuda de um agente infiltrado e de dois militares argentinos.[31] Três exilados foram sequestrados na cidade de Uruguaiana e dois outros no Aeroporto do Galeão, capturados com a ajuda do CIE por um coronel que trouxera sua tropa num avião militar.[32] (Três anos depois do sequestro, a embaixada do Brasil em Londres pediria o "pronto repatriamento" para a Argentina do capitão de fragata argentino Alfredo Astiz, que se rendera à tropa inglesa durante a Guerra das Malvinas.[33] Conhecido como "O Anjo Louro da Morte", Astiz foi repatriado. Em 2011 a Justiça argentina condenou-o à prisão perpétua pelos crimes cometidos durante a ditadura.)

Semanas depois da *Apreciação* do SNI que expusera a ameaça do Cebrade, o chefe da seção de operações do DOI do I Exército, o então major Romeu Antonio Ferreira (*Doutor Fábio*), recebeu do capitão Edson Sá Rocha (*Doutor Silvio*) um plano de duas páginas para "sacanear" o show que a entidade promoveria em 1º de maio. A energia do pavilhão do Riocentro seria cortada e pregos seriam espalhados no estacionamento. *Doutor Fábio* vetou a iniciativa.[34] Jogou-se apenas uma bomba contra um posto de vendas de ingressos para o show.[35]

---

30 *Jornal do Brasil*, 7 de janeiro de 1992; *Informação nº 05 S/2*, do CIE, de 30 de abril de 1979; e *O Globo*, 3 de janeiro de 1999.
31 Marcelo Godoy, *A Casa da Vovó*, p. 494.
32 O sequestro de Horacio Campiglia e Mónica Suzana Pinus de Binstock por um comando militar argentino foi narrado minuciosamente no telegrama da embaixada americana em Buenos Aires, de 7 de abril de 1980; e em Fabio Murakawa, "O infiltrado", *Playboy*, 30 de outubro de 2008. Para os demais sequestros, Léo Gerchmann, "Argentinos pedem indenização ao Brasil", *Folha de S.Paulo*, 16 de fevereiro de 1998.
33 João Carlos Magalhães e Rubens Valente, "Brasil ajudou 'Anjo da Morte' argentino", *Folha de S.Paulo*, 16 de outubro de 2011.
34 José Casado, *O Globo*, 30 de março de 2014. IPM do general Sérgio Conforto, folha 783 e segs. Para "sacanear", entrevista do coronel Romeu Antonio Ferreira ao *Jornal do Brasil*, 3 de abril de 2004; e depoimento do coronel Romeu Antonio Ferreira, chefe de operações do DOI, ao Ministério Público em 2014, <http://www.prrj.mpf.mp.br/institucional/crimes-da-ditadura/atuacao-1/caso-riocentro-integra-de-audios-de-depoimentos-colhidos-pelo-mpf/depoimento-romeu-antonio-ferreira-1-2/view>.
35 *Em Tempo*, 21 a 27 de julho de 1980. Entrevista do coronel Dickson Grael, de 2 de julho de 1981, apensa ao IPM de 1981, vol. 5.

O terrorismo mudou de patamar no dia 27 de agosto de 1980. A Associação Brasileira de Imprensa programara a abertura de uma série de conferências a partir do dia 1º de setembro. Elas se realizariam no seu auditório e no da Ordem dos Advogados do Brasil, a esta altura presidida por Eduardo Seabra Fagundes. Falariam Seabra, governistas, como Célio Borja, e oposicionistas, como o deputado Marcelo Cerqueira, tenaz defensor de presos e divulgador de casos comprovados de tortura.[36] Um mês antes uma bomba explodira em seu automóvel.

O presidente da ABI, Barbosa Lima Sobrinho, recebeu um telefonema informando: "Aqui fala o Comando de Caça aos Comunistas (...), há uma bomba nesse edifício, que deverá explodir às 17 hs". Quarenta minutos depois veio outra notícia: explodira uma carta-bomba nas mãos de Lyda Monteiro da Silva, secretária do presidente da OAB, matando-a.[37] Outro envelope, mandado a um vereador da Câmara do Rio de Janeiro, amputou o braço do assessor que o abriu. O telefonema para a ABI estava certo. No dia seguinte encontrou-se uma bomba, que não explodira, no banheiro do oitavo andar do prédio. Até então os atentados contra bancas, escritórios ou livrarias indicavam a preocupação de evitar danos físicos. Poderiam ocorrer acidentes, ferindo-se transeuntes, mas as cartas-bomba inevitavelmente mutilariam quem as abrisse. O terrorismo mudara de patamar.

Figueiredo reagiu a esses atentados com teatralidade. Reafirmou seu compromisso com a restauração democrática "a despeito de quatro, vinte, ou mil bombas", acrescentando: "Eu peço a esses facínoras que desviem suas mãos criminosas sobre minha pessoa, mas que deixem de matar inocentes".[38] Uma coisa era o que dizia. Outra, o seu imobilismo. O empresário carioca João Fortes escreveu-lhe uma carta apontando que "o desdobramento das operações do governo parece estar indicando o conhecimento das fontes de inspiração de tais atos", permitindo prever "avanços nessa busca". Figueiredo sublinhou o trecho e anotou: "Falso".[39] (Admitindo-se que os atentados fossem crimes sem pistas, uma semana depois chegou ao Planalto a carta do policial carioca tratando da bomba da banca de

---

36 *Jornal do Brasil*, "Coluna do Castello", 27 de agosto de 1980.
37 Barbosa Lima Sobrinho, "A época das bombas", *Jornal do Brasil*, 5 de maio de 1991.
38 *Jornal do Brasil*, 29 e 30 de agosto de 1980.
39 Carta de João Fortes a Figueiredo, de 13 de setembro de 1980. APGCS/HF.

Campinho.) Golbery, numa de suas raras aparições públicas, alertou para o risco de atentados mais graves, "se, por acaso, não se conseguir descobrir os autores em prazo curto".[40]

Um mês antes da explosão das bombas no Rio, o deputado estadual mineiro Genival Tourinho denunciara, numa entrevista a uma rádio de Montes Claros, a existência de "um esquema de direita, violento, desfechado através de uma chamada *Operação Cristal*". Denunciara também um episódio durante o qual furaram-se pneus de carros e explodira-se uma bomba nas proximidades de um evento onde Leonel Brizola discursava. O deputado acusava um policial mineiro, visto ao lado de um automóvel minutos antes de sua explosão. Referindo-se a informações que recebera, Tourinho disse que a *Operação Cristal* era comandada por três generais: José Luiz Coelho Netto, Milton Tavares de Souza e Antonio Bandeira, ex-diretor da Polícia Federal e veterano comandante do extermínio da guerrilha do Araguaia. Em sua entrevista, o deputado protegeu-se: "Eu gostaria de ver um desmentido. (...) Deus é grande e esses homens vão desmentir isso".[41]

Havia um paralelo entre a fala de Tourinho e o célebre discurso do deputado Marcio Moreira Alves, de setembro de 1968. Ambos foram pronunciamentos irrelevantes, um em entrevista radiofônica no interior de Minas, o outro numa sessão deserta da Câmara. Um tivera breve repercussão, o outro, nenhuma. Ambos foram incisivos, porém Moreira Alves fixara-se numa dura generalidade: "Quando o Exército não será um valhacouto de torturadores?". Tourinho fora específico, mencionando três generais, escorando-se numa informação de terceira pessoa. Os dois episódios fundem-se nos desdobramentos. Em 1968, o presidente Costa e Silva levou 47 dias para pedir a abertura de um processo contra Moreira Alves. Em 1980, o ministro do Exército, general Walter Pires, pediu a abertura de um processo contra Tourinho 51 dias depois da entrevista e catorze dias após o assassinato de Lyda Monteiro na sede da OAB.

---

40 *Jornal do Brasil*, 29 de agosto de 1980.
41 Defesa de Genival Tourinho, apresentada ao relator do processo que lhe foi movido no Supremo Tribunal Federal. AA. Genival Tourinho, *Baioneta calada, baioneta falada*, pp. 476 e segs.

O general Walter Pires reagia a outro problema, inesperado: Inês Etienne Romeu, a *Olga* da VAR-Palmares, que estivera presa em 1971 e fora levada para a casa de Petrópolis onde funcionava um aparelho alternativo do CIE, invadira o consultório, no Rio de Janeiro, do ex-tenente Amilcar Lobo, que, em 1971, servira no DOI do I Exército, identificando-o publicamente como o médico (*Doutor Cordeiro*) do aparelho. Ele suturara seus ferimentos depois que Inês tentara se matar, atirando-se debaixo de um ônibus. Plantonista do DOI, Lobo vira o ex-deputado Rubens Paiva agonizando numa cela do quartel da Barão de Mesquita, na Tijuca. Fora protegido pelas sociedades de psicanalistas e pelo general Sylvio Frota, ao ser denunciado pela médica Helena Besserman Vianna.[42] Dessa vez, diante da exposição que lhe foi imposta por Inês, Lobo foi chamado ao gabinete do ministro Walter Pires, que lhe pediu silêncio.[43] Mas *Olga* tinha mais uma carta. Com a ajuda de Marcelo Cerqueira, juntando pedaços de conversas e um número de telefone que ouvira na casa de Petrópolis, ela levou uma comitiva de parlamentares, advogados e jornalistas ao endereço (rua Artur Barbosa, 668). O ministro reagiu à descoberta repelindo "energicamente as malévolas insinuações (...) que procuram lançar à execração pública aqueles que se bateram, em verdadeiras operações de guerra". Foi acompanhado por seus colegas da Marinha e da Aeronáutica.[44]

Walter Pires tornara-se patrono do porão, um radical em busca de outro radicalismo, inexistente. Seu comportamento ecoava o do ministro Aurélio de Lyra Tavares em 1968. Com uma diferença: Pires era amigo pessoal de Figueiredo, jamais fizera poesias com o pseudônimo de "Adelita" e era chefe respeitado e enérgico. Punira os generais Euler Bentes (da reserva) e Antonio Carlos de Andrada Serpa (da ativa) por terem assinado um manifesto com críticas à política econômica.[45] Logo depois da denúncia de Inês Etienne, uma bomba estourou na varanda da casa de Marcelo Cerqueira.[46]

Esse foi um dos vinte atentados ocorridos entre as explosões de agosto e a noite de 30 de abril de 1981. Três dias antes, Golbery levara uma denúncia

---

[42] Helena Besserman Vianna, *Não conte a ninguém*, pp. 52 e 106.
[43] Amilcar Lobo, *A hora do lobo, a hora do carneiro*, pp. 17-8.
[44] *Veja*, 18 de fevereiro de 1981.
[45] *O Estado de S. Paulo*, 27 de dezembro de 1980.
[46] Ministério Público.

à reunião vespertina do Planalto e o general Medeiros a resumiu: "Atentado contra a filha do marechal Cordeiro de Farias".[47] O velho militar, amigo de Golbery, morrera havia pouco. Estivera em quase todas as revoltas da anarquia do século, fora ministro no governo de Castello Branco, fechara o tempo no DOI do Rio em 1970, quando foi impedido de visitar uma presa, e em 1977 acelerara a demissão do general Sylvio Frota.[48]

---

[47] Nota do general Octavio Medeiros, de 27 de abril de 1981. AA. O episódio relacionava-se a uma neta do marechal.
[48] Para o episódio do DOI, Thales Ramalho, 1989.

Riocentro[1]

Às 21h15 de 30 de abril de 1981, uma bomba explodiu dentro de um Puma no estacionamento do Riocentro, onde o Cebrade realizava mais um show comemorativo do 1º de Maio.[2] No carro estavam o capitão Wilson Machado, *Doutor Marcos*, chefe da seção de operações do DOI do I Exército, e o sargento Guilherme Pereira do Rosário, o *Wagner*, que carregava o explosivo. O sargento morreu na hora, com a bomba no colo. O capitão, estripado, sobreviveu. Haviam passado pelas catracas de acesso ao show 9.892 pessoas.[3] A jovem Andrea Neves da Cunha chegara atrasada e ia para o corredor que dava acesso à plateia quando viu um homem ferido que pedia ajuda para ser levado a um hospital. Ele tentara abandonar o local num táxi, mas o motorista recusara-se a transportá-lo.[4] Neta de Tancredo Neves, Andrea socorreu-o. *Doutor Marcos* estava

---

1 Neste capítulo, registro minha dívida com o repórter José Casado, pesquisador do episódio e responsável pela elucidação de várias questões surgidas nos últimos 34 anos.
2 Para a hora, *Relatório do Show de 1º de Maio/81*, IPM de 1981, vol. 2, p. 380.
3 *Relatório do Show de 1º de Maio/81*, IPM de 1981, vol. 2, p. 386.
4 Depoimento de Sérgio Vallandro do Valle ao IPM de 1981, vol. 1, p. 171, e de Andrea Neves da Cunha, vol. 2, p. 324.

lúcido. Ele dizia que não sabia o que acontecera e falava de sua filha de seis meses. Ao chegar ao hospital, pediu a um bombeiro que telefonasse para o número 208-7742. Atendeu uma pessoa que se identificou como *Aloisio Reis*.[5] Era o tenente-coronel Freddie Perdigão Pereira, lotado na Agência Rio do SNI.[6]

O presidente Figueiredo contou que soube da explosão na manhã seguinte, num telefonema de Heitor Ferreira, e alegrou-se: "Até que enfim os comunistas fizeram uma bobagem". Meia hora depois chegou-lhe uma nova informação: "Presidente, há indícios de que foi gente do nosso lado".[7]

Cinco anos antes, na granja do Riacho Fundo, o general Ernesto Geisel atendera a um telefonema do governador de São Paulo, Paulo Egydio Martins:

— Presidente, desculpe incomodá-lo. Morreu outro preso no DOI. Outro enforcamento.
— Paulo, não tome providência nenhuma. Você terá notícias minhas — disse-lhe Geisel.[8]

O "outro preso" era o operário Manuel Fiel Filho, que, segundo o DOI, se suicidara, como Vladimir Herzog. Geisel não conseguiu dormir.

— Pensando no que fazer?
— Não. Não dormi pensando nas consequências.[9]

---

[5] Depoimento do cabo Jomair de Oliveira, IPM 28/81, vol. 1, p. 148; *O Globo*, 6 de maio de 1981; *Veja*, 10 de maio de 1991; e *Folha de S.Paulo*, 21 de novembro de 1999.
[6] Para a identificação de Perdigão, João Batista Natali em "Explosões escorregam para a história", *Folha de S.Paulo*, 21 de novembro de 1999, citando o IPM do general Sérgio Conforto.
[7] Orlando Brito, "Os mortos não falam?", *Veja*, 12 de janeiro de 2000. Figueiredo revelou esses fatos seis anos depois do episódio.
[8] Paulo Egydio Martins, junho de 1988.
[9] Elio Gaspari, "O general que matou a ditadura", *O Estado de S. Paulo*, 23 de novembro de 1995.

A decisão de demitir o comandante do II Exército, general Ednardo D'Avila Mello, Geisel tomou-a em pouco tempo. Já as consequências da exoneração abrupta de um chefe militar por causa da morte de um metalúrgico acusado de pertencer ao Partido Comunista eram coisa de tirar o sono.

No seu romance *Lord Jim*, o escritor Joseph Conrad mergulha na alma do capitão de um barco que transportava peregrinos. No meio de uma tempestade, convencido de que a embarcação iria a pique, o capitão pula na água e chega a uma praia. O navio não afundara e Jim passou a vida tentando provar a si mesmo e aos outros que era a pessoa que parecera ser. "Talvez ele não tivesse medo da morte, mas, acredite, ele tinha medo da emergência", escreveu Conrad.[10] A emergência tirara o sono de Geisel, e na manhã seguinte Ednardo D'Avila Mello estava sem o comando.

Até o fim de seus dias, Figueiredo cultivou a imagem de destemido. Contava que, ao receber a espada de aspirante das mãos do ditador Getulio Vargas, ouvira dele palavras gentis mencionando seu pai. O general Euclides Figueiredo lutara ao lado dos rebeldes de 1932 e opunha-se ao governo, que acabara de fechar o Congresso. Getulio desejara-lhe uma carreira brilhante, como a do general. "Obrigado, presidente. O único perigo é que eu termine preso, como meu pai", respondeu o aspirante.[11] Contada décadas depois, essa cena não tivera testemunhas. Durante o governo de Jango, Figueiredo fora chamado para uma conversa com o presidente e lhe teria dito que seu governo seria derrubado. O ajudante de ordens de Jango, presente ao encontro, não ouviu essa observação.[12] Noutro episódio, contado em 1991, ainda tenente, Figueiredo teria mandado o major Humberto Castello Branco "à merda".[13] Novamente, não se sabe de testemunhas.

Diante da emergência, o cavalariano estourado do "prendo e arrebento" boiou na corrente de sua cúpula militar. Todos sabiam de onde vinham as bombas. Não quiseram saber a identidade do cidadão de cabelos grisa-

---

10 Joseph Conrad, *Lord Jim*, final do capítulo 7.
11 *Veja*, 20 de julho de 1977. Não há registro de que Figueiredo tenha contado essa história antes de 1977.
12 André G. Stumpf e Armando Salem, "Figueiredo candidato", *IstoÉ*, 20 de julho de 1977. Para o testemunho do ajudante de ordens, Raul Ryff, 1977.
13 Conversa de Figueiredo com o jornalista Orlando Brito, 5 de janeiro de 1991. Transcrição dada por Brito ao autor. Também não há registro anterior desse episódio.

lhos que explodira a banca de jornal de Campinho, mas sabiam o que estava acontecendo. Um ano antes o comandante do DOI do I Exército vetara um atentado semelhante contra o mesmo evento. Em março, o general Octavio Medeiros contara a Figueiredo que se planejara um atentado contra o novo show do Cebrade no Riocentro.[14]

Ainda na noite da explosão, o ministro Walter Pires mandou um general ao Rio com uma mensagem reservada. Não se conhece o seu teor, apenas seu efeito. Na tarde do dia seguinte, o comandante do I Exército, general Gentil Marcondes Filho, foi ao hospital onde estava o *Doutor Marcos*. Dali seguiu para o enterro do sargento *Wagner*, ajudou a carregar seu caixão, prestou-lhe honras militares e determinou a abertura de um Inquérito Policial-Militar para que se apurasse o que acontecera com os dois militares "que se encontravam em missão de serviço no Riocentro".[15] Estava dado o sinal de cima.

O sinal de baixo viera durante a noite. O tenente Divany Carvalho Barros, o *Doutor Áureo* do DOI, foi ao estacionamento do Riocentro e limpou o Puma explodido. Retirou a caderneta de telefones do sargento (que só seria periciada dezenove anos depois), uma granada e um revólver.[16] Placas de sinalização rodoviária estavam pichadas com a sigla VPR (Vanguarda Popular Revolucionária). O coronel Julio Molinas, comandante do DOI como *Doutor Fernando*, rascunhou um texto arrolando "alguns fatos que comprovam a intenção das esquerdas em atingir os órgãos de segurança, em especial os DOIs".[17]

O acobertamento do atentado produziu impactos muito superiores ao da explosão do Puma. A cena do crime apontava para os militares, e para mais ninguém. A bomba explodira no colo do sargento. Uma outra, que danificaria a casa de força do pavilhão, explodira sem causar danos.

---

14 Depoimento do general Octavio Medeiros ao IPM do general Sérgio Conforto; José Casado, "Riocentro: documentos revelam que Figueiredo encobriu atentado", *O Globo*, 30 de março de 2010.
15 Ofício do general Gentil Marcondes Filho, de 10 de maio de 1981, IPM 28/81, vol. 1, p. 5.
16 Chico Otávio e Alessandra Duarte, "Agenda do sargento que morreu no atentado do Riocentro revela, após 30 anos, rede de conspiradores do período", *O Globo*, 24 de abril de 2011; e *O Globo*, 24 de fevereiro de 2014.
17 *Zero Hora*, 24 de novembro de 2012, com as anotações e uma cronologia preparadas por Molinas e guardadas consigo durante 21 anos, até seu assassinato, por assaltantes, em sua casa de Porto Alegre.

O segundo choque deu-se em duas semanas, quando o coronel encarregado do IPM para investigar o atentado pediu demissão por "razões de saúde".[18] Seu substituto fez um serviço rápido. Assumiu tratando o Puma como um "carro sabotado".[19] Antes de remeter o inquérito à Justiça Militar, produziu um relatório de dezenove páginas para conhecimento dos generais do I Exército. Segundo o coronel Job Lorena de Sant'Anna, houvera um atentado, vindo da esquerda, e outro, vindo da imprensa, que criou um "ambiente de mentira e hostilidade": "Os dois militares foram vítimas de uma armadilha ardilosamente colocada por terceiros no carro do capitão". Quem? Talvez a Vanguarda Popular Revolucionária (a VPR não existia mais). Conclusão: "Há vários grupos radicais interessados em fazer uso do terrorismo, procurando, mesmo, enfrentar ou comprometer os órgãos de segurança".[20] Jamais se conseguiu achar um só suspeito, mas o SNI registrava que parlamentares da oposição continuavam a tratar do atentado "com a finalidade de desestabilizar o regime", e Golbery sublinhou essas sete palavras.[21]

Passados mais de trinta anos, acumularam-se versões que tentaram explicar o episódio do Riocentro. De todas, a mais absurda é aquela produzida e sustentada pelos comandantes militares. Ela viria a ser desmontada por um IPM do próprio Exército, arquivado em 1999 pelo Superior Tribunal Militar. Ao longo do tempo, foi desacreditada também por Figueiredo e pelos generais Octavio Medeiros, Coelho Netto e Newton Cruz, então chefe da Agência Central do SNI.[22] Embora tenha ficado sem padrinhos, a versão oficial permanece chancelada pelo Estado brasileiro.

---

18 Ofício do coronel Luiz Antonio do Prado Ribeiro ao comandante do I Exército, de 15 de maio de 1981, IPM de 1981, p. 176.
19 Ofício do coronel Job Lorena de Sant'Anna à Rede Globo, de 18 de maio de 1981, IPM de 1981, vol. 2, p. 187.
20 Maço de dezenove folhas intitulado *O IPM do Riocentro — Exposição aos Generais do I Exército*. APGCS/HF.
21 *Apreciação Semanal*, do SNI, de 19 de junho de 1981, anotada por Golbery. APGCS/HF.
22 Para Figueiredo, *O Globo*, 3 de janeiro de 2000, noticiando o teor de uma gravação de 1987 obtida pelo repórter Geneton Moraes Neto; e Orlando Brito, em "Os mortos não falam?", *Veja*, 12 de janeiro de 2000: "Até hoje não sei qual é a verdade". Para Medeiros ("Era um bando de malucos clandestinos no Exército, com minhocas na cabeça"), *O Globo*, 25 de julho de 1999. Para Coelho Netto (A investigação "não deu em nada, nem podia dar". Quando lhe foi perguntado se o atentado partira do Exército, respondeu com um seco "é"), Maria Celina d'Araujo, Gláucio Ary Dillon Soares e Celso Castro (orgs.), *A volta aos quartéis*, p. 203. Para Newton Cruz ("Ninguém acreditou nessa história, nem eu"), *Folha de S.Paulo*, 21 de outubro de 1999.

Disso decorreu uma natural proliferação de versões, baseadas em circunstâncias. A mais devastadora é a de que a bomba do Puma (ou outras, que jamais foram encontradas) explodiriam dentro do pavilhão, que estaria às escuras. Nesse cenário, o número de mortos poderia chegar à centena. Ela é implausível.

Diversos fatos alimentam a hipótese catastrófica. A PM, comandada pelo general Nilton Cerqueira, negara ao show de 30 de abril o policiamento que rotineiramente mandava aos eventos do Riocentro. (A PM policiara um espetáculo doze dias antes.)[23] Os organizadores haviam pedido três sargentos, um cabo e 28 soldados.[24]

Cerqueira estivera na cena da morte de Carlos Lamarca nos matos da Bahia e comandara tropas no Araguaia durante os meses decisivos de 1973 e 1974, quando se praticou a política de extermínio dos guerrilheiros do PC do B. Mataram cerca de quarenta jovens, inclusive os que atenderam à oferta de rendição honrosa feita em panfletos do Exército.

O secretário de Segurança do Rio de Janeiro era o coronel Waldyr Coelho. Ele chefiara a agência local do SNI. Nela estava lotado Perdigão, que atirara a bomba contra a casa de força. Coube-lhe informar, no dia seguinte, por meio de uma nota ridícula, que, antes da explosão, o capitão ouvira do sargento que "há uma bomba aqui".[25] O sargento estava morto e o capitão, entubado no Hospital Miguel Couto.

O diretor administrativo e financeiro do Riocentro, coronel Dickson Grael, denunciou que dos trinta portões de saída do pavilhão, 28 estavam fechados.[26] Os depoimentos de quatro pessoas que lá trabalhavam naquela noite informaram que, à hora das explosões, quando o show começara, havia portas de saída fechadas, mas não todas.[27]

---

[23] Entrevista do coronel Dickson Grael, de 2 de julho de 1981, apensa ao IPM de 1981, vol. 5.
[24] *Relatório do Setor de Segurança do Riocentro*, IPM de 1981, vol. 2, pp. 390-1.
[25] *Relatório da Comissão Nacional da Verdade*, vol. 1, p. 72, citando "Bombas, versões e o silêncio", <http://www.cnv.gov.br/images/pdf/relatorio/volume_1_digital.pdf>, *IstoÉ*, 13 de maio de 1981, pp. 19-21.
[26] Dickson Grael, *Aventura, corrupção, terrorismo*, p. 83.
[27] Depoimentos do engenheiro do Riocentro Luis Eduardo de Almeida Fontes, Paulo Roberto de Almeida David, Maria Ângela Capobianco e do segurança Magno Braz Moreira ao MP. Fontes não viu portas fechadas. Paulo Roberto de Almeida David, que trabalhava na segurança do evento, viu que as portas estavam fechadas, mas não soube dizer ao MP se estavam fechadas com cadeados. Capobianco disse ao MP que havia três portas fechadas a cadeado. Magno viu uma porta de emergência fechada. O coronel Airton Quaresma,

Na reserva, Dickson estivera na melhor cepa do radicalismo militar de sua geração. No dia 1º de abril de 1964, participara do assalto ao QG da Artilharia de Costa, junto ao forte de Copacabana.[28] Meses depois, levara ao general Golbery uma sugestão para que um comando fosse ao Uruguai e sequestrasse Leonel Brizola.[29] Em 1969, liderara um comando de paraquedistas revoltados com a decisão do governo de ceder aos sequestradores do embaixador americano Charles Elbrick e que tentaram impedir a decolagem do avião no Rio que levaria quinze presos para o México. Foram barrados, seguiram para a avenida Brasil e tomaram o transmissor da rádio Nacional, de onde leram um manifesto.[30] Era um radical que se expunha, nunca passara pelo aparelho repressivo dos DOI nem do CIE, cujos quadros escondiam-se atrás de codinomes.

Na sua denúncia, Dickson traçou um cenário em que associava a escuridão provocada pelo corte da energia às portas fechadas: "O efeito pretendido deve ter sido o de levar o pânico a cerca de 18 mil jovens que assistiam ao espetáculo (...). Na procura dos dois portões abertos, haveria natural pisoteamento com muitos mortos e feridos".[31]

A bomba da casa de força explodira entre dois transformadores sem causar dano algum.[32] Admitindo-se que a energia fosse cortada, o Riocentro não ficaria às escuras. Quem planejou o atentado não levou em conta que o pavilhão tinha um gerador que entraria em funcionamento ime-

---

comandante interino da PM naquela noite, pois o general Cerqueira estava fora da cidade, revelou em 1999 que, ao saber da explosão, disse a Capobianco que fechasse as portas para isolar a cena do crime. *Jornal do Brasil*, 31 de maio de 1999. Quaresma servira durante cinco meses no DOI, em 1970.

28 Para o assalto ao QG, depoimento do general Cesar Montagna, em História Oral do Exército, t. 3, p. 44, <https://liciomaciel.wordpress.com/2013/08/13/historia-oral-do-exercito-31-de-marco-de-1964-e-o-o-r-v-i-
-l-duas-obras-fantasricas/>.
29 Heitor Ferreira, 3 de abril de 2012.
30 Carlos Chagas, *113 dias de angústia*, p. 131.
31 Entrevista de Dickson Grael, de 2 de julho de 1981, apensa ao vol. 5 do IPM de 1981. No seu livro *Aventura, corrupção, terrorismo*, publicado em 1985, transcreveu essa entrevista (pp. 95-9), mas omitiu esse trecho do documento, que assinou e datou. Dickson fala em 18 mil jovens. Vali-me do *Relatório do Riocentro*, que informa que por suas catracas passaram 9.892 pessoas. Informa ainda que foram emitidos 10 mil tíquetes e 9.681 foram vendidos; 2.058 veículos pagaram para entrar no estacionamento.
32 Para o gerador, laudo pericial do Instituto Carlos Éboli, IPM 28/81, vol. 1, pp. 63-5; e depoimentos do engenheiro do Riocentro Luis Eduardo de Almeida Fontes, do eletricista Amaro Fernando dos Santos e do segurança Magno Braz Moreira ao MP.

diatamente. Uma pane ocorrida num evento anterior mostrara a eficácia desse mecanismo e a plateia sequer se dera conta do que sucedeu.[33]

Noutro cenário, o da carnificina, com a energia cortada, uma ou mais bombas explodiriam dentro de um pavilhão às escuras onde havia 10 mil pessoas atrapadas. Esse cenário é implausível. A bomba de *Wagner* explodiu quando ele ainda estava no Puma. A da casa de força foi lançada, no máximo, trinta minutos depois. As duas ações estavam coordenadas. Persiste o mistério em torno do que faria o sargento. Seu explosivo tinha um mecanismo de retardo. A ação seria temerária, caso quisesse deixar a bomba dentro do pavilhão lotado. Seria mais plausível que tivesse plantado o explosivo antes do início do espetáculo. O tempo que separa os dois episódios permite supor que ele pretendesse provocar a explosão em algum ponto do estacionamento. Ela poderia estourar antes ou depois do corte da energia.[34] Estourando antes, dificilmente faria vítimas. Estourando depois, quando as pessoas estivessem deixando o show interrompido, certamente mataria quem estivesse perto do local onde fora deixada. Além da bomba lançada contra a casa de força e daquela que matou o sargento, nenhuma outra foi detonada nem encontrada. Resta a granada retirada do Puma durante a madrugada.[35] O que *Wagner* ou o capitão poderiam fazer com ela permanece no campo das conjecturas. Fica a hipótese de que os militares, como pelo menos um oficial do CIE, tivessem a granada como arma defensiva diante de um eventual ataque.

(Na plateia havia dois agentes do DOI com a missão oficial de acompanhar o espetáculo. Também estava lá o filho do coronel Cerqueira, um jovem interessado em música.)[36]

---

[33] Depoimento do engenheiro do Riocentro Luis Eduardo de Almeida Fontes ao MP.

[34] Na maioria dos depoimentos tomados no primeiro IPM e nos trabalhos de 2014 do Ministério Público informa-se que a bomba da casa de força explodiu depois da do Puma. O segurança Magno Braz Moreira e o engenheiro Luis Eduardo de Almeida Fontes ofereceram ao MP testemunhos sólidos. O primeiro teria visto o carro danificado e presenciado a segunda explosão. O segundo presenciou a segunda explosão já sabendo da primeira. De acordo com o *Relatório do Riocentro*, a segunda explosão ocorreu cerca de trinta minutos depois da primeira.

[35] A existência dessa granada foi registrada na ocasião pelo comandante do DOI, tenente-coronel Julio Molinas, em seu diário. José Casado, "Riocentro: documentos revelam que Figueiredo encobriu o atentado", *O Globo*, 30 de março de 2014.

[36] Depoimento dos coronéis Edson Lovato, Leo Frederico Cinelli, do sargento da FAB Carlos Henrique de Melo ao MP e do soldado PM Hirohito Peres Ferreira ao primeiro IPM, de 1981. Para o filho de Cerqueira, Chico Otávio, *O Globo*, 30 de maio de 1999.

A hipótese da explosão no estacionamento, num local próximo ou distante das portas, seria uma variante letal da proposta levada um ano antes ao *Doutor Fábio* no DOI. No primeiro projeto, de abril de 1980, pretendia-se "sacanear" o show com o corte de luz e pregos espalhados no estacionamento. No seguinte, substituíram-se os pregos pela bomba.[37] As cartas-bomba que oito meses antes, em agosto, mataram Lyda Monteiro da Silva e amputaram o braço de um funcionário da Câmara Municipal, indicam que os terroristas haviam mudado de patamar, planejando atentados que certamente fariam vítimas. O do Riocentro se enquadra nessa tendência.

Passados 34 anos, estabeleceu-se uma conexão direta entre o atentado do Riocentro e o da OAB, ocorrido sete meses antes. Em 2015, a pesquisadora Denise de Assis, da Comissão da Verdade do Rio de Janeiro, localizou uma pessoa que trabalhava no andar da presidência da Ordem e que reconheceu o cidadão que deixou na sala de Lyda Monteiro da Silva o envelope que continha a carta-bomba. Era o sargento Magno Cantarino da Silva, o *Guarany* da seção de operações do DOI do I Exército.[38] Ela o reconheceu a partir de uma fotografia feita na madrugada de 1º de maio. Ele estava diante do Puma destruído, com o cadáver do sargento ainda no banco do veículo. Três outros militares ouvidos por Denise de Assis também incriminaram *Guarany*. Informações adicionais indicam que a bomba da OAB fora confeccionada pelo agente *Wagner* e a operação, concebida pelo tenente-coronel Freddie Perdigão Pereira.

A relação entre os dois sargentos do DOI ia além da convivência funcional. Eram compadres e até mais que isso. Depondo ao Ministério Público, Sueli José do Rosário, viúva de *Wagner*, revelou que seu marido era amante da mulher de *Guarany*.

O atentado do Riocentro entrou para a história com uma capa de mistério e suspeitas alimentadas pela versão absurda que os comandantes militares impuseram ao país. Se há conjecturas, todas, inclusive a

---

[37] José Casado, *O Globo*, 30 de março de 2014. IPM do general Sérgio Conforto, pp. 783 e segs. Para "sacanear", entrevista do coronel Romeu Antonio Ferreira ao *Jornal do Brasil*, 3 de abril de 2004; e depoimento do coronel Romeu Antonio Ferreira, chefe de operações do DOI, ao Ministério Público, em 2014, <http://www.prrj.mpf.mp.br/institucional/crimes-da-ditadura/atuacao-1/caso-riocentro-integra-de-audios-de-depoimentos-colhidos-pelo-mpf/depoimento-romeu-antonio-ferreira-1-2/view>.

[38] Chico Otávio, "Agente do DOI foi responsável pela carta-bomba da OAB", *O Globo*, 11 de setembro de 2015.

da carnificina, têm mais plausibilidade do que as conclusões do relatório do coronel Job.

Golbery achava que um dia o capitão Wilson Machado contaria o que houve. Mantido no Exército, chegou a coronel. Na reserva, tornou-se funcionário celetista contratado pela Força, facilidade oferecida a poucos oficiais. Em 2014, depondo ao Ministério Público, manteve o núcleo de sua versão, distanciando-se do sargento:

— Chegando ao estacionamento eu disse que queria fazer xixi. (...) Fechei o carro, saí e fiz xixi. (...) Quando eu estava dando ré... (...) Eu achava que tinha estourado o motor do carro. (...)
— *Wagner* estava com alguma coisa na mão quando voltou para o carro?
— Não me lembro, não sei te dizer. Não me recordo. Não sei.[39]

Com esse simples "não sei", dito décadas depois, Machado dissociou-se cautelosamente da versão oficial, segundo a qual "alguma coisa" fora colocada no carro por terceiros.

O atentado do Riocentro foi um desastre tanto no planejamento (o pavilhão tinha gerador) quanto na operação (a bomba explodiu no colo do sargento). Entrou para a crônica dos fracassos do terrorismo mundial. Em 1969, dois militantes da ALN morreram em São Paulo quando explodiu a carga que transportavam num carro. Dois anos depois, outra militante teve a mão amputada por uma bomba caseira.[40] Em 1970, dois militantes do grupo Weather Underground morreram no Greenwich Village quando montavam uma bomba. Em 1972, o editor italiano Giangiacomo Feltrinelli explodiu em Milão, quando tentava dinamitar uma torre distribuidora de energia. Em 2014, um mestre de explosivos do grupo islâmico ISIS morreu em Bagdá, enquanto lecionava o manuseio de uma bomba, matando seus 21 alunos.[41]

---

[39] Depoimento do coronel Wilson Machado ao MP.
[40] Para a explosão do carro e a mão da militante, *Quedograma*. AA.
[41] FoxNews: <http://www.foxnews.com/world/2014/07/22/baghdad-suicide-bombing/>.

A bomba do capitão Wilson racharia a estrutura do palácio do Planalto.

As dificuldades da economia nacional, o início da recessão americana e as tensões inerentes ao exercício da Presidência num país que mudara cobravam seu preço a Figueiredo. Ele sucedera dois generais que mediam as palavras e evitavam posturas folclóricas. Sua máquina publicitária tentara transformá-lo num simples "João", um homem comum. Qualquer João seria capaz de dizer a um deputado que "se me trouxerem um nome capaz (...) eu exonero o Simonsen e nomeio a pessoa indicada". Na essência, a frase não queria dizer nada, até porque ele já a dissera na presença do ministro.[42] Contudo, a frase fora a espoleta da saída de Simonsen do ministério. O incidente de Florianópolis, quando o general foi para a rua bater boca com manifestantes, indicava que seu pavio estava curto. Mesmo em ocasiões avulsas, soltava observações que ecoavam a do "cheiro de cavalo": "Não falo sobre a política. Tenho raiva de política".[43]

O cavalariano atlético voltara a padecer de dores numa perna (um estiramento radicular, com consequente neurite no nervo crural) e num joelho (artrose).[44] Sua irascibilidade e o caráter errático de suas explosões já haviam levado Golbery, Heitor e o general Octavio Medeiros a se reunirem em abril de 1980, antes mesmo do atentado do Riocentro. Desse encontro sobreviveu um resumo, intitulado por Heitor Ferreira de *Fase de Segurar o PR*. Combinaram que formariam um grupo para filtrar as questões que seriam levadas a ele.

Nos assuntos realmente vitais, ou nos que degenerarem em crise forte, buscarão, em conjunto e insistentemente, uma decisão de N.[45]

---

[42] Uma folha sem timbre, do SNI, de 9 de agosto de 1979, com a interceptação de uma conversa telefônica de Simonsen, provavelmente com Golbery. APGCS/HF.
[43] *O Estado de S. Paulo*, 8 de novembro de 1980.
[44] *Diário de Heitor Ferreira*, 4 de julho de 1981. APGCS/HF.
[45] "N" é a abreviatura de "Nabuco", apelido dado a Figueiredo, havia anos, por Heitor. Nota de Heitor Ferreira, de 8 de abril de 1980. APGCS/HF.

Essa decisão será discutida com N. para que fiquem claras dificuldades, consequências e reações. Uma vez nítida a decisão, frente única em formação de elefantes em linha, para evitar um recuo, sobretudo barrando caminho do apelo sentimental ou a anulação por explosão emocional.[46]

Devido a uma nomeação, o irmão mais velho do presidente brigara com ele. Guilherme Figueiredo era um teatrólogo de algum brilho. Em 1964, substituíra o pintor Di Cavalcanti, nomeado para a função de adido cultural em Paris, e ganhara simpática notoriedade ao dizer que João Baptista deveria mudar o nome da granja do Torto para granja do Direito. Numa nota, elogiou "a boa fé e o espírito democrático" do irmão, acrescentando: "Receio, porém, que as esmaguem os interesses e ambições de outras pessoas que o cercam".[47] Em seguida, num artigo intitulado "O cerco", o jornalista Luis Alberto Bahia, amigo de Guilherme, mencionou a existência de uma trama destinada a levar o general Octavio Medeiros à Presidência da República. Heitor Ferreira remeteu uma cópia a Golbery, anotando: "O Bahia estragou tudo".[48]

O estrago seria maior. Numa discussão com Medeiros, Golbery explodiria: "Vocês pensam que vão controlar o país cometendo crimes e encobrindo seus autores, mas estão enganados. Vão ser postos daqui para fora com um pé na bunda".[49] Medeiros estava em "formação de elefantes em linha", mas, depois do Riocentro, Figueiredo e ele iam numa direção. Golbery, em outra.

Para uma raposa como José Sarney, presidente do partido do governo, isso ficara claro em poucos dias. Ulysses Guimarães, Tancredo Neves, Leonel Brizola, Ivete Vargas e Lula reuniram-se com ele e os presidentes da OAB e da ABI para fixar uma linha de união nacional. Produziram uma ata, oferecendo a Figueiredo não só solidariedade, mas apoio para conter

---

46 Uma folha manuscrita de Heitor Ferreira, de 8 de abril de 1980. APGCS/HF.
47 Três folhas datilografadas com texto de Guilherme Figueiredo, de 28 de maio de 1980. APGCS/HF.
48 Recorte do artigo "O cerco", de Luis Alberto Bahia, *Folha de S.Paulo*, de 20 de maio de 1980, com anotação de Heitor Ferreira a Golbery. APGCS/HF.
49 Golbery do Couto e Silva, 1984.

o terrorismo. O presidente do PDS foi ao general, mostrou-lhe o documento e perguntou-lhe a quem deveria entregá-lo. "Ao Medeiros", respondeu Figueiredo. "Então, vi que a coisa não estava boa. Ainda assim, entreguei-o ao Golbery." A coisa realmente não estava boa. Tendo-o recebido, Golbery mandou-o a Figueiredo. O presidente limitou-se a rubricá-lo.[50]

Para um vidente como o médium Luis Carlos Pirajá, de Teresina, que dizia ter recebido uma mensagem do monge russo Rasputin, Golbery corria o risco de "desencarnar" antes do fim do governo, por excesso de "energias fluídicas". O general anotou na carta que Pirajá lhe mandara: "Heitor, chama correndo o Rasputin".[51]

Depois da divulgação das conclusões do IPM do Riocentro, Golbery chamou Heitor Ferreira à sua sala. Heitor registrou em seu diário:

> [GOLBERY] Disse-me que depois da sesta vai terminar de rabiscar o negócio e me chama para lermos juntos. Depois passa a limpo e dá-me para tirar uma xerox. E aí, racionalizou:
> — Quero que fique com você, porque aí serão duas pessoas a saber e com você é mais seguro que comigo, caso me aconteça alguma coisa (de saúde! pelo que entendi); e é preciso que eu tenha essa cópia, por algum tempo, por dois motivos: primeiro porque posso querer saber exatamente o que eu disse, com precisão, sem dar margem a discussões, para um segundo lance, em que eu precise fazer referências; segundo (e foi enfático), como defesa! Posso ter que me defender!
> Eu disse: Ao que entendo, o objetivo desse papel é influir no comportamento futuro do presidente, não é isso? Para que nestas próximas semanas as decisões dele levem em conta uma posição sua muito clara, não é isso?
> É.[52]

---

[50] Quatro folhas da reunião interpartidária com a OAB e a ABI, com anotações manuscritas de Sarney e Golbery. APGCS/HF. José Sarney, 1988 e 1991.
[51] Carta de Luis Carlos Pirajá a Figueiredo, de 27 de junho de 1981. No entendimento do médium, "desencarnar" significava morrer. APGCS/HF.
[52] *Diário de Heitor Ferreira*, 3 de julho de 1981. APGCS/HF.

Não era. Prontas as cópias, Golbery perguntou qual seria a melhor hora para mandar o envelope e anotou o número do telefone capaz de ligá-lo com o ajudante de ordens de Figueiredo, na granja do Torto.

No dia seguinte, um sábado, Heitor telefonou para o Torto e um capitão informou-o de que por volta das dez e meia da manhã chegara um documento confidencial, enviado por Golbery. O médico de Figueiredo confirmou que um agente de segurança entregara um papel do Golbery, "parece que manuscrito", enquanto o presidente era examinado pelo neurocirurgião Paulo Niemeyer. "A ver, amanhã, se o presidente diz algo a ele", anotou Heitor.[53]

Na carta, "estritamente pessoal — confidencial", Golbery foi duro ao comentar as conclusões do IPM do coronel Job: "Exagero, o seu tanto ridículo, foi a tentativa de apresentar os dois participantes como vítimas de criminosos desconhecidos e embuçados...". Lembrou "a convicção generalizada" do "envolvimento certo dos dois militares na prática de ação terrorista frustrada, mas altamente temerária". Até aí, podia haver um simples juízo. No parágrafo seguinte, o general tocou o nervo:

> Quem sabe, como nós, com base em informações de fonte altamente fidedigna (...), que tal convicção tem fundamento real mesmo — problema muito mais grave e que não é apenas um problema de consciência, exige decisão lastreada no conhecimento da verdade dos fatos.

(O general Medeiros dissera-lhe que "o Riocentro tinha sido coisa do Coelho Netto".)[54]

Golbery associou as "ações terroristas" saídas dos DOI a um "núcleo de governo paralelo", ligado a uma rede que se estendia "não se sabe até que níveis superiores dos escalões governamentais". Apontou para "órgãos mais

---

53 Idem, 4 de julho de 1981. APGCS/HF.
54 Essa informação foi dada por Golbery em março de 1985. Sua frase completa foi a seguinte: "O Medeiros disse que o Riocentro foi coisa do Coelho Netto, mas hoje em dia não sei se ele realmente tinha elementos para dizer aquilo. O fato é que ele disse".

vinculados à Presidência (...), de alguma forma envolvidos, uma vez que o simples saber ou mesmo desconfiar da intenção da prática de atos delituosos (...) implica, em muitos casos, certa dose de responsabilidade pessoal".

Dizendo que "algo precisa e deve ser feito", propôs a extinção "dos chamados DOI-CODI", bem como uma "discreta remontagem" do CIE.[55]

Golbery não pretendia mais influir no governo. Isso fica claro na abertura e no fecho da carta. Nem "prezado", nem "caro", simplesmente "Presidente". Nem "atenciosamente", muito menos "cordialmente", apenas "Golbery". Era uma carta de rompimento.

O general não deu nenhuma pista a estranhos. Continuou cuidando de seu serviço e comparecendo ao Planalto. À saída de uma festa de casamento, divertiu jornalistas cantarolando uma música celebrizada por Chiquinha Gonzaga:

Tão longe de mim distante
Onde irá?
Onde irá?
Meu pensamento.

Despediu-se em francês: *"Je m'en vais"*.[56]

Figueiredo e Medeiros estavam em formação de elefantes. Não só acobertariam a autoria do atentado, como mostrariam em que direção marchavam. Confirmando informações que já circulavam em Brasília, o general Coelho Netto foi nomeado para a chefia do gabinete do ministro Walter Pires. Essa escolha mostrou a Golbery que a opção estava feita e ele se demitiu no dia 5 de agosto, um mês depois da chegada de sua carta a Figueiredo. Dessa vez endereçou-lhe um texto sibilino no qual se referiu a "posições já expressamente referidas, consumando atos facilmente previsíveis em face dos antecedentes conhecidos", e a motivos de "foro íntimo

---

[55] Cinco folhas manuscritas de Golbery a Figueiredo, de 4 de julho de 1981. Figueiredo jamais reconheceu ter recebido essa carta. A narrativa de Heitor Ferreira desmente essa possibilidade.
[56] *Jornal de Brasília*, 7 de agosto de 1981.

— objeto, na verdade, de confidência que me foi permitido fazer-lhe há muitos dias". Dirigiu-se ao "prezado chefe e amigo", despediu-se com "cordiais saudações", mas bateu a porta pedindo que fosse dispensado da transmissão do cargo. Nunca mais se veriam.

Golbery recolheu-se ao sítio que comprara em Luziânia, a cinquenta quilômetros de Brasília. Lá, pela primeira vez na vida, conseguiu arrumar direito sua biblioteca. Pouco depois, tornou-se diretor do Banco Cidade, de seu amigo Edmundo Safdiê, ocupando uma sala no primeiro andar de sua agência, no Plano Piloto.

Antes de chegar à metade de seu mandato de seis anos, o presidente que assumira com Golbery, Simonsen e Petrônio Portella formando o núcleo central do governo, perdera os três. Figueiredo levou para o Gabinete Civil o professor João Leitão de Abreu, que lá estivera durante o governo Médici. Leitão fora nomeado ministro do Supremo Tribunal Federal por Geisel e desaparecera no silêncio da Corte. Tinha 68 anos. Era um gaúcho discreto, taciturno mesmo. Não há notícia de que em Brasília alguém o tratasse por "João", ou mesmo "Leitão". Era o "Dr. Leitão", inclusive para Figueiredo.[57] Se Golbery era reservado mas apreciava a mitologia que se formara em torno de sua figura, Leitão nem isso. Um cultivava o silêncio por sua formação de oficial de informações. O outro tinha a inescrutabilidade dos juízes. Cunhado do general Lyra Tavares, fora o consultor jurídico da Junta Militar que reescrevera a Constituição durante a crise de 1969. Médici entregara-lhe o comando da administração civil num governo gerido por um triunvirato no qual Delfim comandara a economia e o general Orlando Geisel, os quartéis. Assim como sucedera em 1969, quando chegou ao Planalto depois de um período de desordem, retornava na crista de uma crise. Dele nunca

[57] Anotações de Figueiredo a Leitão de Abreu em: uma folha enviada por José Sarney; um pedido de audiência do deputado Joel Ferreira em 1982; uma carta de Paulo Lustosa, de 10 de março de 1983; um telex de Adroaldo Ferreira, de 20 de junho de 1983; e em telegramas do deputado Ademar Ghisi, de 12 de janeiro, de Jânio Quadros, de 26 de maio de 1982, e num telegrama da Pastoral da Terra, de 23 de setembro de 1983. APGCS/HF.

saíram indiscrições, sequer reminiscências. Nem do governo nem do Grêmio de Porto Alegre, clube de futebol que presidira em 1960. Fez poucas mudanças na burocracia, anunciou nenhuma.

Leitão de Abreu tornou-se a quilha que manteve o navio à tona. Transformou o Gabinete Civil e suas relações com Figueiredo numa fortaleza. Distanciou-se dos chamados "ministros da Casa", inclusive do chefe do SNI. A porta de seu gabinete era controlada pela agenda, ninguém entrava sem marcar hora.[58]

A primeira encrenca chegou-lhe um mês depois de seu retorno ao Planalto. Estava em Porto Alegre e Figueiredo fazia uma visita ao Rio, hospedado na residência da Gávea Pequena. Havia dias sentira dores no peito. Fazia muito calor, ficou indisposto, mas fez sua ginástica. Na hora do almoço as dores voltaram. Às 15h30, uma ambulância deixou Figueiredo no Hospital dos Servidores do Estado. Entrou de maca, com o rosto coberto.[59]

Às 18h30 o general Octavio Medeiros redigiu uma nota:

1 - Na tarde de hoje o Presidente sofreu pequena indisposição.
2 - Atendido por uma equipe do HSE, constatou-se ligeiro distúrbio cardiovascular.
3 - Está recolhido ao HSE, para observação, sob rigoroso controle.
4 - O caso clínico não apresenta gravidade.
5 - Não se pode precisar o número de dias que durará a internação (...).[60]

Salvo o quinto item, era tudo mentira. Duas horas depois, uma nova nota oficial admitiu que Figueiredo sofrera um "enfarte do miocárdio de parede diafragmática" e informou que ele ficaria internado por pelo menos quarenta dias. Nenhuma palavra sobre a sua substituição.

---

58 Carlos Chagas, "Planalto não se entende e governo para", *O Estado de S. Paulo*, 20 de fevereiro de 1983; e *Jornal do Brasil*, "Coluna do Castello", 15 de novembro de 1992.
59 *O Globo*, 19 de setembro de 1981; e *Veja*, 23 e 30 de setembro de 1981.
60 Manuscrito do general Octavio Medeiros. No original, o quinto item foi riscado, mas na versão pública foi mantido. APGCS/HF.

Ao chegar ao hospital, o porta-voz do Planalto descartou a necessidade de o vice-presidente, Aureliano Chaves, assumir.[61] Na mesma linha foi o ministro da Educação, general Rubem Ludwig, que estivera com Figueiredo na Unidade de Terapia Intensiva.[62] Medeiros queria adiar a decisão por alguns dias.[63]

Enquanto a representação do general Walter Pires contra o deputado Genival Tourinho ecoara a provocação militar de 1968 diante do discurso de Marcio Moreira Alves, os momentos seguintes ao enfarte de Figueiredo ecoaram a trapaça de 1969 diante da isquemia cerebral de Costa e Silva, quando o vice-presidente, Pedro Aleixo, foi mandado para casa pelos ministros militares. O sistema circulatório do marechal explodira no 896º dia de governo; o de Figueiredo, no 918º.[64] Mas o país mudara.

Depois do Riocentro, não convinha mais ao general Pires discutir as insinuações de Genival Tourinho. Em 1969, protegido pela censura, o marechal entrevado fora escondido nos palácios da Alvorada e Laranjeiras; Figueiredo estava num hospital público e médicos do HSE já haviam contado que ele enfartara. Mesmo assim, Aureliano Chaves dormiu naquela noite sem saber seu futuro. O governo demorou 24 horas para informar que o vice-presidente assumiria nos dias seguintes. Leitão de Abreu retornara de Porto Alegre, reunira-se com a junta médica que assistia Figueiredo e com os ministros militares e anunciara a substituição. À saída, o general Pires foi categórico: "Assume porque é o vice-presidente. Isso de vice-presidente não assumir é uma tradição que tem de ser quebrada".[65]

O "ligeiro distúrbio cardiovascular" mencionado inicialmente por Medeiros levou o presidente à Clínica Cleveland, nos Estados Unidos. Havia uma coronária inteiramente obstruída, mas, como as outras esta-

---

61 *O Estado de S. Paulo*, 18 de setembro de 1981.
62 *Veja*, 23 de setembro de 1981.
63 Idem, 30 de dezembro de 1981.
64 Costa e Silva assumiu no dia 15 de março de 1967 e teve o primeiro sinal de isquemia no dia 27 de agosto de 1969.
65 *Jornal do Brasil*, 20 de setembro de 1980; e *Veja*, 30 de setembro de 1980. A "tradição" ia na direção oposta desde 1891: sete vice-presidentes haviam assumido rotineiramente e João Goulart, depois de uma crise, com o regime mudado. Só Pedro Aleixo fora liminarmente impedido, em 1969.

vam limpas, ele regressou sem que fosse necessária uma cirurgia. Ao seu estilo, dizia que estava de coração novo e, portanto, "preciso de mulher nova".[66] O general reassumiu a Presidência em novembro, depois de seis semanas de ausência.

A partir do dia em que Figueiredo enfartou, Ernesto Geisel passou a defender reservadamente sua renúncia.[67] Ele sabia que pusera um cardiopata na Presidência e acreditara que Aureliano na vice seria uma salvaguarda eficaz. Enganara-se. Ao contrário do marechal Castello Branco, que, supondo ter sofrido um enfarte, dissera que nesse caso renunciaria no dia seguinte, Figueiredo jamais pensou em renunciar. Além disso, suas relações com o vice-presidente eram cordiais, porém tensas. Como o general, o engenheiro Aureliano Chaves tinha pavio curto. À diferença dele, tinha uma estampa imponente e era obsessivamente formal. Em dois anos, tornara-se um estranho no ninho e queixava-se por não ser ouvido.[68] Minúcias da política mineira, manobras eleitorais e a extinção dos velhos partidos afastaram-no de Golbery; os grandes números da economia, de Delfim; desconfianças palacianas, de Heitor Ferreira.[69] Figueiredo dera-lhe funções práticas entregando-lhe a direção de uma Comissão Nacional de Energia, onde deveria coordenar as políticas de dois ministérios, da Petrobras e dos militares do Conselho de Segurança. Tarefa impossível, definhou. Para militares radicais, Aureliano tinha uma cicatriz: em 1968, sendo do partido governista, votara na Câmara contra o pedido de licença para que se processasse o deputado Marcio Moreira Alves.

Na sua última semana de interinidade, o vice-presidente mandou-lhes um sinal. Havia dois padres franceses presos e o governo discutia sua expulsão do país.[70] Pela praxe, bastava seguir o procedimento administrativo do Ministério da Justiça, colocá-los no avião e estava encerrado

---

[66] *Veja*, 28 de outubro de 1981. Em 2012, a empresária Myrian Abicair revelou ao repórter Jorge Bastos Moreno que em 1982 começara um caso com Figueiredo que se estendeu por três anos. "Empresária relembra passado ao lado do general Figueiredo", *O Globo*, 4 de dezembro de 2012.

[67] Humberto Barreto, 2014.

[68] *O Estado de S. Paulo*, 17 de março de 1981.

[69] Bilhete de Heitor Ferreira ao general Octavio Medeiros, de 17 de março de 1981: "Se sair briga de novo, um dia, com o vice, não será por minha causa, como da outra vez!". APGCS/HF.

[70] Notas do general Octavio Medeiros das reuniões de 28 e 29 de setembro, de 5 e 6 de outubro e de 3 de novembro de 1981. APGCS/HF.

o assunto. Aureliano pisou no freio. Despachou o caso reconhecendo a gravidade "em tese" do crime de subversão de que eram acusados, mas determinou que se esperasse pela "sentença definitiva".[71] A comunidade de informações tinha outra crise no forno, queimando-a.

---

[71] Xerox do despacho de Aureliano Chaves, de 5 de novembro de 1981. APGCS/HF. Os padres Aristides Camio e François Gouriou ficaram presos até dezembro de 1983, quando o Superior Tribunal Militar mandou soltá-los por terem cumprido uma pena imposta pela auditoria militar. O governo reabriu o processo sumário de expulsão e em seguida recuou. *Folha de S.Paulo*, 23 de dezembro de 1983.

Baumgarten

Omar deixou um corpo na praia da Macumba, no Recreio dos Bandeirantes, Zona Oeste do Rio de Janeiro. Os documentos no bolso de sua bermuda informavam que era de Alexandre von Baumgarten, um jornalista de 52 anos mais conhecido por seu círculo de relações militares do que por seu desempenho profissional. Ele desaparecera no dia 13 de outubro de 1982. Saíra com a mulher para uma pescaria na altura das ilhas Cagarras e nunca mais foi visto. Nem a mulher, nem o barqueiro, nem a traineira *Mirimi*.

Baumgarten trabalhara na Rede Globo e fora diretor da VASP. O jornal clandestino *Venceremos*, da ALN, já o citara como um dos exemplos do "processo de acanalhamento da imprensa burguesa".[1] Golbery soubera que ele se apresentava como marido de uma sobrinha de Geisel.[2] Bicava, ora organizando bocas-livres de jornalistas franceses no Brasil, ora tentando ressuscitar publicações agonizantes.[3] Vivia acima de suas posses

---

[1] *Venceremos*, jun-jul de 1971. AA.
[2] Conversa de Golbery com Geisel, 3 de dezembro de 1973. APGCS/HF.
[3] Para os jornalistas franceses, general Newton Cruz, 1º de junho de 1997.

e ostentava o título de "superintendente das sucursais" da revista *Defesa Nacional*, que não tinha sucursais. Gentil no trato, era agressivo nos textos. Denunciava a infiltração comunista na imprensa, intermediava contatos com o SNI e havia anos tentava resgatar da falência a revista *O Cruzeiro*.[4] A ideia era banal: o governo botaria dinheiro na empresa e o Serviço torceria os braços de agências de publicidade conseguindo-lhe anúncios. O projeto fora detonado por Golbery, mas Baumgarten persistiu. Apoiado pelo Serviço, assumiu a direção da revista e a recolocou nas bancas em setembro de 1979.

No dia 28 de janeiro de 1981, o jornalista datara dois textos. Um era um dossiê, sobre a *Operação O Cruzeiro*, com 21 documentos. A mão, sobrescrevera-o:

> Este envelope, que vai devidamente lacrado, só deve ser aberto pelo destinatário no caso de que venha a ocorrer a morte de Alexandre von Baumgarten (ou de algum de seus familiares), ou então por solicitação expressa. No primeiro caso, os documentos aqui contidos devem ser amplamente divulgados.[5]

O primeiro texto do dossiê informava:

> Nesta data é certo que a minha extinção física já foi decidida pelo Serviço Nacional de Informações. A minha única dúvida é se essa decisão foi tomada em nível do ministro-chefe do SNI, general Octavio Aguiar de Medeiros, ou se ficou no nível do chefe da Agência Central do SNI, general Newton Araujo de Oliveira e Cruz.

---

[4] *Apreciação Sumária*, do SNI, de 6 de outubro de 1975, citando um artigo de Baumgarten publicado no *Diário de Brasília*. APGCS/HF. José Papa Jr., 6 de dezembro de 1999; e *Defesa Nacional*, jan-fev de 1978.
[5] *Veja*, 2 de fevereiro de 1983.

Baumgarten recebera 9 milhões de cruzeiros do SNI e 18 milhões de cruzeiros de três empreiteiras, mas acumulara cerca de 100 milhões de cruzeiros em dívidas. Fracassado, com três pedidos de falência ajuizados, enviou seu dossiê ao general Octavio Medeiros com um pedido de ajuda "para evitar o pior".[6] Era uma narrativa de uma operação comercial fracassada, conduzida em consórcio com o SNI.

O outro texto, datado na primeira página, era um *roman a clef* intitulado *Yellow cake*. Esse era o nome da pasta de urânio a partir da qual inicia-se o complexo e custoso processo de seu enriquecimento. Três semanas antes o governo brasileiro assinara um acordo de cooperação nuclear com o Iraque.[7] Citando Medeiros pelo nome, misturava suas tentativas de obter dinheiro para a revista com uma trama na qual o Serviço Secreto israelense utilizara o general na montagem de uma operação de fornecimento de pasta de urânio para o projeto de fabricação de uma bomba atômica pelo Iraque. A transação serviria de pretexto a Israel para bombardear o reator de Saddam Hussein.[8] Como esse ataque de fato ocorreu em junho, cinco meses depois do início da redação do romance, é certo que Baumgarten continuou trabalhando nele.[9]

O programa nuclear paralelo era uma das meninas dos olhos do general Medeiros, e as relações com o Iraque haviam se transformado numa prioridade para o governo. O país fornecia 40% do petróleo importado pelo Brasil e era grande comprador de veículos, alimentos, serviços e armas, inclusive blindados leves.[10] Entre 1971 e 1980, o intercâmbio entre os dois países saltara de 40,8 milhões para 4 bilhões de dólares.[11] Nas 474 papeletas que o chefe do SNI preencheu durante as reuniões de trabalho no Planalto, do início do governo ao fim de janeiro de 1983, há mais referências ao Iraque

---

6 Idem; e carta de Baumgarten ao general Octavio Medeiros, de 14 de janeiro de 1981. Dessa carta seguiu uma cópia para o general Newton Cruz, chefe da Agência Central do SNI. Baumgarten guardou os recibos postais de remessa e entrega de ambas. AA.
7 Roberto Lopes, *Rede de intrigas*, p. 123.
8 *Veja*, 29 de maio de 1985.
9 O manuscrito de *Yellow cake* foi publicado pela editora Três em 1985 e pode ser encontrado no endereço <http://www.consciencia.org/docs/yellowcake.pdf>.
10 Sérgio Barcelos, agosto de 2014.
11 *Informação para o Presidente da República*, de 26 de agosto de 1982, do chanceler Ramiro Guerreiro, <https://digitalarchive.wilsoncenter.org/assets/media_files/000/007/781/7781.pdf>.

do que aos Estados Unidos. As menções a assuntos nucleares são cerca de 76. Pelo menos onze relacionavam-se com o Iraque e uma delas referia-se a um "acordo" por "canal não diplomático".[12] Para a embaixada do Brasil em Bagdá fora designado um general de exército.[13]

Saddam Hussein vinha desenvolvendo um ambicioso programa nuclear. Comprara um reator da França e fizera acordos com Índia, China e Itália.[14] Do Brasil, compraria vinte ou trinta toneladas de pasta de urânio (o *yellow cake*).[15] Havia megalomania no projeto. A certa altura, os iraquianos pensaram em construir uma usina de beneficiamento na Etiópia, país com boa reserva do mineral. Uma equipe brasileira chegou a cuidar desse assunto.[16] Na corrente, estava o empresário paulista José Luis Withaker, dono da Engesa, poderosa fabricante de armas. Numa reunião com Golbery, Heitor Ferreira registrou que o empresário estava "negociando artefato".[17] Numa conversa com o embaixador Paulo Tarso Flecha de Lima, o próprio Saddam pedira calma: "Diga ao Sr. Whitaker para não vir nos oferecer algo que não tem".[18]

O jogo acabou em sessenta segundos, quando oito jatos israelenses destruíram o reator de Saddam. Por sorte, os técnicos brasileiros que lá trabalhavam estavam de folga.[19] Medeiros, que fora adido militar em Tel-Aviv, embarcou discretamente para Paris a fim de conversar com os israelenses. Em seguida, foi a Bagdá e garantiu a Saddam Hussein que a colaboração prosseguiria.[20]

---

12 Coleção de papeletas preenchidas pelo general Octavio Medeiros, de abril de 1979 a novembro de 1982, durante as reuniões das nove e das quinze horas no Planalto. A referência ao "acordo" por "canal não diplomático" é da reunião vespertina de 19 de julho de 1979. APGCS/HF.
13 General Samuel Alves Correa.
14 K.R. Timmerman, *The death lobby*, p. 58.
15 Depoimento do general Octavio Medeiros ao CPDoc. A negociação nuclear com os iraquianos está alinhavada num documento "secreto — exclusivo" do chanceler Ramiro Guerreiro a Figueiredo, de 19 de setembro de 1979, <http://digitalarchive.wilsoncenter.org/document/116869>. A conexão Brasil-Iraque nesse período está competentemente narrada por Roberto Lopes em seu livro *Rede de intrigas*, inclusive no aspecto do comércio de armas.
16 Paulo Nogueira Batista, março de 1990; e *Jornal do Brasil*, 12 de agosto de 1990.
17 Seis folhas de bloco com notas da reunião ocorrida no dia 8 de outubro de 1979. APGCS/HF.
18 Paulo Tarso Flecha de Lima, 1985.
19 Roberto Lopes, *Rede de intrigas*, pp. 146-7.
20 *Jornal do Brasil*, 12 de agosto de 1990.

O corpo achado na praia da Macumba foi para o Instituto Médico-Legal, onde foi reconhecido por um oficial do I Exército e pela filha. A *Folha de S.Paulo* noticiou que, segundo a autópsia, Alexandre von Baumgarten morrera afogado.[21] O jornalista entregara cópias de seu dossiê a, pelo menos, três amigos. Além disso, fizera chegar ao Planalto um conjunto de documentos com suas queixas comerciais.

Três meses depois de seu sepultamento, o repórter Xico Vargas foi à delegacia da Barra da Tijuca e pediu a documentação relativa ao corpo achado na praia da Macumba. Num saquinho de plástico estavam duas balas de pistola automática.[22] Ele tomara dois tiros na cabeça e um no abdômen. Publicada a reportagem pela revista *Veja*, Xico recebeu um telefonema de um desconhecido, marcou encontro num restaurante e recebeu um envelope pardo. Sua reportagem "O dossiê do jornalista desaparecido" chegou às bancas no último domingo de março de 1983.

Não foi a *Operação O Cruzeiro* que provocou a morte de Baumgarten. A *Operação* seguira seu curso inexorável e o negócio faliu em 1981, um ano antes do assassinato do jornalista. Ele continuou trabalhando no texto do *Yellow cake*. Mais tarde, quando apareceu uma cópia, tinha 87 páginas. Baumgarten sabia muito, falava demais e estava escrevendo o livro.

A traineira *Mirimi* fora interceptada em mar aberto. Os passageiros do segundo barco, onde havia conhecidos do jornalista, fizeram o transbordo e fuzilaram Baumgarten, sua mulher e o barqueiro. Num lance imprevisto, ao ser atingido, Baumgarten caiu na água e afundou. Em 2014, o coronel Paulo Malhães, um veterano do CIE, chamou esse episódio de "combate das caravelas".[23] Segundo Malhães, o comandante da operação foi o coronel

---

21 Para a notícia do resgate, "Achado o corpo de Alexandre von Baumgarten", *Folha de S.Paulo*, 28 de outubro de 1982. Para a identificação pela filha, Patrícia, *Folha de S.Paulo*, 26 de janeiro e 7 de fevereiro de 1983.
22 "Um envelope explosivo", *Veja*, de 2 de fevereiro de 1983.
23 Para "combate das caravelas", depoimento do coronel Paulo Malhães a Marcelo Auler e Nadine Borges, em 18 de fevereiro de 2014, para a Comissão da Verdade do Rio de Janeiro, disponível em <www.cev-rio.org.br/wp-content/uploads/2014/05/depoimentomalhaes.pdf>. Para o transbordo, negando a presença de Perdigão na cena, general Newton Cruz, 19 de dezembro de 2003. Para o envolvimento de Perdigão, a narrativa de um oficial cujo nome fica preservado. Tanto o general Newton Cruz como esse oficial asseguraram que Baumgarten conhecia personagens do outro barco.

Freddie Perdigão, do SNI, com o general "Nini" "por trás".[24] (Newton Cruz, o "Nini", foi a júri por essa acusação, feita por um cidadão que dizia ter presenciado o sequestro do jornalista em terra firme e apresentava provas inverossímeis. Foi absolvido.)

No caso do Riocentro, houve na outra ponta uma organização de fachada do Partido Comunista. No de Baumgarten, a trama era endógena. O dossiê alvejou a cúpula do SNI e a posição do general Octavio Medeiros nas muitas armações para a sucessão presidencial. Desde o predomínio da "tigrada" no episódio do Riocentro e no da demissão de Golbery, o nome de Medeiros surgira na imprensa como uma alternativa militar. Envolvido num escândalo de negócios impróprios e diante de um crime em que o chefe de sua Agência Central era acusado por um morto de ter encomendado seu assassinato, o discreto general ganhou a pior das publicidades.

Perdigão ficaria no SNI por mais cinco anos. Refletindo a decadência da máquina, associara-se a contraventores do Rio de Janeiro, abrira uma empresa de segurança, um supermercado, uma revendedora de automóveis e uma importadora. Fornecia espelhinhos para adereços de escolas de samba.[25]

O capitão Heitor Ferreira fizera um percurso diverso. Havia oito anos que, intitulando-se "peão do rei", era mais que um secretário particular do presidente. Na formação do ministério especulara-se sobre sua ida para o primeiro escalão e chegara-se a anunciar que ocuparia um novo cargo: a

---

[24] Depoimento de Paulo Malhães a Marcelo Auler e Nadine Borges, 18 de fevereiro de 2014, para a Comissão da Verdade do Rio de Janeiro, disponível em <www.cev-rio.org.br/wp-content/uploads/2014/05/depoimentomalhaes.pdf>. Malhães fora colega de Perdigão no CIE e em seu depoimento mencionou várias vezes a amizade que os unia.

[25] Para a empresa de segurança, depoimento do coronel Edson Lovato ao MP. Essa empresa servia à Viação Itapemirim, do empresário Camilo Cola. Chico Otávio e Aloy Jupiara, "Bicho cresceu no Rio com ajuda de torturadores", *O Globo*, 6 de outubro de 2013.

Secretaria-Geral da Presidência. Recebera onze telegramas de felicitações, inclusive de Paulo Maluf.[26] O lugar nunca foi criado. Heitor poderia ter sido nomeado ministro. Se Golbery tivesse sido remanejado, gostaria de ter ido para o seu lugar.[27] Mesmo continuando na secretaria particular, tinha as chaves de duas portas, a do presidente e a de Golbery. Costurava alianças políticas e aparava arestas entre ministros. Saíra da sombra, expondo-se nas articulações para eleger o deputado Nelson Marchezan presidente da Câmara na nova ordem partidária. Quando prevaleceu, o colunista Carlos Castello Branco deu-lhe um artigo intitulado "Ao vencedor as batatas".[28] Ajudara a abortar a primeira tentativa de Baumgarten para ressuscitar *O Cruzeiro* avisando a Golbery que "já deu bolo", e vira o bolo que deu quando leu, no palácio, a cópia dos papéis do dossiê do jornalista, meses antes de seu assassinato.[29]

A carreira de Heitor estava no fim. Depois da saída de Golbery do palácio, sua permanência ofendia a lei da gravidade. Na chefia do Gabinete Civil, Leitão de Abreu mantinha-o a uma distância formal. Ostensivamente, não tratava de assuntos relevantes na sua presença.[30] Confinado aos trabalhos da secretaria particular, Heitor cuidava de cartas e banalidades. Chamava o chefe do Gabinete Civil de "Dino", versão compacta de "Dinossauro", e decidira que não pediria demissão. Se Figueiredo quisesse, deveria demiti-lo.[31] Suas relações com o velho amigo estavam destruídas, dissimuladas sob uma capa de fraternidade cerimonial, na qual o presidente ainda o homenageava pelo seu aniversário com um jantar no Alvorada em noite de "vestido longo" para senhoras.[32]

Com tempo livre, Heitor terminou a tradução de uma biografia do chanceler alemão Bismarck.[33] Quando o colunista Ibrahim Sued publicou

---

[26] Maço de telegramas recebidos por Heitor Ferreira. APGCS/HF.
[27] Antonio Carlos Magalhães, início de 1979.
[28] *Jornal do Brasil*, "Coluna do Castello", 28 de fevereiro de 1981.
[29] Heitor Ferreira, fevereiro de 1985.
[30] No dia seguinte ao enfarte de Figueiredo, Leitão de Abreu manteve-se calado na presença dos "ministros da Casa" até que Heitor deixasse o local. *Jornal do Brasil*, "Coluna do Castello", 15 de novembro de 1992.
[31] Bilhete de Heitor Ferreira a Golbery, de 23 de janeiro; e anotação de Heitor Ferreira num documento do PDS, de 2 de agosto de 1983. APGCS/HF. Zózimo Barroso do Amaral, *Jornal do Brasil*, 23 de maio de 1983.
[32] Para o jantar, convite de Figueiredo, de 21 de dezembro de 1981. APGCS/HF.
[33] Alan Palmer, *Bismarck*.

que estava "crescendo capim" na porta de sua casa, mandou o recorte a Figueiredo com uma nota: "Não está não, as ovelhas que o senhor me deu comem-no".[34] Semanas depois perdeu o jardim e a moradia na granja do Riacho Fundo, onde os presidentes Médici e Geisel passavam os fins de semana, fugindo da fornalha do Alvorada.[35] Quando fora para lá, deixando seu apartamento funcional, sinalizara prestígio. A essa altura, Heitor e Golbery comunicavam-se por bilhetes.[36] O Serviço vigiava o escritório do general e interceptava o telefone do médico carioca Guilherme Romano, amigo e hóspede frequente no seu sítio.[37]

Figueiredo demitiu Heitor no dia 5 de outubro de 1983. Pouco antes dissera que "é melhor para ele e para mim... Ele é mais amigo do Golbery que meu", o que era verdade.[38] "Sentou ao lado do Maluf no almoço da Fiesp", o que também era verdade, pois Heitor, como Golbery, estava ostensivamente engajado na candidatura do ex-governador de São Paulo à Presidência da República, e o SNI plotara-o na casa de Maluf em pelo menos uma ocasião.[39] Somados a esses motivos, havia outro, essencial. Um dos ajudantes de ordens de Figueiredo defendera a permanência de Heitor e ele respondera: "Então eu tenho que mandar o Leitão embora!".[40] O chefe do Gabinete Civil colocara a questão em termos de "ele ou eu". O presidente não chamou Heitor para uma despedida, nem voltaram a se ver.

Terminara a explosão do palácio do Planalto. Sem Simonsen, Golbery e Heitor, desapareceram os traços da equipe que Geisel levara para o palácio em 1974. Restava um grupo desconexo, pois Delfim desentendia-se com Leitão e detestava Medeiros, que o detestava. O chefe do SNI não con-

---

[34] Recorte da coluna de Ibrahim Sued, *O Globo*, 20 de novembro de 1981, anotado por Heitor Ferreira. APGCS/HF.
[35] *Relatório Reservado*, de 14 de dezembro de 1981; bilhete de João Berutti Vargas a Heitor Ferreira, de 30 de dezembro de 1981; e *Jornal de Brasília*, 31 de dezembro de 1981. APGCS/HF.
[36] Bilhete de Golbery para Heitor, combinando o que parece ter sido uma ida de ambos a Teresópolis, para visitar Geisel. Provavelmente de maio de 1982. APGCS/HF.
[37] *Informe nos 01820 e 01824*, do SNI, de 22 de março de 1983. APGCS/HF.
[38] *Diário de Heitor Ferreira*, 3 de outubro de 2013. APGCS/HF.
[39] *Síntese dos Informes*, de 2 de maio de 1983. APGCS/HF.
[40] *Diário de Heitor Ferreira*, 4 de outubro de 1983. Um ano depois, Roberto Médici, filho do ex-presidente, contou a Heitor que Leitão de Abreu dera a mesma informação a seu pai. *Diário de Heitor Ferreira*, 27 de novembro de 1984. APGCS/HF.

seguira entender-se com o chefe do Gabinete Civil. Nem Leitão com ele. Figueiredo, que poderia alinhá-los, explodia sem rumo. Ao final de 1983, um visitante do Planalto encontraria na secretária de Leitão de Abreu, atrás de uma pequena mesa na saída do elevador exclusivo dos hierarcas, o único traço de continuidade do governo. Maria de Lourdes Maciel, a "dona Lurdinha", fora sua secretária durante o governo Médici, e Golbery preservara-a. E lá ela continuou.

PARTE IV
A EXPLOSÃO DA RUA

NAS FOTOS DAS PÁGINAS ANTERIORES:
Passeatas e saques em São Paulo, março de 1983
Manifestantes derrubam as grades do palácio dos Bandeirantes

1982, a eleição que muda tudo

Em 1971, durante um seminário na Universidade Yale, as cabeças coroadas da academia internacional discutiram a situação do Brasil. No auge do Milagre e da repressão do governo Médici, falava-se em "mexicanização", "portugalização", "dependência" e "ideologia gerencial dos militares". Todas as construções apontavam para um futuro de estabilidade do regime. O professor espanhol Juan Linz, respeitado estudioso de ditaduras que jamais pusera os pés no país, tomou um caminho diferente. Em primeiro lugar, não via no Brasil um "regime autoritário", mas apenas uma "situação autoritária": "Em termos práticos, um processo onde se misturam administração, manipulação, decisões arbitrárias, mistificações e mudanças frequentes de equipe só poderá ser bem-sucedido enquanto a economia for bem".[1]

Passados doze anos, o Milagre se fora e, pior, a economia não podia ir. O país quebrara, chegando a ser necessário um telefonema de Figueiredo ao presidente Ronald Reagan, pedindo-lhe que o governo americano cobrisse a

---

[1] Juan J. Linz, "The future of an authoritarian situation or the institutionalization of an authoritarian regime", em Alfred Stepan (org.), *Authoritarian Brazil*, pp. 233 e segs.

conta do Banco do Brasil em Nova York. Foi atendido e recebeu uma carta de Reagan, breve e direta: "Tenho a satisfação de lhe informar que conseguimos acomodar o assunto que discutimos recentemente. Isso foi conseguido no espírito de amizade que estou certo de que certamente será duradouro". O general respondeu lembrando que "os problemas econômicos enfrentados pelo Brasil tem conotações globais e (...) a cooperação internacional é o melhor instrumento para a salvaguarda de interesses comuns".[2] Parecia que fora Reagan quem telefonara pedindo socorro.

Nesses dias o jornalista Luis Fernando Verissimo criou um dos mais expressivos e divertidos personagens do período. Era a Velhinha de Taubaté, "que passa boa parte do seu tempo numa cadeira de balanço assistindo ao Brasil pela televisão" e "é o último bastião da credulidade nacional. Ninguém acredita mais em nada nem em ninguém no país, mas a velhinha acredita. Não dá para imaginar o que acontecerá no país depois que a Velhinha de Taubaté se for".[3]

A censura e a euforia haviam estimulado a credulidade nacional, mas em 1983 a Velhinha de Taubaté era o próprio Planalto. A terceira explosão do governo Figueiredo veio da rua.

O general cumprira sua principal meta política e realizara eleições livres em 1982. Durante a campanha, o governo renegara o coração da manobra do reordenamento partidário de Golbery. O general tirara uma costela do MDB, permitindo o surgimento do Partido Popular, liderado por Tancredo Neves. Num truque eleitoral, o Planalto mudara a legislação, vinculando os votos de alto a baixo. Quem votasse num candidato a governador deveria votar na chapa do mesmo partido para senador, deputado federal e deputado estadual. Pensava-se que os candidatos mais próximos das bases eleitorais atrairiam as preferências para as escolhas majoritárias. Em alguns estados isso funcionou, em outros teve efeito contrário — os governadores puxaram os deputados estaduais. No balanço, produziu um desastre que o Planalto não previra. Diante da mudança, o Partido Popular extinguiu-se fazendo uma fusão com o novo PMDB e, com isso, a

---

[2] Carta de Ronald Reagan a Figueiredo, de 28 de fevereiro de 1983, e minuta da resposta de Figueiredo. APGCS/HF.
[3] *Veja*, 9 de março de 1983.

ele retornou Tancredo Neves. Perdeu-se a origem da ideia. Pela lógica, teria partido do Gabinete Civil. Sucessivas inconfidências atribuíram-na ao SNI. Olhando-se para os grandes números, o regime saiu derrotado do pleito. A oposição recebera 25,3 milhões de votos em disputas pelos governos estaduais, contra 17,9 milhões dados ao PDS. Graças às manipulações, das eleições resultaram três situações. Na primeira, essencial para a manutenção do projeto de "conservarmos o poder efetivo até 1991",[4] o partido do governo preservou a maioria no Colégio Eleitoral que escolheria seu sucessor. Sozinho, teria a maioria dos 686 votos.[5] Na segunda, manteve-se próximo da maioria no Congresso, com 235 das 479 cadeiras na Câmara, assegurando também o controle do Senado.[6] Na terceira, pela primeira vez em dezoito anos, governadores de partidos da oposição assumiriam, em março de 1983, a administração de dez estados. Entre eles, São Paulo, Minas Gerais, Paraná e Rio de Janeiro. Das três novidades, essa era a única que mexia com o poder.

A eleição de dez governadores oposicionistas representou o fim do mais longo período de centralização administrativa da história republicana. Nesses estados concentravam-se 59% da população, 75% da produção nacional e 72% da arrecadação federal.[7] Uma oposição que estivera amarrada à miséria de discretas doações amigas passaria a administrar orçamentos bilionários, bancos estaduais e grandes empresas estatais de energia e telefone. Os bancos dos estados de São Paulo, Rio de Janeiro e Minas Gerais superavam em depósitos o Banco do Brasil. São Paulo era dono da VASP, a segunda maior empresa aérea do país. As verbas publicitárias controladas por esses governadores rompiam o monopólio da propaganda que ajudara a lustrar o regime.

A maior surpresa veio do Rio. Interessado em derrotar o deputado Miro Teixeira, do PMDB, favorecendo o candidato do PDS, o governo lançou-se numa operação que incluía fraude na computação eletrônica dos votos e inflou a campanha de Leonel Brizola. A manobra desandou, canalizando o sentimento oposicionista e elegeu-o. Ele seria o único dos

---

4 Oito folhas datilografadas, intituladas *Considerações e Diretriz do Presidente para a Reforma Partidária*, anotadas por Golbery, de 21 de setembro de 1979. APGCS/HF.
5 O Colégio seria composto pelos parlamentares e 138 representantes das assembleias legislativas.
6 O PDS elegeu 235 deputados e o PTB, que formou com a base governista, treze.
7 Para a população e o PIB, *Folha de S.Paulo*, 13 de março de 1983.

exilados que retornaram com a anistia a governar um estado. Contudo, o inimigo de 1964 era um novo homem e a ameaça decorria de lembranças do passado. No Rio Grande do Sul, Brizola ajudou a vitória do PDS negando apoio ao candidato do PMDB. Três outros governadores, o mineiro Tancredo Neves, o paulista Franco Montoro e o paranaense José Richa eram oposicionistas moderados.

No Congresso, o temor de uma explosão esquerdista revelara-se um tigre de papel. A anistia levara para a Câmara 36 ex-cassados, menos de 10% do plenário.[8] Os comunistas eram meia dúzia.[9] O Partido dos Trabalhadores, que pretendera sair da eleição como uma força política, teve um desempenho medíocre, formando uma bancada de oito deputados. Disputando o governo de São Paulo, Lula amargara um quarto lugar.[10]

Milhares de pessoas banidas de cargos de relevo no serviço público chegariam ao poder ou a ele retornariam. Darcy Ribeiro, último chefe da Casa Civil de João Goulart, eleito vice-governador do Rio, seria o seu virtual secretário de Educação; Mário Covas, cassado em 1968, prefeito de São Paulo; José Aparecido de Oliveira, cassado em 1964, viria a ser secretário de Cultura de Minas Gerais; o coronel PM Newton Borges Barbosa, que, como capitão, concluíra o curso do Centro de Estudos do Pessoal do Forte do Leme, onde o regime formava interrogadores, e se recusara a servir no DOI de São Paulo, foi nomeado por Montoro subcomandante da sua corporação.[11] No outro lado da equação, o Centro de Informações do Exército listou 49 colaboradores, procurando transferi-los para o serviço público federal. O delegado Romeu Tuma, diretor do DOPS, e o policial Laertes Calandra, identificado por vários presos como o *Capitão Ubirajara* do DOI, que requisitara a perícia do cadáver de Vladimir Herzog, transferiram-se para a Polícia Federal. O médico Harry Shibata, signatário da autópsia do jornalista, abrigou-se no Ministério do Trabalho.[12]

---

8 Domingos Leonelli e Dante de Oliveira, *Diretas Já*, p. 32.
9 Três do PCB e três do PC do B, Domingos Leonelli e Dante de Oliveira, *Diretas Já*, p. 114.
10 Para o desempenho do PT, Margaret E. Keck, *The workers' party and democratization in Brazil*, pp. 149 e segs.
11 Marcelo Godoy, *A Casa da Vovó*, p. 139.
12 Thiago Herdy, "Ditadura militar brasileira atuou para proteger agentes", *O Globo*, 2 de fevereiro de 2014. Para a transferência de Shibata, *Folha de S.Paulo*, 19 de fevereiro de 1983; para a transferência de Calandra, Marcelo Godoy, *A Casa da Vovó*, p. 513.

Tancredo

Aos 72 anos, Tancredo era um homem miúdo, gentil e de fala pausada. Preferia ouvir. Ao telefone, nem isso. Na adolescência, tentara ser engenheiro, oficial da Marinha e médico, mas terminara advogado.[1] Vinha da elite política mineira e dela trazia lances do seu folclore.[2] Quando ouviu um amigo dizer que agiria de uma forma e "o resto", de outra, ensinou-lhe: "Nunca diga o resto, mas 'os demais'".[3] E quando um colega de partido telefonou à noite dizendo que, depois de uma reunião, haviam cortado um trecho de um documento e precisavam consultá-lo, respondeu: "Para cortar não precisa me consultar".[4]

[1] Vera Alice Cardoso Silva e Lucília de Almeida Neves Delgado, *Tancredo Neves — A trajetória de um liberal*, pp. 71-2.
[2] Um irmão e um cunhado de Tancredo eram generais da reserva. O cunhado era sobrinho de Getulio Vargas. Outro irmão, advogado, fora prefeito de São João del Rei. Outro, engenheiro, era diretor do poderoso Grupo Votorantim, em São Paulo. Uma irmã freira era a superiora da Ordem das Vicentinas, no Rio. Uma das filhas de Tancredo casara-se com um deputado do partido do governo e, posteriormente, com um dos herdeiros de uma família de banqueiros do estado. A eles somava-se um primo bispo, feito cardeal em 1988.
[3] Marcelo Cerqueira, 1985.
[4] Miro Teixeira, 2014.

Esse folclore era um verniz. Tancredo vivera uma parte da história do Brasil e a conhecia toda, como poucos. Despedira-se do Senado com um discurso magistral. Num sobrevoo pelo passado, referiu-se a dois grandes políticos do Império: "Vasconcelos e Paraná plantaram as nossas instituições livres para ordenar o caos e disciplinar a desordem".[5]

Eram palavras que saíam da alma, para consumo de poucos. Bernardo Pereira de Vasconcelos e o marquês de Paraná foram glórias do Partido Conservador. Um comandou o Regresso, movimento que freou a desordem da Regência, o outro fizera a política de conciliação que levou paz ao Segundo Reinado.

Tancredo estava na oposição desde 1964, mas de 1930 até a deposição de João Goulart passara apenas seis anos como oposicionista em Minas Gerais. Salvo no interregno de sete meses da Presidência de Jânio Quadros, sempre estivera no poder federal. Na sua vida pública vira divisões e tragédias, aprendendo com elas o que há de fugaz nas paixões políticas. Dizia que "se o Maquiavel vivesse nos dias de hoje não passaria de um vereador".[6] Durante a crise de agosto de 1954, defendera, como ministro da Justiça de Getulio Vargas, o enquadramento disciplinar dos oficiais que armavam um golpe contra o presidente e, na dramática reunião da noite do dia 23, propôs que se resistisse à rebelião militar. Na manhã do dia 24 ouviu o estampido e foi um dos primeiros a chegar ao quarto onde assistiu aos poucos instantes de agonia do presidente. No dia seguinte estava em São Borja (RJ), discursando diante de seu túmulo. Num cenário de traições, Tancredo manteve-se fiel a Getulio. Sete anos depois, com o país à beira da guerra civil, negociaria com o general Ernesto Geisel, chefe do Gabinete Militar do presidente interino, o retorno e a posse do vice-presidente João Goulart num regime parlamentarista. (Nenhum dos dois jamais contou o que conversaram. Geisel limitava-se a dizer que providenciara para que Tancredo fosse a Montevidéu no avião presidencial, o que não era pouca coisa.)[7]

---

[5] Lucília de Almeida Neves Delgado (org.), *Tancredo Neves — Sua palavra na História*, p. 210.
[6] Vera Alice Cardoso Silva e Lucília de Almeida Neves Delgado, *Tancredo Neves — A trajetória de um liberal*, p. 78.
[7] Ernesto Geisel, 1994.

Depois do suicídio de Vargas, Tancredo reassumiu seu mandato parlamentar com um discurso a um só tempo pacificador e cruel. A certa altura, mencionou "figuras corvinas de grandes líderes". Tratava-se de Carlos Lacerda, o algoz de Vargas, com seu detestável apelido de "Corvo". Denunciou a "influência desagregadora da Escola Superior de Guerra [que] se transformou num centro de exploração política e de atividades conspiratórias".[8] Anos depois, como primeiro-ministro de João Goulart, foi à ESG e lá fez uma palestra intitulada "O panorama mundial e a segurança nacional". Redigira-a o general Golbery do Couto e Silva, o escriba da ESG e de suas conspirações. Em 1954, Golbery escrevera o *Manifesto dos Coronéis*, que provocou a demissão de João Goulart do Ministério do Trabalho, e o *Manifesto dos Generais*, que exigia a saída de Vargas do palácio do Catete.[9]

Líder do governo na Câmara, Tancredo tentou evitar que Jango cometesse a imprudência de ir à assembleia de sargentos e suboficiais do Automóvel Clube na noite de 30 de março de 1964. Quarenta e oito horas depois, quando o presidente estava praticamente deposto, acompanhou-o à Base Aérea de Brasília, de onde embarcaria para Porto Alegre. De novo, num cenário de traições, manteve-se fiel ao presidente. Apesar de um pedido de Juscelino Kubitschek, recusara-se a votar em Castello Branco, de cuja filha fora padrinho de casamento. JK argumentou que Castello era um general de tintas civilistas, que lera muito. Tancredo respondeu-lhe: "Leu os livros errados".[10] Isso apesar de ter sido decisivo, anos antes, para conseguir a promoção de Castello a general de divisão.[11]

Em 1983, Tancredo era o político oposicionista com maior experiência administrativa. Como primeiro-ministro, tivera um gabinete de inédita qualidade. No Ministério da Fazenda ficara o banqueiro Walther Moreira Salles; no do Trabalho, Franco Montoro; no da Indústria e Comércio,

---

[8] Lucília de Almeida Neves Delgado (org.), *Tancredo Neves — Sua palavra na História*, pp. 13 e 15.
[9] Tancredo Neves, "O panorama mundial e a segurança nacional", C01-62, ESG, 1962. Maço de dezessete folhas manuscritas de Golbery. APGCS/HF. A conferência de Tancredo é *ipsis verbis* o texto manuscrito, salvo cinco parágrafos no final. O texto fora encomendado a Golbery pelo engenheiro Glycon de Paiva, *Diário de Heitor Ferreira*, 28 de abril de 1972. APGCS/HF.
[10] Lira Neto, *Castello*, p. 263.
[11] José Augusto Ribeiro, *Tancredo Neves — A noite do destino*, p. 187.

Ulysses Guimarães; no Itamaraty, San Tiago Dantas. Somava a isso sólida experiência fiscal, pois fora diretor de um banco estadual e da carteira de redescontos do Banco do Brasil, além de ter dirigido a Secretaria de Finanças de Minas Gerais.[12] Levando-se em conta que dos cinco presidentes militares só Geisel ocupara cargos fora da caserna, a biografia de Tancredo era mais densa que a de todos os seus antecessores, desde Jânio Quadros.

Era um oposicionista que não cabia na moldura do regime do AI-5. Para a "tigrada" do CIE, era um aliado dos comunistas.[13] Para a ala mais combativa do MDB, um oposicionista em busca de uma negociação.

Durante a campanha eleitoral de 1974, a prudência afastara-o da disputa pelo Senado. Temendo uma derrota, preferira o conforto de uma reeleição para a Câmara e estimulara a candidatura do pouco conhecido Itamar Franco, prefeito de Juiz de Fora.[14] Foi excesso de cautela. Geisel achava que se ele tentasse o Senado, venceria.[15] Quatro anos depois, Tancredo disputaria com êxito a cadeira de senador.

Em 1983, no dia seguinte à sua posse como governador de Minas Gerais, Tancredo juntou alguns convidados para um almoço. Na mistura via-se a marca do anfitrião. Numa mesa, Moreira Salles. Noutra, o almirante Faria Lima, ex-governador do Rio de Janeiro, amigo de Geisel. Entre os correligionários vindos de outros estados, o deputado pernambucano Fernando Lyra, que se elegera em 1970 com o apoio do Partido Comunista e do pai, próspero concessionário de ônibus de Caruaru. Lyra era um dos mais destacados parlamentares do grupo "autêntico" do MDB, adversário dos "moderados", que gravitavam em torno de Tancredo. Terminado o almoço, pediu uns instantes ao governador e disse-lhe que a partir daquele momento ele era seu candidato a presidente. Tancredo desconversou.[16]

---

12 Ronaldo Costa Couto, *Tancredo vivo, casos e acasos*, pp. 317-8. A carteira de redescontos do BB tinha funções de controle da liquidez do sistema financeiro, hoje exercidas pelo Banco Central.
13 *Informação 0362-S-102-A5-CIE*, sobre participação do PCB no pleito de novembro de 1964. AA.
14 Franco Montoro, janeiro de 1998.
15 Conversa de Geisel com Petrônio Portella, 21 de janeiro de 1974. APGCS/HF.
16 Fernando Lyra, *Daquilo que eu sei*, p. 99.

Ulysses

Rivalidades fazem parte da vida e da política. Algumas são malignas, como a de Leonel Brizola com seu cunhado João Goulart, ou a de Carlos Lacerda com Jânio Quadros. A rivalidade de Ulysses Guimarães e Tancredo Neves foi uma das mais belas e construtivas da história nacional. Tinham formação semelhante e origens diferentes. Um, mineiro, era produto do poder. O outro, paulista, estivera nele apenas no fugaz interlúdio parlamentarista. Seis anos mais moço, Ulysses fizera toda a sua carreira na Câmara dos Deputados. Era um conciliador de poucos votos, num partido inexpressivo em seu estado, e nunca disputara uma eleição majoritária. Magro, precocemente calvo, sempre pareceu ter alguns anos a mais. Lacerda apelidara-o de "Ramsés", pela semelhança que via na múmia do faraó.[1] Em 1963, Ulysses redigira uma emenda constitucional que permitia a imediata eleição indireta de um vice-presidente para acompanhar João Goulart pelo resto de seu mandato.[2] Era coisa de quem temia outra coisa.

---

[1] Luiz Gutemberg, *Moisés, codinome Ulysses Guimarães*, p. 71.
[2] Pela legislação eleitoral da época, o vice-presidente era eleito com votação própria. Goulart fora candidato a vice na chapa do marechal Henrique Lott, derrotado por Jânio. Por sua vez, tivera mais votos que Milton Campos, o vice da chapa de Jânio Quadros. *Jornal do Brasil*, "Coluna do Castello", "PSD quer eleger

Na crise dos primeiros meses de 1964, Ulysses estava no bloco parlamentar que a um só tempo apoiava Goulart e distanciava-se dele. Essa era também a posição de Juscelino Kubitschek. Em dois episódios, juntara-se à nova ordem. Nos dias seguintes à deposição de Goulart, participara da redação de um projeto de Ato Institucional a ser submetido aos ministros militares, para posterior aprovação pelo Congresso. Nele propunha-se que as cassações de direitos políticos durassem quinze anos.[3] Como JK, Ulysses votara em Castello Branco. Três anos depois, quando o MDB decidiu abster-se na votação que elegeria o sucessor do marechal, condenou a posição, argumentando que a indicação de um candidato, mesmo sabendo-se que não poderia prevalecer, seria útil para mobilizar o partido.[4] Se tivesse havido uma conciliação com os oposicionistas moderados do MDB, ele poderia ter ido para o secretariado do governador de São Paulo.[5] A radicalização de 1968, contudo, levou-o para as portas do presídio Tiradentes, em São Paulo, pedindo a libertação dos jovens presos durante o congresso da UNE de Ibiúna.[6] Com o AI-5, seu nome esteve junto ao de Tancredo Neves e de Petrônio Portella numa lista de candidatos à cassação do mandato.[7]

Quando o Santos Futebol Clube ainda não tinha Pelé, Ulysses foi presidente de sua subsede paulistana. Em 1970, caiu-lhe no colo a presidência do MDB.[8] O titular, general Oscar Passos, um senador obscuro pelo Acre, não conseguiu reeleger-se e ele estava na vice. O partido era menor que o Santos de 1942. A bancada de sete senadores do MDB cabia num elevador, e a da Câmara, com 87 deputados, não alcançara o terço necessário para tomar iniciativas na rotina parlamentar. Caíra abaixo da exigência

---

um vice agora", 29 de maio de 1963. Como Jango assumira sendo vice-presidente, o cargo estava vago e, caso lhe acontecesse algo, seu substituto seria escolhido pelo Congresso.

3 Daniel Krieger, *Desde as missões*, p. 172. Esse documento, pedido pelo presidente interino Ranieri Mazzilli, foi discutido pelos deputados Pedro Aleixo, Martins Rodrigues, Ulysses Guimarães, Bilac Pinto, Adauto Lucio Cardoso, Paulo Sarasate, João Agripino e Daniel Krieger. Não se conhece seu texto. Luiz Gutemberg, *Moisés, codinome Ulysses Guimarães*, pp. 181 e segs.

4 *Jornal do Brasil*, "Coluna do Castello", 19 de junho de 1966.

5 Idem, 17, 19 e 23 de maio de 1968.

6 "Vida e paixão de Honestino", manuscrito de Betty Almeida. AA.

7 "Arquivos ampliam dimensão da caça às bruxas", *O Estado de S. Paulo*, 8 de abril de 1998.

8 Luiz Gutemberg, *Moisés, codinome Ulysses Guimarães*, p. 106.

mínima estabelecida para a criação de novos partidos (21 senadores e 140 deputados). Como já existia, continuaria existindo.

Ulysses equilibrava-se entre a maioria moderada do MDB, que garantia a sobrevivência institucional do grupo, e a minoria aguerrida e autodenominada "autêntica", que lhe garantia a sobrevivência eleitoral. Tornara-se uma figura nacional em 1973, quando aceitou ser candidato à Presidência da República na eleição que ungiria o general Ernesto Geisel. Na sua definição, era um "anticandidato".

Em 1974 o MDB adquiriu a força do Santos, elegendo dezesseis senadores. Como Tancredo, Ulysses preferira disputar com segurança a reeleição como deputado. O desempenho dos candidatos superara suas melhores expectativas e o governo, sem o controle de dois terços do Congresso, perdera a autonomia para reformar a Constituição. Ademais, era certo que na eleição seguinte, em 1978, o MDB capturaria o controle do Senado. Como tinha vinte senadores, bastaria que elegesse outros catorze num pleito em que seriam escolhidos 44, pois a disputa envolveria duas cadeiras em cada estado.

Essa situação fez com que em maio de 1975 Ulysses e o deputado Thales Ramalho, secretário-geral do MDB, fossem convidados para um encontro secreto com Golbery. A conversa durou várias horas. O general traçou um panorama no qual seriam feitas reformas políticas que resultariam no fim do AI-5. Acenou com a negociação de uma anistia e deixou implícita a ideia de uma reorganização partidária. Seu principal objetivo era abrir o canal de entendimento com o MDB, pois sem isso o projeto não poderia andar.[9]

De toda a conversa, sobrou para Ulysses a sua essência: a implosão do bipartidarismo. Em outras palavras, a destruição de sua liderança. Com três ou mais partidos, o governo rearticularia sua força parlamentar condenando o MDB a ser um grande partido, porém, mais um. O encontro foi mantido em sigilo, mas Ulysses detonou a iniciativa num episódio que pareceu inexplicável. Respondeu a um discurso de Geisel com uma nota na qual o chamava de "honrado", para atingi-lo com uma

---

[9] Thales Ramalho, junho de 1999. Luiz Gutemberg, *Moisés, codinome Ulysses Guimarães*, pp. 145 e segs. Em 1999, Thales Ramalho deu um depoimento à revista *Época* (edição de 23 de setembro) no qual estimou a duração do encontro em cinco horas.

acrobática referência ao ditador de Uganda, um sargentão balofo, larápio e exibicionista: "É óbvio que a oposição não iria importar o modelo adotado por Idi Amin Dada, pois nada mais ultrapassado do que governo baseado na força".

Estava queimada a ponte.

Com essa inflexão, Ulysses e Tancredo deixaram de percorrer caminhos paralelos. Não se pode dizer que fossem antagônicos, mas Ulysses seguia um curso que pressupunha o colapso da ditadura, enquanto Tancredo esperava que ela acabasse numa negociação. Quando, nenhum dos dois sabia.

Thales Ramalho, conhecedor da política nacional e fino observador das almas humanas, dizia que "Tancredo e Ulysses dançam de acordo com uma coreografia que só eles conhecem". Foi com essa coreografia que os dois dançaram nos anos decisivos de 1983 e 1984. Haviam se separado, sem recriminações.

Quando organizou o Partido Popular, Tancredo dissera que "o meu PMDB não é o de Miguel Arraes". Ulysses dizia que o PP seria um partido de banqueiros. Sem responder publicamente, Tancredo queixou-se por telefone. Lembrou ao amigo que um deputado resgatara o texto de um substitutivo que Ulysses apresentara em 1964 ao projeto de lei de greve, prevendo penas de seis meses a um ano para quem promovesse, participasse ou insuflasse paralisações ilegais. Tranquilizou-o, informando que aplacara o deputado, mantendo a lembrança do substitutivo no silêncio do arquivo. Não existia deputado algum.[10]

Tancredo e Ulysses acabaram por aliar-se novamente, graças à desastrosa manobra do Planalto que vinculou os votos para o pleito de 1982. Ulysses, equilibrando-se à esquerda, mantinha o comando do partido e entregaria a Miguel Arraes uma de suas vice-presidências. Tancredo, aceitando a chapa do rival, colocou na secretaria-geral o paranaense Afonso Camargo, que, vindo do PDS era — heresia maior — "senador biônico", produto do "Pacote de Abril".[11] Um defendia a convocação de uma Constituinte. O outro também, mas cuidara sobretudo de sua campanha para

---

[10] Para o telefonema, Miro Teixeira, março de 2014. Para a lei, artigo 29, parágrafo único, *Diário do Congresso Nacional*, 27 de maio de 1964.

[11] Gilberto Dimenstein, José Negreiros, Ricardo Noblat, Roberto Lopes e Roberto Fernandes, *O complô que elegeu Tancredo*, p. 72; e Domingos Leonelli e Dante de Oliveira, *Diretas Já*, pp. 324-5.

o governo de Minas Gerais. Ambos denunciavam a essência ilegítima da candidatura de Figueiredo, mas nenhum dos dois arregimentara-se na campanha do general Euler Bentes.

Eleito governador de Minas, Tancredo não era mais um cardeal da oposição moderada, era o dono das chaves do segundo maior estado da Federação. Não há testemunho de que, aos 72 anos, planejasse fazer do palácio da Liberdade um trampolim para o Planalto. Uma candidatura à Presidência exigiria que renunciasse ao mandato para ir buscar aventurosamente a maioria num Colégio Eleitoral de maioria governista. Pelas regras do jogo, o próximo presidente sairia do PDS. Poderia ser Paulo Maluf, governador de São Paulo, Mário Andreazza, ministro do Interior, ou mesmo o vice-presidente Aureliano Chaves. Se as regras fossem outras, sabe-se lá quais, o PMDB teria seu candidato: Ulysses Guimarães.

A rua vai ao palácio

Pelos costumes do regime, o presidente Figueiredo comandaria sua sucessão, assim como Geisel e Médici haviam comandado as deles. O ritual determinava que em 1984 o candidato do presidente fosse indicado pela convenção do PDS e, em seguida, sagrado pelo Colégio Eleitoral. Essa escrita fora espetacularmente rompida em São Paulo em 1978, quando Paulo Maluf venceu a convenção do PDS, derrotando o candidato do Planalto, e tomou o governo do estado. Maluf jamais escondeu que seria candidato a presidente. Na lista em que Heitor Ferreira especulava os nomes dos prováveis sucessores de Figueiredo, Maluf passou, em apenas um ano, do nono e último lugar para o segundo, atrás de Delfim Netto, que carregava nas costas a ruína econômica.[1]

Com um dos maiores orçamentos públicos do país e uma fortuna pessoal estimada em 100 milhões de dólares, Maluf era infatigável.[2] Em 38 meses de governo oferecera 251 banquetes, 51 dos quais para políticos.[3] Cooptara um pedaço da bancada do PMDB na Assembleia e entregara a

---

[1] Nota de Heitor Ferreira, de 7 de janeiro de 1979 e *circa* fevereiro de 1980. APGCS/HF.
[2] Para a fortuna pessoal, *Veja*, 19 de maio de 1982.
[3] *Folha de S.Paulo*, 28 de maio de 1983.

Golbery o comando de seus deputados federais e senadores. Viajava pelo mundo num avião especial da VASP, encontrando-se com os presidentes da França e do Iraque e com o rei da Arábia Saudita. Criou a Paulipetro, uma estatal para explorar petróleo, e reinaugurou a ligação ferroviária entre Campinas e Brasília, chegando à capital do país no trem Bandeirante.[4] Nas greves do ABC botara a PM na rua com inédito aparato. Costumava cavalgar com seu coronel-comandante.[5] Convidou Roberto Campos para presidir o banco do estado.[6] Jogava bruto. Na noite em que Campos foi esfaqueado por sua namorada num apartamento da Vila Nova Conceição, a polícia de Maluf prendeu trezentos suspeitos[7] em sua busca por uma dupla de assaltantes que o teria atacado quando caminhava pela avenida São Luís, no Centro da cidade, a quilômetros de distância do local onde ocorrera o episódio.[8] Maluf era um dos poucos políticos capazes de dizer que o país sentia saudades do governo Médici, "quando tínhamos otimismo, progresso e tranquilidade social". O general retribuía: "Se eu não encontrar outro melhor, será meu candidato".[9] Em tese, Maluf era marginalizado por Figueiredo, mas tinha o apoio de Golbery e de Heitor Ferreira.

Apesar da derrota de seu candidato ao governo de São Paulo em 1982, Maluf elegeu-se deputado federal com a maior votação já ocorrida no país (673 mil votos). Chegou a Brasília liderando uma bancada interestadual resultante dos mimos que aspergira pelo país afora. Mário Andreazza, seu rival, queixava-se: "Um parlamentar não precisa procurar o Banco do Estado de São Paulo, o Banespa vai a ele".[10] Na disputa pelo governo de Minas Gerais, por exemplo, o candidato do PDS e adversário

---

4 "Trem Bandeirante: Campinas-Brasília — A reinauguração", <http://doc.brazilia.jor.br/Ferrovia-Historia--Brasilia/1981-reinaugura-Trem-Bandeirante-Campinas-Brasilia.shtml>.
5 *Veja*, 28 de novembro de 1979.
6 Para o convite a Roberto Campos, Golbery na reunião de 24 de março de 1980, segundo resumo do general Octavio Medeiros. APGCS/HF.
7 *Veja*, 6 de maio de 1981.
8 Campos foi esfaqueado na noite de 28 de abril de 1981. Para a cena da casa e para o acobertamento, Mariza Tupinambá, *Eu fui testemunha*, pp. 76-7. Para o assalto na avenida São Luís, *O Estado de S. Paulo*, 30 de abril de 1981.
9 *Jornal do Brasil*, 14 de abril de 1980; e recorte do *Jornal de Brasília*, de abril de 1981. APGCS/HF. Para a declaração de Médici, *Folha de S.Paulo*, 9 de fevereiro de 1983.
10 Gilberto Dimenstein, José Negreiros, Ricardo Noblat, Roberto Lopes e Roberto Fernandes, *O complô que elegeu Tancredo*, p. 24.

de Tancredo Neves era Eliseu Resende, fiel escudeiro de Andreazza. Sua vitória daria ao ministro do Interior uma boa vantagem sobre Maluf. Quando Tancredo começou a sofrer com a falta de recursos para material de propaganda e veículos para fazer sua campanha, o sobrinho Francisco Dornelles levou seu desassossego a Golbery. O general cuidou do assunto e Maluf franqueou a Tancredo uma gráfica e uma frota de Kombis.[11] Para ele, era melhor ter um oposicionista no palácio da Liberdade do que um aliado de Andreazza.

Maluf chegou a Brasília como candidato a presidente. Ia pouco ao Congresso. Instalou-se num escritório de dois andares e nele recebia trinta visitas por dia. Alugou uma casa com cinco quartos e quadra de vôlei na Península dos Ministros.[12] Pelo menos numa de suas passagens pelo Rio o SNI monitorou sua agenda.[13] Tancredo avisava: "O candidato do presidente Figueiredo à sua sucessão deverá resultar do consenso interpartidário, porque do contrário o ex-governador Paulo Maluf ganhará a convenção do PDS e terá boas chances de ser eleito pelo Colégio Eleitoral".[14]

Do Planalto, vinham ecos de um veto de Figueiredo a seu nome. "O turco não sentará no meu lugar, de maneira nenhuma."[15] Quem Figueiredo queria que sentasse, não se sabia. Com o tacape do AI-5 à mão, seus dois antecessores encaminharam as próprias sucessões, fixando-se numa escolha e fechando a porta para outras candidaturas. Sem o tacape, o general não fez uma coisa e não poderia fazer a outra, pois, se vozes vindas de Brasília não haviam impedido Maluf de disputar a indicação do partido para o governo de São Paulo, não haveria de ser agora que elas o dobrariam.

Diante da chegada espetaculosa de Maluf, apareceu uma nova proposta, também espetacular: o ministro Cesar Cals, de Minas e Energia, propunha a reeleição de Figueiredo para um mandato cuja duração poderia ser negociada, de forma a que fosse substituído por um presidente

---

11 Francisco Dornelles, janeiro de 2012.
12 *Folha de S.Paulo*, 7 e 13 de janeiro de 1983.
13 Uma folha do SNI intitulada *Estada de Paulo Maluf no Rio de Janeiro*, de 29 de março de 1983. Nesse dia Maluf encontrou-se com Antonio Carlos Magalhães, almoçou no Copacabana Palace, visitou Afonso Arinos e jantou com o dono do *Jornal do Brasil*, Manuel Francisco do Nascimento Brito. APGCS/HF.
14 *Jornal do Brasil*, 12 de março de 1983.
15 Gilberto Dimenstein, José Negreiros, Ricardo Noblat, Roberto Lopes e Roberto Fernandes, *O complô que elegeu Tancredo*, p. 15; e *Jornal do Brasil*, "Coluna do Castello", 31 de agosto de 1983.

eleito diretamente.[16] Coronel da reserva do Exército e da ativa na política do Ceará, Cals tinha algo de folclórico e de palaciano. É pouco provável que tenha dado esse passo sem combinar com Figueiredo, e até mesmo só com ele. A ideia não era original, fora esboçada em 1972. À época pensou-se em admitir uma eleição direta, desde que o presidente Médici pudesse disputá-la.[17] O colunista Carlos Castello Branco captou a semelhança e recordou que na versão 1.0 ela tivera o patrocínio do professor Leitão de Abreu.[18] O modelo 2.0 moveu-se pela mão do deputado paulista José Camargo, que começou a coletar assinaturas para um projeto de emenda constitucional que permitisse a reeleição de Figueiredo. Assim, havia mais uma carta no baralho.

Andreazza acreditava que teria o apoio do presidente e tinha certeza de que o palácio viria junto.[19] Como ministro do Interior, tinha sob sua jurisdição as superintendências para o Desenvolvimento do Nordeste e da Amazônia e estendia sua rede de influência sobre o setor de transportes. Num governo parado, continuava a ser um tocador de obras. Sabia que nunca teria o apoio de Golbery, mas o general estava no banco Cidade, de onde expunha sua malquerença com o tenente-coronel que fora seu subordinado em 1961: "Do Andreazza se prova o que se diz do Maluf".[20] Se pesquisas de opinião pública valessem alguma coisa, Aureliano Chaves seria a melhor recomendação, com 19,8% das preferências, contra 12,3% para Andreazza e 10,9% para Maluf.[21]

Nos primeiros dias da sessão legislativa de 1983, um jovem engenheiro comprido e barbudo, saído da política de Mato Grosso e de uma militância no MR-8, terminou sua correria pelo Congresso. Chamava-se Dante de Oli-

---

16 *Jornal do Brasil*, "Coluna do Castello", 31 de março de 1983.
17 Idem, 10 de agosto de 1972.
18 Idem, 8 de maio de 1983.
19 Mário Andreazza, julho de 1982; e Gilberto Dimenstein, José Negreiros, Ricardo Noblat, Roberto Lopes e Roberto Fernandes, *O complô que elegeu Tancredo*, p. 23.
20 Golbery do Couto e Silva, 1984. Ao contrário de Maluf, Andreazza jamais sofreu condenação judicial por improbidade administrativa.
21 Pesquisa realizada em sete capitais, *Folha de S.Paulo*, 25 de setembro de 1983.

veira e coletava endossos para a apresentação de uma emenda constitucional pelo restabelecimento imediato das eleições diretas para a Presidência da República. Pedia assinaturas a todo mundo, até a jornalistas, supondo que fossem parlamentares. Conseguiu o apoio regimental, protocolou-a e ganhou um breve registro na *Folha de S.Paulo*.[22] Para que essa emenda fosse aprovada seriam necessários os votos de dois terços da Câmara (320 dos 479 deputados) e do Senado (46 dos 69 senadores) em votações separadas. A oposição não os tinha.[23] Precisava de algo entre oitenta e 85 votos de deputados do governo e de mais vinte senadores.

A bandeira das diretas viera da esquerda do PMDB e Ulysses Guimarães decidira encampá-la, mas não sabia se já existia no Congresso um projeto de emenda constitucional. Seu secretário foi à biblioteca e achou aquela que viria a ser conhecida como emenda Dante de Oliveira, do deputado comprido que Ulysses apelidara de "Mosquito Elétrico".[24]

Esse era o mundo em Brasília, onde o governo e a oposição conviviam com a bancarrota do Milagre, a maxidesvalorização da moeda e a inexorável tutela das contas públicas pelo Fundo Monetário Internacional. Em janeiro, o país tivera a maior taxa mensal de inflação de sua história.[25] São Paulo tinha 1 milhão de desempregados.[26]

Assim como ninguém dera muita importância ao "Mosquito Elétrico" catando assinaturas no Congresso, uma iniciativa de empresários de transportes públicos da capital paulista pareceu malandragem rotineira. Às vésperas da posse de Franco Montoro no palácio dos Bandeirantes, aproveitando-se do lusco-fusco que separa o governo que sai daquele que entra, 38 empresas de ônibus resolveram iniciar um *lockout* em busca de aumento de tarifas. Mantiveram nas garagens 1.800 dos 6 mil veículos de suas

---

[22] *Folha de S.Paulo*, 4 de março de 1983.
[23] Idem, 26 de janeiro de 1984.
[24] Domingos Leonelli e Dante de Oliveira, *Diretas Já*, p. 36.
[25] Para a inflação, *Folha de S.Paulo*, 4 de fevereiro de 1983. Com uma taxa de 9% no mês, a taxa anual chegou a 104,9%.
[26] Para o número de desempregados, *Veja*, 13 de abril de 1983.

frotas.[27] Na manhã do terceiro dia do boicote, a população de dois bairros da Zona Sul (a mais pobre da cidade) depredou 21 ônibus e queimou dois.[28] Um deles era o bairro do Grajaú, onde anos antes a polícia fora impedida de destruir barracos erguidos em terrenos desocupados. Lá operavam dezoito comunidades eclesiais de base, organizações em que conviviam harmonicamente militantes da Igreja católica e do Partido Comunista do Brasil.[29]

Naquela semana, o semanário *Tribuna da Luta Operária*, órgão oficial do PC do B, comemorou: "O povo deu o troco à sabotagem das empresas". Noutro texto, ao lado, informava: "Karl Marx homenageado em vários estados brasileiros".[30] O regime habituara-se a ver nas adversidades políticas e sociais simples reflexos da ação de fontes manipuladoras. Essa visão burocrática da questão social já o impedira de perceber o tamanho da insatisfação que determinara o resultado eleitoral de 1974 e de entender a origem das greves de 1978. Em todos os casos, existiriam instituições ou grupos políticos influenciando as manifestações. Os quebra-quebras da Zona Sul, porém, mostravam algo maior. Embora sempre haja radicais querendo depredar ônibus, há momentos em que uma parte da população acha que deve depredá-los também.

Numa extensa *Apreciação* dos acontecimentos e do noticiário da imprensa naquela semana, o SNI encaminhou a Figueiredo sua análise de seis jornais, duas revistas, duas emissoras de TV e quatro rádios estrangeiras, inclusive a de Tirana, na Albânia. Nenhuma palavra sobre o quebra-quebra de São Paulo.[31]

Na manhã de segunda-feira, 4 de abril, trabalhadores e militantes do Movimento Contra o Desemprego e a Carestia, organização frentista do PC do B, juntaram-se no largo do Treze, tradicional ponto de encontro e de comércio ambulante do bairro de Santo Amaro. Durante doze horas a região transformou-se em algo que não se via há décadas. Seis supermercados e cinco padarias foram saqueados. Uma delegacia foi atacada a pedradas e uma viatura policial foi tombada. A PM nada

---

27 *Folha de S.Paulo*, 15 de março de 1983.
28 *Folha de S.Paulo* e *Jornal do Brasil*, 17 de março de 1983.
29 Marcelo Auler, "O Grajaú sempre lutou por seus melhoramentos", *Folha de S.Paulo*, 20 de março de 1983.
30 *Tribuna da Luta Operária*, 21 a 27 de março de 1983.
31 *Apreciação Semanal*, do SNI, de 17 a 23 de março de 1983, rubricada por Figueiredo. APGCS/HF.

conseguira fazer, nem mesmo socorrer uma pessoa baleada por um comerciante. À noite havia setenta pessoas presas e cem feridos. Em outros bairros populares depenaram-se caminhões de gás engarrafado e mercadinhos.[32] A *Folha de S.Paulo* circularia no dia seguinte com a manchete "Um dia de saques e pânico" e um aviso do coronel João Pessoa do Nascimento, chefe do policiamento da capital: "A dose não deve se repetir".[33]

Repetiu-se no dia seguinte, agravada. O SNI relatou ao Planalto o que aconteceu:

> 10:45: Manifestantes depredaram, no eixo de Santo Amaro/SP, um supermercado da rede Jumbo. Foram roubadas, inclusive, as máquinas registradoras.
> - Cerca de 1.500 elementos encontram-se na avenida Morumbi. Dirigem-se para o Palácio do Governo.
> - Um grupo esteve na cidade universitária convidando os estudantes a aderir à passeata e ao comício que será realizado em frente ao Palácio do Governo.

(O Movimento Contra o Desemprego e a Carestia marcara uma nova manifestação, que deveria ir até o palácio dos Bandeirantes.)[34]

> 11:29: Cerca de 3.000 manifestantes encontram-se em frente ao Palácio do Governo.
> - Um grupo de deputados parlamenta com os desempregados concitando-os a formar uma comissão, para entrevistar-se com o governador.

---

[32] Para os saques em outros bairros, *Tribuna da Luta Operária*, de 11 a 17 de abril de 1983.
[33] *Folha de S.Paulo*, 5 de abril de 1983.
[34] Idem; e *Veja*, 13 de abril de 1983.

- O Palácio do Governo está desguarnecido. As ruas, situadas nas proximidades, foram isoladas, com antecedência, para facilitar o acesso dos manifestantes.

(O governador Franco Montoro estava no palácio, almoçando com Tancredo Neves e Leonel Brizola.)

12:17: O governador paulista recusou-se a receber a comissão formada por 15 manifestantes. Determinou que o chefe da Casa Civil os recebesse. Determinou também que a turba fosse encaminhada para uma praça situada nas proximidades do Palácio.
- Deputados mais atuantes: Aurélio Peres, Irma Posoni.[35]

12:35: A multidão derrubou 10 metros de gradil e invadiu os jardins do Palácio. O choque que guarnece o Palácio teve que intervir, sendo apedrejado, revidando com bombas de gás lacrimogêneo.

(Os três governadores viram a cena de uma janela do palácio. Da multidão saía um grito novo: "O povo está a fim da cabeça do Delfim".)

14:45: Rádio Bandeirantes — O governador manteve diálogo, no portão principal do Palácio, com uma comissão de manifestantes (total de 17 membros).
- Reivindicações:
1) Ônibus para levar o Comitê de Luta Contra o Desemprego a Brasília, a fim de conversar com o presidente Figueiredo.
2) Jornada de 40 horas semanais.

---

[35] Aurélio Peres, ex-presidente do Sindicato dos Metalúrgicos de Santo André, elegera-se deputado federal pelo PC do B. Irma Passoni, ex-freira e militante das comunidades eclesiais de base, elegera-se pelo PT.

3) Estabilidade no emprego.
4) Salário-desemprego.
- Elementos conhecidos, presentes no local:
1) Deputado José Genoino Neto (PT/SP)
2) Presidente da UNE
- Pequeno grupo de manifestantes formou, na rua, um funil, chutando e molestando as pessoas e carros que passavam no local.

14:50: O secretário do Trabalho/SP mandou transportar, de ônibus, os manifestantes para Santo Amaro.

(O episódio parecia encerrado.)

16:00: Piquetes, de 200 a 300 agitadores, estão atuando em diversos pontos de SP — principalmente em Pinheiros, Penha e no centro da cidade. Formam inúmeros focos de agitação, quebram vitrines de casas comerciais e tentam saqueá-las.
- A PM não está intervindo.
- O comércio está fechando suas portas. Os piquetes estão atuando como se fossem movimentos organizados.

17:00: Continua o quebra-quebra no centro de SP.
- Na rua Pamplona, os arruaceiros estão se mobilizando para invadir o supermercado Eldorado.
- Um batalhão de choque está se deslocando para o local.

17:50: Tuma[36] — O comércio das Zonas Sul, Centro e Oeste de SP fechou suas portas.

---

[36] Romeu Tuma, delegado da Polícia Federal em São Paulo.

- Em Osasco o comércio encerrou suas atividades.
- No centro de SP lojas e joalherias foram invadidas e depredadas.
- A PM/SP atua repressivamente nas áreas conflagradas.
- Afif,[37] presidente da Associação Comercial, deu um ultimato ao secretário de Segurança Pública do estado, para que este garanta a ordem pública, ou então o comércio fechará, a partir de amanhã.[38]

Sem que tivesse relação com a passeata saída do largo do Treze, a desordem espalhara-se pela cidade. Da praça da Sé chegara ao Pátio do Colégio e à rua Direita. Um supermercado foi saqueado três vezes e de uma padaria levaram até sacos de farinha. Catorze escolas e uma igreja fecharam suas portas. Era como se a passeata, vinda não se sabe de onde, estivesse chegando a todos os lugares. O dia terminou com o II Exército de prontidão, um morto e centenas de prisões.[39]

Só em São Paulo, foram saqueados duzentos estabelecimentos comerciais.[40] Saques repetiram-se em Santos, Ribeirão Preto, Campinas, Fortaleza e no subúrbio de Senador Camará, no Rio de Janeiro.[41] Semanas depois, um simples boato fecharia parte do comércio do Centro de São Paulo, onde funcionários de uma loja protegeram-na empunhando barras de ferro.[42] Distúrbios pontuais entraram para o cotidiano das grandes cidades. Em setembro deram-se 227 saques no país, 83 no Rio e cinquenta em São Paulo.[43]

Uma semana depois da explosão de São Paulo, o Diretório Nacional do PMDB encampou a tese das eleições diretas. Do ponto de vista prático, isso queria dizer pouca coisa. Afinal, o partido defendia há anos a convocação de uma Constituinte, para nada. A nova bandeira dependia do Congresso. Sua aprovação era improvável, porém possível. Já a Constituinte era

---

37 Guilherme Afif Domingos.
38 Duas folhas do SNI, de 5 de abril de 1983, intituladas *Manifestações de São Paulo — Últimos Registros*. APGCS/HF.
39 *Folha de S.Paulo*, 6 de abril de 1983.
40 Cálculo da Associação Comercial, *Folha de S.Paulo*, 10 de abril de 1983.
41 *Veja*, 13 de abril de 1983.
42 *Folha de S.Paulo*, 20 de abril de 1983.
43 *Veja*, 5 de outubro de 1983.

simplesmente impossível, pois dependeria da vontade de Figueiredo de convocá-la. Havia uma diferença entre as duas propostas: seria mais fácil mobilizar gente pedindo direito ao voto direto que a ditadura confiscara do que a instalação de uma Constituinte.

A eleição direta era defendida pela Igreja católica, por organizações de trabalhadores e de estudantes. Na imprensa, só a *Folha de S.Paulo*. Antes mesmo dos distúrbios de abril, num editorial, informara que "somos favoráveis a eleições diretas em todos os níveis, inclusive para a Presidência da República".[44] Parecia muito, mas era pouco. Ulysses sabia que vários governadores do PMDB costuravam outras soluções. A bancada do partido queria que a campanha tivesse um lançamento retumbante, em Brasília, com um ato público no Congresso prestigiado pelos governadores. Seria um espetáculo cenográfico, provavelmente inútil. Ulysses propôs outra tática: a campanha deveria começar em cidades médias. Essa foi uma das melhores ideias de sua vida.

Tancredo Neves, por exemplo, anunciara que apoiaria a campanha, mas, em função do cargo que ocupava, não poderia participar dela "com ações marcantes". O governador mineiro defendia uma candidatura de consenso e explicava: "As ideias não colidem, nem são conflitantes, pois a eleição por consenso só deve ser viabilizada na absoluta impossibilidade de eleições".[45] Ia até mais longe: "A campanha das diretas é necessária, mas lírica".[46] Para quem fazia a conta dos votos necessários no Congresso, a impossibilidade parecia absoluta. Contudo, pela coreografia da dança de sua rivalidade com Ulysses, Tancredo não tinha por que buscar colisões ou conflitos.

---

44 "Por eleições diretas", *Folha de S.Paulo*, 27 de março de 1983.
45 Domingos Leonelli e Dante de Oliveira, *Diretas Já*, pp. 88-9 e 125; e "Tancredo não faz campanha por eleição direta", *O Globo*, 16 de abril de 1983.
46 *Jornal do Brasil*, 6 de junho de 1983.

Figueiredo

O general ainda tinha dois anos de governo pela frente e voltava a sentir dores no peito. Sua pressão estava alta, as taxas de gordura no sangue mostravam-se elevadas. O cardiologista americano Floyd Loop, que o examinara depois do enfarte, voltara a vê-lo no Rio, reclamara de seu peso e avisara: "O senhor pode estar cavando sua sepultura com o talher". Figueiredo prometeu-lhe emagrecer cinco quilos e "comer em pé, o que, pelo desconforto, diminui o apetite".[1] À cardiopatia somavam-se padecimentos irritantes, como uma conjuntivite crônica, as dores na perna, que descrevia como "dor de dente na bunda", mais uma inflação de 211%. A dívida externa batera os 90 bilhões de dólares, não havia dinheiro para pagar compromissos que estavam vencendo e o país entrara numa "moratória branca".[2] Tendo sido o primeiro presidente em cujo mandato o Produto Interno Bruto sofrera uma contração (-4,25% em 1981), fechara o ano de 1983 com um novo desastre (-2,9%). Assim como não seguia as recomenda-

---

[1] Carta de Floyd Loop, de 24 de setembro de 1982, com a anotação da resposta de Figueiredo. APGCS/HF.
[2] Para "moratória branca", Ernane Galvêas, em Claudia Safatle, "A mãe de todas as crises do Brasil", *Valor Econômico*, 10 de agosto de 2012.

ções do cardiologista, seu governo não cumpria as metas a que se propunha. Figueiredo recebeu a carta de uma senhora cujo filho, que tinha uma pequena empresa de construção civil, se matara com um tiro no peito. Ela contava que no dia do enterro vira Delfim Netto na televisão "dizendo que está tudo bem. Bem? (...) Pense, por favor". Figueiredo anotou: "!!! Não entendo mais nada!".[3] Os números da economia mostravam que a senhora entendera tudo. A taxa de desemprego de 1983 chegaria ao pico de 4,72%, e a renda *per capita* dos brasileiros caíra de 987,00 cruzeiros em 1979 para 819,42 cruzeiros.[4]

Diante da intensificação dos murmúrios de que sua cardiopatia recrudescera, o cavalariano atlético apareceu montado na pista da granja do Torto.[5] Enquanto isso, o deputado José Camargo percorria dez estados coletando assinaturas para a emenda da reeleição de Figueiredo, visitando até mesmo Tancredo Neves. Nesse encontro sinalizou que agia com o conhecimento do general. Ligou para o presidente e passou-lhe o aparelho para uma troca de amabilidades.[6] Com os endossos necessários, Camargo ganhou um aliado surpreendente. Leonel Brizola aceitava que Figueiredo fosse reeleito indiretamente para um mandato-tampão de dois anos (o tempo necessário para que concluísse seu governo no Rio) sendo sucedido por um presidente, eleito pelo voto direto.[7] Outro sinal claro do interesse de Figueiredo em permanecer no governo veio de Nelson Marchezan, líder do governo na Câmara. Reproduzindo o que ouvira numa audiência, informou que o presidente só discutiria esse caminho diante de uma "crise insuperável (...) se não houver quem possa substituí-lo".[8] Numa visita a Natal, foi recebido por uma claque que cantava: "João, João, o candidato da nação".[9]

---

[3] Carta de Maria Gilda Rocha Machado a Figueiredo, de 10 de maio de 1983. APGCS/HF.
[4] SAE/IPEA a partir de microdados do PNAD/IBGE.
[5] Para a notícia do recrudescimento da cardiopatia, Jânio de Freitas, *Folha de S.Paulo*, 22 de junho de 1983.
[6] Para as visitas nos estados, *Jornal do Brasil*, "Coluna do Castello", 22 de abril de 1983. Para o telefonema, Gilberto Dimenstein, José Negreiros, Ricardo Noblat, Roberto Lopes e Roberto Fernandes, *O complô que elegeu Tancredo*, p. 70.
[7] Domingos Leonelli e Dante de Oliveira, *Diretas Já*, p. 146, citando o *Jornal do Brasil* de 13 de maio de 1983.
[8] *Folha de S.Paulo*, 12 de maio de 1983.
[9] Idem, 20 de maio de 1983.

Dois meses depois, Figueiredo voltou à Clínica Cleveland. Dessa vez para o centro cirúrgico, onde, imediatamente, recebeu duas pontes de safena e uma mamária. A segunda interinidade de Aureliano durou 43 dias. Na primeira, os "ministros da Casa" haviam-no deixado às moscas. O professor Leitão, por exemplo, ficara fora do palácio vinte dias. Delfim Netto passara boa parte do tempo viajando pelo exterior.[10] Nenhuma das arestas anteriores fora retirada e havia outra, nova: Aureliano defendera a eleição direta, era candidato à Presidência da República e sabia que tinha o apoio de Geisel.[11]

Mesmo dizendo que não ia "dar ao Figueiredo o mínimo motivo para briga", os cuidados de Aureliano de nada adiantaram.[12] Talvez sua cautela tenha sido insuficiente, mas na história da República não havia precedente em que uma crise ou a substituição eventual do titular tivesse solidificado suas relações com o interino. Numa lista de 72 telefonemas recebidos pelos assistentes de Figueiredo em Cleveland durante dezesseis dias, nenhum veio do vice-presidente.[13] (O deputado José Camargo, autor da emenda que permitiria a reeleição, ligou duas vezes e visitou-o.)[14] Desde o enfarte de 1981, o general poupava-se com jornadas curtas, encerradas às dezoito horas.[15] O vice entrava pela noite e não escondia suas divergências com Delfim. Reunido com empresários, condenou o primeiro acordo firmado com o FMI: "Isso não está dando certo".[16]

O governo descumprira todos os compromissos assumidos com o Fundo, a liberação de seus empréstimos havia sido congelada, uma promissória de 400 milhões de dólares venceria naqueles dias e faltava caixa.[17] Aureliano estava na Presidência quando três representantes do cartel de credores desceram secretamente em Brasília, reuniram-se com Delfim,

---

10 *Jornal do Brasil*, Coluna do Castello, "Se Aureliano assumir", 25 de junho de 1983.
11 Para Aureliano mostrando-se favorável às diretas, *Folha de S.Paulo*, 10 de julho de 1983.
12 *Diário de Heitor Ferreira*, 27 de setembro de 1983. APGCS/HF.
13 Três folhas manuscritas, intituladas *Telefonemas*, de julho de 1983. Nesse período Leitão de Abreu ligou nove vezes. APGCS/HF.
14 Três folhas manuscritas, intituladas *Telefonemas*, de julho de 1983. APGCS/HF.
15 *Folha de S.Paulo*, 24 de julho de 1983.
16 Idem, 10 e 11 de agosto de 1983.
17 William Rhodes, *Banker to the world*, p. 92.

pediram mais apertos e combinaram que o Fundo mandaria periodicamente equipes de inspetores ao país.[18]

Durante uma surpreendente entrevista dada ao cineasta Julio Bressane, Golbery dissera: "Figueiredo é uma pessoa que não tem vontade de dirigir o país, não está interessado em dirigir o país. E não tem mais saúde para dirigir o país". Adiante, expôs o problema: "Que grande paradoxo, este. Quanto mais cresce, mais o Aureliano cava sua sepultura".[19] (Até então o general suspeitara que seus telefones estivessem controlados. Semanas depois, havia fotógrafos no estacionamento de seu escritório. Num exemplo dos métodos burocráticos do SNI, em pelo menos um caso não vigiaram a entrada de pedestres, por onde passara Heitor Ferreira.)[20]

Figueiredo reassumiu com coronárias novas e mais horror a Aureliano. Mostrava-se disposto a mais do mesmo. Manteve um regime de meio expediente no Planalto, mas deixou-se fotografar montando *Corsário* na pista do Torto.[21] Na noite de uma importante votação no Congresso que inviabilizaria os novos compromissos assumidos com o FMI, foi a um churrasco.[22] O general Medeiros resumiria a situação: "Tá tudo feio que tá danado".[23] Há tempos o governador da Bahia, Antonio Carlos Magalhães, confidenciava que "o Figueiredo não manda em nada, não se interessa por nada, deixa tudo para o Leitão resolver. (...) De vez em quando dá um esporro, uns gritos para mostrar autoridade. É só". Ele dizia que "o Delfim está fortíssimo. É o único sujeito com coragem no ministério".[24] Nem tanto, pois o czar da economia também reclamava: "É lamentável, não temos presidente, não temos governo. Eu puxei várias vezes o assunto do acerto com os bancos estrangeiros, que está muito bom, e o Figueiredo só quer reclamar de bobagens".[25]

---

18 Idem, p. 96.
19 *Jornal do Brasil*, 8 de agosto de 1982. A entrevista fora publicada na véspera pelo *Correio Braziliense*.
20 *Diário de Heitor Ferreira*, 27 de setembro de 1983, registrando que foram fotografados Paulo Maluf, dois senadores e um jornalista num dia em que ele entrara no prédio a pé. APGCS/HF.
21 Para a montaria, *Folha de S.Paulo*, 12 de setembro de 1983. Figueiredo só voltaria ao regime de tempo integral uma semana depois.
22 *Diário de Heitor Ferreira*, 23 de setembro de 1983. APGCS/HF.
23 *Jornal do Brasil*, "Coluna do Castello", 6 de setembro de 1983.
24 Para Antonio Carlos Magalhães em janeiro de 1983, Gilberto Dimenstein, José Negreiros, Ricardo Noblat, Roberto Lopes e Roberto Fernandes, *O complô que elegeu Tancredo*, p. 19.
25 *Diário de Heitor Ferreira*, 5 de outubro de 1983. APGCS/HF.

O receituário do regime sugeria jogar a crise para o Congresso e o general deu a esse expediente um toque ridículo. Um deputado dissera que "todos os ministros são ladrões, os militares e o presidente também".[26] Na bem-sucedida provocação de 1968, Marcio Moreira Alves era um deputado vindo de uma prestigiosa carreira jornalística e saído da cepa dos Mello Franco. O deputado Mario Juruna, eleito pelo Rio de Janeiro, com 31 mil votos folclóricos, era um índio xavante que aprendera português aos dezessete anos.[27] Figueiredo resolveu pedir à Câmara a cassação de seu mandato. Queria que o governo o acompanhasse: "Até agora só onze ministros entraram com o ofício contra o Juruna. Eu quero todos! Quem não fizer, diz ao Leitão, pode entrar com o pedido de demissão. Eu demito!".[28] "Estou ficando sozinho... Não tenho mais amigos... Agora vê, o Pires não está dando importância a nada. Viajou para a Venezuela."[29] (O episódio terminou com um pedido de desculpas do deputado.)

Faltava-lhe também a solidariedade de Geisel. Desde o enfarte de 1981, o responsável por sua unção dizia que Figueiredo devia renunciar, mas essa opinião costumava ficar no seu fechado círculo familiar. A confidência, no entanto, transbordou. Uma conversa do ex-presidente com o deputado Marco Maciel chegou a Heitor Ferreira: "Seria muito bom, e é o que ele deveria fazer, que ele renunciasse à Presidência".[30]

A caminho do seu vigésimo aniversário, o regime perdera o rumo. Fechando 1983 com uma taxa de inflação de 211%, dobrara a marca de 80% de Jango em 1963, levara o país à bancarrota e estava sob um sistema de auditoria imposto pela banca internacional. Um dos pontos centrais de seus compromissos com o FMI era a aprovação de uma lei que comprimisse os reajustes salariais. A primeira tentativa deu-se com o Decreto nº 2.024. Foi rejeitado pelo Congresso. Seguiu-se o 2.045. O ministro da Justiça escreveu a Figueiredo, considerando "inevitável a sua rejeição" e propondo a sua retirada.[31] O general foi em frente. Para evitar manifestações populares em

---

26 *Folha de S.Paulo*, 29 de setembro de 1983.
27 *Veja*, 5 de outubro de 1983.
28 *Diário de Heitor Ferreira*, 29 de setembro de 1983. APGCS/HF.
29 Idem, 3 de outubro de 1983. APGCS/HF.
30 Idem, 23 de setembro de 1983. APGCS/HF.
31 Carta do ministro Ibrahim Abi-Ackel a Figueiredo, de 4 de outubro de 1983. APGCS/HF.

Brasília, valeu-se pela primeira vez do mecanismo constitucional das medidas de emergência, suspendendo o direito de reunião e dando à tropa liberdade para realizar operações de busca e apreensão na capital. Os acessos à cidade foram patrulhados e revistavam-se passageiros no aeroporto, até que uma equipe de policiais invadiu a sede seccional da Ordem dos Advogados do Brasil. Diante da grita, o general Newton Cruz, comandante das operações militares, reconheceu: "Quebramos a cara".[32] O Decreto nº 2.045 foi retirado e entrou o 2.064. Também capotou, substituído pelo 2.065, finalmente aprovado. Estava criada uma escala para os reajustes salariais. Quem ganhava até três salários mínimos recebia 100% do Índice Nacional de Preços ao Consumidor. Daí em diante, sofria perdas progressivas. Acima de vinte salários mínimos, levava só 50% do que perdera com a inflação.[33] O sistema duraria apenas um ano, substituído por uma lei que criou duas faixas para os reajustes: 100% do INPC até três salários mínimos e 80% daí em diante.[34]

A escolha do general Cruz para executar as medidas de emergência resultara do fato de ele ser o comandante militar do Planalto. Colocando-o nessa função, Figueiredo juntava gasolina e fogo. "Nini", assim como ele e Medeiros, chegara ao poder no SNI de Golbery. Ambos eram amigos e até pouco tempo atrás o general chefiara a Agência Central do Serviço. Nela, estivera no elenco dos dois episódios que desmoralizaram a "tigrada": o atentado do Riocentro e o assassinato de Baumgarten. Vendo-o de capacete, montado num cavalo, Figueiredo dissera que era "o nosso Mussolini". Sua escolha foi criticada pelo general Gustavo de Moraes Rego, ex-chefe do Gabinete Militar de Geisel, a quem visitava semanalmente.[35] Estava na reserva, mas tomou cinco dias de cadeia.[36] Foi essa a mais longa detenção provocada pelas medidas de emergência. Pouco depois, "Nini" meteu-se num incidente com um repórter, agarrando-o pelo braço e obrigando-o a

---

32 *Folha de S.Paulo*, 25 de outubro de 1983.
33 Esse decreto, como os demais, criava uma escala para a relação entre os aumentos e a inflação. Quem ganhava até três salários mínimos, receberia o INPC integral. De quatro a sete, 80%; de oito a quinze, 60%; e acima dessa faixa, 50%. *Folha de S.Paulo*, 27 de outubro de 1983.
34 *Folha de S.Paulo*, 3 de outubro de 1984.
35 Gustavo de Moraes Rego, em Maria Celina D'Araujo, Gláucio Ary Dillon Soares e Celso Castro (orgs.), *A volta aos quartéis*, p. 92.
36 *Folha de S.Paulo*, 8 de novembro de 1983.

pedir desculpas diante das câmeras por um comentário que considerou inconveniente. Diante do episódio, o general José Maria de Toledo Camargo (também da reserva), outro oficial que servira no palácio de Geisel, escreveu um artigo condenando o "mau exemplo" dado por "um general irritado (...), descontrolado".[37] Nada lhe aconteceu.

O PDS dera a Figueiredo uma delegação para que coordenasse a indicação de seu sucessor. Não se pode dizer que lhe faltasse vontade, mas o general fazia as coisas e seu contrário. Autorizou a candidatura de Andreazza, mas não a autorizou: "Eu não mandei, ele me disse que ia se lançar, me comunicou, e eu disse que era problema dele".[38] Falava em vetar Maluf, mas dizia "não veto ninguém".[39] Aceitava prorrogar seu mandato diante de "uma crise insuperável", mas também não a aceitava.[40] Tentou criar uma crise a partir do discurso do deputado Juruna, mas recuou. Emenda das diretas? "Se dependesse do meu voto, aprovaria."[41] No dia seguinte, explicou: "Jamais passou pela minha cabeça fazer eleições diretas agora".[42] Disse que coordenaria a escolha de um candidato e, comparando esse trabalho a uma partida de futebol, prometeu jogar "até fazendo falta, se necessário".[43] Essa partida deveria começar em 1984. No dia 29 de dezembro de 1983, Figueiredo anunciou que devolvia ao partido do governo a tarefa de escolher o nome do candidato.[44]

Ao saber da novidade, Antonio Carlos Magalhães, principal articulador político de Andreazza, concluiu que estava tudo perdido e telefonou para Marco Maciel, ex-governador de Pernambuco:

— E agora?
— Agora tudo é possível — respondeu Maciel.

---

[37] *Veja*, seção "Ponto de Vista", 28 de dezembro de 1983.
[38] Para a autorização a Andreazza, *Diário de José Sarney*, 29 de abril de 1983, citado em Regina Echeverria, *Sarney, a biografia*, p. 271. Para Figueiredo, *Diário de Heitor Ferreira*, 26 de setembro de 1983. APGCS/HF.
[39] *Folha de S.Paulo*, 7 de setembro de 1984.
[40] Idem, 12 de maio de 1983.
[41] Idem, 17 de novembro de 1983.
[42] Idem, 21 de novembro de 1983.
[43] Idem, 5 de maio de 1983.
[44] Idem, 30 de dezembro de 1983.

Calim Eid, fiel escudeiro de Maluf, localizou-o em Nova York:

— Boa notícia, não, Paulo?
— Boa, não, excelente.

Maluf ligou para Heitor Ferreira, que estava em Paris, onde começara a trabalhar no escritório da Braspetro:

— Vamos ganhar, Heitor. Vamos ganhar![45]

Figueiredo teve dois rumos. Não queria Maluf e acreditava que fosse possível um acordo com a oposição para se chegar a um mandato-tampão, com ele ou sem ele, ao fim do qual seriam realizadas eleições diretas, talvez em 1991.[46]

Durante um jantar em Brasília, o professor João Leitão de Abreu ofereceu o caminho de um grande entendimento. O PDS e o PMDB sairiam do cadeado das diretas e iriam para o Colégio Eleitoral para escolher o novo presidente negociando a duração desse mandato. Numa frase, ele deu a chave: "A fidelidade partidária no tocante às eleições presidenciais será ineficaz. O voto infiel vale".[47] Marchezan, habitual interlocutor de Leitão, seria mais claro: "Se é possível ser infiel no PDS, também é possível ser infiel no PMDB. Afinal, o mesmo risco que corre o martelo, corre a bigorna".[48] Nessa hipótese, delegados do PMDB votariam num candidato do PDS. Talvez, desde que não fosse Paulo Maluf, pois Leitão dizia que ele podia até vencer a convenção do PDS, mas perderia no Colégio Eleitoral.[49]

---

[45] Gilberto Dimenstein, José Negreiros, Ricardo Noblat, Roberto Lopes e Roberto Fernandes, *O complô que elegeu Tancredo*, pp. 12-3.
[46] *Jornal do Brasil*, "Coluna do Castello", 29 de novembro de 1983; e *Folha de S.Paulo*, 29 de novembro de 1983.
[47] *Folha de S.Paulo*, 3 de dezembro de 1983.
[48] Idem, 6 de dezembro de 1983.
[49] *Jornal do Brasil*, 5 de janeiro de 1984.

PARTE V
A CONSTRUÇÃO DE TANCREDO

NAS FOTOS DAS PÁGINAS ANTERIORES:
Comício no Anhangabaú e na Candelária pelas Diretas
Primeira página do *JB* com a derrota das Diretas
Cartaz pelo prosseguimento da mobilização popular
Tancredo Neves, o construtor da conciliação

Diretas Já

A caciquia da oposição paulista estava na sala VIP do Aeroporto de Congonhas, em São Paulo, a caminho de Maceió, onde seria sepultado o senador Teotônio Vilela. O "Menestrel das Alagoas" fora um quadro liberal dentro da ditadura, migrara para o PMDB e tornara-se um infatigável defensor da anistia, da moratória da dívida externa e da eleição direta. À sua simpatia pessoal somara uma comovente luta contra o câncer. Percorrera o país já sem cabelos, apoiado numa bengala, visitando presídios, até a morte, em novembro de 1983. Definia-se como "um doido manso que perdeu o rumo do hospício".[1] Numa roda, estavam Lula e a cantora Fafá de Belém. Noutra, Ulysses Guimarães. Quando o governador Franco Montoro chegou, Lula estendeu-lhe a mão sem dirigir-lhe a palavra.[2] Dias antes, o presidente do PT tentara assumir a liderança da mobilização popular na campanha das diretas com um comício na praça fronteira ao estádio do Pacaembu, em São Paulo. Em outra ocasião, Lula reunira ali 100 mil pessoas.[3] Agora,

---

[1] Domingos Leonelli e Dante de Oliveira, *Diretas Já*, p. 53.
[2] *Folha de S.Paulo*, seção "Painel", 29 de novembro de 1983.
[3] Margaret E. Keck, *The workers' party and democratization in Brazil*, p. 142.

juntara uma plateia de 15 mil. Na narrativa do repórter Ricardo Kotscho, "esperava-se chegar mais gente, não chegava".[4] O PT mostrara a força de sua militância e também o limite de sua capacidade de mobilização. Convidado, Montoro não fora ao comício, preferindo ficar no Jockey Club para ver o páreo do prêmio Governador do Estado. Pudera. Pelo rádio era informado de que seu nome e o de seu partido eram sistematicamente vaiados.[5]

Se o Planalto e o PDS estavam estilhaçados e sem comando, o PMDB unira-se. Graças à coreografia da rivalidade de Ulysses com Tancredo, o partido entrara na campanha pelas diretas com lideranças intercambiáveis. Ulysses acreditava que conseguiria aprovar a emenda Dante de Oliveira e, nesse caso, seria o candidato do partido à Presidência. Tancredo duvidava do futuro da emenda. Calculava que a oposição poderia contar com cinquenta votos da bancada do governo, mas precisava de pelo menos oitenta dissidentes para chegar aos dois terços exigidos às emendas constitucionais. Olhava adiante, para o Colégio Eleitoral de 686 votos, onde a maioria elegeria o próximo presidente.

O partido do governo tinha 361 cadeiras no Colégio, formando uma maioria de 17 votos. Para que um candidato da oposição prevalecesse, seria necessário quebrar o ferrolho da fidelidade partidária, unir o PMDB (273 votos), trazer os três pequenos partidos (52 votos) e buscar a dissidência do oficialismo.

O rolo compressor malufista partia de duas certezas: na primeira, a bancada governista seria alinhada pelo instituto da fidelidade partidária. Na segunda, o Planalto jogaria sua força no apoio ao candidato do PDS. Nenhuma das duas tinha a solidez imaginada.

As construções de gabinete subestimavam dois fatores essenciais para a construção de Tancredo: a rua e o tamanho da rejeição a Maluf.

Antonio Carlos Magalhães já detonara suas pontes em relação ao deputado paulista e tentara soldar uma chapa Andreazza-Aureliano. Não dera certo.[6] Tancredo precisava articular a dissidência governista, partindo de uma aliança com Aureliano. Diante da notícia de que eles negociavam um

---

4 Ricardo Kotscho, *Folha de S.Paulo*, 28 de novembro de 1983.
5 Para uma visão da rivalidade que se criou na organização desse comício, Domingos Leonelli e Dante de Oliveira, *Diretas Já*, pp. 304 e segs.
6 *Jornal do Brasil*, "Coluna do Castello", 14 de dezembro de 1983.

pacto, o vice-presidente foi vago: "Quando há uma convergência de pontos de vista, há uma tendência natural de os mineiros se unirem".[7]

Na véspera do comício do Pacaembu, Franco Montoro reunira-se com seis governadores e lançara sua campanha pela eleição direta. Tivera um forte estímulo. A imprensa acompanhava a proposta com ceticismo em relação à sua viabilidade ou mesmo com desconfiança, pela possibilidade de uma vitória de Leonel Brizola. Essa armadura fora rompida em dezembro. Octavio Frias de Oliveira, dono da *Folha de S.Paulo*, decidiu jogá-la na campanha pelas diretas. O jornal já endossara a ideia havia alguns meses, com um editorial curto, quase rotineiro, na segunda página.[8] Na edição do domingo, 18 de dezembro (cerca de 250 mil exemplares de tiragem), publicou outro, no alto de sua capa. Perguntava: "Como explicar a letargia vergonhosa na qual afundam as oposições, paralisadas entre as ideias e as vantagens, incapazes de traduzir palavras em atos?".[9] A *Folha* lançara-se numa campanha que marcaria sua história. Não se tratava mais de noticiar os fatos do dia, mas de lutar pela ideia. Desde o dia 2 de dezembro, o jornal publicava no alto da primeira página um texto curto (com foto) de alguma personalidade defendendo a eleição direta. Começou com o jurista Gofredo da Silva Teles. Seguiram-se o cantor Gilberto Gil, a modelo Bruna Lombardi, o presidente da Volkswagen, Wolfgang Sauer, o escritor Gilberto Freyre, o cantor Erasmo Carlos, o palhaço Arrelia e até mesmo Plínio Correa de Oliveira, fundador da organização católica Tradição, Família e Propriedade. Na edição de 24 de dezembro, um Papai Noel.[10] Em janeiro, a *Folha* deu outro passo, publicando com frequência o *Roteiro das Diretas*, um calendário de eventos da campanha, à semelhança das programações de cinemas e teatros. Num só dia, listou vinte eventos organizados para o mês em onze estados, indicando o nível de organização que o PMDB dera à campanha. Ulysses iria a oito capitais e Montoro compareceria a dez manifestações em municípios paulistas.[11]

---

7 *Jornal do Brasil*, 26 de abril de 1984.
8 *Folha de S.Paulo*, 27 de março de 1983.
9 Idem, 18 de dezembro de 1983.
10 *Folha de S.Paulo*, 2 de dezembro de 1983 e edições seguintes, do mesmo mês.
11 Idem, 1º de janeiro de 1984.

O primeiro grande comício aconteceu em Curitiba. Juntou 50 mil pessoas (5% da população) em clima de festa.[12] Dos prédios do Centro da cidade caíam papéis picados. Antes do meio-dia, as barraquinhas que vendiam material de propaganda esgotaram o estoque de camisetas com o slogan da campanha: "Diretas Já". No palanque, Ulysses, Tancredo e o governador José Richa. Faltavam Lula e Brizola, mas lá estavam astros de novelas, como Raul Cortez e Dina Sfat, a linda atriz de *Macunaíma*. O apresentador do comício era Osmar Santos, cuja voz confundia-se com a narração das grandes partidas de futebol. Entre um discurso e outro, Carmen Costa cantou *Carinhoso*. O comício acabou e o festejo continuou.[13]

Tancredo dissera em Curitiba que "a oportunidade do consenso já passou há muito", mas de Porto Alegre telefonou para Aureliano Chaves cumprimentando-o por seu aniversário.[14] Naquele dia, conversara com Ulysses Guimarães no avião, informando-o de que se a emenda Dante de Oliveira não passasse iria para o Colégio Eleitoral, nem que fosse para ter só um voto.[15]

Em Salvador, Caetano Veloso e Gonzaguinha estiveram no palanque com Ulysses, Tancredo e o ex-governador Roberto Santos, do PDS. Seguiram-se manifestações em Vitória, Campinas e Rio Claro (SP). No Rio, realizou-se apenas uma passeata, pela orla da praia. Coisa pequena para a tradição da cidade.[16] O governador Leonel Brizola saudou-a da janela de seu apartamento, na avenida Atlântica, em Copacabana.

Atrás das manifestações funcionava também a máquina do PMDB. O governador José Richa levara a Curitiba 183 prefeitos do partido e 127 do PDS, quase todos acompanhados por delegações de suas cidades.[17] A manifestação do Paraná fora um ensaio para o comício da praça da Sé, marcado

---

[12] Todas as estimativas de multidões noticiadas à época foram superestimadas. Assim como não havia 100 mil pessoas na passeata de 1968, até hoje conhecida como Passeata dos Cem Mil, nenhuma manifestação de 1994 deve ter conseguido reunir 1 milhão de pessoas. Em relação à presença no comício de Curitiba e todos os demais, vali-me dos números divulgados à época. Estavam inflados, mas refletiam uma mobilização maciça, a maior da história brasileira.
[13] *Folha de S.Paulo*, 24 de janeiro e 13 de janeiro de 1984.
[14] Idem, 13 de janeiro de 1984; e Domingos Leonelli e Dante de Oliveira, *Diretas Já*, p. 357.
[15] Depoimento de Mauro Santayana, em Domingos Leonelli e Dante de Oliveira, *Diretas Já*, p. 357.
[16] Ricardo Kotscho, *Explode um novo Brasil*, p. 132; e *Folha de S.Paulo*, 21 de janeiro de 1984.
[17] *Folha de S.Paulo*, 13 de janeiro de 1983; e Domingos Leonelli e Dante de Oliveira, *Diretas Já*, p. 339.

para 25 de janeiro, feriado pelo aniversário de São Paulo. A ousadia da programação de um comício no Centro da cidade colocava-o na dependência do seu nível de organização. Numa época em que tudo no país parecia dar errado, deu tudo certo.

O apoio da população, medido pelo Instituto Gallup numa pesquisa realizada em 185 cidades de 21 estados, chegara a 81%, contra 63% em 1980.[18] Desde as primeiras mobilizações, nove comícios e passeatas haviam reunido mais de 100 mil pessoas.[19] O comício de São Paulo foi organizado por uma comissão que coordenou uma equipe de sessenta pessoas, socorrida por cinco agências de publicidade que firmaram a cor da campanha (amarelo) e seu slogan ("Eu quero votar pra presidente").[20] Um laboratório distribuíra adesivos e a rede de supermercados Carrefour anunciava suas "Diretas 84", uma "linha direta com o preço baixo".[21] O palácio dos Bandeirantes articulou a adesão de 514 prefeitos e a organização de caravanas.[22] Trens e metrô grátis, quatrocentos policiais para proteger os manifestantes.[23] A Paulistur instalou duzentos alto-falantes.[24] Foram espalhados pela cidade 1 milhão de cartazes e 5 milhões de panfletos.[25] Pensou-se em tudo, até em evitar que os petistas vaiassem Montoro. Para isso, combinaram que o governador subiria ao proscênio ao lado de Lula.[26] Alguns grupos chegaram na noite anterior para ocupar os melhores lugares e o PC do B veio de madrugada, com trezentas bandeiras vermelhas.[27]

---

[18] *Veja*, 1º de fevereiro de 1984; e *Folha de S.Paulo*, 24 de janeiro de 1984.
[19] Ricardo Kotscho, *Explode um novo Brasil*, pp. 130-3. Esse minucioso levantamento lista comícios e passeatas em Goiânia, São Paulo, Ponta Grossa, Olinda, Curitiba, Rio de Janeiro, Rio Claro, Salvador, Vitória e Campinas, totalizando 127 mil pessoas. Admitindo-se que os números dessa campanha foram superestimados e levando-se em conta que manifestações menores escaparam aos registros, a marca dos 100 mil manifestantes parece razoável.
[20] Para o tamanho da equipe, depoimento de Mauro Santayana a Domingos Leonelli e Dante de Oliveira, *Diretas Já*, p. 360. Para as agências (Denison, DPZ, Companhia Brasileira de Publicidade, Adag e Exclam), Domingos Leonelli e Dante de Oliveira, *Diretas Já*, p. 352.
[21] *Folha de S.Paulo*, 24 de janeiro e 10 de janeiro de 1984.
[22] Idem, 12 de janeiro de 1984.
[23] Para os policiais, *Veja*, 1º de fevereiro de 1984.
[24] *Veja*, 1º de fevereiro de 1984.
[25] Domingos Leonelli e Dante de Oliveira, *Diretas Já*, p. 351.
[26] Marcio Thomaz Bastos, julho de 2014.
[27] *Folha de S.Paulo*, 26 de janeiro de 1984.

Faltavam duas horas para o início da manifestação e já havia 50 mil pessoas diante do palanque de 120 metros quadrados construído na escadaria da Sé.

Chico Buarque de Hollanda cantou *Apesar de você* acompanhado pela multidão. Fernanda Montenegro pediu a Figueiredo "anistia total para o povo através das diretas", entregou o microfone e foi chorar no fundo do palanque. Estava todo mundo lá: Leonel Brizola, que meses antes apoiara a reeleição do general Figueiredo, e alguns representantes do PDS. Moraes Moreira, com seu "Frevo das diretas", Milton Nascimento, Sonia Braga, Gilberto Gil e Regina Duarte. Pelos prefeitos do PT falou o de Diadema, Gilson Menezes. Sete anos antes, ele parara a Scania e no dia 1º de maio de 1968, naquela mesma praça, ajudara a destruir o palanque de um comício armado em condomínio com o Partido Comunista pelo governador Abreu Sodré. A esquerda brasileira, que se dividira naquela ocasião, unira-se na Sé e, pela primeira vez em décadas, juntara-se ao povo. Era a mesma praça onde, em 1975, um dispositivo da PM procurara intimidar quem ia ao culto ecumênico pela memória de Vladimir Herzog, assassinado no DOI do II Exército.

No meio da tarde começou a chover e cerca de 300 mil pessoas continuaram na Sé. Dois terços não ouviam nada do que se dizia.[28] Não tinha a menor importância. Numa esquina próxima, três jovens molhadas brincavam de roda, cantando:

Chora Figueiredo,
Figueiredo chora,
Chora Figueiredo
Que chegou a tua hora.[29]

Ulysses anunciara em seu discurso: "A Bastilha do Colégio Eleitoral caiu hoje".[30] Faltara um personagem: Tancredo Neves, que acompanhava protocolarmente o presidente Figueiredo numa visita a Minas Gerais.[31]

---

[28] Idem; e Domingos Leonelli e Dante de Oliveira, *Diretas Já*, p. 360.
[29] Cena testemunhada pelo autor.
[30] *Folha de S.Paulo*, 26 de janeiro de 1983.
[31] Para a ausência de Tancredo, Domingos Leonelli e Dante de Oliveira, *Diretas Já*, p. 370.

O governo reagiu ao comício com naturalidade e encobriu sua surpresa com menoscabo, atribuindo o tamanho da manifestação à presença dos artistas. Ademais, o principal veículo de informação jornalística do país, a TV Globo, passara batido diante do episódio. Até o comício da Sé todos os outros haviam sido noticiados apenas nos telejornais de cada cidade. Às oito da noite do dia 25 de janeiro, o apresentador do *Jornal Nacional* anunciou: "Festa em São Paulo. A cidade comemorou seus 430 anos com mais de quinhentas solenidades. A maior foi um comício na praça da Sé". No segmento de 2min18s em que noticiou os festejos, o comício das diretas teve 1min03s.[32] Dois dias depois, em editorial, o jornal *O Globo* associou o comício às comemorações "do grito do Ipiranga, festividade que costuma reacender o entusiasmo e o orgulho do povo paulista".[33] A Rede Bandeirantes pôs o final do comício no ar, ao vivo, com a multidão cantando o *Hino nacional*.[34]

Nos dias seguintes ao comício da Sé sucederam-se manifestações em João Pessoa, Santos, Olinda, Maceió, Fortaleza. Com o apoio de Ulysses, o PT, o PC do B e grupos de esquerda conceberam uma marcha sobre Brasília. Caravanas sairiam de diversos pontos do país, confluindo na capital em abril, no dia da votação da emenda Dante de Oliveira.[35] Aquilo que parecia apenas uma nova forma de manifestação, tornava-se uma temível mudança de qualidade na mobilização da rua. Enquanto os comícios tinham localização predeterminada e hora para começar e terminar, as marchas durariam dias. À festa da Sé, contrapunha-se o medo de uma repetição das passeatas de Santo Amaro, que terminaram com a derrubada das grades do palácio dos Bandeirantes e dois dias de saques.

O comício seguinte deu-se no Centro de Belo Horizonte, com mais de 300 mil pessoas. Com uma população menor que São Paulo, a cidade superou a marca da Sé. O ronco da rua e o poder da máquina dos governos do PMDB fizeram-se sentir de novo. À tarde, 114 linhas de ônibus tiveram seus roteiros remanejados e circularam com catracas livres. O palanque de Belo Horizonte, com onze metros de altura e 136 metros quadrados, tinha

---

32 Memória Globo, Diretas Já, <http://memoriaglobo.globo.com/erros/diretas-ja.htm>.
33 "O comício da Sé", *O Globo*, 27 de janeiro de 1984.
34 Domingos Leonelli e Dante de Oliveira, *Diretas Já*, p. 349.
35 Ricardo Kotscho e Galeno de Freitas, *Folha de S.Paulo*, 31 de janeiro de 1984.

banheiros e camarins. Pela primeira vez aconteceram coisas estranhas na cidade. Um folheto de uma suposta Associação dos Trombadinhas avisava: "Não adianta o comércio fechar as portas, porque nós vamos saquear". Em 43 dias as diretas já haviam levado para a rua mais de 1 milhão de pessoas, e o comício de Belo Horizonte terminou sem que se registrasse qualquer incidente.[36] (Na Sé, a polícia prendera três punguistas e um bêbado, índice inferior ao da região do comício em qualquer dia, de qualquer época.)[37]

Alguém precisava de tumulto. Chamado por Figueiredo para uma reunião com os candidatos governistas, Paulo Maluf levara um maço de fotografias do comício de São Paulo nas quais tremulavam as bandeiras vermelhas do PC do B. Um documento do governo analisara a campanha das diretas e concluíra que ela estava sendo manipulada pela esquerda. Era natural que a esquerda estivesse no núcleo da campanha das diretas, mas essa mesma esquerda jamais conseguira botar tanta gente na rua.

Os militares temiam uma eleição direta até mesmo porque a ditadura argentina, humilhada por uma derrota imposta pelas tropas inglesas nas ilhas Malvinas, realizara uma eleição, entregara o poder ao moderado Raúl Alfonsín e já haviam sido presos três generais, três almirantes e dois brigadeiros. Entre eles, dois ex-presidentes.[38] No comício de Curitiba, um representante de Alfonsín estivera entre os oradores mais aplaudidos.[39]

A carta militar era curta para respaldar a escolha de Maluf ou Andreazza no Colégio Eleitoral. A começar por Figueiredo, havia generais que aceitavam Andreazza mas não queriam Maluf. Havia também os que não queriam nem um nem outro, como Geisel, que apoiava ostensivamente Aureliano Chaves. O ex-presidente mantinha-se longe dos quartéis, mas tinha suas conexões. O general Wilberto Lima, chefe de gabinete do ministro Walter Pires, fora seu assessor especial no Planalto. Pelo menos quatro membros do Alto-Comando eram generais que comandara ou empenhara-se em promover.[40] Geisel acreditava que Aureliano poderia ter o apoio de

---

[36] *Folha de S.Paulo*, 25 de fevereiro de 1984.
[37] Idem, 26 de janeiro de 1984.
[38] *Jornal do Brasil*, 24 de fevereiro de 1983.
[39] Ricardo Kotscho, *Explode um novo Brasil*, p. 132.
[40] Estavam no Alto-Comando Leonidas Pires Gonçalves, Adhemar da Costa Machado, Jorge de Sá Pinho e Ivan de Souza Mendes.

Figueiredo e, com isso, vencer a convenção. Mantinha-se longe do noticiário, mas, nos bastidores, jogava bruto. Num telefonema ríspido, desentendera-se com Antonio Carlos Magalhães, que apoiava Andreazza.[41] Evitava contatos com Golbery, limitando-se a trocas de cartões de aniversário e de boas-festas: "Não o procuro porque eu quero preservar esta amizade".[42]

Reunido com os ministros militares, Figueiredo apresentou-lhes um documento que mostrava quatro caminhos: a aceitação das diretas; a eleição indireta, como mandava a Constituição; a prorrogação; ou um retrocesso institucional.

Prevaleceu a alternativa da eleição indireta, mas o problema retornava ao ponto de partida: quem? A opção definida nesse encontro excluíra a prorrogação, mas a ideia de um mandato-tampão indireto, em torno de um nome consensual, sobreviveu.[43] Numa carta a Heitor Ferreira, Benjamin Hadba, um amigo de Figueiredo e de Médici, deu-lhe a interpretação do ex-presidente, que se encontrara com Leitão de Abreu na véspera: "Segundo o Velho Médici, o 'Dino' pensa ser ele o homem do consenso".[44]

Tudo continuava na mesma. Figueiredo não se mexia, Maluf não recuava, Andreazza sinalizava que não o apoiaria e Aureliano não apoiaria nenhum dos dois. O Planalto costurava um impasse, mas Tancredo Neves costurava uma solução. No início de março de 1984 ele já dissera a Thales Ramalho que disputaria no Colégio Eleitoral. Para uma raposa como o deputado pernambucano, isso não era novidade, mas a clareza permitia-lhe levar a confidência ao professor Leitão de Abreu, com quem conversava frequentemente. Daí a Figueiredo, bastava um passo.[45]

Se a emenda Dante de Oliveira fosse barrada, tanto Aureliano quanto os governistas que não aceitavam Maluf disporiam de um nome de consenso, o de Tancredo.[46] O secretário-geral do PMDB, Afonso Camargo, atravessou a praça dos Três Poderes e foi ao chefe do Gabinete Militar, general Rubem

---

41 Antonio Carlos Magalhães, 1984. Por iniciativa de Geisel, recompuseram-se um ano depois. Ernesto Geisel, 1985.
42 Ernesto Geisel, dezembro de 1984.
43 *Jornal do Brasil*, "Coluna do Castello", 3 de março de 1984.
44 Carta de Benjamin Hadba a Heitor Ferreira, de 21 de fevereiro de 1984. APGCS/HF.
45 José Augusto Ribeiro, *Tancredo Neves – A noite do destino*, p. 446.
46 *Jornal do Brasil*, "Coluna do Castello", 29 de março de 1984.

Ludwig. À saída, disse que a aprovação da emenda era "quase impossível", pois se passasse na Câmara, cairia no Senado. (Aritmeticamente, sua conta estava certa, mas a tradição ia na direção oposta.) Ulysses, ao saber do encontro, calou-se.[47] A esse movimento da mão direita de Tancredo correspondeu outro, com a esquerda. Encontrou-se com Miguel Arraes e, ao fim da conversa, ficou entendido que o PMDB voltara a ser o partido dos dois.

No início da tarde de 10 de abril, quando os cariocas começaram a chegar aos fundos da igreja da Candelária, na embocadura da avenida Presidente Vargas, começou o terceiro grande comício. Os políticos eram tantos que foram necessários dois palanques (um para os dez governadores) e um pódio para os oradores. Os artistas ficaram reunidos num prédio próximo e chegavam em grupos, servidos por uma passarela.[48] Vieram todos: os de sempre, mais Chacrinha, Xuxa e Tony Ramos. Num de seus momentos mais emocionantes, o advogado Sobral Pinto pediu silêncio à multidão, e obteve-o. Em seguida, leu o primeiro artigo da Constituição: "Todo o poder emana do povo...". Na agenda musical, *Caminhando*, de Geraldo Vandré:

O povo faz a hora,
Não espera acontecer[49]

Depois, Chico Buarque de Hollanda:

Apesar de você,
Amanhã há de ser
Outro dia

Repetiu-se o clima de festa, com uma novidade: a TV Globo cobriu o comício com um segmento de nove minutos no *Jornal Nacional*. A emissora calculou a multidão em mais de 1 milhão de pessoas e informou: "Esta é a maior manifestação popular da história política do Brasil".[50]

---

47 *Folha de S.Paulo*, 22 de março de 1984.
48 Idem, 8 de abril de 1984.
49 *Pra não dizer que não falei das flores (Caminhando)*, de Geraldo Vandré, foi lançada em compacto simples pela Som Maior em 1968.
50 Ver <http://memoriaglobo.globo.com/erros/diretas-ja.htm>.

Era. E na semana seguinte a marca foi superada em São Paulo. Num espetáculo que poderia ter sido concebido por Glauber Rocha de *Terra em transe* e dirigido por Francis Ford Coppola de *Apocalypse now*, passeatas que saíram de diversos pontos do Centro confluíram para o vale do Anhangabaú. A passarela inferior do viaduto do Chá transformou-se num palanque. Holofotes faziam uma dança de luzes na noite. A Orquestra Sinfônica de Campinas tocava a *Quinta*, de Beethoven, com as notas que a BBC transmitira ao mundo durante a Segunda Guerra. Adiante, sabe-se lá por quê, uma banda tocou *Cisne branco*, o hino da Marinha. A multidão, na qual se distinguia um enorme boneco de Teotônio Vilela, comandava os espetáculos num coro onde se misturavam gritos pelas "Diretas Já" e insultos a qualquer menção ao nome de Figueiredo.

A hora de Tancredo

Tudo se acabou na quarta-feira, 26 de abril. Votada noite adentro, faltaram 22 votos à emenda Dante de Oliveira e ela foi ao arquivo. Tivera 298 votos, 54 deles vindos do PDS. Para evitar marchas e comícios em Brasília, Figueiredo colocara a Capital Federal sob medida de emergência, proibindo manifestações e censurando as transmissões de rádio e televisão a partir da cidade. Novamente, coube ao general Newton Cruz comandar a tropa.

Frustrando milhões de pessoas, a derrota da emenda somou-se à ruína econômica e às divisões irremediáveis ocorridas no arco de interesses formado em 1964. O projeto de "conservarmos o poder até 1991" estava condenado.[1] Essa circunstância podia ser percebida na reação do general Geisel diante da fotografia da multidão na Candelária: "Eu me rendo".[2] Tomadas ao pé da letra, as três palavras poderiam dar a impressão de que o ex-presidente aceitava a eleição direta. Não era o caso. Até o fim de seus

---

[1] Oito folhas datilografadas, intituladas *Considerações e Diretriz do Presidente para a Reforma Partidária*, anotadas por Golbery, de 21 de setembro de 1979. APGCS/HF.
[2] Ernesto Geisel, abril de 1984.

dias ele foi um adversário renitente do sufrágio universal para a escolha dos governantes, em qualquer país, em qualquer época. Geisel capitulava em relação ao projeto de poder. Ele sabia que dificilmente Aureliano venceria a convenção do PDS e que a estação seguinte chamava-se Tancredo Neves. Não a apoiava, apenas a aceitava, rendendo-se.

A mesma aritmética que prenunciara a derrota da emenda apontava para a possibilidade de vitória de um candidato da oposição no Colégio Eleitoral. Lá, bastaria uma dissidência muito menor que aquela verificada na votação da Dante de Oliveira e Tancredo seria o novo presidente da República. Para isso, duas condições eram necessárias: o governo devia continuar dividido e a oposição, unida. Aconteceram as duas. Na volta da viagem em que acompanhara o marido ao Marrocos e à Espanha, Dulce Figueiredo negou o cumprimento a Vivi Chaves, mulher do vice-presidente.[3] O distanciamento entre o general e seu vice tornara-se perigosamente pessoal. O apoio de Figueiredo a Aureliano ficava implausível e o de Aureliano a Maluf, impossível.

Restava, enfraquecida, a candidatura de Mário Andreazza. Antonio Carlos Magalhães, seu principal articulador, percorreu as poucas centenas de metros da avenida Atlântica que separavam seu hotel do edifício onde vivia Tancredo Neves. A agenda do encontro foi prática:

Tancredo: "Se eu contar com o apoio da Bahia, largo o governo e saio candidato à Presidência".

ACM: "Se Andreazza perder a convenção, você terá o meu apoio".[4]

Na véspera da votação da emenda Dante de Oliveira, Figueiredo dissera a um deputado que "Tancredo Neves é um nome confiável para a conciliação nacional".[5] Fiel ao seu estilo, o presidente patrocinava também uma emenda constitucional tornando direta uma eleição presidencial que seria realizada em 1988. Até lá, o país seria governado por um presidente eleito pelo Colégio. Para o senador José Sarney, presidente do PDS, a situação era clara: "O candidato do Figueiredo é ele mesmo. Ele

---

3 Para o episódio do cumprimento, Gilberto Dimenstein, José Negreiros, Ricardo Noblat, Roberto Lopes e Roberto Fernandes, *O complô que elegeu Tancredo*, p. 94.
4 Gilberto Dimenstein, José Negreiros, Ricardo Noblat, Roberto Lopes e Roberto Fernandes, *O complô que elegeu Tancredo*, p. 52.
5 *Folha de S.Paulo*, 25 de abril de 1984.

brigou com Aureliano, não ajuda o Andreazza, tem horror ao Maluf. (...) Quem sobra? Ele".[6]

Ao saber que Tancredo emergia como o grande negociador de uma transição, Lula atacou a ideia: "A proposta de Tancredo não é de governo de transição coisa nenhuma. É uma proposta de transação".[7] Por coincidência, colocara no debate a palavra trazida para o léxico político nacional em 1855 pelo deputado e jornalista Justiniano José da Rocha (1811-1862), num panfleto intitulado "Ação; Reação; Transação". Ele exaltava a política de conciliação do marquês de Paraná, que tirava o Império do ferrolho das paixões da Regência: "Na luta eterna da autoridade com a liberdade, há períodos de ação, períodos de reação, por fim períodos de transação em que se realiza o progresso do espírito humano e se firma a conquista da civilização".[8]

Lula tinha razão, começara a transação. Tancredo era um admirador de Paraná e de sua conciliação, mas a transação dependia da divisão irremediável do governo. Sarney garantira a Heitor Ferreira que Aureliano romperia com o PDS, retirando sua candidatura.[9] Se isso acontecesse, o passo seguinte seria dar seu apoio a Tancredo.

Sarney tentou evitar que isso acontecesse propondo uma prévia dentro do PDS. Votariam dirigentes municipais, estaduais e federais, além de vereadores, prefeitos e parlamentares, algo como 80 mil pessoas.[10] Era provável que Aureliano prevalecesse. O presidente do PDS conversou com Leitão de Abreu e teve o sinal verde de Figueiredo.

— Que molecagem é essa? — perguntou-lhe Antonio Carlos Magalhães.

---

[6] Gilberto Dimenstein, José Negreiros, Ricardo Noblat, Roberto Lopes e Roberto Fernandes, *O complô que elegeu Tancredo*, p. 31.
[7] *Folha de S.Paulo*, 25 de abril de 1984.
[8] Justiniano José da Rocha, "Ação; Reação; Transação", em R. Magalhães Junior, *Três panfletários do Segundo Império*, p. 159, <http://www.academia.org.br/abl/media/Tres%20Panfletarios%20-%20R%20Magalhães%20Júnior%20-%20PARA%20INTERNET.pdf>.
[9] Uma folha de bloco anotada por Heitor Ferreira, resumindo um telefonema de José Sarney em 15 de maio de 1984. APGCS/HF.
[10] *Folha de S.Paulo*, 7 de junho de 1984.

— Apoie a prévia — disse-lhe Sarney. — O Maluf se encarregará de torpedeá-la.[11]

Dito e feito, mas o primeiro tiro, inesperado, veio de Figueiredo. Ele se dissociou da iniciativa quando o SNI informou-o de que Aureliano venceria a prévia.[12] Essa foi a última oportunidade, perdida, de buscar a unidade do partido.

Sarney renunciou à presidência do PDS. Em seguida, renunciou também seu substituto, o catarinense Jorge Bornhausen, um veterano antimalufista. Encontrando-o em Brasília, Heitor Ferreira perguntou-lhe:

— Será que eu vou ver você levantar no dia 15 de janeiro para votar em Tancredo Neves?
— Talvez — respondeu Bornhausen.
— E em Ulysses Guimarães?
— Também.[13]

Na conta de Antonio Carlos Magalhães, a dissidência disposta a qualquer coisa — menos a apoiar Maluf — somava oitenta deputados.[14] Admitindo-se que exagerasse, e fossem apenas vinte, era o que bastava.

Analisando o comportamento do presidente, Tancredo dizia: "Ninguém joga só embaralhando. Tem que dar carta a alguém e o Figueiredo não está dando carta alguma. Está com todas na mão".[15] Haviam lhe escapado quase todas. Aureliano tinha o apoio de Geisel, com sua autoridade militar. Em São Paulo, trabalhava por ele Olavo Setubal, grande acionista

---

[11] Gilberto Dimenstein, José Negreiros, Ricardo Noblat, Roberto Lopes e Roberto Fernandes, *O complô que elegeu Tancredo*, p. 46.
[12] Idem, p. 47.
[13] Idem, p. 98.
[14] *Jornal do Brasil*, "Coluna do Castello", 13 de junho de 1984.
[15] Gilberto Dimenstein, José Negreiros, Ricardo Noblat, Roberto Lopes e Roberto Fernandes, *O complô que elegeu Tancredo*, p. 83.

do banco Itaú. "Olavão" era a um só tempo um símbolo da plutocracia paulista e produto do Milagre. Através de sucessivas fusões, em menos de dez anos tornara-se o segundo maior banqueiro do país. Fora prefeito de São Paulo de 1975 a 1978 e, pela vontade de Geisel, teria sido governador do estado. Articulara a formação do Partido Popular e retraíra-se quando ele se fundiu com o PMDB. Havia poucos avalistas com tamanho peso no empresariado. Como Aureliano, Antonio Carlos e Bornhausen, iria para qualquer lado, menos o de Paulo Maluf.

As multidões precisavam voltar para casa ou voltar para a rua sob alguma forma de controle do PMDB. Foram neutralizadas as tentativas do PT e das organizações esquerdistas, com suas propostas de marchas e greves. Diluiu-se também a tentativa de ressurreição das grandes mobilizações da campanha das diretas. Um novo comício, realizado em Curitiba, levou à rua 40 mil pessoas, uma boa marca se comparada às 50 mil de janeiro. À praça da Sé e à Candelária voltaram 100 mil pessoas em cada comício. Das máquinas e multidões anteriores, nem sinal. Tancredo faltou a todos e Ulysses a dois.[16]

A transação de 1984 tornara-se a mais bem-sucedida da história nacional, a única conduzida por um oposicionista. Em 1822, a Independência fora proclamada pelo herdeiro da coroa dos Bragança e Paraná comandara a conciliação do Império como presidente do Conselho de Ministros. Mesmo o fim do Estado Novo, com uma anistia e a convocação de uma Constituinte, partira da iniciativa dos generais que haviam organizado e vivido a ditadura.

Como o grande meia-direita "Didi", Tancredo jogou parado: "Quem tem que correr é a bola". Para que sua candidatura ficasse de pé, precisava que a mobilização histórica da emenda Dante de Oliveira morresse na praia. Conseguiu. Também seria necessário que Figueiredo continuasse embaralhando. Conseguiu. Maluf precisava continuar imbatível na convenção do PDS. Conseguiu.

No dia 19 de junho, os nove governadores da oposição reuniram-se no palácio dos Bandeirantes e lançaram seu nome para disputar a Presidência

---

16 *Folha de S.Paulo*, 26, 27 e 28 de junho de 1984.

no Colégio Eleitoral. Ele se disse desvanecido, mas pediu tempo. Faltava-lhe uma peça: Aureliano Chaves.

De volta a Belo Horizonte, Tancredo sentiu-se mal. Risoleta, sua mulher, telefonou ao médico Francisco Diomedes Garcia de Lima, amigo de Tancredo, dizendo que o marido estava febril e aceitava ser examinado.[17]

(Ver médicos, para Tancredo, era o mesmo que falar ao telefone. Poucas pessoas sabiam que, em 1977, um eletrocardiograma revelara que ele tivera um enfarte e uma cineangiocoronariografia apontara obstruções em suas artérias. Desde então, tomava vasodilatadores.[18] Desconfiava de remédios, no nível da superstição: "O Carlos Lacerda foi morto num hospital".)[19]

Tancredo estava febril havia uma semana. Quando Garcia de Lima o examinou, tinha uma temperatura de quarenta graus. Prescreveu-lhe uma injeção (aplicada por Risoleta) e combinaram que no dia seguinte ele faria alguns exames. O hemograma mostrou que sua taxa de leucócitos estava em 18 mil (o triplo do normal), com desvio para a esquerda, apontando para uma infecção bacteriana. Tinha sangue e pus na urina e a ausência de cólicas indicou tratar-se de uma infecção urinária. O médico receitou-lhe oitenta miligramas de garamicina a cada oito horas.[20]

Na história nacional houve momentos em que atitudes individuais mal calculadas provocaram resultados imprevistos e desastrosos. Em maio de 1945, Getulio Vargas estimulou o "queremismo", que lhe permitiria ser candidato à própria sucessão, disputada por um general e um brigadeiro. Cinco meses depois foi deposto pela tropa. Em 1961, Jânio Quadros renunciou à Presidência julgando ser impossível que se desse posse ao vice-presidente, João Goulart. Aconteceu exatamente isso. A persistência com que Figueiredo permitiu que continuasse no baralho a carta de sua prorrogação repetiu esse tipo de comportamento. Ele queria ser a crise e seu remédio. Para isso não tinha a rua, que pedira a eleição direta, como não tinha a convenção do PDS, controlada por Maluf. Também não tinha

---

17 Luis Mir, *O paciente*, p. 77.
18 Idem, p. 84. O enfarte foi registrado na sua autópsia, Luis Mir, *O paciente*, p. 364.
19 Ronaldo Costa Couto, *Tancredo vivo, casos e acasos*, p. 294.
20 Luis Mir, *O paciente*, p. 70.

a máquina. "Se tivéssemos um pouco de governo, ainda faríamos alguma coisa. Mas está a zero", dizia Delfim Netto.[21]

Talvez tivesse a tropa. Também não. Geisel encontrara-se com Aureliano Chaves no apartamento do ex-ministro Armando Falcão. Na cena, o ex-ministro da Justiça incluiu dois expressivos figurantes. Estavam lá, apenas para mostrar que lá estavam, Roberto Marinho, o dono das Organizações Globo, e o general Reynaldo Mello de Almeida. Velho amigo de Geisel, dos tempos de tenente, fora comandante do I Exército durante seu governo e operador militar nas horas tensas da queda do ministro Sylvio Frota, em 1977. Um emissário de Aureliano já procurara dois generais do Alto-Comando do Exército. Eram Leonidas Pires Gonçalves e Ivan de Souza Mendes. Um comandava o III Exército, a poderosa guarnição do Sul, cuja definição pela posse de Jango determinara o desfecho da crise de 1961; o outro estava numa diretoria burocrática de Brasília.

Leonidas tinha uma biografia típica da anarquia militar do século XX. Ainda tenente, em 1945, acompanhara o general Álcio Souto na cena final da deposição de Getulio Vargas. Durante a crise da renúncia de Jânio, Leonidas e Ivan eram majores na Casa Militar, comandada por Geisel, de onde interceptavam ligações telefônicas para João Goulart.[22] Em 1964, dias antes da assembleia de sargentos no Automóvel Clube, ambos foram ao apartamento do general e propuseram-lhe um plano para impedir a reunião, bloqueando ruas e retendo militares nos quartéis. O general recusou a oferta, pois achava melhor que a reunião se realizasse e que Jango comparecesse.[23] Na nova ordem, Ivan viu-se nomeado prefeito de Brasília, cargo que logo abandonou, pois não queria se meter em política.[24] Diferiam no temperamento. Ivan era retraído, modesto, homem de gabinete. Leonidas

---

21 Gilberto Dimenstein, José Negreiros, Ricardo Noblat, Roberto Lopes e Roberto Fernandes, *O complô que elegeu Tancredo*, p. 20.
22 Almirante Floriano Faria Lima, subchefe da Casa Militar à época, 15 de setembro de 1986. Em depoimento a Ronaldo Costa Couto, o general Ivan desmentiu essa informação. Leonidas negou que tenha ouvido telefonemas, mas confirmou que Ivan os ouviu. Geisel, em 13 de julho de 1993, confirmou que ambos ouviam.
23 Ernesto Geisel, 26 de julho de 1988. Em 1998, Leonidas assegurou que foi numa madrugada ao apartamento de Geisel, mas seu plano não era evitar a reunião e sim tomar o quartel-general no dia seguinte. Ele lembrava que Geisel recebera-os de pijama e revólver na mão.
24 Para Ivan, *Valor Econômico*, 25 de novembro de 2005.

era um general de filme. Num Exército onde a média faz a fama, ofendia-a pela estampa e pelo desembaraço. Era considerado um oficial vaidoso. Golbery justificava-o: "É um homem bonito, bem casado com uma mulher bonita. Se não fosse vaidoso seria burro".[25]

Ivan chefiara o gabinete de Geisel na Petrobras e de lá fora para o de seu irmão, Orlando Geisel, no Ministério do Exército. Em 1974, Leonidas comandara o Estado-Maior de Reynaldo Mello de Almeida. Ambos conviveram com a máquina repressiva. Ivan, no comando da Região Militar do Pará, assistira a operação de queima de arquivo da guerrilha do Araguaia. Leonidas, no Rio, tivera o DOI da Barão de Mesquita sob sua jurisdição. Ambos sabiam o que acontecia no porão e entendiam que os militares estavam numa batalha. Ivan diria que "ou a gente acabava com os comunistas ou eles acabavam com a gente".[26] Leonidas defenderia o aparelho repressivo lembrando que o surto terrorista das organizações armadas pretendia transformar o Brasil num "Cubão".[27]

A esses dois generais juntavam-se dois outros, virtuais desconhecidos fora do meio militar. Adhemar da Costa Machado, comandante da Amazônia, e Jorge de Sá Pinho, do IV Exército, com a tropa do Nordeste, Costa Machado estivera no Conselho de Segurança Nacional durante o governo Castello Branco, e em 1974 Geisel trouxera-o de volta. Avaro nos elogios, chamava-o de "uma cabeça", "vale ouro".[28] Ao longo de seu governo, cuidara das promoções dos dois. Quando lhe foi perguntado quem era Sá Pinho, respondeu: "É um grande oficial e a prova disso está no fato de você não saber quem é".[29]

Tancredo tinha a rua e o PMDB. Seis dos sete governadores do PDS já haviam anunciado que não apoiariam Maluf.[30] Nos cálculos de Au-

---

[25] Golbery do Couto e Silva, 1983.
[26] *Valor Econômico*, 25 de novembro de 2005.
[27] Depoimento do general Leonidas Pires Gonçalves à Câmara dos Deputados, em 16 de novembro de 2011, <www2.camara.leg.br/a-camara/conheca/historia/historia/historiaoral/Memoria%20Politica/Depoimentos/leonidas-pires-goncalves/texto>.
[28] Conversa de Geisel com Heitor Ferreira e Moraes Rego, em 19 de fevereiro de 1974, e com Dilermando Gomes Monteiro, no mesmo dia. Conversa com Dale Coutinho, em 6 de março de 1974. APGCS/HF.
[29] Ernesto Geisel, 1983.
[30] *Folha de S.Paulo*, 22 de junho de 1984.

reliano, o partido do governo tinha sessenta dissidentes.[31] Haviam se fechado duas contas. Maluf mostrava-se imbatível na convenção do PDS e Tancredo tornara-se imbatível no Colégio Eleitoral. Em poucos meses, sem sair do lugar, o governador de Minas tornara-se o candidato de todos. Quando Aureliano encontrou-se com Geisel, tinha no bolso uma carta de Tancredo comprometendo-se a formar um governo com representação de todas as forças que o apoiassem.[32] O ex-presidente foi a Brasília, numa derradeira tentativa para conseguir uma definição de Figueiredo. Conversaram por três horas, e nada.[33] Informado por Leitão de Abreu que Maluf não desistiria, Aureliano telefonou para Tancredo: "Nossa aliança está selada. O vice em sua chapa será o Sarney".[34]

Para quem combatera o regime, e mesmo para quem fora para a rua pelas diretas, a dose era cavalar. Tancredo colheria o vice no jardim da ditadura. A biografia de Sarney não tinha momentos de independência, como os do senador Daniel Krieger em 1968, mostrando a Costa e Silva que conduzia o país para um confronto institucional, nem de expresso abandono dos "escrúpulos de consciência", como Jarbas Passarinho durante a reunião que baixou o AI-5. Chegara ao Congresso na década de 1950 com apenas 25 anos. Suave nos modos, culto, inesquecível pelos enormes bigodes. Por pouco não fora ministro da Educação de Jango.[35] Em 1965 elegera-se governador do Maranhão, encarnando um sentimento de renovação. (Sua posse foi filmada num documentário dirigido por Glauber Rocha.) Amigo de escritores, tinha uma cadeira na Academia Brasileira de Letras e cometia seus próprios poemas e contos. ("De repente o tempo estava podre e tinha cheiro de garapa", escreveu em *Marimbondos de fogo*.)[36] Quando prevalecia, orgulhava-se de ser um bom político; quando fracassava, atribuía a ruína ao poeta que tinha na alma.

---

31 Anotação de Heitor Ferreira, de 16 de julho de 1984, em Gilberto Dimenstein, José Negreiros, Ricardo Noblat, Roberto Lopes e Roberto Fernandes, *O complô que elegeu Tancredo*, p. 103.
32 *Veja*, 16 de janeiro de 1985.
33 Gilberto Dimenstein, José Negreiros, Ricardo Noblat, Roberto Lopes e Roberto Fernandes, *O complô que elegeu Tancredo*, p. 29.
34 Idem, p. 92.
35 Para a probabilidade de ter sido nomeado ministro da Educação em junho de 1963, *Jornal do Brasil*, "Coluna do Castello", 14 de junho de 1963.
36 *Veja*, 8 de agosto de 1984.

Em 1974 estivera praticamente escolhido para governar de novo o estado, mas fora abatido em voo pelo general Milton Tavares de Souza. Geisel não o estimava, Golbery não lhe dava importância, Petrônio Portella não lhe fazia confidências.

Sarney era um renitente coadjuvante. Jamais se afastara do governo, mas mantinha-se longe de suas crises. No dia 11 de outubro de 1977, quando estava claro que Geisel e o general Sylvio Frota iam para um choque, dizia apenas que "um dos dois vai ter que sair". Frota saiu no dia seguinte.

Mestre das pequenas gentilezas, operava na máquina do poder. No início do governo de Figueiredo, propusera que a presidência da Arena controlasse um banco de dados com todos os pedidos de parlamentares atendidos pelo governo.[37] Meses antes da eleição de 1982, a título de "lembrança", encaminhara a Leitão de Abreu uma proposta audaciosa: "Um congelamento de preços por determinado período, de modo efetivo e punitivo".[38]

Não havia motivo para malquerê-lo, mas também não havia motivo para querê-lo. Tinha uma panela em cada boca do fogão. Opusera-se à emenda das diretas, mas seu filho votara a favor.[39] O deputado malufista Edison Lobão, sua cria na política maranhense, contra. Enquanto Maluf crescia, não o hostilizava. Dias depois da sua unção para a vice, posou para a capa da revista *Veja* tendo ao fundo uma fotografia de Tancredo Neves ao estilo dos retratos oficiais que se veem em repartições públicas.[40] Anos antes, quando o senador Teotônio Vilela lhe disse que deixaria o partido do governo, indo para o PMDB, classificou o gesto de "um ato de boemia intelectual".[41] Deu o mesmo pulo, sem poesia. Considerando-se a desimportância do cargo, Sarney não incomodava. Representava como ninguém a essência unificadora da candidatura de Tancredo: o ex-presidente do partido do governo na Vice-Presidência da chapa da oposição.

---

37 Bilhete do coronel Paiva Chaves a Golbery, de 8 de maio de 1979. APGCS/HF.
38 Dezesseis folhas de um documento rubricado por Sarney, enviado a Leitão de Abreu, de 8 de abril de 1982. APGCS/HF.
39 Gilberto Dimenstein, José Negreiros, Ricardo Noblat, Roberto Lopes e Roberto Fernandes, *O complô que elegeu Tancredo*, p. 92.
40 *Veja*, 8 de agosto de 1984.
41 Idem.

Paulo Maluf venceu a convenção do PDS derrotando Mário Andreazza por 493 votos contra 350.[42] (O deputado José Camargo, patrono da emenda que prorrogava Figueiredo, apoiara Andreazza e votara em Maluf.) Batido, o ministro quis cumprimentar o vencedor, mas Antonio Carlos Magalhães puxou-o: "Não tem cumprimento porra nenhuma. Vamos embora". No dia seguinte, Tancredo voltou a encontrar-se com ACM e ofereceu-lhe um lugar no ministério.[43]

A vitória de Maluf valia zero. Ele se tornara candidato de um regime fracassado num governo que não o apoiava. O arco de interesses formado em 1964 buscava proteção sob o guarda-chuva de Tancredo. Afinal, quem assegurava um governo com mandato de seis anos, eleito pelo Colégio Eleitoral? Tancredo. Quem condenava a moratória da dívida externa e defendia a continuidade da auditoria do FMI nas contas nacionais? Tancredo.[44] Quem manteria as multidões fora das praças? Tancredo. (Em agosto, um comício em Belo Horizonte teve 7 mil pessoas na praça. No palanque, no lugar dos artistas do primeiro semestre, estava Olavo Setubal. Setecentos policiais cuidaram para que não fossem erguidas bandeiras vermelhas.)[45]

Figueiredo aceitou contrafeito a vitória de Maluf: "A opção (...) não foi minha, foi do meu partido".[46] Leitão de Abreu continuou procurando fórmulas e nomes. Demorou menos de uma semana para que Heitor Ferreira, instalado no QG de Maluf, registrasse: "Se o quadro político não sofrer alteração, Tancredo está eleito".[47]

A mudança do quadro só poderia ocorrer com uma crise que devolvesse aos militares a arbitragem do processo. O ministro do Exército, general Walter Pires, chamou Antonio Carlos Magalhães ao seu gabinete e pediu-lhe que apoiasse Maluf. A raposa baiana não lhe contou que já estava no governo de Tancredo. O chefe do SNI, Octavio Medeiros,

---

42 *Folha de S.Paulo*, 13 de agosto de 1984.
43 Gilberto Dimenstein, José Negreiros, Ricardo Noblat, Roberto Lopes e Roberto Fernandes, *O complô que elegeu Tancredo*, pp. 127-8 e 133; e Antonio Carlos Magalhães, *Política é paixão*, p. 114.
44 *Folha de S.Paulo*, 4 de agosto e 31 de julho de 1984.
45 Idem, 15 de agosto de 1984.
46 Gilberto Dimenstein, José Negreiros, Ricardo Noblat, Roberto Lopes e Roberto Fernandes, *O complô que elegeu Tancredo*, p. 136.
47 Idem, p. 142.

achava que ainda havia espaço para a recuperação de Maluf no Colégio Eleitoral, mas, com o seu conhecimento, o chefe da Agência Central do Serviço, general Geraldo Araújo Ferreira Braga, reunira-se por quatro horas com Tancredo em Belo Horizonte.[48] Um documento do SNI indica que em setembro a recuperação de Maluf era um sonho. Considerando "definida a vitória da oposição", Medeiros cuidava do próprio futuro e pretendia consultar Tancredo sobre alguns aspectos operacionais. Temendo que ele se definisse "pelo respeito à lei", sugeria que o "controle telefônico" fosse desativado antes da eleição.[49]

---

[48] *Jornal do Brasil*, 27 de janeiro de 1985.
[49] Documento do SNI, com oito páginas, de 13 de setembro de 1984, em Edson Luiz, "Documentos do SNI mostram que militares monitoraram Tancredo Neves de perto", Fato Online, 20 de abril de 2015, <www.fatoonline.com.br/conteudo/1950/documentos-do-sni-mostram-que-militares-monitoraram-tancredo-neves-de-perto>.

Geisel (à direita) passou a faixa a Figueiredo e foi para sua casa de Teresópolis. Aos poucos, afastaram-se. Geisel morreu em 1996 admitindo que fizera má escolha.

O Ministério de Figueiredo explodiu em poucos meses. Simonsen (ao centro) achava que comandaria a economia. Enganou-se. Karlos Rischbieter (à direita) pensava que era ministro da Fazenda, outro engano. Delfim arrastou as fichas.

AO LADO:
Mário Andreazza era um tocador de obras. Para Simonsen, "um andreazza" custava 1 bilhão de cruzeiros.

A euforia do empresariado e dos políticos com a ida de Delfim para o lugar de Simonsen foi tamanha que o presidente da Arena de São Paulo, Claudio Lembo (de terno claro), fez uma manobra acrobática para furar a fila de cumprimentos. Era a volta do mago do "Milagre Brasileiro".

Mario Henrique Simonsen (à direita) pediu demissão e foi para a praia, no Leblon. Quando se despediu de Figueiredo, ele lhe perguntou: "Você acha que meu governo está uma merda, não?". Acertara.

Lula, o "antipelego", liderou duas grandes greves de metalúrgicos no ABC paulista. Ambas terminaram sem alcançar seus objetivos, mas sua liderança firmou-se.

O industrial Claudio Bardella negociou com Lula a capitulação da greve de 1979...

Ao querido amigo Claudinho um abraço do amigo Lula.
S.B.Campo 26/03/79

...mas seu filho pediu um autógrafo ao líder operário.

AO LADO:
Na greve de 1980, helicópteros do Exército sobrevoaram a assembleia dos grevistas para intimidá-los.

Em 1980, Lula (de barba) fundou o Partido dos Trabalhadores. Ao seu lado estão o bancário Olívio Dutra e o petroleiro Jacó Bittar. Pela primeira vez um partido era comandado por trabalhadores.

A atriz Lélia Abramo, ladeada pelo crítico de arte Mário Pedrosa e pelo historiador Sérgio Buarque de Holanda: intelectuais que lutaram pela formação do partido de operários.

O advogado Marcelo Cerqueira e o senador Teôtonio Vilela (de óculos) visitando presos políticos.

ABAIXO:
Leonel Brizola voltou ao Brasil, tendo-se reinventado.

Pery Bevilaqua, o marechal da anistia.

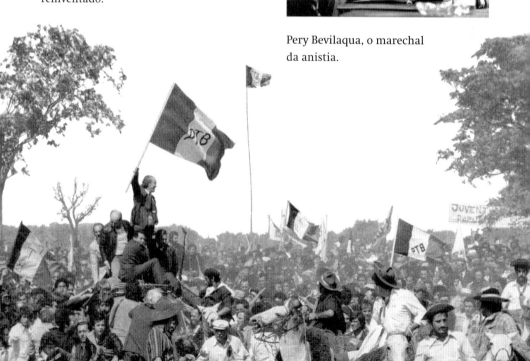

29 de agosto de 1979: Paulo Roberto Jabour, o *Ricardo* do MR-8, que havia sido condenado à prisão perpétua, reencontra o filho e deixa o presídio da Frei Caneca, no Rio de Janeiro.

Três personagens do desenhista Henfil na sua campanha pela anistia: a Graúna, o Zeferino e o Bode Orelana.

Antes de completar um ano de governo, o temperamento de Figueiredo explodiu em Florianópolis. Diante de uma manifestação em frente ao palácio do governo...

Três personagens da crise da dívida externa, no sentido horário: Paul Volcker, do FED, e os banqueiros Antony Gebauer e William Rhodes.

PÁGINA AO LADO: Resposta de Figueiredo a um telegrama de professores da Unicamp.

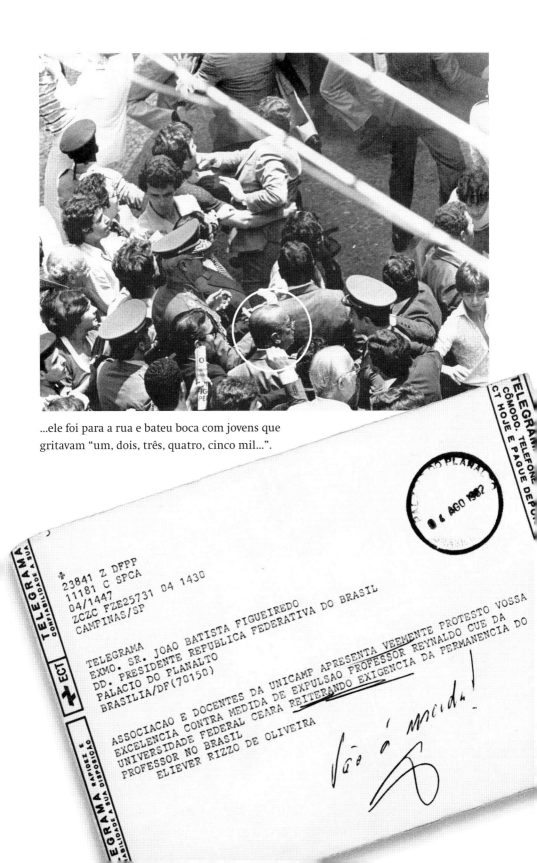

...ele foi para a rua e bateu boca com jovens que gritavam "um, dois, três, quatro, cinco mil...".

O carro em que estavam um sargento e um capitão do DOI do Rio de Janeiro explodiu no estacionamento do Riocentro, matando o primeiro e ferindo o segundo.

AO LADO:
Generais ajudaram a conduzir o caixão do sargento morto, sinalizando a posição do governo.

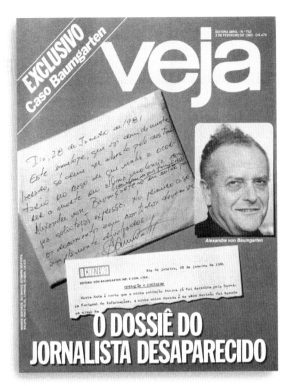

Baumgarten estava escrevendo o romance *Yellow cake*, sobre tramas nucleares do SNI com o Iraque.

O jornalista Alexandre von Baumgarten temia por sua vida e fez um dossiê acusando generais do SNI.

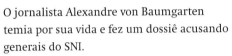

Se Figueiredo de fato mandou, o SNI não esclareceu coisa alguma.

16 de abril de 1984: a campanha pelas Diretas acabou no feérico comício do vale do Anhangabaú, em São Paulo. Dias depois, a emenda Dante de Oliveira foi rejeitada.

10 de abril de 1984: comício da Candelária no Rio de Janeiro, a maior manifestação política da história do Brasil até então.

Dante de Oliveira.

Franco Montoro.

Leonel Brizola.

José Richa.

General Newton Cruz: "o nosso Mussolini".

Além da cardiopatia, Figueiredo padecia de dores na coluna e já se submetera a uma cirurgia em 1974. Dizia sentir "dor de dente na bunda".

Em 1984, o general atlético de 1978 passou por uma nova cirurgia na coluna e deixou-se fotografar, prostrado, no jardim da casa de saúde.

AO LADO:
A rivalidade benigna de Tancredo Neves (à esquerda) e Ulysses Guimarães ajudou a construir a conciliação da restauração democrática.

Tancredo só entrou no palácio do Planalto, morto, em abril de 1985: "Nosso progresso político deveu-se mais à força reivindicadora dos homens do povo do que à consciência das elites".

Bruxarias militares

A crise precisava ser fabricada. Na madrugada do dia da convenção do PDS, quatro jovens faziam a segurança externa do pavilhão onde ela se realizaria. *Pudim, Marcão, Zé Gatão* e *Monstrengo* haviam sido recrutados em academias de musculação de Brasília. Por volta das duas e trinta da madrugada, foram avisados de que havia três comunistas no pedaço, colando cartazes vermelhos com uma imagem de Tancredo, foice, martelo e a inscrição "PCB — Chegaremos lá". Enxotaram-nos. Pouco depois, viram que a trinca colava cartazes mais adiante. Dessa vez, detiveram dois. O terceiro fugiu num Dodge que lhes dava cobertura. *Monstrengo* levou-os à 1ª Delegacia da Asa Sul. Ele ainda estava lá quando chegou um oficial, soltou os presos, anotou o nome dos policiais que estavam de plantão e disse-lhes que esquecessem o sucedido.[1] Era o tenente-coronel Arídio Mário de Souza Filho, chefe da seção de informações do Comando Militar do Planalto.

---

1 *Veja*, 26 de setembro e 3 de outubro de 1984.

O general Newton Cruz, seu chefe, contaria o que aconteceu:

> Aquele negócio era uma operação de contrainformação do Centro de Informações do Exército, na qual eu sabia que estavam usando homens do Comando Militar do Planalto. Eu não sabia quais eram, mas sabia que eles estavam na coisa e deixei. Na hora que prenderam os sujeitos, o oficial do CIE que estava no carro por perto fugiu. Na prisão, com nomes falsos, os rapazes se amedrontaram. Deram o telefone do Arídio e ele foi decente. Era gente dele. Foi lá, puxou a carteira, disse que era contrainformação, tirou todo mundo e foi embora. No dia seguinte eu reuni os sujeitos que tinham participado da coisa. Eles ficavam numa seção de operações, perto da Polícia Federal. Fui lá e disse que eles podiam se considerar elogiados, que por razões óbvias eu não podia dar o elogio por escrito, mas que tinha satisfação pelo que fizeram. Comandado meu não fica em fria por ter cumprido ordens.[2]

O episódio de Brasília ficou abafado por algumas semanas. Quatro dias depois, foram presos pichadores em Goiânia. Eram um sargento, um cabo e um soldado do Exército. Lá, o governador Iris Rezende, do PMDB, soltou-os e procurou apagar o rastro do incidente.[3] Durante o comício em Belo Horizonte, o PC do B instruíra seus militantes a não levar bandeiras vermelhas. Apareceram duas, com pessoas que, detidas, identificaram-se como agentes da Polícia Federal. Tancredo mandou soltá-los, sinalizando a seus comandantes que a operação fora descoberta.[4]

Num gesto de hostilidade, o general Walter Pires mandou buscar de volta o convite expedido a Aureliano Chaves para a cerimônia do Dia do Soldado, 25 de agosto. Na ordem do dia condenou "a atitude daqueles que, desertando de seus compromissos com um passado tão próximo

---

[2] General Newton Cruz, 29 de março de 1988.
[3] *Veja*, 3 e 17 de outubro de 1984.
[4] Idem, 19 de setembro de 1984.

que até se afigura presente, apressam-se agora em tecer um futuro que lhes parece mais propício". Ao final, uma frase que não queria dizer nada mas que, há vinte anos, assustava quem a ouvia: "A força estará vigilante e não faltará à Nação".[5] Durante todo o seu governo, sempre que havia uma crise Figueiredo ameaçava "chamar o Pires". Era uma alusão ameaçadora, dando a entender que o ministro do Exército, com sua tropa, daria a última palavra.

Aureliano Chaves respondeu ao ministro dizendo que "quem toma uma posição decorrente de uma convicção está disposto a levá-la até as últimas consequências".[6] Isso poderia parecer uma troca de bravatas, mas já fora noticiado que se articulava um encontro de Tancredo com Geisel.[7] Eles não estavam sozinhos.

Pires também não. Figueiredo fez um pronunciamento em rede oficial de rádio e televisão, denunciando "a presença acintosa" das bandeiras vermelhas nas ruas, e disse que se recusava a "assistir, impassível, à preocupante ameaça de ruptura" da ordem política.[8] Recebendo um deputado, queixara-se de que a candidatura de Tancredo "está cada vez mais comprometida com a esquerda radical". Dissera o mesmo ao ex-secretário de Estado americano Henry Kissinger.[9] Maluf ecoava-o, denunciando que Tancredo tinha um "acordo secreto" com a esquerda.[10] Quando foi noticiado o caso dos militares que colavam cartazes atribuídos ao Partido Comunista, mostrou que sabia do episódio, e muito mais:

— Tenho outras informações.
— Quais seriam essas outras informações?
— Ah... agora fica entre nós aqui.[11]

---

[5] Idem, 16 de janeiro de 1985. Pires mandou pedir de volta o convite porque, como Figueiredo não comparecera à solenidade, não queria que Aureliano a presidisse. General Otavio Costa, em Maria Celina D'Araujo, Gláucio Ary Dillon Soares e Celso Castro (orgs.), *A volta aos quartéis*, p. 126.
[6] *Folha de S.Paulo*, 25 de agosto de 1984.
[7] Idem, 14 de agosto de 1984.
[8] Idem, 20 de setembro de 1984.
[9] Nota de Paulo Rollo, intérprete da reunião de 19 de setembro de 1984 de Kissinger com Figueiredo. AA.
[10] *Folha de S.Paulo*, 23 e 25 de agosto de 1984.
[11] Idem, 20 de setembro de 1984.

A anarquia militar estava em qualquer lugar e, novamente, em lugar nenhum. Na reunião do Alto-Comando, o general Eraldo Tavares de Lima, comandante do I Exército, sob cuja jurisdição estava a poderosa Vila Militar, interpelou Walter Pires sobre o episódio de Brasília e ele garantiu: "Gente do meu gabinete não foi". Newton Cruz, que estava na reunião, contaria: "Senti um frio na espinha". O CIE era um anexo do gabinete de Pires, e seu chefe, o general Iris Lustosa, ouvira-o calado. "Se não tinham sido eles, tinha sido eu."[12]

Uma semana depois da ameaça pública de Pires, Tancredo foi ao seu apartamento, na Barra da Tijuca. Não se conhece o teor da conversa, apenas o seu momento decisivo, aquele em que Tancredo teria exposto ao ministro o receio de que se tentasse um golpe militar: "Tenho que avisá-lo de que, se vier o golpe, virá resistência e haverá derramamento de sangue".[13] É improvável que essa frase tenha sido dita com essas palavras, estranhas ao estilo do suave mineiro. Contudo, é certo que, à sua maneira, Tancredo disse a Walter Pires exatamente isso, e dele recebeu a informação de que nada havia a temer.

Geisel recebeu Tancredo em seu escritório do Rio. Não lhe deu apoio, mas deixou-se fotografar abraçando-o. Aconselhou-o a ficar longe dos quartéis.[14] Enquanto os dois conversavam, um assessor de Tancredo recebeu um telex com trechos do discurso que o ministro da Aeronáutica, Délio Jardim de Mattos, fizera em Salvador, onde também haviam aparecido pichações ligando o PCB a Tancredo: "A História não fala bem dos covardes e, muito menos, dos traidores".[15] Aquele era o dia do aniversário de Antonio Carlos Magalhães. Tinha a casa cheia, trancou-se no escritório e redigiu uma nota respondendo a Délio: "Trair a Revolução de 1964 (...) é apoiar Maluf para presidente. Trair os propósitos de seriedade e dignidade da vida pública é fazer o jogo de um corrupto".[16] Pela

---

12 General Newton Cruz, 29 de março de 1988. Lustosa era um veterano da "tigrada". Em 1969, como tenente-coronel, estivera na campana da casa onde se suspeitava que estivesse escondido o embaixador americano Charles Elbrick.
13 *Veja*, 16 de janeiro de 1985.
14 Ernesto Geisel, 1985.
15 Gilberto Dimenstein, José Negreiros, Ricardo Noblat, Roberto Lopes e Roberto Fernandes, *O complô que elegeu Tancredo*, p. 138.
16 Idem.

primeira vez, um destacado político que apoiara a ditadura desde a primeira hora respondia com tamanha dureza a um ministro militar. Tancredo, a quem ACM lera a sua nota, assustou-se, mas não o demoveu.[17]

No dia seguinte, Heitor Ferreira foi ao Planalto e ouviu do general Octavio Medeiros que o brigadeiro Délio responderia ao ataque e que Antonio Carlos seria processado. Conhecendo o governo, Heitor achou que não aconteceria uma coisa nem outra.[18] Acertou. A contrariedade oficial limitou-se a uma constrangedora descortesia cenográfica. Durante o desfile de Sete de Setembro, Figueiredo não dirigiu a palavra a Aureliano e os ministros militares o deixaram isolado no palanque.[19]

A ação militar contra Tancredo viera exatamente de onde saíram as bombas que estouraram teatros em 1968: do CIE, o ninho de oficiais voluntaristas que no dia da demissão do general Frota sonharam atacar o palácio do Planalto com algumas dezenas de militares e coquetéis-molotovs. Na segunda semana de outubro, o general Lustosa reuniu quatrocentos oficiais que serviam em Brasília, de tenente a general, para uma demorada palestra na qual o CIE mostrou a extensão de uma campanha comunista. Abriu os trabalhos lendo uma nota de Walter Pires, que alertava para o fato de o Brasil estar entrando numa situação "pré-revolucionária".[20] Seguiu-se um arrastão contra militantes do PC do B em quatro capitais, com a prisão de 39 pessoas.[21] Da Bahia, contudo, partiu um sinal: o deputado Luís Eduardo Magalhães, filho de ACM, foi ao DOPS para visitá-los.

Armava-se uma crise com o beneplácito do ministro do Exército e o estímulo verbal do presidente da República. No dia 21 de setembro, os Altos-Comandos de Exército, Marinha e Aeronáutica reuniram-se e soltaram três notas oficiais. Para quem planejara uma operação conjunta, destinada a mostrar unidade, deu errado. As notas do Exército e da Aeronáutica tinham fraseados idênticos, falavam em "preocupante radicalização política", campanha de "calúnias" e de "descrédito contra as

---

17 Antonio Carlos Magalhães, 5 de setembro de 1984.
18 Gilberto Dimenstein, José Negreiros, Ricardo Noblat, Roberto Lopes e Roberto Fernandes, *O complô que elegeu Tancredo*, p. 138.
19 *Folha de S.Paulo*, 8 de setembro de 1984.
20 *Veja*, 16 de outubro de 1984.
21 *Folha de S.Paulo*, 27 de outubro de 1984.

autoridades civis e militares" e apontavam para os riscos que corriam a sucessão e "o próprio êxito do projeto de abertura política".[22] Na nota da Marinha, nem uma palavra. É verdade que desde o século XIX os golpes não dependiam da Armada, mas as notas expuseram uma divisão embaraçosa. De Teresópolis, Geisel desdenhava o risco de uma quartelada. Vira sete e ganhara em quatro.[23]

Todas as conspirações fracassadas acabam transformadas em episódios folclóricos, como se nunca tivessem tido chance de dar certo. Contudo, nem sempre foi assim. Na crise de 1965, entendeu-se que a Vila Militar rebelara-se, emparedando o marechal Castello Branco e obrigando-o a baixar o Ato Institucional nº 2, que cancelou as eleições diretas para presidente e governadores. Geisel, que chefiava o Gabinete Militar de Castello, sempre achou que o presidente cedera a um blefe. Em outro exemplo de sucesso, em 1969 os três ministros militares chamaram o vice-presidente Pedro Aleixo e informaram-no de que o presidente Costa e Silva tivera um acidente vascular cerebral e que assumiriam o poder no seu lugar. Aleixo, conformado, foi para casa, e o CIE guarneceu a portaria de seu edifício para evitar que deixasse o Rio de Janeiro.

O episódio estava fresco na memória de Tancredo. Diversas teorias conspiratórias chegaram ao comando de sua campanha. Em todas, o sujeito da frase era Newton Cruz, comandante militar do Planalto. O próprio Tancredo disse, publicamente, que estava preocupado em evitar "o golpe, um gesto inconsequente desse general Newton Cruz".[24] O candidato deveria estar pronto para sumir de Brasília ao menor sinal de desordem.[25] Iria

---

22 Gilberto Dimenstein, José Negreiros, Ricardo Noblat, Roberto Lopes e Roberto Fernandes, *O complô que elegeu Tancredo*, pp. 234-6.
23 1930, 1937, 1945, 1955, 1961, 1964 e 1965. Ganhara em 1930, 1937, 1945 e 1964.
24 Idem, p. 165. Em 2000, o general Newton Cruz contou a uma equipe da Folha de S.Paulo que, no dia 11 de agosto de 1984, Paulo Maluf procurou-o em casa e, numa conversa a dois, propôs-lhe o assassinato de Tancredo Neves. (*Folha de S.Paulo*, 3 de maio de 2000.) Maluf classificou a acusação de "invencionice mentirosa". O general já a mencionara ao autor (Newton Cruz, 29 de março de 1988). Não tendo havido testemunhas nem denúncia formal do comandante militar do Planalto às autoridades competentes, a verificação do fato torna-se impossível.
25 Gilberto Dimenstein, José Negreiros, Ricardo Noblat, Roberto Lopes e Roberto Fernandes, *O complô que elegeu Tancredo*, p. 179.

para Minas Gerais, ou talvez para o Paraná, cujo governo estava com José Richa e cuja tropa estava sob o comando do general Leonidas.

A ideia de uma intervenção militar contra Tancredo era uma fantasia radical e desesperada. O atentado do Riocentro e o assassinato de Alexandre Baumgarten haviam desmoralizado os DOI e o SNI entre o grosso da tropa. Durante o surto terrorista de 1966 a 1973, a maioria da oficialidade das Forças Armadas, se não toda, entendera que existia uma real ameaça subversiva. Nos anos 1980, essa mesma oficialidade via-se na posição constrangedora de defender atentados, negociatas e manipulações fracassadas, como a tentativa de associação de Tancredo aos comunistas.

A tão temida "comunidade de informações" seguia o curso das convicções da burocracia. Dois oficiais do CIE receberam a missão de seguir o general Leonidas numa viagem a Angra dos Reis. Fizeram com que a informação chegasse a ele e o compromisso foi cancelado.[26] Em outubro, o SNI alimentou o escritório de Paulo Maluf com pelo menos quinze futricas, quase todas resultantes de interceptações telefônicas. Grampeavam a linha da casa de Brasília onde Antonio Carlos Magalhães se hospedava, o telefone do deputado Thales Ramalho e o do senador Afonso Camargo.[27] As interceptações continham irrelevâncias e eram entregues por um general do SNI a Heitor Ferreira. Numa ocasião, em novembro, Heitor foi recebido rapidamente pelo oficial na porta de casa. Tancredo Neves estava na sala de jantar. Foi o chefe da Agência Central do SNI, general Geraldo Ferreira Braga, quem comunicou a Tancredo que Newton Cruz seria afastado do comando militar do Planalto.[28] (Braga comandara o CIE antes de ir para o SNI. Dizia ser, por formação, um homem de "boca calada e

---

26 João Ribeiro Dantas, 31 de dezembro de 1985.
27 Lote de quinze documentos sem timbre. Um deles está datado por Heitor Ferreira como sendo de 17 de outubro. Outro, permite que se deduza ser da segunda quinzena desse mês. Pelo conteúdo, são todos dessa época. APGCS/HF.
28 Para a cena do jantar, Heitor Ferreira, 1985. Para o jantar com Tancredo, *Veja*, 16 de janeiro de 1985.

ouvido grande".[29] Quando coronel, chefiara o IPM da Ação Libertadora Nacional, tendo o capitão Freddie Perdigão como escrivão.)[30]

Delfim Netto registraria: "É incrível o que aconteceu com os militares depois que Tancredo começou a mandar emissários ou a conversar com eles. Coisa inacreditável. Você via e não acreditava".[31]

---

[29] Depoimento do general Geraldo de Araujo Ferreira Braga, em História Oral do Exército, t. 2, p. 98, <https://liciomaciel.wordpress.com/2013/08/13/historia-oral-do-exercito-31-de-marco-de-1964-e-o-o-r-v-i-l-duas-obras-fantasricas/>.
[30] Idem, p. 114.
[31] Delfim Netto, novembro de 1985.

Uma festa e três problemas

Fechara-se o círculo. Na última noite de 1984, o empresário Antonio Gallotti, mola mestra do IPÊS na conspiração de 1964, discreto articulador do empresariado, estava com seu eterno sorriso na casa do jornalista Ibrahim Sued: "É uma sorte que depois de vinte anos a gente saia dessa com o Tancredo". Nessas duas décadas ele dirigira o grupo Light, poderoso concessionário de serviços de eletricidade e telefonia no Rio e em São Paulo. Negociara a estatização dessas empresas e, num encontro recente com Tancredo, obtivera dele a garantia de que não entregaria seu controle ao governador Leonel Brizola.[1]

A eleição de Tancredo estava assegurada. Ele tinha três problemas: a crise econômica, com uma inflação que chegara a 224%; a dívida externa, de 91 bilhões de dólares; e o desconforto físico, o mesmo que sentira meses antes.

Da crise econômica, cuidaria pessoalmente. Para isso decidira colocar no Ministério da Fazenda seu sobrinho, Francisco Dornelles. Conhecia-o desde menino, nomeara-o para seu gabinete na Secretaria de Fazenda de

---

[1] Antonio Gallotti, dezembro de 1984.

Minas Gerais aos 24 anos e levara-o para Brasília como seu secretário particular quando se tornou primeiro-ministro. Dornelles chefiava a Receita Federal desde 1979 e fora mantido no cargo por Delfim Netto, mesmo depois que se tramou uma degola dos tancredistas em cargos importantes. Era o seu mais categorizado intermediário para quaisquer conversas, sobretudo com militares.

Na noite do Réveillon, Tancredo sentiu-se mal, e dias antes da eleição o desconforto físico voltou. Teve febre e telefonou para o médico Garcia de Lima, que lhe receitou o antibiótico Keflex por via oral. Dias depois, viu Tancredo em Brasília, mas não conseguiu examiná-lo direito. Nem ele nem o chefe do Departamento Médico da Câmara, Renault Mattos Ribeiro, que o atendia há anos, a quem se queixou de uma dor na região pubiana.[2]

Homem de poucos gestos, Tancredo sentava-se de maneira esquisita, como se estivesse reclinado. Agora mantinha a mão sobre a virilha direita, como se pressionasse a barriga. Numa viagem a Porto Alegre, subiu as escadarias do palácio Piratini amparado. No Rio, durante um breve percurso até o automóvel, a cena repetiu-se. Como tinha o hábito de caminhar de braço dado com outra pessoa, nada parecia haver de anormal. Paulo Maluf e o SNI sabiam que sua saúde não ia bem, mas não sabiam exatamente o que ele tinha.[3] Nem ele.

No dia 15 de janeiro de 1985, em clima de comemorações semelhantes às das vitórias da Copa do Mundo, Tancredo de Almeida Neves foi eleito presidente da República. Derrotou Maluf por 480 votos contra 180. Depois de cinco generais e duas juntas militares, estava acabada a ditadura e um

---

[2] Para o mal-estar na noite do Réveillon, informação dada por Risoleta Neves ao jornalista José Augusto Ribeiro, em "Agonia e morte de Tancredo Neves", Observatório da Imprensa, <http://observatoriodaimprensa.com.br/jornal-de-debates/agonia-e-morte-de-tancredo-neves/>; Luis Mir, *O paciente*, p. 80. Para Renault Mattos Ribeiro, ver também seu depoimento dado a Glória Varela e Casimiro Pedro da Silva Neto em 12 de setembro de 2003, <www2.camara.leg.br/a-camara/conheca/historiaoral/memoriadoservidor/Contos%20da%20Camara%201%20e%202/RenaultMattosRibeiro.pdf>.

[3] Heitor Ferreira, dezembro de 1985; e Delfim Netto, outubro de 2014.

civil retornaria à Presidência da República. (O deputado José Camargo, que apresentara uma emenda constitucional prorrogando o mandato de Figueiredo, apoiara a candidatura de Andreazza e se passara para o bloco malufista, votou em Tancredo.) Multidões foram às ruas e em Belo Horizonte, num episódio que talvez nunca tivesse acontecido, bisou-se uma cantoria do *Hino nacional*. Chovia em Brasília e centenas de pessoas abrigavam-se debaixo de uma bandeira brasileira de 250 metros quadrados.[4]

Faltavam exatos dois meses para a posse e Tancredo ocupou-se por duas semanas viajando pelo mundo. Viu o papa, o rei da Espanha, os presidentes de Itália, França, Estados Unidos e Argentina, mais o poeta argentino Jorge Luis Borges. Eram todas visitas ritualísticas. O choque veio no encontro com o secretário de Estado americano, o empresário George Shultz. Tancredo já o encontrara num amplo café da manhã realizado na embaixada brasileira. Também havia conversado por meia hora com o presidente Ronald Reagan, na Casa Branca. Até então, cumprira uma agenda banal. Reagan (74 anos dali a cinco dias) e Tancredo (75 anos dali a um mês) chegaram a trocar piadas sobre o presidente italiano Sandro Pertini (89 anos completos).[5]

No dia seguinte, George Shultz foi ao hotel de Tancredo. O secretário de Estado apresentou-se como emissário de má notícia: "Vim como simples portador ou intermediário de uma mensagem relacionada com um problema importante que está surgindo com o FMI". Lembrou que a inflação de 120% no Brasil, prevista na última carta de intenção, chegaria a 300%, o que punha em questão "a realidade das metas estabelecidas". O FMI não aceitaria novas mentiras:

> Portanto, se o Fundo não puder manter o acordo com o Brasil, outras consequências se seguirão em relação aos entendimentos com os bancos credores. (...) Caso se perca o acordo com o FMI, perde-se também o acordo com os bancos. (...) Não me agrada ser

[4] *Veja*, 23 de janeiro de 1985.
[5] Idem.

o portador desse tipo de notícias, mas não desejo que um amigo meu seja colhido de surpresa.[6]

Teatro. A trava nas negociações com o Fundo Monetário Internacional era notícia velha e pública. Uma parte da banca não queria referendar a nova carta de intenção mandada pelo governo.[7] (Era a sétima.) Tratava-se de renegociar o pagamento de 45,3 bilhões de dólares que venceriam entre 1985 e 1991. Antes mesmo que Tancredo chegasse a Washington, o presidente do Banco Central, Afonso Celso Pastore, reconhecera o impasse, diagnosticando a situação: "Não há como pagar".[8]

Aquilo que Shultz trazia não era o aviso de um problema novo, mas a demonstração de que, pela primeira vez desde a quebra de 1982, o governo americano punha seu peso ao lado da banca. Shultz era um republicano de quatro costados: veterano da Guerra do Pacífico, com um diploma de economia pelo Massachusetts Institute of Technology, já fora secretário do Trabalho e do Tesouro. A julgar por suas memórias, sua familiaridade com os problemas brasileiros e as negociações da dívida externa do Terceiro Mundo era nula. Contando sua passagem por Brasília anos antes, dedicou mais da metade do espaço à lembrança de que fora deixado a pé pela caravana da comitiva e virara-se perseguindo-a num táxi.[9]

Graças ao zelo do diplomata Rubens Ricupero, que acompanhava Tancredo e participou do encontro, seu conteúdo foi preservado. Tancredo mostrou ao secretário de Estado o limite de sua bonomia:

> Por ocasião da elaboração da última carta de intenção, todos sabiam perfeitamente que as metas não eram atingíveis. Não houve sinceridade da parte das autoridades brasileiras, nem da parte do FMI. (...) Se chegar ao governo com as negociações ainda não concluídas, as

---

6 Todas as referências a esse encontro estão em Rubens Ricupero, *Diário de bordo*, pp. 168-77.
7 *Folha de S.Paulo*, 25 e 27 de dezembro de 1984.
8 *Veja*, 23 de janeiro de 1985.
9 George Shultz, *Turmoil and triumph*.

pressões não me darão condições de prossegui-las. (...) Será importante, assim, contar com a ajuda do governo dos Estados Unidos. (...) Minha intenção é dirigir a área monetária com homens de centro, conservadores; de lutar contra a inflação com medidas antipáticas, impopulares. Mas se as negociações não forem concluídas logo, o panorama será imprevisível.

Shultz sentiu o golpe: "Não se trata de matéria sob minha responsabilidade [*it's not my business*].[10] A informação chegou ao meu conhecimento e quis passá-la a Vossa Excelência".

Tancredo foi adiante:

Se nos faltar o apoio necessário no início do governo, se tivermos que chegar à ruptura com o sistema financeiro internacional — o que, de maneira alguma, desejamos, pois é o pior que nos pode acontecer —, nesse caso haverá três consequências sérias: a redemocratização sofrerá um grave golpe, perder-se-á o controle da inflação e os problemas sociais se tornarão explosivos. Não posso, portanto, prescindir da influência de sua autoridade pública e pessoal para ajudar a atravessar essa conjuntura difícil que não foi criada por mim.

Combinaram que Tancredo mandaria um emissário para conversar com o diretor-geral do FMI, Jacques de Larosière. Francisco Dornelles encontrou-o em Paris e dias depois o francês enviou um telex aos bancos credores informando que o acordo com o Fundo continuava sendo negociado, mas pedia-lhes que mantivessem suas linhas de crédito para o Brasil.[11] As "consequências" mencionadas por Shultz foram afastadas.

[10] Diplomata, Ricupero deu um tom formal à expressão de Shultz, mas talvez a melhor tradução, ainda que vulgar, seja "não tenho nada a ver com isso".
[11] Claudia Safatle, "A mãe de todas as crises do Brasil", *Valor Econômico*, 10 de agosto de 2012; e *Folha de S.Paulo*, 15 de fevereiro de 1985.

Os outros dois problemas de Tancredo continuavam do mesmo tamanho. A inflação de fevereiro fechara em 10%, aproximando-se dos 300% mencionados por Shultz, e seus padecimentos físicos persistiam. O menor deles foi a quebra de um dente de sua prótese durante o voo da Europa aos Estados Unidos, o que o impediu de comer, falar ou sorrir. Atendido por um dentista no hotel, o embaraço foi superado. Em Brasília, o professor Leitão de Abreu recebeu a notícia de que ele tivera um mal-estar e fora examinado por um médico.[12]

Tancredo formou um ministério no qual se percebiam três eixos. No primeiro, estavam os quatro ministros que, na sua maneira de ver, realmente contavam. Colocou o general Leonidas Pires Gonçalves no Exército; Francisco Dornelles na Fazenda; entregou o Gabinete Civil a seu amigo pessoal José Hugo Castello Branco; e o Ministério da Justiça ao deputado Fernando Lyra. No segundo eixo, pôs os aliados a quem devia o êxito da articulação que o elegera. Aureliano Chaves foi para o Ministério de Minas e Energia, Antonio Carlos Magalhães para o das Comunicações, o general Ivan de Souza Mendes para o SNI e Olavo Setubal para o Itamaraty (uma surpresa para quem esperava vê-lo no comando da economia). Compensou a escolha de ACM dando duas pastas ao PMDB baiano; e a do banqueiro paulista, entregando a pasta do Trabalho ao advogado Almir Pazzianotto, que surgira anos antes como defensor e negociador dos metalúrgicos do ABC. Roberto Gusmão, o secretário de Governo de Franco Montoro, que se tornara um de seus principais articuladores, foi para a Indústria e Comércio. Era uma equipe que tinha a marca das confianças e desconfianças de Tancredo. O senador Fernando Henrique Cardoso, presidente do PMDB paulista, foi colocado num lugar honroso, porém inexistente: o de líder do governo no Congresso.[13]

Em mais um movimento da coreografia de sua rivalidade com Ulysses Guimarães, Tancredo assegurou-lhe a presidência da Câmara dos Deputados e, consequentemente, a da Assembleia Nacional Constituinte, que logo seria convocada. Isso e mais a manutenção da presidência

---

[12] "A viagem da transição", *O Estado de S. Paulo*, 6 de março de 2010.
[13] *Jornal do Brasil*, "Coluna do Castello", 13 e 14 de março de 1985.

do PMDB. O "Senhor Diretas" tornava-se o político mais poderoso do país, depois dele.

A José Sarney coube apenas a Vice-Presidência. Ele absorveu sem reclamação a escolha de Renato Archer, seu rival na política maranhense, para a pasta de Ciência e Tecnologia. Absorveu até mais. No início de março, recebera sua cota de convites para a posse e pedira um reforço. Foi-lhe negado.[14]

Uma semana antes da festa da posse, sabia-se que Tancredo estava febril. Tinha dores no abdômen e sua mulher contaria que "a coisa vinha e ia...".[15] Como sempre, ele não falava de sua saúde, não se queixava e não tinha médico particular. Automedicava-se e, quando precisava, mantinha sua fé nos antibióticos receitados por Garcia de Lima. Na manhã de 12 de março, terça-feira, um colaborador viu que ele subia uma escada com alguma dificuldade.[16] À noite, Aécio Neves, secretário particular do avô, telefonou para Renault Mattos Ribeiro, chamando-o à granja do Riacho Fundo. Seria um resfriado, talvez gripe. Renault examinou Tancredo na manhã seguinte. Ao apalpar-lhe a barriga, ele reagiu.

Nesse momento começou a construção de uma tragédia. Tancredo sabia que o mal-estar, as febres ocasionais e as dores eram coisa velha e haviam sido controladas com uma medicação paliativa. Faltavam 48 horas para a sua posse e parecia razoável esperar. Segundo o depoimento de Renault, naquela manhã ele advertiu que o problema era sério e talvez Tancredo devesse ser internado.[17] Combinaram que ele iria a um centro radiológico e faria exames em segredo. Jornalistas perguntaram a Renault por que ele aparecera na granja; ele disse que Tancredo tinha

---

14 Paulo Tarso Flecha de Lima, março de 1985.
15 Antônio Britto, *Assim morreu Tancredo*, p. 20; e José Augusto Ribeiro, *Tancredo Neves — A noite do destino*, p. 744.
16 José Augusto Ribeiro, *Tancredo Neves — A noite do destino*, p. 741.
17 Depoimento de Renault Mattos Ribeiro a Luis Mir, *O paciente*, p. 86. Depoimento de Renault Mattos Ribeiro a Glória Varela e Casimiro Pedro da Silva Neto, de 12 de setembro de 2003, <www2.camara.leg.br/a--camara/conheca/historiaoral/memoriadoservidor/Contos%20da%20Camara%201%20e%202/RenaultMattosRibeiro.pdf>. A ambos, Renault disse que nessa ocasião mencionou a possibilidade de uma cirurgia, p. 273. A Luis Mir disse, numa entrevista realizada entre 2009 e 2010, que nessa ocasião falou da necessidade de uma internação, mas não mencionou a necessidade de cirurgia, Luis Mir, *O paciente*, p. 86.

uma faringite.[18] Era mentira. Horas depois, quando o repórter Antônio Britto, porta-voz do futuro governo, foi combinar a cobertura da reunião ministerial que deveria ocorrer no domingo, ouviu de Aécio: "Fica quieto, mas pode ser que essa reunião não aconteça". Além disso, começou-se a trabalhar no enxugamento do discurso que Tancredo faria ao ser empossado pelo Congresso.[19]

À noite, Tancredo e Renault saíram em segredo para os exames. A radiografia mostrou que na barriga de Tancredo havia uma área inflamada, com uma placa de pus.[20] Concluiu-se que podia ser apendicite ou qualquer outra coisa. Podia ser qualquer outra coisa, menos apendicite, pois Tancredo tivera o apêndice extraído havia cinquenta anos.[21]

Procurou-se manter a notícia entre os familiares. Com isso, começou também a blindagem do quadro clínico dentro do círculo de relações profissionais de Renault. Na manhã de quinta-feira, o médico chamou ao seu gabinete o cirurgião Pinheiro Rocha, seu colega de serviço. Mostrou-lhe o hemograma de Tancredo: 13.400 leucócitos (um mau número, porém melhor que os 18 mil de junho). Seguiram para o Riacho Fundo. O presidente eleito estava deitado e piorara. Pinheiro Rocha disse-lhe que precisava ser operado imediatamente, mas Tancredo insistia: só depois da posse.[22] Às 19h30, a taxa de leucócitos subiu para 15 mil. Por via das dúvidas, teve início uma operação destinada a isolar um dos centros cirúrgicos do Hospital de Base de Brasília.

Haviam se passado 48 horas desde o momento em que Aécio Neves telefonara a Renault informando-o de que o avô não se sentia bem. O presidente eleito, com um quadro abdominal grave, preservava o sigilo de seu estado mantendo-se sob os cuidados de um médico que o examinava com regularidade, mas a quem não confiava seus padecimentos (o mal-estar de junho só fora detalhado a Garcia de Lima, que, por sua vez, foi mantido fora dessa crise). Renault já havia contado o segredo a Ulysses Guimarães,

---

18 Depoimento de Renault Mattos Ribeiro a Glória Varela e Casimiro Pedro da Silva Neto, p. 274.
19 Antônio Britto, *Assim morreu Tancredo*, pp. 18-9.
20 Depoimento de Renault Mattos Ribeiro a Glória Varela e Casimiro Pedro da Silva Neto, p. 274.
21 Para o apêndice, informação dada ao deputado Miro Teixeira por Lucio Neves, sobrinho de Tancredo, em junho de 2015; e *Jornal do Brasil*, 22 de março de 1985.
22 Antônio Britto, *Assim morreu Tancredo*, p. 21.

que ficara em copas.[23] Até então, para todos os efeitos, Tancredo continuava com faringite. Guardadas as diferenças entre os dois casos clínicos, o sigilo e a blindagem da equipe médica replicavam agosto de 1969, quando também se passaram mais de 48 horas até que o marechal Costa e Silva, abatido por uma isquemia cerebral, fosse examinado por um neurologista, no Rio de Janeiro. Até o momento em que chegou ao Hospital de Base, Tancredo foi o agente ativo da procrastinação que agravou seu estado. Costa e Silva, sem voz, foi um agente passivo.

A blindagem do quadro clínico de Tancredo tinha uma origem e embutia uma consequência. A origem estava na sua preocupação, ou de qualquer leigo que lidasse com o problema, de aguentar até o fim da noite de sexta-feira, quando já teria vestido a faixa presidencial. Ele aguentara as crises de junho e de janeiro, poderia aguentar mais essa. Não se consultaram outros especialistas e o cirurgião Pinheiro Rocha fez questão de escalar todos os profissionais que porventura viessem a ser chamados.[24]

Nessas 48 horas Tancredo poderia ter recebido assistência e aconselhamento de quaisquer médicos do país. Quanto ao sigilo, já se fora. Durante uma festa, o professor João Leitão de Abreu soube que Tancredo estava diante da possibilidade de uma "cirurgia iminente" e, ao voltar para casa, avisou o presidente Figueiredo.[25]

Na manhã de quinta-feira, véspera da posse, os leucócitos de Tancredo chegaram a 17 mil, mas manteve-se a sua programação oficial. Indo a uma missa, teve dificuldade para se levantar do banco da catedral. Parecia cansado. À sua esquerda, José Sarney observava-o e notou que ele se movia com dificuldade, sobretudo ao ajoelhar-se para a comunhão. O vice-presidente eleito fora avisado pouco antes por Renault de que Tancredo tomaria posse e seria internado logo depois: "Dentro de uma semana ele estará muito bem. É uma crise de apendicite". Hipocondríaco e depressivo, Sarney estava com a pressão a dezenove por dez e tomara um comprimido de Quinidine. Não contou o segredo nem a Marly, sua mulher.[26]

---

23 Luis Mir, *O paciente*, p. 87.
24 Antônio Britto, *Assim morreu Tancredo*, p. 24.
25 Idem, p. 20.
26 Regina Echeverria, *Sarney, a biografia*, p. 299.

A centenas de metros de distância, o ministro da Justiça, Ibrahim Abi--Ackel, conversava com alguns jornalistas e revelou que Tancredo seria operado.[27] O descrédito com que essa informação foi recebida ficou resumido mais tarde num comentário de Antônio Britto:

> A fama dele de não ser um informante fidedigno (...) fez com que as pessoas não acreditassem muito. Além disso, a relação das pessoas com o dr. Tancredo e com sua posse era uma relação tão afetiva, tão firme que elas estavam bloqueadas psicologicamente, recusavam-se a admitir a hipótese.[28]

Às 20h30, Aécio Neves chamou Renault ao Riacho Fundo. O quadro mudara. Prostrado na cama, com pijama, roupão e cobertor, Tancredo tremia. Tivera uma crise de bacteremia. Noutra, poderia morrer. Duas horas depois, abriu-se a ficha do paciente Tancredo de Almeida Neves no serviço de Emergência do Hospital de Base. Profissão, "presidente"; endereço, "palácio do Planalto". Seus leucócitos estavam em 17.700, tinha febre, dores e calafrios. O motivo de sua internação era uma "possível apendicite aguda".[29]

O hospital transformou-se num pandemônio. Médicos desentenderam--se. Tancredo deveria ser operado no segundo andar, mas acabou indo para o centro cirúrgico do subsolo. O cirurgião teve que passar em casa porque esquecera os óculos.[30] A operação começou à 1h10 de sexta-feira e terminou às 2h45. Na sala da cirurgia a equipe de dez médicos coabitava com pelo menos seis curiosos, entre eles Antonio Carlos Magalhães, um senador e um deputado (todos diplomados em medicina).[31]

Ao final, os médicos Renault, Pinheiro e Gustavo Arantes emitiram o primeiro boletim oficial, anunciando que fora removido do intestino de

---

27 Antônio Britto, *Assim morreu Tancredo*, p. 25.
28 Idem.
29 Laudo da internação e guia de atendimento de emergência, em Luis Mir, *O paciente*, pp. 267 e 270.
30 Antônio Britto, *Assim morreu Tancredo*, p. 35.
31 Nota do Conselho Regional de Medicina do DF; e Antônio Britto, *Assim morreu Tancredo*, pp. 38-9.

Tancredo um divertículo de Meckel, "com abscesso em formação".[32] Seria um episódio menor, semelhante a uma apendicite, mas não era verdade. O relatório da cirurgia informa que essa era uma hipótese entre três: "Divertículo de Meckel? Leiomioma? Linfoma?". Linfoma seria um câncer. Leiomioma, um tumor benigno. Era um leiomioma, mas essa informação obrigaria os médicos a usarem a palavra maldita: "tumor". Ficou-se, assim, benignamente, com um diagnóstico falso.[33]

Às 7h25, os mesmos médicos informaram que desde as 5h30 Tancredo fora transferido para a sala de recuperação, "tendo conversado com os médicos que o estão atendendo".[34] Nunca houvera faringite, não era possível que fosse apendicite e o divertículo de Meckel fora uma precipitação inofensiva. Dessa vez era uma mentira pior. Nas anteriores, mascarava-se um problema relacionado com o diagnóstico. Agora, mentia-se a respeito da situação do paciente no hospital.

Logo depois da cirurgia, Pinheiro e Renault estavam com a família de Tancredo quando foram chamados pelo anestesista. O paciente tivera uma parada respiratória. O relatório da Unidade de Terapia Intensiva informou que, ao ser extubado, Tancredo tivera um colapso, "necessitando ser ventilado por cerca de 30 minutos, quando voltou a respirar normalmente. (...) Deu entrada na UTI às 5h10".[35] Essa seria a primeira complicação pós-operatória de Tancredo, acompanhada pela primeira falsificação de seu quadro. A freira Esther, sua irmã, madre superiora do Convento das Vicentinas do Rio e enfermeira-chefe do hospital da ordem, disse a Francisco Dornelles: "Tancredo morre".[36]

Durante a madrugada de 15 de março de 1985, a restauração democrática brasileira viveu sua maior crise e superou-a de maneira exemplar. Ao

---

32 Boletim nº 1, das 4h32, do dia 15 de março de 1985.
33 Laudo de biópsia emitido pelo dr. Helcio Miziara, de 19 de março de 1985. Luis Mir, *O paciente*, p. 281.
34 Boletim nº 2, das 7h25, do dia 15 de março.
35 *Resumo do Atendimento Médico ao Dr. Tancredo de Almeida Neves no Hospital de Base de Brasília durante o Período de 14 de março de 1985, às 22 horas, a 26 de março de 1985, às 5h30*. Luis Mir, *O paciente*, pp. 260-1.
36 Depoimento de José Sarney, *O Globo*, 21 de abril de 2015.

contrário do que sucedera em agosto de 1969, quando o marechal Costa e Silva ficou incapacitado e o país foi jogado num período de anarquia militar, todos os personagens agiram buscando a normalidade, numa situação de inédita anormalidade. Quem foi dormir cedo esperava assistir à posse de Tancredo às nove da manhã, diante da nação em festa, da presença do vice-presidente dos Estados Unidos e de dezenas de delegações estrangeiras. Quem acordou tarde soube que José Sarney tomara posse. O país parou, acompanhando a agonia do arquiteto da transição.

Se na crise de 1969 manusearam-se cadernos de telefones, agora consultava-se a Constituição. Ela era clara: "Substituirá o presidente, no caso de impedimento e suceder-lhe-á, no de vaga, o vice-presidente". São muitas as narrativas dessa madrugada, e todas confluem em três pontos:

1 Sarney não queria assumir: "Eu tinha medo. Na minha cabeça estavam milhões de brasileiros olhando-me e apupando-me como o injusto beneficiário".[37]
2 Ulysses Guimarães foi o primeiro hierarca da nova ordem a dizer a Sarney: "É você".[38]
3 Não partiu do governo que se acabava qualquer ato concreto de obstrução ou vacilo. Quando uma delegação foi à granja do Ipê para ouvir o professor Leitão de Abreu, ele mostrou que não havia outro caminho além da posse de Sarney.[39]

Na manhã de sexta-feira, deu-se o único contratempo irrelevante e simbólico. Figueiredo recusava-se a entregar a faixa a Sarney (que era o novo presidente) ou mesmo a Aureliano (que era seu vice). Enquanto se costurava uma solução, o general Ivan de Souza Mendes, novo chefe do SNI, soube de outro problema: "O Aureliano advertiu que se o Figueiredo fizesse qualquer desconsideração com ele, ia meter-lhe a mão na cara".[40]

---

[37] Regina Echeverria, *Sarney, a biografia*, p. 317.
[38] Idem, p. 301; e Luiz Gutemberg, *Moisés, codinome Ulysses Guimarães*, p. 220.
[39] Fernando Henrique Cardoso, novembro de 2015.
[40] Ivan de Souza Mendes, 23 de julho de 1985.

Meses antes, Figueiredo submetera-se a uma cirurgia da coluna no Rio de Janeiro e não houvera transmissão do cargo para Aureliano. O episódio transformou-se numa irrelevância diante do choque provocado por uma fotografia do presidente posando no jardim da casa de saúde, de roupão, sentado e abatido, ladeado por alguns de seus ministros. O general que chegara ao poder saltando obstáculos e levantando halteres, terminava seu governo com a imagem de um homem prostrado.

O quinto general do regime que começara em 1964 com uma posse ilegal, no meio da madrugada e num palácio vazio, deixou o Planalto pela porta lateral, despercebido. Depois de 21 anos, acabara-se a ditadura. Seu governo foi desastroso. Deixou a maior inflação até então registrada na história nacional (224%) e a maior dívida externa do mundo (100,2 bilhões de dólares). Depois de dois anos de crescimento negativo, os brasileiros tinham uma renda *per capita* de 1.680 dólares. Quando Figueiredo assumiu, ela estava em 2 mil dólares.[41] Seu temperamento, que ajudara a destruir seu governo, arruinara-lhe também a cena final. Trocou o papel de personagem central de uma cena histórica por uma ausência mesquinha e simbolicamente ridícula.

Figueiredo detestava Sarney e Aureliano, mas isso não era suficiente para que se ausentasse do melhor momento de sua vida pública: a entrega do poder a um civil. Em diversos momentos, o cavalariano estourado tomou, ou deixou de tomar, decisões que corroeram sua biografia. Em sua última entrevista como presidente, expôs a profundidade de seu ressentimento, que ia muito além da malquerença a Sarney e Aureliano: "O povão que poderá me escutar será talvez os 70% dos brasileiros que estão apoiando o Tancredo. Então desejo que eles tenham razão, que o doutor Tancredo consiga fazer um bom governo para eles. (...) Que ele dê a eles o que não consegui. (...) E que me esqueçam".[42]

Sarney foi empossado com toda a pompa. Terminara o maior processo de conciliação da história nacional e na cena faltava Tancredo Neves, o sujeito da frase, seu arquiteto e moderador. Pensava-se que deixaria o

---

41 *Veja*, 20 de março de 1985.
42 Entrevista de Figueiredo a Alexandre Garcia, da TV Manchete, *Folha de S.Paulo*, 25 de janeiro de 1985.

hospital nos próximos dias. Até lá, o país seria dirigido por um presidente que não vivera, nem viveria, um só dia na oposição.

O ministro da Fazenda, Francisco Dornelles, fora o chefe da Receita Federal no governo que terminava. O das Relações Exteriores, Olavo Setubal, era um banqueiro que governara a cidade de São Paulo e por pouco não chegara a governador do estado. Os ministros de Minas e Energia (Aureliano Chaves), da Educação (Marco Maciel) e das Comunicações (Antonio Carlos Magalhães) haviam sido governadores de seus estados e dissociaram-se do governo havia poucos meses. O dos Transportes, Afonso Camargo, há poucos anos.

Os mais poderosos ministros militares, Leonidas Pires Gonçalves (Exército) e Ivan de Souza Mendes (SNI), haviam sido oficiais diretamente envolvidos na deposição de João Goulart e generais que nunca deixaram de defender a máquina repressiva do regime. Um estudo do professor Ben Ross Schneider mostraria que, num universo de 125 cargos relevantes da administração federal, a taxa de sobrevivência dos quadros do governo de Figueiredo fora de 60%, a maior já registrada.[43]

A conciliação de Tancredo mudava o país quando era vista pelo outro lado, o dos que militavam na restauração democrática. O ministro da Justiça (Fernando Lyra) viera da ala mais combativa do MDB. Aluizio Alves (Administração), José Aparecido de Oliveira (Cultura) e Renato Archer (Ciência e Tecnologia) haviam sido cassados.

Voltava ao palácio do Planalto Waldir Pires, consultor-geral da República de João Goulart. Ele fora um dos últimos a deixar aquele prédio em 1964 e dos primeiros a ter seus direitos políticos suspensos. Querendo juntar-se à resistência de João Goulart, seguiria com Darcy Ribeiro para o Rio Grande do Sul, e o deputado Rubens Paiva encarregara-se da logística, pois corriam o risco de serem presos em Brasília. Paiva alugou um monomotor e a dupla deveria ficar escondida atrás de uma moita próxima da pista do Aeroporto de Brasília. O avião fez uma breve parada, Waldir e Darcy correram e embarcaram. Seguiram para uma fazenda e

---

[43] Ben Ross Schneider, *Politics within the State*, p. 31. Num universo de 87 quadros, Médici trocara 50% do plantel de Costa e Silva. Num universo de 118 quadros, Geisel mantivera 49%. Num universo de 148 quadros, Figueiredo mantivera 53% de burocratas do governo de Geisel.

de lá decolaram para São Borja. Cada um levava no colo uma lata de vinte litros de combustível. Quando pousaram, souberam que Jango seguira para o Uruguai. Juntaram-se a ele no exílio e voltaram à política com a anistia. No dia 15 de março de 1985, Darcy era vice-governador do Rio de Janeiro e Waldir retornava pela primeira vez ao Planalto, para assumir o Ministério da Previdência Social.

Rubens Paiva continuou no Brasil, ganhando a vida como engenheiro. Foi preso em sua casa do Leblon, no dia 20 de janeiro de 1971, e levado para o DOI do I Exército. Seu corpo ainda não foi encontrado.

Freddie Perdigão Pereira fora o guardião de Rubens Paiva no DOI. O tenente dos tanques dos palácios de abril de 1964, capitão dos DOI do Rio e de São Paulo, o *Aloisio* da noite do atentado do Riocentro e personagem do "combate das caravelas", que resultara no assassinato de Alexandre von Baumgarten, continuava no SNI.

EPÍLOGO
500 VIDAS

NAS FOTOS DAS PÁGINAS ANTERIORES:
Lula, Dilma Rousseff, José Genoino e José Dirceu: antes e depois

Sumário

318	Os presidentes
323	Os ministros
325	Os generais
327	Os expurgados de 1964
330	Os cassados de Geisel
331	Os empresários
335	A imprensa
336	Os governadores
339	A elite parlamentar
342	O ministério de Tancredo
344	Os diplomatas estrangeiros
345	Os diplomatas brasileiros
347	Os personagens da dívida
348	A universidade
349	A Igreja
352	SNI, CIE e DOI
355	A "Casa da Morte"
356	O CISA e o Cenimar
357	O porão
362	Os "cachorros"
363	Araguaia
367	A "Torre das Donzelas"
371	Exilados e banidos

500 vidas

Aqui vão contadas brevemente as trajetórias de quinhentas pessoas que sobreviveram ao fim da ditadura. Algumas, tendo feito parte dela. Outras, opondo-se, em muitos casos sofrendo-a. Com a redemocratização, alguns hierarcas do regime sobreviveram politicamente. A "tigrada" do aparelho repressivo ficou incólume e uns poucos continuaram aninhados na nova ordem.

A seleção dos personagens não obedeceu a um método preciso. A linha demarcatória fixou-se no 15 de março de 1985, a data em que Tancredo Neves deveria ter tomado posse. Por isso ficaram de fora o general Jayme Portella, personagem central da crise que desembocou no Ato Institucional nº 5 e na criação da Junta Militar de 1969, bem como o redator do Ato, professor Luiz Antonio da Gama e Silva. Portella morreu em outubro de 1984 e Gama e Silva, em fevereiro de 1979, enquanto almoçava no Automóvel Clube, em São Paulo.

Em 2011, durante as festas de sua posse na Presidência, Dilma Rousseff, a *Wanda* e a *Estela* do Colina e da VAR-Palmares, encontrou-se numa sala do Itamaraty com onze senhoras que, na juventude, estiveram presas, como ela, na "Torre das Donzelas" do presídio Tiradentes, em São Paulo. Os presos sem nome, os exilados sem passaporte e os cidadãos que viveram até 1979 sem direitos já estavam reintegrados à vida nacional, alguns deles com cicatrizes que nunca puderam esquecer.

Os presidentes

Tancredo Neves morreu no dia 21 de abril de 1985, depois de sete cirurgias. Sua agonia foi agravada por procedimentos médicos discutíveis e mentiras públicas que alimentaram a esperança do país. Os três principais jornais brasileiros noticiaram dez vezes que ele teria alta.[1] Depois da segunda cirurgia, a assessoria de Tancredo distribuiu fotografias nas quais ele aparecia sorridente, de robe e echarpe de seda, sentado num sofá ao lado da mulher, cercado por cinco médicos, todos felizes. O que parecia ser uma echarpe era um lenço de sua mulher, **Risoleta Neves**, usado para esconder os tubos que estavam no pescoço de Tancredo, conectados a frascos escondidos embaixo do sofá.[2]

Morto, Tancredo provocou um episódio simbólico da grande conciliação que conseguira: durante seu velório, no palácio do Planalto, Ernesto Geisel e Ulysses Guimarães cumprimentaram-se. Risoleta Neves morreu em 2003, aos 86 anos. O neto de Tancredo, Aécio, foi deputado, governador de Minas Gerais, senador e candidato à Presidência da República em 2014.

Com a eleição de Tancredo, o Brasil saiu do ciclo de governos militares que se impuseram na América Latina na segunda metade do século XX. Fez isso depois da Argentina e do Uruguai, antes do Chile e do Paraguai. Fechado o ciclo, haviam morrido no continente pelo menos 50 mil pessoas. No Brasil, em torno de quinhentas.

Dezenas de milhares de proscritos voltaram à política e aos palácios. No Brasil, o professor **Fernando Henrique Cardoso**, considerado um "destacado" comunista[3] em 1964, foi ministro das Relações Exteriores e da Fazenda. Em 1994 elegeu-se presidente da República, reconduzido em 1998. Foi sucedido por **Luiz Inácio Lula da Silva**, um ex-operário, preso por 32 dias em 1980. Em 2011 ele passou a Presidência a **Dilma Rousseff**, que militara em organizações armadas e cumprira uma sen-

---

1 *Folha de S.Paulo*, 22 de abril de 1985.
2 Depoimento de Carlos Marchi, em Edson Luiz, "Tancredo morre, e arapongas se preocupam com Fafá de Belém e com o PC do B", Fato Online, 22 de abril de 2015, <http://www.fatoonline.com.br/conteudo/2098/tancredo-morre-e-arapongas-se-preocupam-com-fafa-de-belem-e-com-o-pcdob>.
3 Trecho do prontuário no DOPS de Fernando Henrique Cardoso, *O Estado de S. Paulo*, 5 de abril de 1998.

tença de dois anos de prisão. Em seu governo, Dilma criou a Comissão Nacional da Verdade para estudar os crimes da ditadura. Esse gesto estimulou a proliferação de comissões que voltaram aos porões do regime e esclareceram alguns de seus crimes. Dilma foi reeleita em 2014.

Dez dos ministros de Lula passaram por prisões, sete deles por militarem em organizações clandestinas. No ministério de Dilma entraram quatro ex-prisioneiros políticos, entre eles uma ex-companheira de cela.[4] Em 2001, o presidente Fernando Henrique Cardoso criou uma Comissão de Anistia para reparar danos causados a vítimas da ditadura. Em treze anos, ela aprovou 35 mil pedidos com indenizações que somaram 3,4 bilhões de reais.[5]

Na conciliação brasileira, ao contrário do que sucedeu em outros países do continente, nenhum militar ou civil foi responsabilizado por crimes ocorridos durante a ditadura. Dois signatários do AI-5 voltaram ao governo depois da redemocratização. **Jarbas Passarinho** foi ministro da Justiça durante o governo de Fernando Collor de Mello. **Hélio Beltrão**, outro signatário do AI-5, foi presidente da Petrobras no governo Sarney.

No Chile, o general **Augusto Pinochet**, que se tornou um símbolo da espécie, em 1990 entregou o poder ao civil **Patricio Aylwin**. Haviam se passado dezesseis anos da morte do presidente Salvador Allende. Em 1998 Pinochet foi preso em Londres, porém livrou-se de um pedido de extradição para a Espanha porque uma junta médica considerou-o incapaz. Voltou ao Chile e morreu em 2006, aos 91 anos. Viveu o suficiente para assistir à eleição de **Michelle Bachelet** para a Presidência do Chile. O pai de Bachelet, general da Força Aérea, morrera na prisão meses depois do golpe militar. Ligadas clandestinamente ao Partido Socialista, ela e a mãe foram presas em 1975. Exilaram-se na Austrália e, depois, na Alemanha comunista.

A democracia voltou à Argentina em 1983, com a posse de **Raúl Alfonsín**, um advogado que defendera presos políticos e passara por uma breve prisão. O general **Juan Carlos Onganía**, que derrubou o presidente civil Arturo Illia em 1966, viu-se deposto por outro golpe quatro anos depois.

---

4 Ayrton Centeno, *Os vencedores*, pp. 19-20. A essa lista deve-se somar Persio Arida, militante da VPR e, depois, presidente do Banco Central durante o governo de Fernando Henrique Cardoso.
5 Evandro Éboli, "O custo da reparação", *O Globo*, 31 de março de 2014.

Em fevereiro de 1995 foi posto em prisão domiciliar por duas semanas e morreu meses depois. O general **Jorge Rafael Videla**, que comandou, entre 1976 e 1981, a mais sangrenta das ditaduras do período, foi condenado à prisão perpétua em 2010 e morreu na cadeia três anos depois, aos 87 anos. Dois de seus sucessores, os generais **Leopoldo Galtieri** e **Reynaldo Bignone** também foram a julgamento. Galtieri morreu em prisão domiciliar, em 2003. Bignone foi condenado a 23 anos de cadeia em 2014.

No Uruguai, o general **Gregorio Álvarez**, ditador de 1981 a 1985, foi condenado a 25 anos de prisão em 2009. No ano seguinte, viu a ascensão à Presidência de seu país de **Jose Mujica**, o militante tupamaro *Pepe*, *Ulpiano* ou *Facundo*, que tomou seis tiros e conseguiu fugir da cadeia duas vezes. Recapturado, passou mais de dez anos no cárcere, onze deles numa solitária.

O general paraguaio **Alfredo Stroessner**, o mais longevo dos ditadores militares sul-americanos (1954-1989), foi deposto por seu braço direito e exilou-se no Brasil, onde viveu praticamente recluso numa mansão de Brasília. Morreu em 2006, aos 93 anos, e foi sepultado sem honras militares.

No Brasil, **José Sarney** concluiu seu mandato como presidente em 1990. Presidiu metade do que veio a se chamar de "a década perdida". Durante seu governo foi promulgada a Constituição de 1988. Depois de ter feito toda a sua vida política no Maranhão, em 1990 elegeu-se senador pelo Amapá e conseguiu mais dois mandatos. No segundo turno da eleição presidencial de 2014, foi à seção eleitoral com um adesivo de Dilma Rousseff, do PT, no paletó e votou em Aécio Neves, do PSDB. Explicou-se atribuindo o gesto à sua gratidão a Tancredo.

Salvo os marechais, Costa e Silva e Castello Branco, todos os generais que presidiram o Brasil viram o fim da ditadura.

João Baptista Figueiredo (1979-1985) morreu em 1999, aos 81 anos. Tendo pedido que o esquecessem, saiu da vida pública. Deu sucessivos depoimentos sobre episódios do seu governo. Geralmente foram contraditórios entre si e em relação aos fatos. Dividiu seu tempo entre um sítio em Nogueira, no estado do Rio, onde mantinha seus cavalos, e um apartamento em São Conrado. Em 2001, **Dulce**, sua viúva, vendeu em leilão 218 objetos que ele recebera enquanto governava o país. Arrecadou cerca de 1 milhão de reais. Ela morreu em 2011, aos 83 anos.

Ernesto Geisel (1974-1979) continuou na presidência do conselho da Norquisa, empresa controladora do Polo Petroquímico de Camaçari, na Bahia. Vivia com a mulher, **Lucy**, e a filha, **Amália Lucy**, num apartamento na rua Barão da Torre, em Ipanema, e passava os fins de semana na casa de Teresópolis. Esteve praticamente rompido com Figueiredo. Depois de apoiar tacitamente a eleição de Tancredo, afastou-se da vida pública. Prestou um extenso depoimento aos professores Celso Castro e Maria Celina D'Araujo.[6] Morreu em 1996, aos 89 anos. Sua mulher morreu em 2000, num acidente automobilístico. Amália Lucy, museóloga, doou ao CPDoc da Fundação Getulio Vargas o arquivo de seu pai, e ao Patrimônio Histórico, os presentes que ele recebeu durante a Presidência. Um precioso arcaz de sacristia colonial foi examinado por peritos e revelou-se falso.[7] Seu sobrinho, **Augusto**, morreu em 2000, aos 68 anos. Tendo sido filho do general Orlando Geisel, ministro do Exército durante o governo Médici, e próximo ao tio presidente, foi um dos mais inconspícuos parentes de poderosos. Tinha um curso de inglês em Niterói e jamais se ouviu falar dele. **Humberto Barreto**, a quem Geisel estimava como se fosse um filho, tornou-se presidente da empresa aérea TransBrasil, extinta em 2002, e vive no Rio de Janeiro.

Ao deixar o governo, **Emílio Garrastazu Médici** (1969-1974) foi morar em Copacabana, na rua Júlio de Castilhos. Deu uma entrevista ao repórter Antonio Carlos Scartezini — transformada no livro *Segredos de Medici* — e nunca disse uma palavra a respeito da abertura política. Morreu em 1985, aos 79 anos, depois de ter sofrido um acidente vascular cerebral. Doou ao museu de Bagé alguns de seus objetos pessoais, inclusive uma pedra trazida da Lua por astronautas americanos. Sua viúva, **Scylla**, morreu em 2003, aos 95 anos. Em toda a vida deu apenas uma entrevista, afirmando que o marido queria revogar o AI-5. Seu filho **Roberto**, professor universitário aposentado, entregou o pequeno arquivo do pai à guarda do Instituto Histórico e Geográfico Brasileiro. Morreu em 2015.

---

[6] Ernesto Geisel, 1977.
[7] Humberto Barreto, 2013.

Nenhum filho ou parente dos cinco generais fez carreira política.

Os três membros da Junta Militar que governou o país de setembro a outubro de 1969 também assistiram ao fim da ditadura. Depois que deixou a embaixada do Brasil em Paris, o general **Aurélio de Lyra Tavares** limitou sua atividade pública às sessões da Academia Brasileira de Letras, para a qual se elegera em 1970: "O país não vai lucrar com nada que eu disser". Morreu em 1998, aos 93 anos. O almirante **Augusto Rademaker** deixou a Vice-Presidência em 1974 e nunca mais falou de política. Morreu em 1985, aos oitenta anos. O brigadeiro **Márcio de Souza Mello** recolheu-se depois que saiu do Ministério da Aeronáutica. Morreu em 1991, aos 84 anos.

Em 2013, **Maria Thereza Goulart**, a viúva do presidente João Goulart, recebeu em Brasília os restos mortais do marido, que acompanhou para o exílio quando tinha 23 anos. O material foi examinado por uma comissão internacional de legistas para investigar as denúncias de que João Goulart teria sido envenenado. A suspeita não foi confirmada. O corpo de Jango chegou à Base Aérea e recebeu honras militares, com uma salva de 21 tiros de canhão, mais do que os disparos de armas pesadas ocorridos durante sua deposição. Seu filho, **João Vicente**, elegeu-se deputado estadual pelo PDT do Rio Grande do Sul. A filha, **Denise**, tornou-se historiadora.

Sarah Kubitschek, viúva de JK, morreu em 1996, aos 87 anos, tendo vivido o suficiente para inaugurar o memorial de seu marido em Brasília, a cidade que ele não pôde visitar durante vários anos da ditadura. **Márcia**, sua filha, foi constituinte de 1988 e vice-governadora da Capital Federal. Morreu em 2000, aos 56 anos. **Maristela**, a outra filha, disputou sem sucesso o cargo de vice-governadora do Rio de Janeiro em 2006.

Os ministros

Depois de sua demissão, em 1977, o general **Sylvio Frota** recolheu-se. Fez um pronunciamento público, no qual comparou a anistia a uma "capitulação". Morreu em 1996, aos 86 anos, deixando um manuscrito com suas memórias, posteriormente publicadas sob o título de *Ideais traídos*. Seu sucessor, **Fernando Bethlem**, foi nomeado embaixador no Paraguai e morreu em 2001. O general **Walter Pires** abandonou a vida pública e morreu em 1990, aos 75 anos, sem deixar reminiscências.

O general **Golbery do Couto e Silva** recolheu-se ao seu sítio de Luziânia, nas cercanias de Brasília, onde vivia com a mulher, Esmeralda. Finalmente conseguiu organizar sua biblioteca de 18 mil volumes.[8] Morreu em 1987, aos 76 anos. Os livros foram comprados pelo banqueiro Edmundo Safdiê e doados à Universidade Candido Mendes. O sítio, abandonado, tornou-se uma ruína.[9] A sucessão de Figueiredo distanciou-o de Geisel. **Heitor Ferreira**, fiel escudeiro de Golbery e secretário particular de Geisel e Figueiredo na Presidência, por alguns anos acompanhou as campanhas de Paulo Maluf. Tornou-se consultor editorial, coordenando traduções e publicações de livros. Nunca deu entrevistas.

O professor **João Leitão de Abreu**, chefe do Gabinete Civil durante todo o governo Médici e no governo Figueiredo a partir de 1981, morreu em 1992, aos 79 anos. Foi um dos hierarcas mais discretos de todo o regime. Sem ter deixado memórias, levou consigo as lembranças do tumulto da segunda metade do governo de Figueiredo e da eleição de Tancredo Neves. Até onde se sabe, nunca lhe pôs obstáculos.

Armando Falcão, o mais conspícuo dos ministros civis de Geisel, acompanhou-o no apoio tácito a Tancredo. Publicou um livro de memórias intitulado *Tudo a declarar*, uma variante de seu bordão no Ministério da Justiça ("Nada a declarar"). Escreveu também uma biografia de Geisel. Produziu uns poucos artigos condenando a legalização dos partidos comunistas. Morreu em 2010, aos noventa anos.

---

[8] *Veja*, 10 de junho de 1992.
[9] *Veja*, 6 de dezembro de 2000.

Dois poderosos ministros civis da ditadura tornaram-se destacados parlamentares. **Roberto Campos** elegeu-se senador por Mato Grosso e deputado federal pelo Rio de Janeiro. Em 1994 publicou *A lanterna na popa — Memórias*. Até sua morte, em 2001, aos 84 anos, espicaçou os adversários políticos com juízos curtos e irônicos. Por exemplo: "O PT é o partido dos trabalhadores que não trabalham, dos estudantes que não estudam e dos intelectuais que não pensam".

Antonio Delfim Netto, o czar da economia durante o Milagre dos anos 1970 e a bancarrota dos 80, elegeu-se deputado federal por São Paulo em 1986 e ficou na Câmara até 2007, quando não conseguiu manter a cadeira, disputando-a pelo PMDB. Criou uma empresa de consultoria e passou a escrever em jornais e revistas. Foi um discreto conselheiro dos presidentes Lula e Dilma Rousseff. Nunca se arrependeu de ter assinado o AI-5 e jamais criticou a nova ordem democrática. Vive em São Paulo.

Octávio Gouvêa de Bulhões e **Mario Henrique Simonsen**, ministros da Fazenda de Castello Branco e Geisel, permaneceram na militância intelectual contra a inflação mas afastaram-se da vida política. Bulhões, com seu temperamento reservado, limitava sua atividade pública ao amparo que dava à Orquestra Sinfônica Brasileira. Morreu em 1990, aos 84 anos. Simonsen tornou-se crítico de música clássica da revista *Veja* e continuou dirigindo a escola de economia da Fundação Getulio Vargas. No plebiscito de 1993, que deveria decidir o regime de governo do país, declarou-se monarquista. Morreu em 1997, aos 61 anos. **João Paulo dos Reis Velloso**, ministro do Planejamento de Médici e Geisel, escreveu dezenas de livros, com suas memórias e sobre questões econômicas e religiosas. Vive no Rio de Janeiro. O professor **Antônio Dias Leite**, ministro de Minas e Energia de Médici, publicou em 2011 *Brasil, país rico — O que ainda falta*.

Dez dos treze ocupantes de ministérios civis que participaram da reunião do Conselho de Segurança Nacional em que se aprovou a edição do AI-5 viram a eleição de Tancredo Neves e três apoiaram-no. **Mário Andreazza** (Transportes) liberou seus aliados para votar em Tancredo, abandonou a vida pública e morreu em 1988, aos 69 anos. Hélio Beltrão (Planejamento), ministro da Desburocratização e da Previdência de Figueiredo, deixou o cargo em 1983, apoiou a campanha das Diretas e ocupou a presidência da Petrobras de 1985 a 1986. Morreu em 1997. Pouco depois de votar em Tancredo, **Magalhães Pinto** (Relações Exteriores) sofreu um acidente vascular cerebral do qual não se recuperou. Dono do Banco Nacional, morreu em março de 1996, aos 86 anos. Um ano antes o banco deixara de existir.

Além de Delfim, que em 2006 seria candidato a deputado pelo PMDB, o tenente-coronel Jarbas Passarinho, ministro do Trabalho de Costa e Silva e da Educação de Médici, elegeu-se senador pelo Pará para o mandato de 1987-1995, coligando-se ao PMDB. Veio a ser ministro da Justiça no governo Collor. Em 1994 concorreu sem sucesso ao governo do Pará e depois se retirou da vida política.

Rondon Pacheco (Casa Civil) elegeu-se deputado federal em 1982 e disputou o Senado em 1986. Derrotado, deixou a vida pública. Em 2003 publicou um depoimento com suas memórias políticas intitulado *Rondon Pacheco*.

Carlos Simas (Comunicações) morreu em 1978. **Leonel Miranda** (Saúde), em 1986, **Edmundo Macedo Soares** (Indústria e Comércio), em 1989, e **Ivo Arzua** (Agricultura), em 2012. O coronel **José Costa Cavalcanti** (Minas e Energia) dirigiu a construção da hidrelétrica de Itaipu e morreu em 1991. Todos os cinco se afastaram da vida pública.

Os generais

Três generais decisivos no levante que depôs João Goulart assistiram ao fim da ditadura. **Amaury Kruel**, comandante das tropas de São Paulo, foi marginalizado por Castello Branco, elegeu-se deputado federal pelo MDB em 1967 e exerceu um só mandato. Sem tropas nem ideias, morreu em 1996, aos 95 anos. **Justino Alves Bastos**, comandante das tropas do Nordeste, tentou ser escolhido governador do Rio Grande do Sul e morreu em 1990, aos 89 anos. **Antonio Carlos Muricy**, comandante das tropas do general Mourão Filho, entrou para os anais da medicina. Tendo enfartado quando tinha cerca de quarenta anos, uma parte do seu pericárdio ficara necrosada. Em 1979, durante um assalto à sua casa, no Rio, o ladrão deu-lhe um tiro, a bala alojou-se na área morta do músculo e lá ficou. Foi para a iniciativa privada e trabalhou na Companhia Docas da Bahia. Morreu em 2000, aos 93 anos.

O coronel **Cesar Montagna**, comandante da tomada cinematográfica do quartel da Artilharia de Costa, lindeiro do Forte de Copacabana, coordenou a censura à imprensa no Rio depois da edição do AI-5, chegou a general de divisão e morreu em 2007, aos 93 anos.

Dos chefes militares derrotados em 1964, o brigadeiro **Francisco Teixeira** continuou ativo na política, batalhando pela anistia e pelos interesses dos militares punidos. Prestou um extenso depoimento ao CPDoc e morreu em 1986, aos 74 anos. Luiz Carlos Prestes foi ao seu sepultamento.

O almirante **Candido Aragão**, comandante dos fuzileiros navais, chamado de "Almirante do Povo", foi preso em 1964 e submetido a um tratamento humilhante. Asilou-se na embaixada do Uruguai e durante os quinze anos de exílio procurou organizar movimentos armados para derrubar o governo. Passou por Cuba, China, Argélia, Vietnã, Venezuela e Chile, sempre vigiado pelos serviços de informações brasileiros. Retornou com a anistia de 1979. Tinha 72 anos e, mesmo assim, a Marinha prendeu-o por cerca de quarenta dias.[10] Morreu em 1998.

O marechal Henrique Lott, poderoso ministro da Guerra de JK, havia sido derrotado por Jânio Quadros na eleição presidencial de 1960. Em 1965, aceitou que o PTB lançasse seu nome como candidato ao governo da Guanabara, mas foi barrado pela Justiça. Morreu em 1984, aos 89 anos.

O capitão **Eduardo Chuahy**, que servia na Casa Militar de Jango e foi expurgado, elegeu-se deputado estadual e presidiu a Assembleia Legislativa do Rio. Em 1986, como governador interino, recebeu o presidente Sarney e os ministros militares numa das últimas cerimônias que relembraram o levante comunista de 1935.

Poucos chefes militares afastaram-se da ditadura. O general **Euler Bentes** abandonou a vida pública depois da posse de Figueiredo. Morreu em 2002, aos 85 anos. O general **Pery Bevilaqua**, cassado em 1968, tornou-se uma das destacadas personalidades na luta pela anistia. Faleceu em 1990, aos noventa anos. Suas condecorações militares, cassadas em 1968,

---

10 Ver <http://novo.fpabramo.org.br/sites/default/files/1.perseuespecial.almeida.pdf>.

só foram restabelecidas postumamente, no governo de Fernando Henrique Cardoso.

Durante o período mais duro da repressão política, contavam-se nos dedos os chefes militares que demonstravam publicamente algum desconforto com a situação. O mais graduado deles, general **João Bina Machado**, manifestou-se em 1971 e logo depois perdeu o comando do I Exército. Indo para a reserva, morreu em 2000, aos 92 anos.

Os generais **Adhemar da Costa Machado** e **Jorge de Sá Pinho**, peças importantes na neutralização das manobras militares contra a eleição de Tancredo, seguiram na carreira e pouco tempo depois passaram para a reserva. Pinho morreu em 2001. Lia e cuidava de sua casa de praia em Búzios (RJ).

Os expurgados de 1964

Ao ser deposto, Jango tinha doze ministros civis. Muitos deles tiveram seus direitos políticos suspensos e alguns foram obrigados a exilar-se. A maioria afastou-se da política.

Darcy Ribeiro (Casa Civil) foi para o Uruguai, retornou ao Brasil em 1968 e acabou preso. Quando estava num quartel da Marinha, telefonou ao diretor do Instituto do Patrimônio Histórico pedindo que cuidasse da restauração de um portal do século XIX que via do camarote onde estava detido. Libertado, exilou-se no Chile, onde colaborou com o presidente Salvador Allende. Em 1974, com um câncer de pulmão, foi-lhe permitido retornar ao Brasil. Sobreviveu à doença e tornou-se vice-governador do Rio de Janeiro. Perdeu uma eleição para governador e elegeu-se senador. Morreu em 1997, aos 74 anos.

Celso Furtado (Planejamento) deixou o Brasil e viveu no Chile, nos Estados Unidos e na França. José Sarney nomeou-o embaixador da Comunidade Europeia e, posteriormente, ministro da Cultura. Elegeu-se para a Academia Brasileira de Letras e morreu em 2004, aos 84 anos.

Expedito Machado (Viação e Obras Públicas) e **Oswaldo Lima Filho** (Agricultura) elegeram-se deputados federais depois da anistia. **Wilson**

Fadul (Saúde) disputou sem sucesso o governo de Mato Grosso do Sul e foi nomeado vice-presidente do Banco do Estado do Rio de Janeiro.

(Araújo Castro, das Relações Exteriores, foi o único ministro de João Goulart que permaneceu no serviço público, continuando uma bem-sucedida carreira. Salvou-o da cassação o chanceler Vasco Leitão da Cunha, que atenuou a fúria punitiva contra os quadros do Itamaraty. Foi discretamente removido para a embaixada do Brasil na Grécia e, em 1968, tornou-se chefe da representação do Brasil nas Nações Unidas. Em seguida, foi nomeado embaixador em Washington, onde morreu em 1975, aos 56 anos. Estava no posto durante a visita do presidente Médici aos Estados Unidos.)

Raul Ryff, influente secretário de imprensa de Jango, viveu no exílio até 1968. Ao retornar ao Brasil, voltou ao jornalismo, trabalhando como redator na editoria Internacional do *Jornal do Brasil*. Nunca se afastou de João Goulart nem recriminou seu governo. Morreu em 1989, aos 77 anos.

Depois da anistia, dois ministros de Jango filiaram-se ao partido do governo. No governo Sarney, **Abelardo Jurema** (Justiça) foi diretor do BNDES e do Instituto do Açúcar e do Álcool. **Oliveira Brito** (Minas e Energia) foi colocado por Sarney na presidência da Companhia Hidro Elétrica do São Francisco.

Para efeitos propagandísticos, em abril de 1964 a primeira lista punitiva da ditadura, com cem nomes, foi encabeçada por **Luiz Carlos Prestes**, secretário-geral do Partido Comunista Brasileiro. Durante a ditadura ele viveu um período na clandestinidade e a maior parte do tempo em Moscou. Voltou com a anistia, mas sua influência no PCB encolhera. Em 1980 desligou-se do partido. Morreu em 1990, aos 92 anos.

Dois cassados da primeira hora estavam na equipe formada por Tancredo em 1985: **José Aparecido de Oliveira** (governador do Distrito Federal) e **Waldir Pires** (ministro da Previdência). Posteriormente, Aparecido foi nomeado ministro da Cultura e embaixador do Brasil em Portugal. Morreu em 2007. Waldir Pires elegeu-se governador da Bahia. Lula nomeou-o chefe da Controladoria-Geral da União e, depois, ministro da Defesa.

Epílogo: 500 vidas

Jânio Quadros elegeu-se prefeito de São Paulo em 1985 e morreu em 1992, aos 75 anos. **Paulo de Tarso Santos** e **Almino Afonso** tornaram-se secretários do governo de Franco Montoro, em São Paulo. Mais tarde, Almino foi eleito vice-governador do estado. **Plínio de Arruda Sampaio** foi um dos fundadores do Partido dos Trabalhadores e disputou, sem possibilidades de êxito, tanto o governo de São Paulo como a Presidência da República. Morreu em 2014.

Gilberto Mestrinho elegeu-se governador do Amazonas em 1982. **Francisco Julião**, o líder das Ligas Camponesas no Nordeste, asilou-se no México, voltou com a anistia e candidatou-se, sem sucesso, à Câmara pelo PDT de Pernambuco. Morreu no México em 1999, aos 84 anos.

Dois cassados de 1964 retornaram à Câmara e assinaram a Constituição de 1988: **Bocayuva Cunha** e **Fernando Santana**.

A primeira lista de punições de 1964 decapitou a liderança sindical do país. **Clodesmidt Riani**, presidente da Confederação Nacional dos Trabalhadores na Indústria, apresentou-se ao Exército e foi condenado a dezessete anos de prisão. Libertado em 1968, voltou a ser preso por dois anos, cumprindo uma parte da pena na Ilha Grande (RJ). Em 1982 elegeu-se deputado estadual pelo PMDB de Minas Gerais. Em 2014 vivia modestamente em Juiz de Fora (MG), onde começara sua atividade sindical. Dante Pellacani, vice-presidente da CNTI, asilou-se no Uruguai, viveu algum tempo na Tchecoslováquia, retornou ao Brasil em 1969 e manteve discreta atividade sindical. Morreu em 1981, aos 58 anos. **Osvaldo Pacheco**, dirigente do Sindicato dos Estivadores de Santos, constituinte de 1946 na bancada do PCB e personagem de *Os subterrâneos da liberdade*, de Jorge Amado, asilou-se no México. Voltou clandestinamente ao Brasil. Membro do Comitê Central do PCB, articulava sua base sindical em São Paulo. Preso em 1975, foi visto em condições lastimáveis. Morreu em 1993. **Hércules Corrêa** perdeu o mandato de deputado estadual, exilou-se, passou por Moscou, viveu clandestinamente no Brasil. Rompeu com o PCB, passou pelo PMDB e, finalmente, filiou-se ao PPS. Morreu em 2008, aos 78 anos. O comandante **Paulo de Mello Bastos**, proibido de pilotar aviões, asilou-se e retornou ao Brasil em 1967, tornando-se motorista de táxi por algum tempo. Publicou suas memórias no livro *Salvo-conduto — Um voo na história*.

Os cassados de Geisel

Durante seu governo, Geisel cassou os mandatos de um senador e de sete deputados federais. Além deles, o deputado **Francisco Pinto**, acusado de ter difamado o general chileno Augusto Pinochet, chamando-o de torturador, assassino, mentiroso e fascista, foi condenado a seis meses de prisão pelo Supremo Tribunal Federal. Cumpriu a pena, foi reeleito em 1978, 1982 e 1986. Foi um dos articuladores da candidatura de Euler Bentes à Presidência, em 1978. Morreu em 2008.

O primeiro parlamentar cassado por Geisel, em 1975, foi o senador **Wilson Campos**, da Arena. Acusado de corrupção por tentar extorquir propina de um empresário, viu-se absolvido por seus pares. Dias depois, o general cassou-o. Morreu em 2001. Seu filho, **Carlos Wilson**, elegeu-se vice-governador na chapa de Miguel Arraes e governou Pernambuco por onze meses até março de 1991. Lula nomeou-o presidente da Infraero. Filiado ao PT, elegeu-se deputado em 2006. Morreu em 2009.

Em 1976 o sindicalista **Marcelo Gato** perdeu o mandato e o emprego na Cosipa. Passou a advogar. Filiou-se ao PPS e concorreu, sem sucesso, ao cargo de vice-prefeito de Santos (SP). Morreu em 2012. Meses depois da cassação de Gato, foram atingidos os deputados gaúchos **Amaury Müller** e **Nadyr Rossetti**. Ambos filiaram-se ao PDT. Müller elegeu-se três vezes para a Câmara dos Deputados (1983, 1987 e 1991). Morreu em 2001. Rossetti elegeu-se deputado em 1982. Morreu em 1997. Dias depois dessas duas cassações, Geisel aplicou o AI-5 contra o deputado **Lysâneas Maciel**. Filiado ao PDT, elegeu-se duas vezes para a Câmara. Em 1996 disputou uma cadeira de vereador no Rio de Janeiro e morreu no exercício do mandato, em 1999. Quatro meses depois da cassação de Lysâneas, Geisel voltou a usar o AI-5 contra políticos do partido do governo. Cassou o deputado federal **Ney Lopes**, do Rio Grande do Norte. Com a anistia, Ney Lopes elegeu-se suplente de senador e deputado federal por cinco mandatos consecutivos. **José Cortez Pereira**, governador do Rio Grande do Norte durante o governo Médici, teve seus direitos políticos suspensos em 1976. Mais tarde, filiou-se ao PTB e em 2000 elegeu-se prefeito de Serra do Mel. Morreu em 2004 no exercício do mandato.

Marcos Tito, cassado em 1977, foi suplente de deputado estadual em Minas Gerais de 1983 a 1987. A mais contundente das cassações de Geisel foi a do líder do MDB **Alencar Furtado**, em 1977. Com a anistia, Furtado elegeu-se deputado em 1982. Deixando o PMDB, disputou o governo do Paraná em 1986, sem sucesso.

Os empresários

Passado meio século, desfizeram-se alguns dos grandes grupos industriais e financeiros de 1964, inclusive aqueles que pertenciam aos empresários que organizaram o Instituto de Pesquisas e Estudos Sociais, o IPÊS, onde se agruparam empresários e militares que se opunham ao governo de João Goulart. Seu presidente, **João Baptista Leopoldo Figueiredo**, dirigiu inúmeras empresas, entre as quais a Scania, onde se deu a primeira grande greve operária de 1978. Participou dos conselhos do banco Itaú, da Pirelli e da Siemens. Morreu em 1989, aos 79 anos. (**Gilson Menezes**, o operário que desencadeou a greve da Scania, elegeu-se prefeito de Diadema em 1983, pelo PT, e em 1987, pelo PSB.)

Antonio Gallotti, o ativo presidente da Light, viu suas empresas serem estatizadas e, posteriormente, privatizadas. Redirecionou os interesses da companhia para o ramo de investimentos e continuou ativo nos bastidores do poder, mantendo sua influência e seu bom humor até a morte, em 1986, aos 78 anos.

Augusto Trajano de Azevedo Antunes, dono da Caemi, a maior mineradora privada do país, morreu em 1996, aos 89 anos. Suas empresas, administradas pelos netos, foram passadas à Vale. Durante a campanha das diretas, num telefonema a Golbery, Antunes disse-lhe que seria necessário rearticular as forças que haviam mobilizado em 1964. Depois de desligar, o general comentou: "Para quê? Para acabarmos chamando o Ulysses Guimarães?".[11]

---

11 Golbery do Couto e Silva, 1984.

O aristocrático banqueiro **Cândido Guinle de Paula Machado** morreu em 2000, aos 82 anos. Do império de sua família, pouco restava. Sua participação no Banco Boavista, que dirigia, fora vendida em 1997 por uma quantia simbólica.

O Banco Mercantil de São Paulo, de **Gastão Vidigal**, foi vendido ao Bradesco em 2002, e o Unibanco, de **Walther Moreira Salles**, incorporado ao Itaú, em 2007. Ambos morreram em 2001.

As três grandes empreiteiras da ditadura sobreviveram a ela até que, em 2014, foram apanhadas na Operação Lava-Jato. **Sebastião Camargo**, o "China", morreu em 1994, deixando seu império para três filhas. Com três anos de escolaridade, não falava em público e cultivava discretamente suas relações com o poder. A Camargo Corrêa foi a maior empreiteira do país de 1964 a 1985.[12] Chegou a ser a maior do mundo. Administrada por executivos e controlada pelos genros de Camargo, em 2014 seu presidente e seu vice-presidente foram encarcerados e passaram a colaborar com as investigações da Lava-Jato. Foram condenados a quinze anos de prisão, que cumpririam em casa, com tornozeleiras eletrônicas. **Roberto Andrade**, fundador da Andrade Gutierrez (Itaipu), morreu em 2006 e a empresa passou a ser dirigida por um de seus filhos. Seu presidente foi preso em 2015 e meses depois a empresa passou a colaborar com as autoridades. **Norberto Odebrecht**, fundador e mola mestra da empreiteira que suplantou todas as demais, morreu em julho de 2014, aos 93 anos, meses antes do envolvimento de sua empresa nas investigações da Lava-Jato. Seu neto Marcelo, que comandava o grupo, foi preso em junho de 2015. Como Sebastião Camargo, Andrade e Odebrecht raramente davam entrevistas, conduta que não foi seguida por seus herdeiros.[13]

Durante a ditadura, algumas empreiteiras tiveram êxitos estelares, mas revelaram-se cometas. **Olacyr de Moraes**, dono da Constran, tornou-se muitos anos depois o maior plantador individual de soja do mundo. Ficou famoso por circular acompanhado de lindas senhoras. Quebrou em 1996, vendeu sua empresa em 2010 e morreu em 2015. A Metropolitana,

---

12 As relações das construtoras de obras públicas com o regime foram analisadas por Pedro Henrique Pereira Campos em sua tese *A ditadura dos empreiteiros*, defendida na UFF em 2012, publicada com o título *Estranhas catedrais*, p. 85.

13 Pedro Henrique Pereira Campos, *Estranhas catedrais*.

dos irmãos Alencar, arrendatária dos jornais *Correio da Manhã* e *Última Hora*, faliu em 1974. **Marcello Alencar** foi por duas vezes prefeito do Rio de Janeiro e governador do estado de 1995 a 1999. Morreu em 2014. A Mendes Júnior, comandada por **Murilo Mendes**, tropeçou com seus grandes negócios no Iraque e sobreviveu batalhando na Justiça. Em 2014 seu vice-presidente foi preso na Operação Lava-Jato, que desmontou a rede de corrupção armada pelas grandes empreiteiras em seus negócios com a Petrobras. Num julgamento de primeira instância, foi condenado a dezenove anos de prisão.

Os dois maiores bancos privados do país no século XXI, o Itaú, de **Olavo Setubal**, e o Bradesco, de **Amador Aguiar**, eram pequenas instituições na primeira metade do XX. Amador Aguiar morreu em 1991, aos 86 anos. Raramente falou em público. Ao contrário de Walther Moreira Salles (ministro da Fazenda do gabinete parlamentarista de 1961) e de Olavo Setubal (prefeito nomeado de São Paulo de 1975 a 1979), jamais ocupou cargo público. Sua marca pode ser percebida quando se vê que **Laudo Natel**, um dos diretores do Bradesco, governou São Paulo duas vezes (1966-1967 e 1971-1975) sem nunca ter recebido um voto.

Eugênio Gudin, o patriarca dos economistas brasileiros, viveu até 1986, tendo completado cem anos sempre evitando beber água. Só vinho. **Pery Igel**, principal acionista do grupo Ultra, que a ALN jurou de morte por ajudar o aparelho repressivo, morreu de causas naturais em 1998.

Ivan Hasslocher, o publicitário que adquiriu fama organizando o IBAD, deixou o país depois da deposição de Jango. Viveu entre os Estados Unidos, a Inglaterra e a Suíça. Morreu em Houston, em 2000.[14] A Engesa, empresa de material bélico fundada pelo engenheiro **José Luiz Whitaker Ribeiro**, tornou-se exportadora de armas, com negócios no Iraque. Fabricava os blindados Urutu, famosos por sua presença em mobilizações militares contra manifestações políticas. Faliu em 1993.

Luis Eulálio de Bueno Vidigal Filho, o interlocutor de Lula em 1977, presidiu a Federação das Indústrias de São Paulo de 1980 a 1986 e dá nome ao seu edifício-sede, na avenida Paulista. Sua empresa, a Cobrasma, faliu em 1993.

---

14 Ver <http://www.pagina64.com.br/noticia.php?id=348>; e *Veja*, 7 de julho de 1993.

José Papa Junior ficou na presidência da Federação do Comércio de São Paulo de 1969 a 1984. Em 2000 o Banco Lavra, de propriedade de sua família, entrou em liquidação extrajudicial. **Mario Garnero**, presidente da Associação Nacional dos Fabricantes de Veículos Automotores durante as greves de 1979, teve decretada a liquidação extrajudicial de seu banco, Brasilinvest, em 1985.

Dos signatários do *Manifesto dos Oito*, publicado pela *Gazeta Mercantil* em junho de 1978, defendendo o regime democrático e a livre-iniciativa, dois continuaram à frente de grupos industriais poderosos.

Antonio Ermírio de Moraes disputou sem sucesso o governo de São Paulo em 1986 e morreu em 2014, aos 86 anos. A fortuna de sua família foi estimada em 12,7 bilhões de dólares. **Jorge Gerdau**, cujo complexo siderúrgico tornou-se um dos maiores do país, foi colocado em 2011 por Dilma Rousseff à frente de uma Câmara de Gestão, que definhou. **Claudio Bardella** continuou na presidência do conselho de sua empresa. (O empresário **Paulo Francini**, que levou Lula ao escritório de Bardella para negociar o fim da primeira greve do ABC, é diretor da Fiesp.) **Paulo Villares**, comandante da indústria que leva o nome de sua família, administrou o desmembramento e a venda da empresa. O metalúrgico Luiz Inácio da Silva trabalhava na Villares quando se tornou dirigente sindical. **Severo Gomes** elegeu-se senador pelo PMDB em 1982. Sua empresa de têxteis quebrou. Morreu em 1992, com a mulher, Henriqueta, no helicóptero em que estava Ulysses Guimarães. **José Mindlin** vendeu o controle da indústria Metal Leve e dedicou-se a cuidar de sua biblioteca. Dela, cerca de 60 mil volumes foram doados à Universidade de São Paulo. Morreu em 2010, aos 95 anos.

Das lideranças de guildas empresariais da ditadura, só **Guilherme Afif Domingos** fez carreira. Presidiu a Associação Comercial de São Paulo de 1982 até 1987 e, novamente, de 2003 a 2007. Elegeu-se deputado federal e foi constituinte de 1988. Candidatou-se sem sucesso à Presidência da República e ao Senado. Em 2010 elegeu-se vice-governador de São Paulo e em 2013 foi nomeado para a Secretaria da Micro e Pequena Empresa da Presidência da República.

Epílogo: 500 vidas

A imprensa

As poderosas famílias do setor de comunicações tiveram destinos diversos, quase sempre amargos. O *Correio da Manhã* desapareceu em 1974, depois que sua proprietária, **Niomar Moniz Sodré Bittencourt**, foi obrigada a vendê-lo a empreiteiros. Ela morreu em 2003. O *Jornal do Brasil* foi arrendado em 2001 e nove anos depois, com uma circulação de 20 mil exemplares, desapareceu das bancas. **Manoel Francisco do Nascimento Brito**, que o dirigiu na fase de esplendor, sofreu um acidente vascular cerebral em 1978, recuperou-se parcialmente e morreu em 2003. Os *Diários Associados*, o maior conglomerado de jornais, rádios e televisões de sua época, decaíram; e em 1980 a Rede Tupi de televisão perdeu sua concessão. As emissoras foram divididas entre os grupos Silvio Santos e Manchete. **Adolpho Bloch**, o criador da *Manchete*, morreu em 1995, quando a empresa já passava por dificuldades. Em 1999 o sinal de sua emissora de televisão saiu do ar. O matutino gaúcho *Correio do Povo* foi vendido em 1986. Seu dono, **Breno Caldas**, morreu em 1989.

Os dois grandes jornais paulistas sobreviveram. A *Folha de S.Paulo* foi dirigida por **Octavio Frias de Oliveira** até sua morte, em 2007, aos 94 anos, e permanece sob o controle da família. O *Estado de S. Paulo* continua sendo propriedade da família Mesquita.

Roberto Marinho, que em 1964 era dono de *O Globo*, um vespertino influente no Rio de Janeiro, criou um império de comunicações. Morreu em 2003, aos 98 anos, deixando-o para os três filhos.

Carlos Heitor Cony, o primeiro jornalista a denunciar as violências da ditadura, no *Correio da Manhã*, escreve na *Folha de S.Paulo*. Seu colega **Marcio Moreira Alves** exilou-se em 1968, voltou com a anistia e morreu em 2009. Durante muitos anos foi colunista de *O Globo*. **Alberto Dines**, editor do *Jornal do Brasil* em 1968, foi demitido em 1973, trabalhou na *Folha de S.Paulo* e fundou o Observatório da Imprensa. **Walter Fontoura**, que o sucedeu no JB, deixou o cargo em 1984 e até 1998 trabalhou em *O Globo*. **Mino Carta**, criador das revistas *Quatro Rodas* e *Veja*, que dirigiu até 1976, fundou, depois, as revistas *IstoÉ* e *CartaCapital*. **Claudio Abramo** dirigiu a *Folha de S.Paulo* de 1973 a 1977. Em 1980, tornou-se correspondente no exterior e colunista do jornal até sua morte, em 1987. A ditadura destruiu a rede *Última Hora*, de Samuel Wainer. Ele viveu exilado em Paris até 1968. Morreu em 1980, como colunista da *Folha*.

    Ênio Silveira, que em 1964 dirigia a mais influente editora do país (Civilização Brasileira), foi preso sete vezes e morreu em 1996. Sua casa editorial foi comprada pelo grupo Record. **Fernando Gasparian**, o empresário que fundou o semanário *Opinião*, que abrigava artigos de intelectuais como Fernando Henrique Cardoso e Celso Furtado, elegeu-se deputado federal, assinou a Constituição de 1988 e morreu em 2006. O semanário *O Pasquim*, que apareceu em 1969 e se tornou um marco na história do jornalismo brasileiro, deixou de existir em 1991.

Os governadores

Miguel Arraes, deposto do governo de Pernambuco em 1964, retornou ao palácio pelo voto. Depois de catorze anos de exílio vividos na Argélia, elegeu-se deputado federal em 1982. Em 1987, aos setenta anos, voltou ao palácio do Campo das Princesas, de onde os militares o tiraram na tarde de 1º de abril. Foi eleito novamente em 1994, pelo Partido Socialista. Morreu em 2005. Arraes foi o único político deposto em 1964 que deixou uma duradoura base política. Seu neto, Eduardo Campos, governou Pernambuco e disputava a Presidência da República em 2014 quando morreu num acidente aéreo. **Leonel Brizola**, que governara o Rio Grande do Sul e fora cassado quando era deputado pelo estado da Guanabara, elegeu-se governador do Rio de Janeiro em 1982 e em 1990. Candidato à Presidência da República em 1989, não conseguiu chegar ao segundo turno, derrotado por Fernando Collor e Lula, a quem chamaria de "sapo barbudo". Em 1994 foi candidato a presidente e ficou em quinto lugar. Quatro anos depois disputou a Vice-Presidência na chapa encabeçada por Lula e derrotada por Fernando Henrique Cardoso. Morreu em 2004, aos 82 anos.

    Seixas Dória, **Mauro Borges** e **Badger Silveira**, governadores de Sergipe, Goiás e do Rio de Janeiro, também foram depostos em 1964. Dória foi preso e, como Arraes, mandado para Fernando de Noronha. Depois da anistia disputou uma cadeira de deputado, ficou numa suplência e chegou a assumir a cadeira. Disputando o Senado, não se elegeu. No governo de José Sarney foi seu assessor no Planalto. Morreu em 2012, aos 94 anos. Mauro Borges elegeu-se senador em 1982 e tentou voltar ao governo do estado, mas foi derrotado. Morreu em 2013, aos 93 anos. Badger Silveira deixou a vida pública. Morreu em 1999.

O gaúcho **Sinval Guazzelli** foi o único governador de um estado do Sul e do Sudeste durante a ditadura que conseguiu voltar ao palácio, mesmo assim, num ricochete. Assumiu em abril de 1990 porque se filiara ao PMDB e era o vice de Pedro Simon, que deixou o governo para concorrer, com sucesso, ao Senado. Manteve sua cadeira na Câmara, sempre pelo PMDB. Morreu aos 71 anos, em 2001. O ex-governador catarinense **Jorge Bornhausen**, peça importante no desmanche da candidatura de Maluf à Presidência e no apoio a Tancredo, foi nomeado ministro da Educação por Sarney, chefe da Casa Civil por Fernando Collor e embaixador em Lisboa por Fernando Henrique Cardoso. Vive em Santa Catarina.

Os ex-governadores paulistas **Abreu Sodré** e **Paulo Egydio Martins**, bem como o paranaense **Ney Braga**, apoiaram a candidatura de Tancredo. Abreu Sodré foi ministro das Relações Exteriores de Sarney e ficou no cargo até o fim do governo. Morreu em 1999, aos 81 anos. Paulo Egydio deu um longo depoimento ao CPDoc publicado em 2007 como livro de memórias intitulado *Paulo Egydio conta*. Vive em São Paulo. Ney Braga, que perdeu a eleição de 1982 para o Senado, foi escolhido por Tancredo para dirigir a hidrelétrica de Itaipu. Morreu em 2000.

Paulo Maluf disputou sem sucesso o governo de São Paulo em 1986 e elegeu-se prefeito da capital em 1992. Voltou quatro vezes para a Câmara Federal. Ficou preso durante 41 dias em 2005. Por solicitação do governo dos Estados Unidos, seu nome está entre os procurados pela Interpol. Um estudo do Banco Mundial listou-o como um exemplo de caso internacional de corrupção. Foi acusado de ter internado 200 milhões de dólares no paraíso fiscal da ilha de Jersey, no Canal da Mancha. É o mais destacado político civil formado na ditadura com assento no Congresso. Na eleição municipal de São Paulo de 2012 apoiou o candidato petista Fernando Haddad.

José Maria Marin, vice-governador eleito indiretamente na chapa de Maluf, governou São Paulo de maio de 1982 a março de 1983. Em 1986 e 2002 disputou sem sucesso uma cadeira de senador. Em 2012, tornou-se presidente da Confederação Brasileira de Futebol. Três anos depois, foi preso na Suíça e extraditado para os Estados Unidos, onde, em 2015, foi colocado em prisão domiciliar enquanto responde a um processo por corrupção e lavagem de dinheiro.

O almirante **Faria Lima**, que administrou a fusão dos estados do Rio de Janeiro e da Guanabara, deixou a vida pública e morreu em 2011, aos 93 anos. Não se sabe o rumo que tomou a caixa em que guardava as interceptações telefônicas que coordenou na crise de 1961, quando servia com Geisel na Casa Militar da Presidência.

O ex-governador mineiro **Aureliano Chaves** ficou no Ministério de Minas e Energia durante o governo de Sarney. Foi candidato a presidente em 1989 e teve votação desprezível. Retirou-se da vida pública, mas, em 2002, como crítico das privatizações ocorridas durante o governo de Fernando Henrique Cardoso, apoiou a candidatura de Lula. Morreu aos 74 anos, em 2003.

No Nordeste, quatro governadores da ditadura, eleitos indiretamente pela Arena, retornaram aos palácios:

Antonio Carlos Magalhães, ministro das Comunicações de Sarney, não conseguiu eleger seu candidato em 1986, mas prevaleceu quatro anos depois, voltando ao governo e restabelecendo o poder do "carlismo" no estado da Bahia. Em 1994 elegeu-se senador. Em 2001, renunciou ao mandato por ter violado o painel eletrônico de votações. Morreu em 2007, aos 79 anos. **Antonio Carlos Junior**, seu filho e suplente, assumiu a cadeira. **Luís Eduardo**, seu outro filho, chegou à presidência da Câmara e era um possível candidato a presidente da República, quando morreu de enfarte, aos 43 anos, em 1998. Antonio Carlos Magalhães Neto (filho de Junior) tornou-se seu herdeiro político e por três vezes elegeu-se deputado federal. Em 2012 elegeu-se prefeito de Salvador.

Divaldo Suruagy retornou duas vezes ao governo de Alagoas, em 1983 e em 1995, dessa vez pelo PMDB. Morreu em 2015. **Tarcísio Burity** voltou ao governo da Paraíba em 1987. Morreu em 2003. No Piauí, **Alberto Silva** também retornou em 1987, pelo PMDB. Morreu em 2009.

No Maranhão, **Roseana Sarney**, filha do presidente, conseguiu quatro mandatos de governadora, dois pelo PMDB. Em Sergipe e no Ceará, elegeram-se **Albano Franco** e **Lúcio Alcântara**, filhos dos ex-governadores Augusto Franco e Waldemar Alcântara. No Rio Grande do Norte, **José Agripino Maia**, filho do governador Tarcísio Maia (1975-1979) e primo em segundo grau do governador Lavoisier Maia (1979-1983), elegeu-se em 1982 e 1990.

Marco Maciel, indicado governador de Pernambuco por Geisel em 1978, foi escolhido para o Ministério da Educação por Tancredo e remanejado por Sarney, um ano depois, para a chefia do Gabinete Civil. Elegeu-se três vezes para o Senado. Foi líder da bancada do governo de Fernando Collor e por duas vezes foi eleito para a Vice-Presidência da República na chapa de Fernando Henrique Cardoso.

A elite parlamentar

Uma parte da elite parlamentar que fazia oposição a João Goulart foi ao poder em 1964 e, aos poucos, viu-se alijada dele. A famosa "Banda de Música", que reunia os mais influentes políticos da UDN, produziu três ministros do Supremo Tribunal Federal. Apenas um deles assistiu ao fim da ditadura. **Bilac Pinto**, que recebera a embaixada do Brasil na França durante o governo de Castello, foi para a Corte em 1970 e morreu em abril de 1985. Adaucto Lucio Cardoso, que renunciou à cadeira combatendo a censura, morrera em 1974.

O senador gaúcho **Daniel Krieger** ficou no Congresso até 1978 e publicou um livro de memórias (*Desde as Missões*). Morreu em 1990, aos 81 anos. **Luiz Viana Filho**, chefe da Casa Civil de Castello Branco, apoiou Paulo Maluf. Morreu em 1990 no exercício do mandato de senador, filiado ao PMDB da Bahia. **Juracy Magalhães** deixou a militância política em 1967, assumindo funções no Grupo Monteiro Aranha e na Ericsson. Como Luiz Viana, foi marginalizado pelo afilhado político Antonio Carlos Magalhães. Morreu em 2001.

Entre os dezesseis senadores eleitos pelo MDB em 1974, quatro conseguiram retornar à Casa.

O engenheiro **Itamar Franco** reelegeu-se em 1982, disputou o governo de Minas Gerais sem sucesso e aceitou a Vice-Presidência na chapa de Fernando Collor. Sucedeu-o em 1992. Depois de mais de uma década de tentativas fracassadas de estabilização econômica, em 1993 Itamar, corajosamente, entregou o Ministério da Fazenda a Fernando Henrique Cardoso com carta branca. Ao final de 1991 a inflação estava em 472% e chegou a 2.477% em 1993. Em 1995, quando Itamar deixou o Planalto, ela estava controlada e com o real restabeleceu-se o valor da moeda do país. O ex-presidente foi embaixador em Portugal e junto à Organização dos Estados Americanos. Elegeu-se governador de Minas Gerais, desentendeu-se com seu sucessor e apoiou a candidatura de Lula em 2002. Morreu em 2011, aos 81 anos.

Roberto Saturnino reelegeu-se em 1982 e tornou-se prefeito do Rio de Janeiro quatro anos depois. Durante seu governo decretou a falência da cidade. Elegeu-se vereador em 1992 e voltou para mais um mandato no Senado em 1998.

Mauro Benevides perdeu uma eleição para o governo do Ceará, mas elegeu-se senador em 1986 e disputou cinco eleições para a Câmara. Perdeu a última, em 2014.

Leite Chaves, eleito pelo Paraná, foi nomeado procurador-geral da Justiça Militar por José Sarney. Assumindo, determinou a reabertura do caso do desaparecimento do deputado Rubens Paiva. Com a eleição de Álvaro Dias para o governo do Paraná, Leite Chaves, que era seu suplente, assumiu a cadeira de senador em 1987. Deixou a vida pública, passando a advogar em Londrina.

Orestes Quércia elegeu-se governador de São Paulo em 1986 e fez seu sucessor. Depois disso perdeu todas as eleições que disputou. Em 2010, quando morreu, tinha um patrimônio declarado de 117 milhões de reais.[15]

Paulo Brossard não conseguiu reeleger-se no Rio Grande do Sul e foi candidato a vice-presidente na chapa do general Euler Bentes Monteiro. José Sarney nomeou-o consultor-geral da República e ministro da Justiça. Em 1989 foi nomeado para o Supremo Tribunal Federal. Morreu em 2015, aos noventa anos.

Lázaro Barboza não se reelegeu senador por Goiás. Obteve uma cadeira de deputado federal e foi nomeado ministro da Agricultura por Itamar, que o demitiu meses depois. **Evelásio Vieira** tentou voltar ao Senado em 1986, perdeu e retirou-se da política catarinense. No Amazonas, **Evandro Carreira** candidatou-se ao Senado em duas eleições, pelo PT e pelo PV, sem êxito.

Marcos Freire não conseguiu se eleger para o governo de Pernambuco. Sarney nomeou-o presidente da Caixa Econômica Federal e ministro da Reforma Agrária. Morreu em 1987, num acidente aéreo, aos 56 anos. **Gilvan Rocha** disputou sem sucesso o governo de Sergipe, e Sarney nomeou-o presidente da Central de Medicamentos, a CEME. Morreu em 2002. **Dirceu Cardoso** deixou a atividade parlamentar e foi nomeado por Sarney para a presidência da Docas do Espírito Santo. Morreu em 2003. **Agenor Maria** elegeu-se deputado federal pelo Rio Grande do Norte por um mandato. Morreu em 1997.

Danton Jobim, na Guanabara, Ruy Carneiro, na Paraíba, e Adalberto Sena, no Acre, morreram no exercício do mandato.

A política brasileira renovou-se decisivamente depois das eleições de 1982, que refletiram as consequências da anistia. **Franco Montoro** assumiu o governo de São Paulo e, deixando o cargo, elegeu-se deputado federal em 1994. Reeleito em 1998, morreu em 1999, no exercício do mandato.

Mário Covas, cassado em 1968, elegeu-se deputado federal, foi nomeado prefeito de São Paulo e tornou-se o senador mais votado da eleição de 1986. Governou o estado paulista com dois mandatos, de 1995 a 2001, quando um câncer afastou-o do cargo. Morreu em 2001. Rompidos com o

---

15 *O Globo*, 21 de maio de 2010.

então governador Orestes Quércia, Montoro, Fernando Henrique Cardoso, Covas e José Serra abandonaram o PMDB, fundando o PSDB. O ciclo iniciado em 1983 com a posse de Montoro deu ao PMDB-PSDB de São Paulo 35 anos de poder, período só comparável ao do Partido Republicano durante a República Velha. **Geraldo Alckmin**, o vice-governador que assumiu no lugar de Covas, tornou-se o paulista que por mais tempo ocupou o cargo.

José Serra, secretário de Planejamento de Montoro, elegeu-se deputado federal em 1986. O ex-presidente da UNE, que se exilara na Bolívia, no Chile e nos Estados Unidos, tornou-se ministro do Planejamento e da Saúde no governo de Fernando Henrique Cardoso. Foi prefeito e governador de São Paulo. Elegeu-se duas vezes para o Senado, a última em 2014. Concorreu duas vezes à Presidência, sem sucesso.

José Richa governou o Paraná de 1983 a 1986, também deixou o PMDB e elegeu-se senador. Morreu em 2003. Seu filho, Carlos Alberto ("Beto"), elegeu-se governador em 2010, reelegendo-se quatro anos depois.

Ulysses Guimarães tornou-se por poucos anos o político mais influente do país. Promulgou a Constituição de 1988 e manteve uma forte e conflituosa ascendência sobre o governo de Sarney. Candidatou-se à Presidência da República em 1989, mas a associação de seu nome a um governo ruinoso deixou-o com apenas 4,7% dos votos na eleição vencida por Fernando Collor. Como deputado, juntou seu prestígio à campanha pelo impedimento do jovem presidente. Morreu em 1992, aos 76 anos, num desastre de helicóptero. Estava com a mulher, Mora. Seu corpo nunca foi encontrado.

O ministério de Tancredo

A banda civil do ministério de Tancredo durou pouco.

Francisco Dornelles deixou a Fazenda cinco meses depois. Mais tarde foi ministro da Indústria e Comércio e do Trabalho. Elegeu-se senador em

2007 e vice-governador do Rio de Janeiro em 2014. Olavo Setubal saiu do Itamaraty em 1986 e voltou a comandar o banco Itaú. Morreu em 2008, aos 85 anos. Sob a direção de seu filho Roberto, o Itaú tornou-se o maior banco privado do país.

Fernando Lyra ficou menos de um ano no Ministério da Justiça. Elegeu--se deputado federal. Publicou um livro de memórias (*Daquilo que eu sei — Tancredo e a transição democrática*) e morreu em 2013.

Waldir Pires deixou o Ministério da Previdência em 1986 para disputar o governo da Bahia. Venceu, mas renunciou ao cargo, candidatando-se à Vice-Presidência da República na chapa de Ulysses Guimarães, em 1989. Deixou o PMDB e disputou em 2002, sem sucesso, uma cadeira no Senado pelo PT. Com a eleição de Lula, em 2002, foi nomeado para a chefia da Controladoria-Geral da União e para o Ministério da Defesa.

Pedro Simon ficou no Ministério da Agricultura até 1986, quando disputou o governo gaúcho, com sucesso. Tornou-se um dos líderes do PMDB, elegendo-se quatro vezes senador. Deixou a vida parlamentar em 2015.

Roberto Gusmão, que fora um dos principais articuladores da campanha de Tancredo em São Paulo, deixou o Ministério da Indústria e Comércio em 1986 e voltou para São Paulo, onde passou a dividir seu tempo com a fazenda Santa Ignácia, em Ribeirão Preto.

O general **Leonidas Pires Gonçalves** permaneceu no Ministério do Exército durante todo o governo de Sarney. Manteve os quartéis em ordem, encerrando um período de anarquia militar iniciado com as revoltas do final do século XIX. Tornou-se o mais graduado defensor do aparelho repressivo da ditadura e, em 2014, encabeçou um manifesto de 27 generais de exército, todos da reserva, contra os trabalhos da Comissão Nacional da Verdade. Morreu em 2015, aos 94 anos. Seu colega **Ivan de Souza Mendes** ficou na chefia do Serviço Nacional de Informações até 1990. Morreu em 2010, aos 87 anos. Numa de suas raras entrevistas, defendeu o governo de Lula. (O SNI foi extinto no início do governo Collor.)

Os diplomatas estrangeiros

Lincoln Gordon, embaixador americano no Brasil de 1961 a 1966, tornou-se secretário de Estado assistente para Assuntos Interamericanos, foi presidente da Universidade Johns Hopkins e depois ocupou uma posição na renomada Brookings Institution. Tornou-se um crítico moderado da ditadura. Em 2001 publicou o livro *A segunda chance do Brasil — A caminho do Primeiro Mundo*. Morreu aos 96 anos, em 2009.

Vernon Walters, o adido militar trazido por Gordon ao Brasil em 1963, fez uma destacada carreira na diplomacia americana e foi, de longe, a voz mais ouvida pela Casa Branca de Richard Nixon em relação a assuntos brasileiros. Como adido militar em Paris, ajudou o secretário de Estado Henry Kissinger em suas negociações secretas com os vietnamitas do Norte. Escreveu um revelador livro de memórias, *Missões silenciosas*. Nomeado vice-diretor da CIA, foi uma das travas que impediram a Casa Branca de acobertar o caso Watergate usando a capa da agência. Chefiou a delegação americana nas Nações Unidas e, em 1989, como embaixador em Bonn, na Alemanha, teve a satisfação de ver a queda do Muro de Berlim. Morreu em 2002, aos 85 anos. Seu adjunto, o coronel **Arthur Moura**, ocupou o cargo de adido militar no Brasil durante o auge do período repressivo e foi promovido a general com a interferência do presidente Médici. Na reserva, empregou-se na empreiteira Mendes Júnior. Morreu em 2008, aos 85 anos.

Frank Carlucci, conselheiro político da embaixada americana no Brasil de 1965 a 1969, tornou-se embaixador em Portugal, de 1974 a 1978, diretor da CIA e secretário de Defesa.

Praticamente esquecido, o diplomata **Frederic Chapin**, cônsul em São Paulo de 1972 a 1978, mandou dezenas de telegramas a Washington mencionando casos de torturas e restabeleceu as conexões com a imprensa censurada e a Igreja. Foi uma espécie de contraponto às posições do coronel Arthur Moura. Deixando o Brasil, tornou-se embaixador na Etiópia, em El Salvador e na Guatemala. Morreu em 1989, aos sessenta anos.

Em 1971, o senador democrata Frank Church constrangeu os governos dos Estados Unidos e do Brasil promovendo uma série de audiências na

Comissão de Relações Exteriores para discutir a situação brasileira. Ele se tornara famoso pelas investigações em que expusera as atividades da CIA. Church chegou a tentar a indicação do Partido Democrata para disputar a Presidência dos Estados Unidos. Morreu em 1984, aos 59 anos.

O embaixador soviético Andrei Fomin deixou o Brasil em 1965 e mais tarde foi removido para Bangladesh, na Ásia. O cubano **Raul Roa Khoury** voltou a Havana depois do rompimento de relações entre os dois países. Em 2005, Fidel Castro nomeou-o embaixador na Santa Sé. **Miguel Brugueras**, o principal contato cubano com a esquerda brasileira até 1964, teve uma prestigiosa carreira como embaixador na Argentina, vice-ministro das Relações Exteriores e do Turismo. Morreu em 2006. Sua filha Tania é uma destacada militante da abertura democrática em Cuba, internacionalmente reconhecida como artista de vanguarda. **Manuel Piñeiro Losada**, o *Barbarroja*, criador do aparelho de segurança cubano e seu articulador com os movimentos revolucionários latino-americanos, morreu num acidente automobilístico em 1998.

Hafid Keramane, o diplomata argelino que recebeu 1 milhão de dólares do butim do roubo do cofre de Adhemar de Barros, veio a ser embaixador no Irã, na Polônia, no Japão e na Holanda. Morreu em 2012.[16]

Os diplomatas brasileiros

Três diplomatas de carreira que ocuparam o Ministério das Relações Exteriores durante a ditadura assistiram ao seu fim. **Mario Gibson Barboza** foi embaixador na Grécia e em Roma. Em 1992 publicou suas memórias (*Na diplomacia, o traço todo da vida*) e morreu em 2007. **Antonio Azeredo da Silveira** foi embaixador nos Estados Unidos e, até 1985, em Portugal. Morreu em 1990. Concedeu uma extensa entrevista ao CPDoc da Fundação Getulio Vargas, publicada em 2010 (*Azeredo da Silveira — Um depoimento*). **Ramiro Saraiva Guerreiro** deixou um livro de memó-

---

16 Wilson Tosta, "Ex-ativista conta saga do cofre de Adhemar", *O Estado de S. Paulo*, 18 de julho de 2009.

rias que, pelo título, sinaliza seu temperamento reservado: *Lembranças de um empregado do Itamaraty*. Morreu em 2011.

Pio Corrêa, nomeado embaixador no Uruguai logo depois da deposição de João Goulart, chegou a secretário-geral do ministério. Criou o Centro de Informações do Exterior, braço do SNI no serviço diplomático, migrou para a iniciativa privada e presidiu a empresa Siemens. Foi um radical no combate aos esquerdistas. Publicou suas memórias combativas e elitistas em *O mundo em que vivi*. Morreu em 2013. **Marcos Côrtes**, o chefe do Serviço de Informações do Itamaraty durante o governo Médici, passou o restante de sua carreira na Austrália. Aposentando-se, tornou-se conselheiro da Escola Superior de Guerra. Traduziu a biografia do Che Guevara escrita pelo jornalista americano Jon Lee Anderson.

Italo Zappa, responsável pela política de reconhecimento das ex-colônias portuguesas na África, foi embaixador em Moçambique, Pequim, Havana e Hanói, no Vietnã. Costumava dizer que nunca serviu em país onde houvesse creme de barbear à venda nos supermercados. Recusou a embaixada no Irã do xá Reza Pahlevi porque achava ridícula a sua corte. Morreu em 1997.

Ovídio de Melo, diplomata que em 1974 trocou o consulado em Londres pelo de Luanda, onde houve época em que os supermercados não vendiam nada. Ele garantiu o apoio brasileiro ao MPLA, que governa o país até hoje. Foi preterido sessenta vezes nas promoções a embaixador e só saiu da geladeira no governo Sarney. A Casa de Cultura do Brasil em Luanda leva seu nome. Morreu em 2014.

Paulo Nogueira Batista, o artífice do Acordo Nuclear Brasil-Alemanha, de 1975, e primeiro presidente da Nuclebras, tornou-se chefe da Missão Permanente do Brasil em Genebra e embaixador do Brasil na ONU.[17] Morreu em 1994, aos 64 anos.

O diplomata **Octavio Eduardo Guinle**, que deu um passaporte brasileiro a José Serra, exilado no Chile, deixou a carreira em 1972.[18] Seu colega **Fernando Fontoura**, que, segundo Serra, tentou confiscar-lhe o documento,

---

17 Ver <http://sistemas.mre.gov.br/kitweb/datafiles/Jucalrbr/pt-br/file/destaques/juca%204/Perfil_Paulo_Nogueira_Batista_JUCA_04_INTERNET.pdf>.
18 Ver <http://www1.folha.uol.com.br/fsp/brasil/fc1311200410.htm>.

foi nomeado embaixador na República Dominicana por Fernando Henrique Cardoso.[19]

Miguel Darcy de Oliveira, preso em 1970 porque distribuía denúncias de tortura a partir de Genebra, onde servia, exilou-se no Chile e seguiu para a Suíça, onde viveu por dez anos. Trabalha no Instituto Fernando Henrique Cardoso. **Rosiska**, sua mulher, foi interrogada durante doze horas na embaixada em Genebra e teve seu passaporte apreendido. Escritora, foi eleita para a Academia Brasileira de Letras.[20] **Francisco Alvim**, um jovem secretário e poeta que teve seu apartamento de Paris varejado por agentes da ditadura, tornou-se embaixador na Costa Rica.

Rubens Ricupero assessorou Tancredo Neves em sua viagem ao exterior como presidente eleito e ficou no gabinete de Sarney, que o designou embaixador junto aos organismos da ONU em Genebra. Em 1991, Fernando Collor nomeou-o embaixador em Washington. Foi ministro da Fazenda de Itamar Franco. Demitido, seguiu para a embaixada em Roma e elegeu-se secretário-geral da Conferência das Nações Unidas para o Comércio e Desenvolvimento. Dirige a Faculdade de Economia da Fundação Alvares Penteado, em São Paulo.

Celso Amorim, que presidia a Embrafilme e foi demitido por ter liberado financiamento para o filme *Pra frente Brasil*, onde são exibidas cenas de tortura na prisão durante a ditadura, tornou-se o mais longevo dos chanceleres brasileiros. Chefiou o Itamaraty de 1993 a 1995, no governo de Itamar Franco; e de 2003 a 2010, com Lula. De 2011 a 2014, foi ministro da Defesa.

Os personagens da dívida

Antony Gebauer, o primeiro chefe do comitê de bancos que negociou a dívida brasileira, deixou o Banco Morgan em 1985 e dois anos depois foi condenado a três anos e meio de prisão por ter desviado 4,3 milhões de

---
[19] Ver <http://www1.folha.uol.com.br/fsp/brasil/fc2609200404.htm>.
[20] Ver <http://oglobo.globo.com/rio/o-tempo-particular-da-imortal-rosiska-darcy-de-oliveira-14923084>.

dólares de depositantes brasileiros. Cumpriu a pena e recomeçou sua vida num modesto escritório em Nova York.[21] Seu sucessor, **William Rhodes**, do Citibank, coordenou a renegociação da dívida de seis outros países e chegou à presidência do Citicorp. Contou suas experiências no livro *O banqueiro do mundo — Lições de liderança do diplomata das finanças globais*.

Em 1989, sete anos depois do início da crise, o governo americano empurrou goela abaixo da banca a reestruturação das dívidas chamando-a de Plano Brady.

Os jovens economistas da PUC do Rio, que, em 1982, organizaram o seminário Dívida Externa, Recessão e Ajuste Estrutural, viriam a formar o núcleo orientador da política econômica brasileira em 1993. **Pedro Malan** tornou-se o negociador da dívida durante o governo Collor, presidiu o Banco Central e foi ministro da Fazenda de 1995 a 2002. Posteriormente, presidiu o conselho de administração do banco Itaú. **Persio Arida** e **Francisco Lopes** presidiram o Banco Central. **André Lara Resende**, **Edmar Bacha** e Arida presidiram o BNDES.

A universidade

Caio Prado Júnior, condenado a quatro anos de prisão por uma entrevista banal, passou 545 dias na cadeia e foi libertado em 1971. Morreu em 1990. O arquiteto **Oscar Niemeyer** demitiu-se da Universidade de Brasília, exilou-se por algum tempo, regressando periodicamente ao Brasil. Projetou o Memorial JK de Brasília e viu sua inauguração. Morreu em 2012, aos 104 anos. **Paulo Freire**, o educador que revolucionara os métodos de alfabetização, foi preso por setenta dias, exilou-se, lecionou no Chile e na Universidade Harvard. Regressou com a anistia e filiou-se ao PT. Morreu em 1997 e é o Patrono da Educação Brasileira. O professor **Florestan Fernandes**, preso em 1964 e expulso da Universidade de São Paulo em 1969, foi para o

---

21 Ver <http://www.nytimes.com/1986/10/09/business/guilty-plea-in-morgan-case-seen.html>; e <http://www.icij.org/offshore/jpmorgan-chases-record-highlights-doubts-about-big-banks-devotion-fighting-dirty-money>.

exterior e lecionou nas universidades Yale e Columbia. Foi um dos fundadores do PT e elegeu-se duas vezes deputado federal. Morreu em 1995. O historiador Sérgio Buarque de Holanda, que se afastou da USP como forma de protesto contra a aposentadoria compulsória de colegas, também participou da fundação do PT. Morreu em 1982, dizendo que se tornara "o pai do Chico". O sanitarista **Luiz Hildebrando Pereira da Silva** foi para o exílio e prosseguiu suas pesquisas de doenças tropicais no Instituto Pasteur de Paris. Em 1996 instalou-se em Rondônia, estudando a malária. Morreu em 2014. Proibido de trabalhar no Brasil, o parasitologista **Herman Lent**, do Instituto Oswaldo Cruz, foi para a Venezuela e para os Estados Unidos. Regressou em 1976 e passou a lecionar na Universidade Santa Úrsula (RJ). Morreu em 2004, aos 93 anos. **Maria Yedda Linhares**, presa três vezes e aposentada compulsoriamente na UFRJ, tornou-se professora da Universidade Federal Fluminense e ajudou Darcy Ribeiro a implantar os Centros Integrados de Educação Pública, o CIEPs, no Rio de Janeiro. Morreu em 2011. **Gilberto Freyre**, o autor de *Casa grande & Senzala*, defensor do regime até o início dos anos 1970, quando atacava de d. Helder Câmara a Alceu Amoroso Lima, condenou o AI-5 e declarou-se a favor da anistia em 1977. Em 1983 recebeu Tancredo Neves em sua mansão do Recife. Tancredo classificou-o como seu "conselheiro da vida intelectual".[22] Morreu em 1987.

Eremildo Vianna, o ex-diretor da Faculdade Nacional de Filosofia que o jornalista Sérgio Porto transformou em símbolo dos professores que denunciavam colegas, morreu em 1998. Havia duas pessoas no funeral.[23]

A Igreja

Helder Câmara, arcebispo de Olinda e Recife, o mais destacado e popular dos religiosos brasileiros, viu o fim da ditadura que o detestava (a recíproca era

---

[22] *Jornal do Brasil*, 27 de março de 1983.
[23] *O Globo*, 11 de agosto de 1998.

verdadeira). Nunca foi feito cardeal e morreu em 1999, aos noventa anos. Seu caixão foi acompanhado por uma procissão que durou três horas.[24]

Quatro dos cinco cardeais brasileiros que foram à posse de Geisel viram o fim da ditadura. **Paulo Evaristo Arns** tornou-se o símbolo da luta da Igreja católica pelos direitos humanos, e em 1998 o papa João Paulo II aceitou sua renúncia à Arquidiocese de São Paulo por ter atingido a idade-limite. **Eugênio Sales** deixou a Arquidiocese do Rio de Janeiro em 2001 e morreu em 2012, aos 91 anos. Uma pomba branca pousou demoradamente sobre seu caixão durante a missa celebrada na catedral do Rio. **Vicente Scherer** morreu em 1996, aos 93 anos. Ele foi o primeiro e único cardeal do arcebispado de Porto Alegre. **Avelar Brandão** morreu em 1986, em Salvador.

Agnello Rossi, o cardeal-arcebispo de São Paulo transferido para Roma em 1970, depois de manifestações de desconforto de religiosos de sua diocese que o julgavam simpático ao regime, morreu em 1995. **Geraldo de Proença Sigaud** foi o bispo brasileiro que defendeu a ditadura com mais convicção ("confissões não se obtêm com bombons"), mas afastou-se da campanha do regime contra d. Helder ("ele é meu irmão em Cristo").[25] Morreu em 1999.

Cláudio Hummes, o bispo de Santo André durante as greves do ABC, sucedeu Paulo Evaristo Arns na Arquidiocese de São Paulo em 1998 e foi elevado ao cardinalato em 2001. Anos depois, foi transferido para a Congregação do Clero, em Roma. **Aloísio Lorscheider**, secretário-geral e depois presidente da Conferência Nacional dos Bispos do Brasil de 1971 a 1978, assumiu a Arquidiocese de Fortaleza em 1973 e tornou-se cardeal três anos depois. Morreu em 2007. **Lucas Moreira Neves**, bispo auxiliar de Paulo Evaristo Arns em São Paulo, substituiu Avelar Brandão em Salvador e ganhou o barrete em 1988. Dez anos depois, o papa João Paulo II entregou-lhe a direção da Congregação dos Bispos. Morreu em Roma, em 2002, aos 76 anos.

Sebastiano Baggio, núncio apostólico no Brasil de 1964 a 1969, teve uma difícil relação com a ditadura. Regressou a Roma, foi feito cardeal

---

[24] Ver <https://www.youtube.com/watch?v=OaKXEaPQz-A>.
[25] Elio Gaspari, *A ditadura escancarada*, pp. 22 e 298-9.

e o papa Paulo VI nomeou-o chefe da Congregação dos Bispos. Morreu em 1993, aos 79 anos.

Waldyr Calheiros, o bispo de Volta Redonda que desmascarou o acobertamento do assassinato de soldados num quartel de sua diocese, denunciou novamente a violência militar em 1988, quando uma tropa do Exército invadiu a Companhia Siderúrgica Nacional e matou três grevistas. Aposentou-se em 1999 e morreu em 2013.

A ditadura não conseguiu remover **Pedro Casaldáliga** da diocese de São Félix do Araguaia (MT). Ele renunciou em 2005. Sete anos depois, sempre vivendo numa pequena casa no Araguaia, foi mais uma vez ameaçado de morte. Em 2014 estreou o filme *Descalço sobre a terra vermelha*, sobre sua trajetória de luta.[26] O padre **Francisco Lage**, preso em 1964, exilou-se no México e deixou a batina. Em 1988 contou sua vida em *O padre do diabo — A Igreja ausente na hora de mudar*. Voltou ao Brasil, elegeu-se vereador em Belo Horizonte e morreu em 1989.

Três dos quatro freis dominicanos presos em 1969 por suas ligações com Carlos Marighella foram libertados em 1973. Carlos Alberto Libânio Christo, o **Frei Betto**, continuou ligado à ordem como irmão e tornou-se um ativo militante político. Escreveu sessenta livros, traduzidos em 24 idiomas e publicados em 35 países. Em *Batismo de sangue — Os dominicanos e a morte de Carlos Marighella*, contou os sofrimentos do grupo.[27] Assessorou Lula no início de seu primeiro mandato. **Frei Fernando de Brito** manteve-se na vida eclesiástica. Vive em Conde, no litoral da Bahia.[28] **Ivo Lesbaupin** deixou o hábito e tornou-se professor da Universidade Federal do Rio de Janeiro. O quarto frei, Tito de Alencar Lima, foi libertado em 1970, depois do sequestro do embaixador suíço Giovanni Enrico Bucher, matou-se quatro anos depois, no exílio.

Alípio de Freitas, que fora padre da Igreja católica e em 1966 ajudara a organizar o atentado do Aeroporto dos Guararapes, foi preso, libertado e publicou suas memórias no livro *Resistir é preciso — Memória do*

---

26 Ver <http://agenciabrasil.ebc.com.br/direitos-humanos/noticia/2014-12/historia-de-dom-pedro-casaldaliga-e-retratada-em-filme>.
27 Ver <http://oglobo.globo.com/cultura/livros/frei-betto-chega-aos-70-anos-somando-60-livros-escritos-de-infantis-religiosos-13688775>.
28 Ver <https://www.youtube.com/watch?v=3eNl143eA98>.

tempo da morte civil do Brasil. A partir de 1981 viveu em Moçambique, retornando posteriormente a Portugal, país onde nasceu.[29]

O padre **Giulio Vicini** e a assistente social **Yara Spadini**, cuja prisão levou d. Paulo Evaristo Arns a confrontar-se com o governo em 1971, casaram-se em 1973.

SNI, CIE e DOI

Durante a ditadura o Serviço Nacional de Informações, fundado por Golbery, teve cinco chefes e produziu dois presidentes (Médici e Figueiredo). A CIA e a KGB não tiveram desempenho semelhante, pois cada uma só produziu um governante: George Bush, nos Estados Unidos, e Yuri Andropov, na União Soviética.

O general **Carlos Alberto da Fontoura**, que esteve na chefia do SNI de 1969 a 1974, foi designado embaixador do Brasil em Lisboa. Retornou ao país em 1978, sem se envolver em política até sua morte, em 1997, aos 84 anos. **Octavio Medeiros** retirou-se completamente da vida pública. Morreu em 2005, aos 82 anos.

Dos chefes da Agência Central do Serviço, só **Sebastião Ramos de Castro** chegou à quarta estrela, vindo a comandar o II Exército durante o governo de Figueiredo. Declarou-se um "surdo e mudo" em matéria política.

O general **Enio Pinheiro**, primeiro chefe da Agência Central de Brasília e fundador da Escola Nacional de Informações, passou para a reserva em 1979. Tornou-se presidente da Dersa — Desenvolvimento Rodoviário no governo de Paulo Maluf. **Newton Cruz**, chefe da Agência Central durante o governo de Figueiredo, foi preterido na primeira promoção a general de exército do novo regime e passou para a reserva. Perseguido pela fama que buscou, enfrentou processos pela morte do jornalista Alexandre von Baumgarten e pelo atentado do Riocentro. Jamais foi condenado. Concorreu

---

[29] Ver <http://revistaepoca.globo.com/Revista/Epoca/0,,EMI64752-15228,00.html>.

sem sucesso à Câmara Federal e ao governo do Rio de Janeiro em 1994, quando conseguiu 14% dos votos.

Depois de ter chefiado o CIE de 1979 a 1981, o general **Geraldo Araújo Ferreira Braga** dirigiu a Agência Central no final do governo Figueiredo e foi mantido por Sarney até o fim de 1985.

Dois oficiais que serviram no aparelho repressivo tiveram destacada carreira nos governos da redemocratização. O major **José Antonio Nogueira Belham**, que comandava o DOI do Rio quando nele foi assassinado Rubens Paiva, chegou a general de divisão e comandou a 7ª Região Militar de maio de 1993 a setembro de 1994. Depois de passar para a reserva, foi nomeado vice-presidente da Fundação Habitacional do Exército em 1999, permanecendo durante o governo de Lula. Foi demitido depois de um desentendimento com viúvas de oficiais mortos durante o terremoto de 2010 no Haiti.

O major **Nilton Cerqueira**, que em 1971 estava na cena em que morreu Carlos Lamarca, na Bahia, comandou como coronel as tropas especiais do Exército que liquidaram os guerrilheiros do Araguaia no início de 1974. Comandou a Polícia Militar do Rio de Janeiro à época do atentado no Riocentro, presidiu o Clube Militar, elegeu-se deputado federal e em 1995 foi nomeado secretário de Segurança pelo governador Marcello Alencar, do PSDB. Em 1998 tentou voltar à Câmara, mas não se elegeu. Em 2014, contestando os trabalhos da Comissão Nacional da Verdade, perguntou: "Sou eu, que cumpri a lei, que violou os direitos humanos? E os terroristas? São o quê? Inclusive a terrorista que é presidente do país?".

No topo da hierarquia do aparelho repressivo da ditadura esteve o Centro de Informações do Exército. Dos oito chefes do CIE, quatro chegaram à quarta estrela: Milton Tavares de Souza, **Edison Boscacci Guedes** (1977-1979), **Mario Orlando Ribeiro Sampaio** (1981-1983) e **Iris Lustosa** (1983-1985), que lá servira como major e era seu chefe durante as maquinações contra a candidatura de Tancredo Neves. Sampaio sucedeu Newton Cruz no Comando Militar do Planalto e até 1989 foi o comandante militar da Amazônia. Morreu em 2013. Boscacci foi nomeado chefe do Comando Militar Sul em 1986 e morreu em 2006. Lustosa comandou a 7ª Região Militar de 1986 a 1988 e no ano seguinte, com a quarta estrela, assumiu a Diretoria Geral do Pessoal.

O primeiro comandante do CIE, o coronel **Adyr Fiúza de Castro**, foi caroneado numa promoção depois da demissão de seu amigo Sylvio Frota e passou para a reserva. Em 1983 tomou dois dias de prisão domiciliar por ter se metido em política. Morreu em 2009.

O general **Confucio Danton de Paula Avelino** perdeu a chefia do CIE em 1976. Passando para a reserva, presidiu a empresa de material bélico Avibras. Morreu em 2000. Seu sucessor no CIE, **Antonio da Silva Campos**, foi exonerado no dia seguinte à demissão do ministro Sylvio Frota. Comandou a 10ª Região Militar de 1980 a 1983.

O coronel **José Luiz Coelho Netto**, braço direito de Milton Tavares de Souza no CIE durante o governo Médici, passou para a reserva como general ainda durante o governo Figueiredo e morreu em 1996.

Depois de terminar o IPM que concluiu pelo suicídio do operário Manoel Fiel Filho, o coronel **Murilo Alexander** chegou ao generalato e comandou uma importante guarnição do vale do Paraíba. O coronel **Luiz Helvecio da Silveira Leite** passou pelo SNI e pelo grupo de oficiais que faziam panfletagens contra a abertura, revelou alguns atentados praticados por militares e morreu em 1995. Denunciou atos terroristas de que participou e entregou seu precioso arquivo ao jornalista Ayrton Baffa, que em 1989 publicou o livro *Nos porões do SNI — O retrato do monstro de cabeça oca*.

O capitão **José Brant Teixeira**, um dos quadros mais ativos do CIE, passou para a reserva como coronel e reconheceu em seu depoimento ao Ministério Público Federal que esteve no Araguaia.[30] Foi o *Doutor Cesar* no DOI do Rio. Dirigiu a Academia Nacional de Polícia de 1994 a 1995 e em 2001 era assessor especial da diretoria da ABIN.[31]

---

30 Ver <http://www.prrj.mpf.mp.br/institucional/crimes-da-ditadura/atuacao-1/caso-rubens-paiva-integra--dos-audios-dos-depoimentos/depoimento-de-jose-brant-teixeira/view>; e *Relatório da Comissão Nacional da Verdade*, capítulo do Araguaia.
31 Ver <http://www.dpf.gov.br/anp/institucional/direcao/ex-diretores/ex-diretores>; e Amaury Ribeiro Jr., "Como morreu Baumgarten", *IstoÉ*, 24 de março de 2004.

A "Casa da Morte"

Dos oficiais que passaram pelo aparelho clandestino do CIE montado numa casa de Petrópolis, o *Doutor Bruno*, major **Cyro Etchegoyen**, oficial da estrita confiança de Coelho Netto, serviu com o general Milton Tavares de Souza no comando do II Exército durante as greves de 1980 no ABC. Passou para a reserva como coronel. Morreu em 2012.

O capitão **Paulo Malhães**, *Doutor Pablo*, também passou para a reserva como coronel e em 2014 prestou um extenso depoimento à Comissão da Verdade do Rio de Janeiro. Deve-se a ele o entendimento dos mecanismos que criaram e mantiveram o aparelho de Petrópolis. Malhães morreu semanas depois, durante um assalto ao sítio em que vivia, na Baixada Fluminense.

O major **Rubens Paim Sampaio**, o *Doutor Teixeira* do DOI do Rio, foi para a reserva como coronel, tentou negócios de garimpo na Amazônia e em 2014 conversou com pesquisadores do Ministério Público do Rio de Janeiro, mas pouco revelou.

O coronel **Freddie Perdigão Pereira** passou pelo CIE e foi transferido para o SNI. Em 1982 foi para a reserva, mas continuou por cinco anos no Serviço, como celetista. Fez amizades com banqueiros de bicho da Baixada Fluminense e em 1986 tinha interesses num supermercado, numa agência de automóveis, numa importadora e numa empresa de segurança. Em seu depoimento no livro *Memórias de uma guerra suja*, o policial capixaba Cláudio Guerra acusou-o de chefiar grupos de extermínio. Seu nome foi associado à prisão de Rubens Paiva, ao atentado no Riocentro e ao assassinato de Alexandre von Baumgarten. Perdigão morreu em 1996, aos sessenta anos.

O tenente-médico **Amilcar Lobo**, que atendeu a presa Inês Etienne Romeu no aparelho do CIE de Petrópolis e revelou que viu Rubens Paiva agonizando no DOI, publicou suas memórias, intituladas *A hora do lobo, a hora do carneiro*, e morreu em 1997, aos 58 anos.

O soldado **Antonio Waneir Pinheiro Lima**, o *Camarão*, que prestava serviço na casa, passou a trabalhar como guarda-costas do bicheiro Anísio Abraão David e foi localizado em 2014, em Araruama (RJ).

Por meio do DOI de São Paulo, o CIE controlava também três aparelhos em São Paulo. Seu principal operador foi o capitão **Ênio Pimentel**

da Silveira, o *Doutor Ney*. Ele deixou o CIE semanas antes da data em que Tancredo seria empossado. Matou-se em 1986, quando comandava um Grupo de Artilharia de Costa Motorizada. Nos aparelhos do CIE paulista teriam sido mortos diversos dirigentes do Partido Comunista.

Inês Etienne Romeu, da VPR, a única presa que sabidamente saiu viva da casa de Petrópolis e foi responsável por sua localização, anos depois, teve um pedido de reconhecimento de sua prisão contestado pela Procuradoria da Fazenda, sob o argumento de que deveria identificar os soldados e oficiais que a mantiveram cativa. Em 2009 recebeu das mãos da presidente Dilma Rousseff o Prêmio Direitos Humanos. Morreu em 2015, aos 72 anos.

O CISA e o Cenimar

O brigadeiro **João Paulo Burnier**, criador do Centro de Informações e Segurança da Aeronáutica, o CISA, morreu em 2000, sempre negando que tivesse planejado explosões e atentados com tropas de elite da FAB. Seu acusador, o capitão **Sérgio (Macaco) Miranda de Carvalho**, foi reformado pelo AI-5. Depois da anistia, elegeu-se suplente de deputado federal e ocupou brevemente a cadeira. Em 1992 o Supremo Tribunal Federal reintegrou-o na patente de brigadeiro. O cumprimento da decisão judicial foi protelado e ele morreu em 1994. Três anos depois sua família foi indenizada.

Dos onze chefes do Centro de Informações da Marinha, dois chegaram à patente de almirante de esquadra: **Álvaro de Rezende Rocha**, que ocupou o cargo por cinco meses, até fevereiro de 1967, e **Renato de Miranda Monteiro**, por onze meses, até fevereiro de 1980. O mais longevo dos chefes do Cenimar durante a ditadura, **Fernando Pessoa da Rocha Paranhos**, ficou na função de abril de 1968 a março de 1971. Esse foi o período de maior envolvimento da Marinha na repressão política. Ele passou para a reserva como capitão de mar e guerra.

O porão

Em 1972 o general Golbery recebeu um pequeno papel com o nome de seis torturadores. Eram todos do DOI do II Exército. Três deles, veteranos, haviam interrogado Dilma Rousseff.

O capitão **Benoni de Arruda Albernaz**, chefe da equipe A de interrogatórios, foi desligado do destacamento e passou para a reserva em 1977. Meteu-se com comércio de ouro no Pará e respondeu a vários processos, acusado de estelionato. Morreu em 1992.[32]

O capitão **Maurício Lopes Lima** foi processado pelo Ministério Público e exonerado pelo Tribunal Regional Federal de São Paulo em 2011. Tenente-coronel reformado, vivia numa praia em Guarujá (SP). Condenou a Comissão da Verdade: "O terrorista falou, é verdade. A direita falou, é mentira. É revanchismo total".

Em 2014, como coronel reformado, o capitão **Homero Cesar Machado** depôs na CNV. Acusou-a de parcial e disse que as Forças Armadas é que deveriam explicar o que houve nos DOI: "Nós éramos agentes e delegados da instituição". Vive em São Paulo. O capitão **Dalmo Lúcio Muniz Cirillo** morreu em 2002. Em 2010, seu colega **Innocencio Fabricio de Mattos Beltrão** vivia no Rio de Janeiro.

O DOI paulista era comandado pelo sexto nome da lista, o major **Carlos Alberto Brilhante Ustra**. *Doutor Tibiriçá* passou para a reserva como coronel, escreveu dois livros (*Rompendo o silêncio* e *A verdade sufocada — A história que a esquerda não quer que o Brasil conheça*). Foi processado por diversas vítimas de torturas. Em 2013, depondo na Comissão Nacional da Verdade, disse que "quem deveria estar sentado aqui é o Exército Brasileiro. Não eu".[33] Morreu em 2015, aos 83 anos.

O general Ednardo D'Avila Mello, comandante do II Exército demitido pelo presidente Ernesto Geisel depois da morte do operário Manoel Fiel Filho em seu DOI, passou para a reserva e morreu em abril de 1984, dias depois do grande comício pelas Diretas na Candelária. Fez seu úl-

---

[32] *O Globo*, 30 de junho de 2012.
[33] Idem, 10 de maio de 2013.

timo comentário político meses depois da demissão: "Infelizmente, eu vou para a História como um torturador, como um homem de maus sentimentos".[34] **Ernani Ayrosa da Silva**, o general que comandou a organização do DOI do II Exército, foi promovido à quarta estrela e publicou o livro *Memórias de um soldado*. Morreu em 1987. **Romeu Tuma**, diretor do DOPS paulista de 1977 a 1983, tornou-se chefe da Polícia Federal em 1986. Em 1994 elegeu-se senador por São Paulo. Morreu em 2010. O coronel **Erasmo Dias**, secretário de Segurança de São Paulo de 1974 a 1978, comandante da invasão da PUC em 1977, exerceu um mandato de deputado federal e três na Assembleia Legislativa. Morreu em 2010. Publicou suas memórias no livro *Reflexões de uma vida*. Quando o governo começou a indenizar vítimas da ditadura, pretendeu receber reparação: "Tenho mais direito a ela do que aqueles terroristas que fizeram guerrilha e agora posam de heróis".

O tenente-coronel **Audir Santos Maciel**, o *Doutor Silva*, sucedeu a Ustra no DOI de São Paulo. Sob seu comando deram-se a liquidação dos dirigentes do PCB e o assassinato de Vladimir Herzog e Manoel Fiel Filho. Passou pelo CIE onde, como Ustra, dirigiu a seção de operações. O Ministério Público moveu-lhe um processo, mas em 2010 a Justiça Federal arquivou-o.

O coronel **José de Barros Paes**, chefe da 2ª Seção do II Exército quando Vladimir Herzog e Manoel Fiel Filho morreram no DOI de São Paulo, passou para a reserva em 1981. Disse o seguinte em 2004, numa entrevista ao repórter Marcelo Godoy: "Vou morrer com essa pecha. O que é que vou fazer? Quando morrer, o necrológio vai aparecer com esse problema e ainda vão colocar a foto do Herzog pendurada... Ah, você vai ver".[35]

O capitão **André Leite Pereira Filho**, do CIE, o *Doutor Edgar* do DOI paulista, identificado como o controlador da casa de Itapevi (SP), onde foram executados dirigentes do PCB, morreu em 2003, como coronel. O sargento **Roberto Artoni** serviu no DOI e no CIE e foi um dos controladores de outro aparelho clandestino, localizado no bairro de Parelheiros.[36] Depôs na CNV, disse que nunca presenciou torturas e morreu em 2014.

---

34 *Jornal do Brasil*, 22 de dezembro de 1977.
35 Marcelo Godoy, *A Casa da Vovó*, p. 511.
36 Idem, p. 257.

Epílogo: 500 vidas

O delegado **David dos Santos Araújo**, o *Capitão Lisboa* do DOI de São Paulo, aposentou-se e abriu uma próspera empresa de segurança. Ele disse ao repórter Percival de Souza que "se eu soubesse que o Brasil resultaria nisso, não teria ido para lá. Hoje nossos adversários são excelências e nós não somos nada".[37]

Em 2003, o policial **Aparecido Laertes Calandra**, identificado como *Capitão Ubirajara*, tornou-se delegado-assistente do Departamento de Inteligência da Polícia Civil de São Paulo. Ele negou que estivesse de plantão no dia da morte de Vladimir Herzog. Outras informações dão conta de que estava lá e saiu para o almoço (uma feijoada) com seu colega **Pedro Mira Grancieri**, o *Capitão Ramiro*. Ambos aposentaram-se como delegados.

Harry Shibata, o médico que assinou o laudo da morte de Vladimir Herzog, tornou-se símbolo dos colegas de profissão que assinavam perícias falsas. Ganhou a Medalha do Pacificador, mas teve o seu registro profissional cassado pelo Conselho de Medicina em 1980. Num caso emblemático, o legista **Rubens Macuco Janini** assinou em 1969 a autópsia de Chael Schreier, indicando que o cadáver tinha pelo menos 53 marcas de violência, com dez costelas quebradas. Nos anos seguintes, assinou laudos fraudulentos e foi cassado pelo Conselho Regional de Medicina do Rio. Em 2000, recusava-se a admitir que Chael fora torturado.

Antonio Saito, um dos interrogadores do DOI no dia da morte de Herzog, deixou a polícia e foi preso sob a acusação de estelionato. Fantasiava-se de coronel para praticar extorsões. Dezessete anos depois da morte de Herzog, apareceu enforcado numa cela do 91º Distrito de São Paulo. Segundo a versão oficial, suicidou-se.[38]

O sargento do Exército **Marival Chaves do Canto** foi o primeiro militar a descrever a política de extermínio do CIE e as operações do DOI de São Paulo. Em 1992 deu um longo depoimento ao repórter Expedito Filho.[39] Nas décadas seguintes, manteve suas acusações, inclusive depondo na Comissão da Verdade, em 2012.

---

37 Percival de Souza, *Autópsia do medo*, p. 445.
38 Ver <http://www.os.intocaveis.com.br/352-1Saito-Ex-TorturadorMorre.html> e <http://www.gs1.com.br/Gs3/Herzog.htm>.
39 Expedito Filho, "Autópsia da sombra", *Veja*, 18 de novembro de 1992.

Julio Molinas, comandante do DOI do I Exército na noite do atentado no Riocentro, passou para a reserva e foi assassinado em Porto Alegre em 2012, aos 78 anos. Guardava consigo documentos esclarecedores sobre o atentado e, sobretudo, papéis que ajudaram a estabelecer a identidade de José Antonio Nogueira Belham como comandante do DOI do Rio no dia da prisão de Rubens Paiva.[40]

O capitão **Wilson Machado**, que estava com o sargento **Guilherme do Rosário** quando explodiu a bomba no Riocentro, jamais foi repreendido e seguiu sua carreira. Chegou a coronel, passou para a reserva e continuou trabalhando em instituições militares, como celetista. Em 2014 prestou um depoimento à Comissão da Verdade, repetindo, em linhas gerais, a versão que deu em 1981. **Sueli José do Rosário**, viúva do sargento, vive no Rio. Não recebeu qualquer indenização além da pensão deixada pelo marido. **Dickson Grael**, o coronel da reserva que denunciou a participação do DOI no atentado, morreu em 1988, aos 64 anos. Seus filhos, Torben e Lars, estão entre os maiores velejadores brasileiros, com sete medalhas olímpicas.

O sargento **Magno Cantarino**, o *Guarany* do DOI do I Exército, identificado como o portador da carta-bomba que matou a secretária do presidente da OAB em 1980, vive em Campinho (RJ).

Josias Quintal, oficial da PM do Rio e quadro do DOI do I Exército de 1976 a 1978, foi duas vezes secretário de Segurança do estado, nos governos de Anthony Garotinho e de sua mulher, Rosinha.[41]

Valter Jacarandá, que chegou a coronel do Corpo de Bombeiros, foi destacado para o DOI do Rio em 1970. Depôs na Comissão da Verdade em 2013 e reconheceu que participou de sessões de tortura.[42] **Riscala Corbage**, o *Doutor Nagib* do DOI carioca, foi para a reserva da PM como coronel. Em 2014, admitiu ter orientado sessões de torturas.[43]

O general **Waldir Muniz**, chefe da Agência Rio do SNI, ocupava a Secretaria de Segurança do estado à época do atentado no Riocentro. Morreu em 1996.

---

40 *Folha de S.Paulo*, 20 de novembro de 2012.
41 Ver <http://www1.folha.uol.com.br/fsp/cotidian/ff0305200009.htm>.
42 *Folha de S.Paulo*, 14 de agosto de 2013.
43 Ver <http://politica.estadao.com.br/noticias/geral,pm-reformado-confessa-pratica-sistematica-de-tortura,1169244>.

Epílogo: 500 vidas

O capitão **Ailton Guimarães Jorge** ganhou fama no Rio de Janeiro como presidente da Liga Independente das Escolas de Samba. Ele passara pelo DOI do Rio de Janeiro e desligara-se do Exército, acusado de comandar uma quadrilha de contrabandistas. Tornou-se um poderoso banqueiro de bicho, conhecido como *Capitão Guimarães*. Como bicheiro, foi preso duas vezes.

O coronel **Ary Pereira de Carvalho** dirigiu o inquérito da Vanguarda Popular Revolucionária. Foi acusado de ter presenciado diversos interrogatórios. Numa ocasião chegou ao DOI à noite, vestindo smoking, com cravo na lapela, para interrogar a presa Maria do Carmo Brito. Como chefe da seção de operações do SNI, informou ao general Newton Cruz que haveria um atentado no Riocentro. Depois do assassinato de Alexandre von Baumgarten, foi mandado para Buenos Aires. Morreu em 2006 como membro da Irmandade Santa Cruz dos Militares, onde oravam pelo menos doze oficiais que passaram pelos porões.

O tenente **Ailton Joaquim**, que servia no quartel da PE da Vila Militar ao tempo da aula de tortura do "tenente Ailton", usando presos como cobaias, meteu-se na quadrilha do *Capitão Guimarães* e deixou o Exército. Morreu em 2007.

O tenente **Antonio Fernando Hughes de Carvalho**, que foi visto espancando o ex-deputado Rubens Paiva, deixou o Exército, foi trabalhar nos Correios e morreu em 2005. Os sargentos **Jurandyr** e **Jacy Ochsendorf**, que estariam com Rubens Paiva durante seu falso sequestro, jamais falaram sobre o episódio. Chamados a depor na Comissão da Verdade como capitães da reserva, mantiveram-se calados. O coronel **Raymundo Ronaldo Campos** listou-os como quadros do CIE, frequentadores da "Casa da Morte". Ele admitiu em depoimento à CNV que, como major, montou a farsa do sequestro de Paiva.

O capitão **José de Ribamar Zamith**, comandante do quartel da PE da Vila Militar e seguidamente acusado de ter participado de atentados e tortura de presos, em 1981 associou indiretamente os generais Octavio Medeiros e Coelho Netto ao atentado no Riocentro.[44] Como coronel, na reserva, deu diversos depoimentos, inclusive ao Ministério Público do Rio de Janeiro. Morreu em 2014.

44 *O Globo*, 25 de julho de 1999.

O coronel **Átila Rohrsetzer**, organizador do DOI do Rio Grande do Sul e do "Dopinha", o centro clandestino de torturas de Porto Alegre, e acusado de ter participado da organização do sequestro dos uruguaios Lilián Celiberti e Universindo Díaz, vive em Florianópolis. Foi arrolado como um dos responsáveis pelo sequestro e desaparecimento de dois cidadãos argentinos capturados no Brasil. O delegado **Pedro Seelig**, equivalente gaúcho do paulista Sérgio Fleury, deixou a polícia e vive em Porto Alegre. Em 2014, manifestantes fizeram um protesto diante do prédio em que ele mora, na rua Barbedo. **Didi Pedalada**, o policial Orandir Portassi Lucas, que participara do sequestro de **Lilián Celiberti** e **Universindo Díaz**, jamais foi responsabilizado e morreu em 2005. (Lilián e Universindo foram libertados em 1984, com o fim da ditadura uruguaia. Ela contou sua experiência no livro *Meu quarto, minha cela*[45] e milita na Articulação de Organizações Feminista do Mercosul. Universindo morreu em 2012, aos sessenta anos.)

Aladino Felix, que usava os pseudônimos de *Sábado Dinotos*, *Dunatos Menorá* ou ainda *Dino Kraspedon*, o misterioso personagem que praticava atentados em 1968 na cidade de São Paulo, morreu em 1985. Hoje seu nome está associado a pesquisas ufológicas e esotéricas.

Os "cachorros"

A máquina repressiva contou com a ajuda de algumas dezenas de pessoas que, tendo sido presas, foram postas em liberdade, tornando-se "cachorros" no jargão policial.[46] Quatro deles reconheceram-se nessa condição. O mais famoso, o ex-marinheiro **José Anselmo dos Santos**,

---

[45] Lilián Celiberti e Lucy Garrido, *Meu quarto, minha cela*.
[46] São muitos os militantes de esquerda acusados de terem se tornado colaboradores. Aqui entraram apenas pessoas que reconheceram publicamente suas atividades.

conhecido como *Cabo Anselmo*, sumiu em 1973, depois de provocar a morte de seis militantes da VPR. Reapareceu em 1984, com uma entrevista ao repórter Octávio Ribeiro. Requereu uma indenização à Comissão de Anistia como vítima da ditadura, mas não foi atendido. Em 2015, aos 74 anos, publicou o livro *Cabo Anselmo — Minha verdade*. O médico **João Henrique Ferreira de Carvalho**, o *Jair* da ALN até 1972 e o *Jota* do DOI daí em diante, prestou depoimento à Comissão Nacional da Verdade em 2013. **Maria Madalena Lacerda de Azevedo** e seu marido, **Gilberto Giovannetti**, ambos da VPR, foram identificados em 1992 e reconheceram a colaboração.

Araguaia

De todos os quadros do aparelho repressivo, quem fez a carreira mais espetacular foi o major **Sebastião Rodrigues de Moura**, nacionalmente conhecido como *Major Curió*. Ele participou da mobilização do CIE no combate e na extinção do foco guerrilheiro do PC do B nas matas do Araguaia e comandou a *Operação Sucuri*, que infiltrou militares na região, preparando a ofensiva iniciada em outubro de 1973. Terminada a ação militar, continuou na região e em 1982 elegeu-se deputado federal. Tornou-se presidente da Cooperativa de Garimpeiros de Serra Pelada, a maior mina de ouro a céu aberto do mundo. Liderou a maior revolta popular já ocorrida na Amazônia, conseguindo que a extração do ouro continuasse sendo feita de forma artesanal. Em 1999, *Curió* filiou-se ao PMDB, elegendo-se prefeito do município de Curionópolis (PA). Ao longo dos anos, envolveu-se em casos de corrupção e homicídios. Sua vida está contada no livro *Mata! — O Major Curió e as guerrilhas no Araguaia*, do repórter Leoncio Nossa. O sargento **João Santa Cruz**, braço direito de *Curió*, permaneceu no Araguaia mesmo depois da extinção da guerrilha. Ele depôs na Comissão Nacional da Verdade em 2013.

Os militares que participaram do combate à guerrilha jamais tiveram seus nomes revelados pelo Exército. Passados mais de quarenta anos, livros de memórias e pesquisas da Comissão Nacional da Verdade permitiram que se resgatasse parte da história de alguns deles. Quatro oficiais combatentes narraram as operações de combate à guerrilha.

Em 2002, o coronel **Aluísio Madruga**, um dos militares infiltrados na região em 1973, publicou *Guerrilha do Araguaia — Revanchismo*. Ele chegou a chefe de gabinete do secretário nacional Antidrogas e em 2000 era o coordenador-geral de operações da Secretaria, ligada ao Gabinete de Segurança Institucional da Presidência da República.[47]

O tenente-coronel **Licio Augusto Ribeiro Maciel**, o *Doutor Asdrúbal*, baleado no rosto em 1973, contou seu caso em *O coronel rompe o silêncio*, de 2004, numa entrevista ao jornalista Luiz Maklouf Carvalho, e em *Guerrilha do Araguaia — Relato de um combatente*, detalhou sua experiência no Araguaia.

O tenente **José Conegundes do Nascimento**, que serviu como sargento no Araguaia, foi um dos organizadores de uma narrativa das atividades da esquerda durante o surto terrorista que começou na segunda metade dos anos 1960, liquidado em poucos anos. Criado por oficiais do CIE sob a coordenação do general **Agnaldo Del Nero Augusto**, esse projeto resultou no livro *Orvil — Tentativas de tomada do poder*. Além de ter ajudado no *Orvil*, Del Nero publicou dois outros livros, *A grande mentira*, que trata da repressão aos movimentos de esquerda, e *Médici — A verdadeira história*. Morreu em 2009.

O coronel **Pedro Corrêa Cabral**, da FAB, contou que em 1975 participou, como capitão e piloto de helicóptero, de uma operação para exumar e incinerar os cadáveres de guerrilheiros mortos. Suas revelações foram publicadas em 1993 no livro *Xambioá — Guerrilha no Araguaia — Novela baseada em fatos reais*.

Antonio Bandeira, ex-diretor-geral da Polícia Federal e comandante de uma fase do combate à guerrilha, chegou a general de exército. Em 1998, quando vivia numa fazenda em Mulungo (PB), entregou ao repórter Amaury Ribeiro Jr. seu arquivo pessoal, que se tornou conhecido como "O Baú do General".[48] Morreu em 2003, aos 86 anos.

Os coronéis **Carlos Sérgio Torres** e **Leo Frederico Cinelli** dirigiam as operações na "Casa Azul", centro de operações do CIE no Araguaia, e

---

[47] *Diário Oficial*, 23 de fevereiro de 2000, <http://www.radaroficial.com.br/d/1761365>. Para a chefia de gabinete, Madruga em *1964 — 31 de março*, t. 15, p. 351.
[48] *O Globo*, 5 de abril de 1998; e *Diário Oficial*, 30 de maio de 2005.

Epílogo: 500 vidas

sobreviveram à ditadura. Torres morreu em 1998. Cinelli chefiava a seção de informações do Estado-Maior do I Exército na noite do atentado no Riocentro e passou para a reserva em 1986. Em 1991 foi nomeado coordenador-geral do Departamento de Desenvolvimento Regional da Secretaria do Desenvolvimento Regional. Anos depois, tornou-se coordenador-geral de Imigração do Ministério do Trabalho.

O major **Thaumaturgo Sotero Vaz**, *Doutor Sabino*, comandou o Centro de Instrução de Guerra na Selva e, como general, chefiou o estado-maior do Comando Militar da Amazônia. Em 2014, já na reserva, era assessor parlamentar do CMA.[49] Ele foi um dos oficiais enviados ao Chile para acompanhar o projeto de criação da *Operação Condor*.

O tenente **Álvaro Pinheiro**, ferido na primeira campanha do Araguaia, chegou a general e em 2013 depôs na Comissão da Verdade. Revelou que houve casos de guerrilheiros que se renderam aos militares em bases da tropa.[50] Não disse quais, nem o que lhes aconteceu. O major **Gilberto Zenkner**, o *Doutor Nunes*, quadro do CIE que ajudou a organizar a *Operação Sucuri*, foi para a reserva em 1981 e teria se tornado fazendeiro.

(Os tenentes Luiz Carlos Hallier e Siguimar Lacerda, comandantes das patrulhas que destruíram a Comissão Militar do PC do B no Natal de 1973, morreram em 1980 durante um exercício militar na Academia das Agulhas Negras. Hallier era major e Lacerda, capitão.[51] No chamado "Chafurdo do Natal", quando foi desbaratada a Comissão Militar da Guerrilha, morreu seu comandante, Maurício Grabois.)

Arlindo Vieira, o *Piauí*, mateiro que executou o guerrilheiro *Osvaldão* em 1974, morreu em 1993. Segundo sua viúva, o Exército dava-lhe uma pequena ajuda e pagou seu enterro.[52]

Dos 91 guerrilheiros que estavam no Araguaia em 1972, sobreviveram dezesseis.

---

49 Ver <http://amazoniareal.com.br/comissao-da-verdade-general-do-exercito-no-amazonas-acusado-de--morte-e-tortura-chama-relatorio-de-ridiculo/>.
50 Ver <http://www.4shared.com/mp3/6uPTzn8y/Alvaro_Pinheiro.html>.
51 Para o combate, Blog do Licio Maciel, <http://liciomaciel.wordpress.com/2012/08/31/transcrito-do-site-a--verdade-sufocada/. Para o acidente, http://www.25bipqdt.eb.mil.br/site/index.php?option=com_content&view=article&id=11&Itemid=49>.
52 *Época*, 1º de março de 2004.

José Genoino foi capturado na mata e Rioco Kayano, com quem viria a se casar, foi presa quando ia para a região. Foi libertado em 1977. Ajudou a fundar o PT e elegeu-se seis vezes para a Câmara. Chegou a presidente do partido e renunciou em 2005, no escândalo do mensalão. Condenado a quatro anos e oito meses de prisão, foi para a penitenciária da Papuda (DF) e meses depois ganhou o benefício da prisão domiciliar.[53]

Danilo Carneiro e **Dower Cavalcante** foram presos nos primeiros dias da ação militar. Aos 69 anos, Danilo vive em Florianópolis.[54] Dower formou-se em medicina, trabalhou no Ministério da Saúde e morreu aos 41 anos, em 1992.

Luzia Reis, a *Baianinha*, foi presa em 1972. Libertada meses depois, recomeçou seus estudos, prestou concurso e empregou-se no Banco do Estado da Bahia. Aposentou-se e, com 66 anos, vive em Salvador.[55] **Regilena da Silva Carvalho** entregou-se e foi libertada em dezembro de 1972. Com o marido, Rubim Santos Leão de Aquino, publicou o livro *Araguaia — Da guerrilha ao genocídio*. **Crimeia Schmidt de Almeida** deixou a mata grávida, em agosto de 1972. Presa meses depois, foi libertada em abril de 1973.[56] Desligou-se do PC do B nos anos 1980 e dirige uma ONG que busca o paradeiro de desaparecidos políticos. **Lucia Regina Martins** deixou o Araguaia em 1971 e foi viver com a família em São Paulo. Foi presa em 1974, por pouco tempo. Dentista e professora universitária, mora em Taubaté (SP). Só falou sobre a guerrilha em 2002. **Pedro Albuquerque** e sua mulher, **Tereza Cristina Cavalcanti**, deixaram a mata no início de 1972. Meses depois ele foi preso em Fortaleza. Libertado, exilou-se com Tereza no Chile e no Canadá. Tornou-se professor universitário.[57]

Glênio Sá foi o último guerrilheiro capturado na mata que sobreviveu. Ficou dois anos preso e morreu aos quarenta anos, em 1990, num desastre de carro. Escreveu *Araguaia — Relato de um guerrilheiro*. **João Carlos Wisnesky** deixou o Araguaia em 1973 e só foi preso anos depois, por pouco tempo. Em 2010 era médico em Mossoró (RN). Mantém, com

---

53 Ver <http://veja.abril.com.br/infograficos/rede-escandalos/perfil/jose-genoino.shtml>.
54 Ver <https://www.youtube.com/watch?v=Kd4DKAZGs6Q>.
55 Ver <https://www.youtube.com/watch?v=jwMu2xyK47g>.
56 Ver <https://www.youtube.com/watch?v=BM04VC_fdoo>.
57 Ver <http://ditaduraverdadesomitidas.blogspot.com.br/2011/05/comissao-anistia-ceara-informa.html>.

a jornalista Myrian Luiz Alves, o blog Araguaia, História e Movimento.[58] **Micheas Gomes de Almeida**, o *Zezinho*, deixou a mata em 1974, com Ângelo Arroyo, que viria a ser assassinado em São Paulo dois anos depois. *Zezinho* viveu por mais de vinte anos com outra identidade, reapareceu e contou sua história ao professor Romualdo Campos Filho. Mora em Goiás e é a única testemunha do período final da guerrilha.

João Amazonas, secretário-geral do PC do B, e **Elza Monnerat** deixaram a região antes da primeira ofensiva do Exército. Em 1972 ela estava de volta quando soube que o Exército localizara a guerrilha. Foi para Anápolis (GO), onde encontrou Amazonas na rodoviária. Ambos regressaram para São Paulo. Amazonas morreu aos noventa anos, em 2002, e suas cinzas foram jogadas na região da guerrilha.[59] Elza morreu dois anos depois. Sua trajetória está contada no livro *Coração vermelho — A vida de Elza Monnerat*, de Verônica Bercht.

Familiares de militantes do PC do B e sobreviventes da guerrilha começaram a ser indenizados em 1996, quando a mãe de um deles recebeu 100 mil reais.[60] Em outros casos as indenizações variaram entre 3.900 e 39 mil reais.[61] Camponeses que foram presos entre 1972 e 1974, e em muitos casos tiveram propriedades destruídas, tiveram seus direitos reconhecidos entre 2009 e 2015.[62] Em geral, receberam pensões mensais de dois salários mínimos.[63]

A "Torre das Donzelas"

Em 1969, uma torre do presídio Tiradentes, em São Paulo, passou a abrigar presas políticas. Até sua demolição, em 1973, passaram por lá dezenas de mulheres, na maioria jovens estudantes. Umas ficaram algumas

---

[58] Ver <http://araguaiahistoriaemovimento.blogspot.com.br>.
[59] Ver <http://www1.folha.uol.com.br/folha/brasil/ult96u33076.shtml>.
[60] *Folha de S.Paulo*, 13 de maio de 1996.
[61] Idem, 2 de dezembro de 2002.
[62] Ver <http://noticias.terra.com.br/brasil/justica-restabelece-anistia-de-44-camponeses-do-araguaia,5codd c84ofoda310VgnCLD200000bbcceboaRCRD.html>.
[63] Ver <http://g1.globo.com/pa/para/noticia/2015/04/vitimas-da-guerrilha-do-araguaia-no-pa-criticam-demora-em-julgamentos.html>.

semanas, outras, vários anos. Ir para a "Torre das Donzelas" significava sair do circuito de torturas do DOI ou do DOPS. Quando um carcereiro perguntou a um preso comum de outra ala por que eles se comunicavam com "terroristas", ouviu que elas eram "bandidas das ideias".[64]

Ilda Martins da Silva, mulher de Virgílio, um dos sequestradores de Charles Elbrick assassinado no DOI, foi para a "Torre" em 1969. Libertada, seguiu para o exílio no Chile e de lá foi para Cuba, onde trabalhou como costureira e educou os filhos, que se formaram em engenharia. Só retornou ao Brasil em 1992.[65] **Tercina Dias de Oliveira**, banida com quatro crianças depois do sequestro do embaixador alemão Ehrenfried von Holleben, viveu em Cuba e morreu em 2004 em São Paulo, aos 88 anos. **Samuel** foi exilado aos nove anos, **Luiz Carlos**, aos seis, **Zuleide**, aos quatro, e **Ernesto Carlos**, aos dois. "Ernesto Cubano" voltou ao Brasil em 1986 e foi candidato a vereador pelo PT de Guarulhos (SP).[66] Zuleide vive em São Paulo e trabalha como secretária.

Mais de uma dezena das presas da "Torre" se tornaram militantes da causa dos direitos humanos. Em 1975, **Therezinha Zerbini** fundou o Movimento Feminino pela Anistia, o primeiro grupo organizado a sair em defesa de uma palavra que, à época, era maldita. Morreu em 2015. A socióloga **Lenira Machado** denunciou publicamente seu torturador do DOI: chama-se **Dirceu Gravina** e se intitulava *JC*, de Jesus Cristo. (Em 2014, Gravina era delegado em Presidente Prudente, em São Paulo.) **Rita Sipahi** formou-se em direito e é conselheira da Comissão da Anistia do Ministério da Justiça. Ela juntou mais de trezentas obras artísticas de presos políticos e em 2013 expôs parte delas no Memorial da Resistência, em São Paulo. A jornalista **Rose Nogueira** participa do Grupo Tortura Nunca Mais e presidiu o Conselho de Defesa dos Direitos da Pessoa Humana de São Paulo. Nos anos 1980 criou o programa TV Mulher, da Rede Globo, onde surgiu a sexóloga Marta Suplicy. **Eva Teresa Skazufka** formou-se em medicina. Sanitarista e epidemiologista, em 2014 colaborou na redação do relatório *Instituto Médico-Legal de São Paulo: laudos falsos e fraudes praticadas por*

---

[64] Devo a pesquisa do destino das presas da "Torre das Donzelas" a Paula Sacchetta.
[65] Ver <http://verdadeaberta.org/upload/audiencia-comissao-verdade-n11.pdf>; e Alipio Freire, Izaías Almada e J.A. de Granville Ponce (orgs.), *Tiradentes, um presídio da ditadura*, p. 144.
[66] *Folha de S.Paulo*, 18 de novembro de 2012.

médicos legistas do IML. **Ana Miranda** retomou os estudos de farmácia e começou a militar no Grupo Tortura Nunca Mais em 2004. Aposentou-se como professora da UERJ. **Guiomar da Silva Lopes** concluiu o curso de medicina, é professora da Unifesp e trabalha na coordenação de políticas para idosos da Secretaria de Direitos Humanos do município de São Paulo. **Robêni Baptista da Costa** formou-se em linguística, foi subprefeita de Barão Geraldo, um distrito de Campinas (SP), dedica-se à alfabetização de crianças e é porta-voz de moradores de bairros pobres da cidade. **Leslie Denise Beloque** é professora de economia da PUC e integra a Comissão da Verdade da escola. **Janice Theodoro**, professora de história da USP, aposentou-se e presidiu a Comissão da Verdade da instituição. **Vera Vital Brasil** exilou-se no Chile. É psicóloga do Fórum de Reparação e Memória do Estado do Rio de Janeiro, que há vinte anos atende familiares de mortos e desaparecidos, ex-presos políticos e exilados. **Áurea Moretti** formou-se em enfermagem. Em liberdade condicional, sem conseguir emprego, mudou-se para o Acre. Voltou a São Paulo nos anos 1980, lecionou na PUC de Campinas e participou dos movimentos que resultaram na criação do SUS. **Nair Yumiko Kobashi** formou-se em jornalismo pela USP, onde se tornou professora. Vive em São Paulo. **Eleonora Menicucci** reorganizou sua vida em Belo Horizonte e mudou-se para a Paraíba. Formou-se em sociologia e doutorou-se na Itália. Militante feminista desde os anos 1970, em 2012 foi nomeada ministra da Secretaria Especial de Políticas para as Mulheres.

A professora **Emília Viotti da Costa**, expulsa da USP, foi para os Estados Unidos e tornou-se titular da cadeira de história da América Latina da Universidade Yale. **Nair Benedicto** é hoje uma das maiores fotógrafas brasileiras. Em 1980 publicou um ensaio sobre as greves do ABC. **Iara Prado**, historiadora, foi secretária do Ensino Fundamental do MEC durante o governo de Fernando Henrique Cardoso. **Fanny**, mulher de Joaquim Seixas, assassinado em 1971, morreu em 1993. Suas duas filhas, **Iara** e **Ieda**, também estiveram na "Torre". Ieda aposentou-se e Iara trabalha como secretária.

A jornalista **Iza Salles** colaborou com os semanários *O Pasquim* e *Opinião*, onde se assinava Iza Freaza. **Jessie Jane** foi libertada em 1979, depois de passar nove anos presa. É professora do Departamento de História da UFRJ. **Maria Luiza Belloque** é pedagoga. **Fátima Setúbal** é professora aposentada de história. **Maria Lucia Urban** formou-se em economia. Ingressou em 1973 no Instituto Paranaense de Desenvolvimento Econômico e Social, e em 2010 era sua presidente.

Guida Amaral foi presa aos dezoito anos. Exilou-se na França e retornou com a anistia. Vive em São Paulo e trabalha com mediação de conflitos. **Elza Lobo** exilou-se. Tornou-se secretária executiva do Conselho Estadual de Saúde e contribuiu para a implantação de ouvidorias em todas as unidades de saúde do estado. **Maria Aparecida Costa** tornou-se procuradora do estado de São Paulo e advogada de sindicatos. **Rosalba de Almeida Moledo** formou-se em sociologia e trabalhou como coordenadora da Secretaria de Ciência e Tecnologia de São Paulo. **Iná Meireles** é médica. **Rioco Kayano** casou-se com José Genoino, guerrilheiro do Araguaia. Foi técnica de enfermagem no Centro de Saúde-Escola do Butantã. Vive em São Paulo. Integra um grupo que organiza oficinas de trabalhos manuais em bairros da periferia da cidade. **Maria Cristina de Castro** trabalhou no Ministério de Minas e Energia.

Marcia Mafra tornou-se historiadora e socióloga. Trabalhou no Ministério de Minas e Energia e na Casa Civil da Presidência da República. Morreu em 2011, aos 63 anos.[67] **Diva Burnier**, economista, trabalhou na Secretaria de Agricultura de São Paulo e no IBGE. Morreu em 2013. A professora **Maria do Carmo Campello de Souza** retomou suas pesquisas e publicou *Estado e partidos políticos no Brasil — 1930 a 1964*. Morreu em 2006. **Estrella Bohadana** tornou-se professora de mestrado em educação e cultura contemporânea na Universidade Estácio de Sá e na UERJ. Morreu em 2015.

Quando uma presa deixava a "Torre", as demais cantavam a *Suíte do pescador*, de Dorival Caymmi: "Minha jangada vai sair pro mar". Em 2011, onze mulheres que estiveram na "Torre das Donzelas" reencontraram-se no Itamaraty com a colega Dilma Rousseff.

(**Claudio Galeno Linhares**, primeiro marido de Dilma, chegou a Cuba no avião que sequestrou no Uruguai. Morou no Chile, na Bélgica, na Itália e na França. Em 2013 vivia na Nicarágua.[68] Ele e **Carlos Franklin Paixão de Araújo**, o segundo marido da senhora, foram à pos-

---

[67] *Folha de S.Paulo*, 9 de julho de 2011.
[68] Ver <http://zh.clicrbs.com.br/rs/noticias/noticia/2013/06/os-fichados-do-dops-primeiro-marido-da-presidente-dilma-participou-de-sequestro-de-aviao-4156368.html>.

se da ex-mulher em 2011. Araújo, o *Max* da VAR, passou anos preso e também ajudou a fundar o PDT gaúcho. Vive em Porto Alegre.)

Exilados e banidos

Entre 1969 e 1970 foram sequestrados quatro diplomatas estrangeiros, trocados por 130 presos políticos e dez crianças.[69]

O embaixador americano Charles Elbrick, sequestrado em setembro de 1969, deixou o posto pouco depois e não recebeu outra embaixada. Morreu em 1983, aos 75 anos. **Nobuo Okuchi**, cônsul japonês em São Paulo capturado meses depois, permaneceu no posto e mais tarde voltou ao Brasil como embaixador. Aposentado, encontrou-se com um dos planejadores de seu sequestro e recebeu uma carta de um dos presos libertados, desculpando-se pelo incômodo que lhe provocou. Em 1992, aos 74 anos, trabalhava no banco Sumitomo.[70] Publicou suas lembranças no livro *O sequestro do diplomata — Memórias*. **Ehrenfried von Holleben**, embaixador da Alemanha, foi transferido para Lisboa e morreu na Baviera, em 1988, aos 79 anos. O suíço **Giovanni Enrico Bucher** foi embaixador no Japão e em Portugal. Morreu em 1992, aos 79 anos, em Bellaggio, na Itália, no grande hotel de sua família.[71]

Dos 130 brasileiros e dez crianças exilados depois dos sequestros, doze foram assassinados quando retornaram clandestinamente ao país.[72] Um

---

[69] Quatro com Tercina, três com Damaris e três com Geny Piola.
[70] *Veja*, 22 de julho de 1992.
[71] Ver<http://www.altissimoceto.it/2013/06/20/grand-hotel-villa-serbelloni-~bellagio-co-~patron-famiglia-bucher/>.
[72] João Leonardo da Silva Rocha, na Bahia; Onofre Pinto, José Lavechia, bem como os irmãos Joel e Daniel José de Carvalho, foram assassinados numa emboscada montada pelo CIE na região de Foz do Iguaçu; Aderval Coqueiro e Carlos Eduardo Pires Fleury foram fuzilados no Rio de Janeiro; Eudaldo Gomes da Silva, no Recife; Jeová Assis Gomes, no norte de Goiás, hoje Tocantins. O major Joaquim Pires Cerveira, João Batista Rita Pereda e Edmur Pericles de Camargo foram sequestrados na Argentina; os dois primeiros foram mortos no Rio de Janeiro.

morreu em outubro de 1973, quando estava preso no Estádio Nacional de Santiago, depois do golpe do general Pinochet. Dois suicidaram-se no exílio e outros três no Brasil, depois da anistia.[73]

Mais de uma dezena de presos e exilados escreveram suas memórias ou tiveram a vida contada em livros. **Jacob Gorender**, o dirigente comunista que ajudou a fundar o PCBR e foi preso em 1970, publicou *Combate nas trevas — A esquerda brasileira: das ilusões perdidas à luta armada*, obra fundamental para a compreensão da história da esquerda durante a ditadura. Morreu em 2013, aos noventa anos. O sequestro de Elbrick tornou-se um sucesso de bilheteria em 1997, com o filme *O que é isso, companheiro?*, de Bruno Barreto, baseado no livro do mesmo título com as memórias de Fernando Gabeira, trocado depois do sequestro de Ehrenfried von Holleben. Em 2006 o cineasta Silvio Da-Rin reuniu nove dos banidos e cinco dos organizadores do sequestro de Elbrick para a filmagem do documentário *Hércules 56*. **Franklin Martins**, que teve a ideia do sequestro, não foi preso. Exilou-se em Cuba, no Chile e na França e viveu como clandestino no Brasil. Depois da anistia, foi candidato a deputado federal mas não se elegeu. Recomeçou a vida como jornalista e passou pelas TVs Globo e Bandeirantes. No governo de Lula tornou-se ministro-chefe da Secretaria de Comunicação da Presidência da República. **Alfredo Sirkis** participou do sequestro de Von Holleben, deixou clandestinamente o Brasil, exilando-se em França, Chile, Argentina e Portugal. Retornou com a anistia e elegeu-se vereador e deputado federal pelo Rio de Janeiro. Escreveu *Os carbonários — Memórias da guerrilha perdida*. **Herbert Daniel**, um dos comandantes da VPR, esteve na cena do sequestro de Von Holleben e permaneceu na clandestinidade até 1974. Exilou-se e só retornou ao Brasil em 1981. Militou no PT e no Partido Verde. Em 1982 publicou suas comoventes memórias: *Passagem para o próximo sonho*. Morreu em 1992, aos 45 anos, em virtude de complicações da aids. Em 2014, a cineasta Emília Silveira dirigiu *Setenta*, com as memórias pessoais de dezoito presos trocados por Bucher.

Paulo de Tarso Venceslau, Manoel Cyrillo de Oliveira Netto e **Claudio Torres da Silva**, que participaram do sequestro de Elbrick, foram presos

---

[73] Frei Tito de Alencar enforcou-se na França e Maria Auxiliadora Lara Barcelos jogou-se nos trilhos do metrô de Berlim.

logo depois. Venceslau, libertado em 1974, ajudou a fundar o PT, tornou-se secretário de Finanças da prefeitura de São José dos Campos (SP) e assessor do prefeito de São Bernardo (SP). Nos anos 1990 denunciou práticas corruptas do partido, foi expulso e passou a ser um de seus críticos. Quando José Dirceu foi condenado pelo escândalo do mensalão, comentou: "É triste ver um cara da minha geração envolvido num negócio desses".[74] Manoel Cyrillo ficou dez anos na prisão, tornou-se publicitário e em 2008 trabalhava no setor de comunicação da Petrobras. Claudio Torres da Silva foi libertado após sete anos e estudou ciências sociais na Unicamp.[75] Morreu em 2015, aos setenta anos.

Os banidos penaram uma década de angústias e vicissitudes. Não havia caviar no exílio. Quase todos formaram uma diáspora que passou por uma dezena de países. Depois do golpe chileno, aqueles que viviam na experiência socialista de Salvador Allende migraram para a Europa, espalhando-se sobretudo por França, Itália, Alemanha e Suécia. Com a queda da ditadura portuguesa, em 1974, muitos seguiram para Lisboa e sete foram trabalhar nos governos de Moçambique, Angola e Guiné-Bissau.[76] Alguns estudaram no exterior, quase sempre dependendo de alguma ajuda da família ou da solidariedade política.

O desempenho posterior de poucos, como José Dirceu e Fernando Gabeira (motorneiro na Suécia), dá a falsa impressão de que o banimento lhes foi leve. Em muitos casos livrou-os de novas torturas, mas sempre lhes desordenou a vida.

Dois casos de presos que foram colocados em listas mas não foram banidos mostram a cruel essência do banimento. **Fernando Pimentel**, que participara em 1970 da tentativa de sequestro do cônsul americano em Porto Alegre, teve sua libertação vetada pelo governo na troca por Bucher. Solto

---

74 Ver <http://poderonline.ig.com.br/index.php/tag/paulo-de-tarso-venceslau/>.
75 Ver <http://blogdomariomagalhaes.blogosfera.uol.com.br/2015/03/24/morre-claudio-torres-guerrilheiro-do-sequestro-do-embaixador-dos-eua-em-69/>.
76 Os sete: Maria do Carmo Brito, Shizuo Osawa, Ladislas Dowbor, Daniel Aarão Reis, Marco Maranhão, Jean Marc von der Weid e Diógenes Carvalho de Oliveira.

em 1973, formou-se em economia, ajudou a fundar o PT, chegou a prefeito de Belo Horizonte e foi nomeado ministro do Desenvolvimento por Dilma Rousseff. Em 2014 elegeu-se governador de Minas Gerais.[77] Quando se planejava o sequestro de Von Holleben, Dilma Rousseff foi incluída numa versão preliminar da lista de presos a serem libertados.[78] Posteriormente, excluíram-na. Presa em 1970, foi libertada em 1972.

Quatro banidos retornaram clandestinamente ao país e sobreviveram. **José Dirceu** tornou-se um dos principais articuladores políticos do PT, elegeu-se três vezes para a Câmara e tornou-se presidente do partido. Em 2003 assumiu a chefia da Casa Civil da Presidência da República, firmando-se como o político mais poderoso do governo de Lula. Envolvido no escândalo do mensalão em 2005, teve seu mandato cassado pela Câmara e em 2013 foi condenado a sete anos e onze meses de prisão pelo Supremo Tribunal Federal. Em outubro de 2014 passou a cumprir a pena em regime domiciliar. Foi detido novamente em 2015 na Operação Lava-Jato, que investigou a rede de corrupção montada por empreiteiras em negócios com a Petrobras. **Ricardo Zarattini** retornou em 1974 e teve seu banimento revogado cinco anos depois. Elegeu-se suplente de deputado federal e durante um breve período foi assessor da Casa Civil da Presidência, quando ela era dirigida por José Dirceu.[79] **Aluízio Ferreira Palmar** (trocado por Bucher) viveu na região do Alto Uruguai (RS). Reuniu um arquivo sobre a repressão durante a ditadura e criou o site Documentos Revelados.[80] Em 2005 publicou o livro *Onde foi que vocês enterraram nossos mortos?*, reconstituindo o assassinato de seis exilados que voltavam ao Brasil em junho de 1974. **Otavio Angelo** ficou pouco tempo em Cuba, voltou clandestinamente no grupo do Movimento de Libertação Popular e foi um dos seus poucos sobreviventes. Com outro nome, viveu em Belo Horizonte, trabalhou como pedreiro, casou-se, formou-se em história, tornou-se funcionário público e aposentou-se. Em 2001, 22 anos depois da anistia, habilitou-se

---

77 Ver <http://revistaepoca.globo.com/Revista/Epoca/0,,EMI217639-15223,00-O+MINISTRO+E+SEU+QUASE+SEQUESTRO.html>.
78 Arquivo do presidente Médici (IHGB).
79 Ver <http://www1.folha.uol.com.br/folha/brasil/ult96u26259.shtml>.
80 Ver <https://br.noticias.yahoo.com/blogs/claudio-tognolli/aluizio-palmar-amigo-lamarca-e-ex-guerrilheiro-mantém-172013170.html>.

para receber uma indenização do Estado e revelou sua verdadeira identidade. Mesmo assim, continuou vivendo como Antonio Luiz Carneiro Rocha: "Minha mulher, meus filhos, meus netos não aceitam que eu volte para a identidade original".[81]

Vladimir Palmeira (trocado por Elbrick) e **Fernando Gabeira** (trocado por Von Holleben) elegeram-se deputados federais. Vladimir ajudou a fundar o Partido dos Trabalhadores e disputou sem sucesso uma cadeira de senador pelo Rio de Janeiro. Elegeu-se duas vezes deputado federal e liderou a bancada petista na Câmara. Homem de sorte, acertou uma Sena e doou 10% do prêmio ao partido. Por duas vezes tentou ser candidato a governador do Rio de Janeiro, mas foi preterido pela cúpula petista. Gabeira assinou a Constituição de 1988 e militou no Partido Verde e no PT. Escreveu quinze livros, alguns dos quais com suas memórias. Em 1989 foi candidato a presidente da República, com votação inexpressiva. Afastou-se do PT antes do estouro do caso do mensalão. Em 2008 candidatou-se à prefeitura do Rio de Janeiro, mas foi batido no segundo turno. Disputou duas vezes, sem sucesso, o governo do estado. Foi eleito para quatro mandatos de deputado federal, sempre com votações expressivas. Em 2014 voltou ao jornalismo.

José Ibrahim afastou-se do partido e nunca votou em Lula para a Presidência.[82] Morreu em 2013, aos 65 anos. **Agonalto Pacheco** continuou militando no PCB, em Sergipe, e morreu em 2007, aos oitenta anos. **Ricardo Vilas** viveu na França, tornou-se músico e gravou mais de vinte discos. Em 2015 era gerente de música da Empresa Brasil de Comunicação.[83] Durante o exílio, **Flávio Tavares** retomou o jornalismo. Foi preso no Uruguai e morou em Portugal. De volta ao Brasil, publicou *Memórias do esquecimento* e *O dia em que Getúlio matou Allende*. Vive em Búzios (RJ).

Damaris de Oliveira Lucena foi banida depois do sequestro de Okuchi com três filhos pequenos, **Denise** e **Adilson**, gêmeos de nove anos, e **Telma**, de três. A família viveu todo o tempo em Cuba.[84] Lá, adotou **Ñasaindy**, filha de Soledad Barrett Viedma e do marinheiro José Maria

---

[81] Ver <http://www.averdadesufocada.com/index.php/textos-de-terceiros-site-34/390-0505-ltimo-clandestino-da-ditadura-revela-identidade>.
[82] Ver <http://www2.senado.leg.br/bdsf/bitstream/handle/id/310836/noticia.htm?sequence=1>.
[83] Juliana Castro, "Entre a memória e a perplexidade", *O Globo*, 23 de agosto de 2015.
[84] Ver <https://www.youtube.com/watch?v=_vnrRBib7xg\>.

Ferreira de Araújo, assassinados no Brasil.[85] A menina se formaria em pedagogia. Telma graduou-se em letras pela PUC-SP. Adilson é professor de espanhol; Denise tornou-se técnica de enfermagem.[86] **Ariston**, o filho mais velho de Damaris, continuou na militância clandestina, foi preso, passou nove anos na cadeia e morreu em 2013, aos 62 anos.[87]

Bruno e **Geny Piola** foram trocados por Bucher e banidos com suas três filhas, **Tatiana**, **Bruna** e **Katia**, que, à época, tinham, oito, três e quatro anos, e radicaram-se na Itália.[88]

Shizuo Osawa, o *Mário Japa*, razão de ser do sequestro de Nobuo Okuchi, foi para Cuba e depois viveu no Chile até o golpe de 1973, quando se exilou na Bélgica e em Portugal. Passou por Angola e de volta ao Brasil tornou-se jornalista.[89] **Diógenes Carvalho de Oliveira** viveu em Cuba, na Bélgica e na Guiné-Bissau, onde trabalhou no Ministério do Planejamento. De volta ao Brasil, filiou-se ao PT e foi secretário municipal de Transportes de Porto Alegre.[90]

Pelo menos sete jovens banidos diplomaram-se no exílio e tornaram-se professores universitários. **Daniel Aarão Reis** viveu no Chile e na França, onde se graduou em história. Lecionou em Moçambique, voltou ao Brasil e tornou-se professor titular da Universidade Federal Fluminense. Foi o primeiro militante de uma organização armada a explicitar uma visão crítica da esquerda armada: "As ações armadas da esquerda brasileira não devem ser mitificadas. Nem para um lado nem para o outro. Eu não compartilho a lenda de que no final dos anos 60 e no início dos 70 nós (inclusive eu) fomos o braço armado de uma resistência democrática. Acho isso um mito surgido durante a campanha da anistia. Ao longo do processo de radicalização iniciado em 1961 o projeto das organizações de esquerda que defendiam a luta armada era revolucionário, ofensivo

---

85 *Folha de S.Paulo*, 20 de maio de 2012. Ver <http://www1.folha.uol.com.br/fsp/poder/43964-filha-de-guerrilheiros-quer-resgatar-memoria-dos-pais.shtml>.
86 Ver <https://www.youtube.com/watch?v=_vnrRBib7xg>; <http://www.cartacapital.com.br/sociedade/filhos-e-maes-de-vitimas-da-ditadura-militar-contam-suas-vidas-leia-trecho-1891.html>; e <http://www.comissaodaverdadesp.org.br/upload/files/documentos/InfanciaRoubada_2ªPARTE.pdf>.
87 Ver <http://blogdolaque.blogspot.com.br/2013/05/morreu-um-heroi.html>; e <http://www.piratininga.org.br/novapagina/leitura.asp?id_noticia=12070&topico=Mem%F3ria%20-%20Outras%20Mem%F3rias>.
88 Ver <https://www.youtube.com/watch?v=Kw2VkIo7Bhg>.
89 Ver <http://revistaepoca.globo.com/Revista/Epoca/0,,EMI191040-15223,00.html>.
90 Ver <http://www1.folha.uol.com.br/folha/brasil/ult96u26259.shtml>.

e ditatorial".[91] Autor de diversos livros, publicou em 2014 uma biografia de Luiz Carlos Prestes.

Ladislas Dowbor, o *Jamil*, considerado o teórico da VPR e da VAR-Palmares, estudou economia política na Suíça, doutorou-se na Polônia, trabalhou no Ministério do Planejamento da Guiné-Bissau e tornou-se professor da PUC-SP. Ocupou uma secretaria da prefeitura de São Paulo e escreveu dezenas de livros. **Wilson Barbosa do Nascimento** tornou-se professor de história da USP. **Elinor Brito** fez mestrado em história econômica na França, foi professor universitário e diretor da Companhia de Limpeza Urbana do Rio de Janeiro. **Nancy Mangabeira Unger** lecionou filosofia na Universidade Federal da Bahia, **Carlos Vainer** e **René de Carvalho**, na Federal do Rio de Janeiro. Vladimir Palmeira leciona economia numa universidade privada.

Apolonio de Carvalho, pai de René, dirigente do PCBR, também foi banido. Veterano militante comunista da década de 1930, combatente republicano da Guerra Civil Espanhola e *maquisard* da Resistência francesa, cavaleiro da Legião de Honra, ajudou a fundar o PT e morreu em 2005, aos 93 anos. Publicou suas memórias, intituladas *Vale a pena sonhar*. Em 2010 Lula lançou ao mar o navio-plataforma P-57, que leva seu nome. Gregorio Bezerra encabeçou a lista dos presos trocados por Elbrick. Quadro histórico do Partido Comunista, afastou-se da organização, que considerou "muito direitista". Candidatou-se à Câmara dos Deputados pelo PMDB, mas ficou numa suplência. Morreu em 1983, aos 83 anos.

O estudante de medicina **Mario Zanconato**, também trocado por Elbrick, diplomou-se em Cuba e lá viveu até 1993. Na volta trabalhou numa Unidade de Terapia Intensiva em Diadema (SP) e em 2015 trabalhava no Detran de São Paulo.[92] **Jorge Nahas** e sua mulher, **Maria José**, banidos depois do sequestro de Von Holleben, também se formaram em Cuba. Ele se tornou coordenador de gestão hospitalar do Ministério da Saúde e secretário de Políticas Sociais da prefeitura de Belo Horizonte.[93] Sem filiação partidária, Maria José clinicou num posto de saúde da cidade.[94] **Almir Dutton Fer-**

---

91 *O Globo* e *Folha de S.Paulo*, 23 de setembro de 2001.
92 Juliana Castro, "Entre a memória e a perplexidade", *O Globo*, 23 de agosto de 2015.
93 Ver <http://noticias.uol.com.br/politica/ultimas-noticias/2014/01/29/ha-45-anos-dilma-se-tornava-clandestina-locais-por-onde-ela-passou-vao-virar-roteiro-em-bh.htm>.
94 Ver <http://www.cedema.org/uploads/Isabel_Cristina_Leite.pdf>.

reira, o médico que levou Carlos Lamarca para fazer a plástica que lhe mudou as feições, tornou-se clínico no Rio de Janeiro. Sua vida foi contada no livro *A vida é o grande momento de todos nós*. **Carlos Eduardo Fayal de Lyra** formou-se em odontologia e elegeu-se deputado estadual pelo PDT do Rio de Janeiro. **Jean Marc von der Weid** fez mestrado em desenvolvimento rural na Sorbonne, em Paris, trabalhou na África e fundou no Rio a ONG As-PTA, dedicada à agroecologia. **Cid Benjamin** tornou-se jornalista, militou no PT, migrou para o PSOL e candidatou-se, sem sucesso, a uma cadeira de deputado federal. Publicou *Gracias a la vida — Memórias de um militante*.

Carlos Minc e **Darcy Rodrigues**, que participaram do roubo do cofre da amante do ex-governador paulista Adhemar de Barros, foram trocados por Von Holleben. Minc formou-se em economia na França e na volta ajudou a fundar o Partido Verde. Elegeu-se deputado estadual no Rio, migrou para o PT e foi ministro do Meio Ambiente de Lula. O sargento Darcy estudou economia em Cuba e vive em Bauru (SP).[95] **Liszt Vieira**, um dos organizadores do sequestro de Okuchi, ocupou a Secretaria do Meio Ambiente do Rio de Janeiro e elegeu-se deputado estadual pelo PT. Tornou-se professor da PUC-Rio e dirigiu o Jardim Botânico do Rio durante dez anos, até 2013. Viúva aos 27 anos, depois do suicídio de seu marido, **Maria do Carmo Brito**, a Lia, cuja biografia foi publicada em *Uma tempestade como a sua memória — A história de Lia, Maria do Carmo Brito*, casou-se com Shizuo Osawa e viveu em Angola. Retornando ao Brasil, trabalhou no governo do estado do Rio. O capitão **Altair Lucchesi Campos**, que tinha contatos com Lamarca, veio a ser presidente da Companhia de Transportes Coletivos do Rio de Janeiro.[96] Em 2014, **Edmauro Gopfert** morava na Chapada Diamantina (BA).[97]

Os sargentos **José Araújo Nóbrega** e **Pedro Lobo de Oliveira** foram reintegrados às suas corporações como capitães. Nóbrega, dado por morto em 1969, escapara de um fuzilamento no Chile e o Centro de Informações e Segurança da Aeronáutica acreditou que morrera. Ganhou o apelido de "Sete Vidas". Lobo publicou suas memórias, assinadas por João Roberto Laque (*Pedro e os Lobos — Os anos de chumbo na trajetória de um guerri-*

---

[95] Ver <http://www1.folha.uol.com.br/poder/2014/03/1429216-minha-historia-capitao-que-deixou-exercito-para-entrar-na-luta-armada-lembra-de-atritos-com-dilma.shtml>.
[96] Ver <http://bibliotecadigital.fgv.br/dspace/bitstream/handle/10438/8457/000055277.pdf?sequence=1>.
[97] Ver <http://globotv.globo.com/rede-bahia/aprovado/v/entrevista-com-edmauro-gopfert-parte-1/3265465/>.

lheiro urbano).[98] **Mauricio Paiva** foi professor de economia política na Universidade Nova de Lisboa. Publicou suas memórias em *O sonho exilado* e a história da vida de Carmela Pezzuti no livro *Companheira Carmela*. **Marco Antonio Meyer** tornou-se livreiro e editor. **Melcides Porcino da Costa** viveu no Chile, voltou ao Brasil e em 1998 teve a surpresa de ser impedido de sair do Aeroporto de Santiago, quando viajava como turista, com os filhos.[99] Em 2014 vivia em Jacutinga (MG).[100] **Reinaldo Guarany** viveu no Chile, na Alemanha e na Suécia. Escreveu *A fuga*, um dos melhores livros sobre a militância, as prisões e o exílio. **Bruno Dauster** ocupou cargos na prefeitura de Salvador, trabalhou na empreiteira OAS e em 2015 assumiu a Casa Civil do governo do estado. Sua mulher, **Vera Maria Rocha**, é publicitária.[101] **Umberto Trigueiros Lima** passou cinco anos em Cuba, onde foi locutor e voluntário em obras da construção civil. Seguiu para a Suécia.[102] Em 2009 foi eleito para uma das diretorias da Fiocruz.[103] **Ubiratan de Souza** formou-se em economia e foi um dos coordenadores do Orçamento Participativo nas administrações petistas do Rio Grande do Sul.[104] **Delci Fensterseifer**, tornou-se engenheiro-agrônomo e vive em São Paulo.[105]

Roberto Antonio de Fortini voltou ao Brasil com outro nome e viveu algum tempo na Argentina. Mais tarde reassumiu sua identidade.[106] **Pedro Paulo Bretas** foi para o Chile, esteve na Costa Rica e na Venezuela. Em 1996 estava em Barcelona.[107] **Ubiratan Borges Kertzscher** continuou vivendo na Suécia.[108]

---

98 Ver <http://iptv.usp.br/portal/video.action?idItem=5898>; e <http://memoriasdaditadura.org.br/biografias-da-resistencia/pedro-lobo/>.
99 Ver <http://www1.folha.uol.com.br/fsp/mundo/ft04129806.htm>.
100 Ver <http://www.companhiadasletras.com.br/detalhe.php?codigo=80196>.
101 Ver <http://www.casacivil.ba.gov.br/index.php?option=com_content&view=article&id=850:bruno-dauster-assume-a-casa-civil-da-bahia&catid=34:noticias-geral>.
102 Ver <http://oglobo.globo.com/rio/bairros/umberto-lima-onze-anos-entre-os-poroes-o-exilio-12023654>.
103 Ver <http://www.controversia.com.br/blog/16650a-ditadura-nonao-foi-uma-loucura-feita-nos-quartis/>.
104 Ver <http://www.controversia.com.br/blog/16650>.
105 *Folha de S.Paulo*, 15 de janeiro de 1996.
106 José Mitchell, "O guerrilheiro que vive há 30 anos na clandestinidade", *Jornal do Brasil*, 8 de abril de 2001.
107 Ver <http://www.em.com.br/app/noticia/politica/2012/07/08/interna_politica,304849/familiares-ainda-procuram-respostas-sobre-companheiro-de-dilma-desaparecido.shtml>.
108 *Folha de S.Paulo*, 15 de janeiro de 1996.

Madre Maurina Borges da Silveira, diretora de um orfanato de Ribeirão Preto (SP), não tinha relações orgânicas com grupos armados. Colocada na lista do sequestro de Okuchi, não queria ir para o exílio. Viveu no México, onde trabalhou na livraria da congregação das Irmãs de São José de Lyon. Durante o governo Geisel, o ministro Armando Falcão vetou o seu pedido de regresso ao Brasil. Maurina retornou com a anistia e foi para o interior de São Paulo, juntando-se à Congregação das Irmãs Franciscanas Hospitaleiras da Imaculada Conceição.[109] Morreu em 2011, aos 86 anos.[110] **Carmela Pezzuti** e seus dois filhos adultos que militavam no Colina também foram banidos. Ela morreu em 2009, aos 82 anos, tendo sofrido a perda dos dois filhos: Angelo morreu em Paris, num acidente de motocicleta, antes da anistia; **Murilo Pinto da Silva** matou-se no Brasil em 1990. **Vera Silvia Magalhães**, que participara do planejamento do sequestro do embaixador americano, foi presa e trocada pelo alemão e passou por sete países. Retornando ao Brasil, trabalhou no governo do Rio de Janeiro e morreu em 2007, aos 59 anos. **Maria Augusta Carneiro**, a única mulher do grupo de quinze presos trocados por Elbrick, cumpriu o roteiro de dezenas de banidos. Foi para Cuba, seguiu para o Chile e posteriormente viveu na Europa. Na Suécia, formou-se em pedagogia. Retornando ao Brasil, trabalhou na Vale do Rio Doce e tornou-se ouvidora-geral da Petrobras. Morreu em 2009, aos 62 anos.

Ivens Marchetti viveu na Suécia e morreu em 2002. **Rolando Frati** morou na Itália, voltou ao Brasil e continuou fazendo política, sem vinculações partidárias. Morreu em 1991. **Gustavo Schiller**, que revelou a existência do cofre de Adhemar de Barros, regressou ao Brasil e matou-se no Rio em 1985. **Ronaldo Dutra Machado** militou no MIR chileno, foi para Portugal, trabalhou na Riotur e morreu em 1993, em Porto Velho.[111] Luis Travassos estudou economia em Berlim e retornou com a anistia. Durante o Carnaval de 1982, depois de reunir-se com amigos na praça da Cinelândia, de onde saiu a passeata de 1968, foi com o grupo para Copacabana. Bateram com o carro no Aterro do Flamengo e ele morreu, aos 37 anos.[112]

---

109 *Jornal do Brasil*, 16 de novembro de 2003.
110 *Folha de S.Paulo*, 8 de março de 2011.
111 Ver <http://laurocampos.org.br/2008/08/ronaldo-dutra-machado-presente/>.
112 Zuenir Ventura, *1968 – o ano que não terminou*, p. 70.

Antonio Expedito Carvalho Perera morreu na Itália em 1996, com o nome de Paulo Parra. Levou uma vida misteriosa e agitada, aproximando-se do famoso terrorista Carlos, o Chacal. Ela foi contada pelo jornalista Fernando Molica em *O homem que morreu três vezes — Uma reportagem sobre o Chacal brasileiro*.[113]

Theodomiro Romeiro dos Santos, que fora condenado à morte pelo assassinato de um sargento da FAB, fugiu da prisão em 1979, asilou-se na Nunciatura Apostólica e viveu na França. Em 1982, quando estava internado num hospital de Paris, militares planejaram matá-lo. Voltou em 1985 e tornou-se juiz do Trabalho. Vive em Recife.

Quatro dos artistas mais populares do país foram para o exílio durante a ditadura. **Gilberto Gil** e **Caetano Veloso** viram-se obrigados a expatriar-se depois de terem sido presos, logo após a edição do AI-5. Com as cabeças raspadas, seguiram para Londres. Ambos voltaram definitivamente em 1972. Em 1980, Gil elegeu-se para a Câmara de Vereadores de Salvador, e em 2003 o presidente Lula nomeou-o ministro da Cultura. Severamente perseguido pela censura, **Chico Buarque de Hollanda** foi para a Itália em 1969, onde viveu por mais de um ano. Para driblar a censura, compunha com o nome de Julinho da Adelaide. **Geraldo Vandré**, cuja canção *Caminhando* encantou as ruas em 1968 e foi proibida pelo governo, viu-se procurado pela polícia. Foi para o Uruguai, viveu no Chile, na França e na Alemanha. Regressou ao Brasil em 1973. Em 1999, compôs *Fabiana*, em homenagem à Força Aérea Brasileira.

O corpo de Rubens Paiva e os de mais de uma centena de brasileiros jamais foram encontrados.

Março de 2016.

---

[113] Ver <http://www.fernandomolica.com.br/blog/2008/06/a-ultima-morte-do-homem-que-mo.php>.

Agradecimentos

Este livro, como os quatro outros da série que comecei a escrever em 1982, não existiria sem a colaboração de três pessoas. Heitor Ferreira, o assistente do general Golbery do Couto e Silva e secretário particular dos presidentes Ernesto Geisel e João Baptista Figueiredo; Golbery, fundador do Serviço Nacional de Informações e chefe do Gabinete Civil de Geisel e Figueiredo; e Ernesto Geisel. Heitor deu-me acesso a boa parte do diário que manteve a partir de 1964. Golbery deu-me a guarda de seu enorme arquivo e Geisel, pacientemente, prestou dezenas de depoimentos gravados, sempre no seu apartamento da rua Barão da Torre, em Ipanema, interrompendo-os apenas quando adoeceu, em 1994. Todos os três sempre foram solícitos dirimidores de dúvidas.

Listei outras 48 pessoas que foram entrevistadas na coleta de informações para este volume. A todas vai aqui o agradecimento. Algumas, como os generais Leonidas Pires Gonçalves, Ivan de Souza Mendes e Newton Cruz ajudaram-me a reconstruir a política dos quartéis. Meu amigo Humberto Barreto, assessor de imprensa de Geisel, que o estimava como a um filho, ajudou-me a entender a posição do general diante do governo Figueiredo e seu posterior apoio tácito a Tancredo Neves.

Antonio Delfim Netto e Antony Gebauer mostraram-me aspectos da construção e do colapso da dívida externa que arruinou a economia do país. Antonio Carlos Magalhães e Thales Ramalho foram inestimáveis para a compreensão da cena política que permitiu a conciliação nacional conduzida por Tancredo Neves. Fernando Henrique Cardoso e José Sarney foram decisivos para entender o que realmente aconteceu na noite em que Tancredo foi hospitalizado. Tive a ajuda de Claudio Bardella, Paulo Francini e Gilson Menezes para compreender as greves ocorridas entre 1978 e 1980. Therezinha Zerbini mostrou-me como a palavra "anistia" deixou de ser uma expressão maldita, tornando-se um movimento político nacional. José Casado, com seu rigor profissional, foi um guia na investigação do funcionamento da máquina terrorista que explodiu na noite do atentado no Riocentro. Claudio Haddad, José Diogo Bastos Neto e Antonio Agenor Briquet de Lemos leram a última versão do manuscrito com valiosas sugestões.

Durante seis meses, em 2005, beneficiei-me com uma bolsa de pesquisa no David Rockefeller Center for Latin American Studies, da Universidade Harvard, onde desfrutei da qualidade dos serviços de sua excepcional biblioteca Widener.

Este livro também deve à ajuda de pessoas que trabalham silenciosamente no processo de edição. É injusto que elas fiquem perdidas em letras miúdas, nomeadas burocraticamente nas páginas iniciais dos volumes. Jorge Oakim e sua editora Intrínseca forneceram os profissionais que expurgaram erros de português e de informação. (A sorte e a agente literária Lucia Riff levaram-me a ele.) Uma equipe checou todas as notas de pé de página e os dados do Epílogo. Outra buscou fotografias que pareciam perdidas e estão nos encartes. Ao todo, foram 27 pessoas.

Livia de Almeida coordenou a edição e Victor Burton cuidou do projeto gráfico, bem como dos encartes de fotografias. Kathia Ferreira defendeu a língua portuguesa e sua leitura minuciosa evitou erros, repetições e impropriedades. Rosana Agrella da Silveira encarregou-se da checagem das informações do Epílogo, lidando com quinhentos personagens, alguns deles perdidos no tempo. (Parece simples, mas uma grande empresa levou um mês para dizer quando morreu seu fundador.) Coube a Vinícius de Melo Justo a checagem de todas as notas de pé de página,

Agradecimentos

conferindo as citações nos livros e nos documentos do Arquivo Privado de Golbery e de Heitor Ferreira. Além disso, unificou todas as estatísticas econômicas.

O trabalho desses profissionais corrigiu dezenas de erros. Os que tiverem sobrado são de minha exclusiva responsabilidade.

A pesquisa fotográfica foi coordenada pelo incansável Vladimir Sacchetta, socorrido pelo profissionalismo de Elenice Ferrari e Rosangela Rodrigues no Dedoc da Editora Abril; Eliane Loss e Lucyanne Mano no CPDoc JB. Vladimir teve também a ajuda dos profissionais da Folhapress e do Conteúdo Estadão, bem como dos fotógrafos Nair Benedicto e Juca Martins.

Como sempre, Dorrit Harazim foi uma voz atenta, implacável e generosa.

APÊNDICE

Cronologia

1978

GEISEL, GOLBERY E FIGUEIREDO

JANEIRO Geisel indica o general Figueiredo para a Presidência, Aureliano Chaves para a vice e anuncia reformas que levarão ao fim do AI-5. Diz que ainda não é hora de se colocar um civil na Presidência.

FEVEREIRO Geisel decide forçar a promoção de Figueiredo à quarta estrela. Em março ele encabeça a lista mandada pelo Alto-Comando.

MARÇO Geisel vai à Alemanha. Diz que a abertura virá sem riscos de retrocesso.

ABRIL Geisel, Golbery e Figueiredo escolhem os futuros governadores da Arena.

Geisel recebe Raymundo Faoro, presidente da Ordem dos Advogados do Brasil.

Entrevista desastrosa de Figueiredo a Getúlio Bittencourt e Haroldo Cerqueira Lima, da *Folha de S.Paulo*.

Geisel sofre uma indisposição gástrica durante um almoço no Itamaraty.

MAIO A popularidade de Geisel está em 68% no Rio e 56% em São Paulo.

JUNHO Figueiredo deixa a chefia do SNI. Para seu lugar vai o general Octavio Medeiros.

Numa charge em que Geisel pergunta "com essas greves, onde iremos parar", Golbery anota: "Fundamos um partido trabalhista".

JULHO Golbery manda dizer a Brizola que ele não deve voltar ao Brasil: "Será cobrado pelo que deve".

AGOSTO Figueiredo diz que prefere o cheiro de cavalo ao de povo.

SETEMBRO Geisel recusa a possibilidade de vir a ocupar a presidência do conselho da Petrobras.

OUTUBRO O senador Roberto Saturnino acusa Golbery de ter feito advocacia administrativa junto ao BNDE em 1973, beneficiando um projeto da Dow Chemical, da qual era presidente.

Figueiredo é eleito presidente da República, com mandato de seis anos. Discursa pedindo a conciliação nacional: "É para abrir mesmo. E quem não quiser que abra eu prendo e arrebento".

NOVEMBRO Geisel durante a campanha eleitoral: "Eu sou ladrão, meus auxiliares são ladrões (...). Mas não apontam um fato, não têm condições de apontar nada de concreto que possa ser investigado e esclarecido pelo governo".

Golbery sobre o futuro governo: "Só fico como ministro de Estado".

DEZEMBRO Figueiredo convida Golbery para o Gabinete Civil.

POLÍTICA

No ano, explodem pelo menos 26 bombas em diversas cidades.

JANEIRO Contrariado com a indicação de Figueiredo para a Presidência, o general Hugo Abreu, chefe do Gabinete Militar, pede demissão.

É preso em São Paulo Adilson Ferreira da Silva, ex-militante da VAR-Palmares, quando tentava assaltar um corretor de imóveis. Ele leva ao esconderijo do último dos fuzis roubados por Carlos Lamarca em 1969.

FEVEREIRO Tancredo Neves é eleito líder do MDB na Câmara.

Aureliano Chaves defende a anistia.

A revista *IstoÉ* põe Lula na capa e o chama de "antipelego". Lula é reeleito para a presidência do Sindicato dos Metalúrgicos de São Bernardo.

MARÇO Jimmy Carter visita o Brasil.

ABRIL Surge a candidatura do general Euler Bentes à Presidência pelo MDB.

MAIO Em Salvador, Ulysses Guimarães rompe uma barreira de PMs e cães para discursar na sede do MDB.

JUNHO Acaba a censura na *Tribuna da Imprensa*. O *Jornal do Brasil* publica todas as proibições expedidas desde 1969.

Geisel reúne o Conselho de Segurança Nacional e apresenta o seu projeto de reformas que levará ao fim do AI-5.

Lula divulga a ideia de se criar o Partido dos Trabalhadores.

O jornal *Em Tempo* publica uma lista com o nome de 233 civis e militares acusados de torturas.

AGOSTO A banida Maria Nazareth Cunha da Rocha, que vive em Paris, volta ao Brasil. É libertada semanas depois.

SETEMBRO Realizam-se as eleições indiretas para governadores. A Arena elege todos, salvo o do Rio de Janeiro.

Começa a circular o *Relatório Hugo Abreu*, atacando Figueiredo, Golbery e Heitor Ferreira. O general é preso.

OUTUBRO A Justiça Federal de São Paulo responsabiliza a União pela morte de Vladimir Herzog, em 1975.

NOVEMBRO Eleições para o Congresso. A Arena consegue quinze senadores e 231 deputados. O MDB elege oito senadores e 189 deputados.

DEZEMBRO Manchete do *Jornal do Brasil* na sua última edição do ano: "Regime do AI-5 acaba à meia-noite de hoje".

ECONOMIA E SOCIEDADE

A grande novela do ano é *Dancin' Days*, com Sônia Braga.

JANEIRO O Brasil deve US$ 32 bilhões.
Uma nova equipe de professores reorganiza o Departamento de Economia da PUC-Rio.
Breve greve na fábrica Maxwell, em São Paulo, por atraso de pagamentos.
Pedro Malan torna-se o primeiro presidente do Instituto de Economistas do Rio de Janeiro.

FEVEREIRO D. Eugênio Sales, cardeal do Rio, revela que está hospedando e recebendo refugiados argentinos, uruguaios e chilenos.
O marechal Pery Bevilaqua lança o Comitê Brasileiro pela Anistia.
D. Aloisio Lorscheider, presidente da CNBB, defende uma anistia para crimes estritamente políticos.

MARÇO Surgem novas cédulas, com o barão do Rio Branco na nota de Cr$ 1 mil.

ABRIL A CNBB defende a anistia, excluindo os casos em que ocorreram crimes comuns.

MAIO Greve na Scania. O movimento se espalha pelo ABC e paralisa 50 mil trabalhadores.

JUNHO Paulo Maluf derrota o candidato oficial, Laudo Natel, e será o próximo governador de São Paulo.

JULHO Incêndio no MAM do Rio. Viram cinzas um retrato de Dora Maar, de Picasso, e quase toda a obra do uruguaio Joaquin Torres-Garcia.
A rede Carrefour é expulsa da Associação de Supermercados porque passou a aceitar cartões de crédito.

AGOSTO Mario Henrique Simonsen diz que a dívida externa está em US$ 40 bilhões. Cresceu 25% em um ano.
Cacá Diegues cunha a expressão "patrulhas ideológicas".

OUTUBRO Greve de metalúrgicos em São Paulo.
Instalada a CPI do Acordo Nuclear, com fortes ataques à empreiteira Odebrecht.

NOVEMBRO Militares uruguaios, ajudados pela polícia brasileira, sequestram em Porto Alegre Universindo Díaz e Lilián Celiberti com seus dois filhos.

DEZEMBRO O governo informa que há 510 presos políticos no país.
O ano termina com a inflação (IGP-DI) em 40,8% e o PIB cresce 5%.

MUNDO

JANEIRO O general Pinochet consegue 75% dos votos num plebiscito chileno.
A polícia iraniana abre fogo contra uma manifestação de xiitas na cidade de Qom. Eles protestavam contra um ataque ao aiatolá Khomeini.

MARÇO Sequestrado na Itália o ex-primeiro ministro Aldo Moro. Matam-no em maio.
Os vereadores de San Francisco aprovam uma lei de direitos dos homossexuais.

JUNHO Em meio a desaparecimentos, torturas e assassinatos, realiza-se a Copa do Mundo de Futebol na Argentina. Ela fica com a taça.
Aprovada na Califórnia a *Proposition 13*, cortando impostos e recursos para programas sociais. É um marco na ascensão do conservadorismo americano.

JULHO Nasce Louise Brown, o primeiro bebê de proveta.

AGOSTO Morre o papa Paulo VI.
O cardeal Albino Luciano é eleito papa. Decide chamar-se João Paulo I. Morre 33 dias depois.
A princesa Ashraf, irmã gêmea do xá do Irã, visita o Brasil e é homenageada com um banquete pelo chanceler Azeredo da Silveira.
Com a colaboração do Centro de Informações do Exército, militares argentinos capturam no Rio de Janeiro o dirigente montonero Norberto Habegger. Ele desaparece.

SETEMBRO O primeiro-ministro de Israel, Menachem Begin, e o presidente do Egito, Anwar Al Sadat, reúnem-se em Camp David, nos EUA, com Jimmy Carter na busca de um compromisso no Oriente Médio.

OUTUBRO O Iraque expulsa o aiatolá Khomeini e ele vai para a França.
O cardeal polonês Karol Wojtyla é eleito papa e assume com o nome de João Paulo II.

DEZEMBRO Entra em vigor a Constituição democrática da Espanha.
O Partido Comunista da China aprova as reformas da virada econômica do país.
A crise política no Irã paralisa algumas de suas refinarias e provoca a alta do preço do petróleo. É o início do segundo choque.

1979

GEISEL, GOLBERY E FIGUEIREDO

JANEIRO Ao saber que Figueiredo colocaria Shigeaki Ueki, seu ministro de Minas e Energia, na presidência da Petrobras, Geisel comenta: "Não é adequado".
O cardiologista de Figueiredo reclama que ele havia "fugido" de exames e estava com o colesterol aumentado.
Golbery falando da anistia: "Quem vai dar o bombom é o Figueiredo".

FEVEREIRO Último contracheque integral de Geisel: ganhava Cr$ 36 mil e Cr$ 8.640 de representação. O Imposto de Renda ficava com Cr$ 5.522. Líquidos, sobravam Cr$ 39.107.
Heitor Ferreira lista os telefones úteis para Geisel em sua nova casa de Teresópolis. São 29. Quatro de parentes. Amigos sem cargos em Brasília, apenas sete.

MARÇO Figueiredo assume a Presidência prometendo abertura política e conciliação.
Geisel deixa Brasília e vai para Teresópolis, onde viverá com a mulher, a filha e a única irmã, Amália. Dividirá seu tempo entre a serra e um apartamento de quatro quartos em Ipanema, no Rio.

MAIO Aos 73 anos, morre em Brasília Orlando Geisel, irmão mais velho do ex-presidente. Desde 1974 pouco se falavam.

JULHO Figueiredo queixa-se de que "ninguém está vivendo a crise econômica brasileira com os pés no chão".

AGOSTO Despedindo-se de Mario Henrique Simonsen, que está deixando o ministério, Figueiredo pergunta-lhe: "Você acha que meu governo está uma merda?". Simonsen responde: "Eu estou indo embora".
Geisel comemora seu 72º aniversário. Pula o 71º e retoma a idade real, alterada por seu pai quando era adolescente.

NOVEMBRO Durante uma visita a Florianópolis, Figueiredo vai para a rua e bate boca com manifestantes.

POLÍTICA

No ano, explodem pelo menos três bombas, uma na catedral de Santo Antônio, em Nova Iguaçu (RJ). Começam os atentados contra bancas de jornal.
No ano, um documento do SNI estima que os exilados sejam 2.692. Prevê uma "escalada revanchista".

JANEIRO Figueiredo escolhe Delfim Netto para o Ministério da Agricultura e Mário Andreazza para o do Interior. Depois de relutar, Mario Henrique Simonsen aceita o do Planejamento. Petrônio Portella vai para o da Justiça.
Heitor Ferreira lista Golbery, Aureliano Chaves e Petrônio Portella com "máxima possibilidade" de sucederem Figueiredo.
O SNI prevê greves em São Paulo para março.
Numa reunião de metalúrgicos em Lins (SP) é aprovada a proposta de criação do Partido dos Trabalhadores.

FEVEREIRO Combinada com Golbery, a deputada Ivete Vargas dribla Brizola e captura a sigla do PTB.
É solto o primeiro preso político do Rio. Rômulo Noronha de Albuquerque, da ALN, condenado a dezoito anos de prisão, cumpriu oito e teve a pena reduzida. Logo depois o STM liberta outros quatro.

MARÇO O general Hugo Abreu cai na expulsória e passa para a reserva. Semanas depois chega às livrarias seu livro *O outro lado do poder*. Seria preso.
Metalúrgicos do ABC entram em greve. Há 300 mil trabalhadores parados no Rio e em São Paulo. O sindicato de São Bernardo, presidido por Lula, é colocado sob intervenção.

MAIO Morre o delegado Sérgio Fleury.

AGOSTO Promulgada a anistia. A volta dos exilados transforma os aeroportos em local de festas.
É revogado o Decreto nº 477, que permitia a expulsão de estudantes das universidades por atividades políticas.
A PM de Minas espanca e provoca a morte do metalúrgico Benedito Gonçalves durante uma manifestação de grevistas.

OUTUBRO A PM de São Paulo mata o operário Santo Dias durante uma manifestação de grevistas.

NOVEMBRO O Congresso extingue o bipartidarismo. Tancredo Neves articula a criação do Partido Popular e Leonel Brizola, não tendo a sigla do PTB, fundará o PDT. A Arena vira PDS e o MDB, PMDB.

DEZEMBRO Morre o general Hugo Abreu.

Cronologia

ECONOMIA E SOCIEDADE

Cacá Diegues lança o filme *Bye Bye Brasil*.
Jacques de Larosière, diretor-geral do FMI, pergunta se a dívida do Terceiro Mundo chegou a níveis arriscados. Os técnicos respondem que não.

JANEIRO Empossado o primeiro governador do estado de Mato Grosso do Sul.

FEVEREIRO O presidente do Banco Central revela que a dívida externa está em quase US$ 42 bilhões.

ABRIL Numa reunião do Planalto, Mario Henrique Simonsen reclama das divergências públicas de ministros em relação à política econômica.

JUNHO O banqueiro americano David Rockefeller diz que alguns países em desenvolvimento podem ter chegado ao limite de sua capacidade de endividamento.
A inflação americana chega a 10,9%.
Diante da alta do preço do petróleo, o SNI propõe medidas para prevenir uma crise de abastecimento de combustível.

JULHO A PM de Minas Gerais mata o operário da construção civil Orocílio Martins Gonçalves, que participava de uma manifestação de grevistas.
Jimmy Carter escolhe Paul Volcker para a presidência do Federal Reserve.

AGOSTO Jaime Wright expõe a d. Paulo Evaristo Arns o plano de pesquisa nos arquivos das auditorias militares. O cardeal de São Paulo aceita a ideia da qual resultarão o projeto e os livros da série *Brasil: nunca mais*.
Simonsen chama um caminhão de mudanças para tirar suas coisas de Brasília e deixa o Ministério do Planejamento. Para seu lugar vai Delfim Netto. A troca é aplaudida pelo empresariado.

SETEMBRO O governo lança-se numa ofensiva diplomática para estreitar as relações do Brasil com o Iraque, grande fornecedor de petróleo do país.

DEZEMBRO Os juros americanos vão a um pico de 15,2%. Esse movimento é considerado um marco na história financeira internacional. John Reed, presidente do Citibank, diria mais tarde: "Não era preciso ser um gênio financeiro para saber o que vinha por aí".
O ano termina com a inflação (IGP-DI) em 77,2% e o PIB cresce 6,8%.

MUNDO

Francis Ford Coppola faz o filme *Apocalypse now*, com Marlon Brando no papel do coronel Kurtz.

JANEIRO O xá do Irã exila-se no Egito.
Visitando o México, o papa João Paulo II condena o marxismo.
Morre em Nova York o ex-vice-presidente americano Nelson Rockefeller.

FEVEREIRO O aiatolá Khomeini desembarca em Teerã e assume o poder de fato no país.
A China invade o Vietnã.

MARÇO O presidente Anwar Al Sadat, do Egito, e o primeiro-ministro Menachen Begin assinam um tratado de paz na Casa Branca.

ABRIL O Irã transforma-se numa República Islâmica.

MAIO Margaret Thatcher torna-se primeira-ministra da Inglaterra.

JULHO João Paulo II visita a Polônia.
Os sandinistas tomam o poder na Nicarágua. O ditador Anastasio Somoza foge para Miami.

AGOSTO Terroristas irlandeses explodem o barco em que passeava Lorde Mountbatten, ex-vice-rei da Índia e influente conselheiro da família real inglesa.
A Turquia renegocia sua dívida externa. O Peru já o havia feito.
Morre o presidente Agostinho Neto, de Angola. É substituído por José Eduardo dos Santos, que está lá até hoje.

OUTUBRO João Paulo II visita os EUA.
Madre Teresa de Calcutá ganha o prêmio Nobel da Paz.
Começa uma guerra civil em El Salvador. Durará treze anos, matando cerca de 75 mil pessoas.

NOVEMBRO A embaixada dos EUA em Teerã é invadida e 52 americanos são feitos reféns.
Ronald Reagan anuncia que será candidato à Presidência dos EUA na eleição de 1980.

DEZEMBRO A URSS invade o Afeganistão, envenenando suas relações com o Ocidente.
O ditador argentino Jorge Videla discute o desaparecimento de opositores: "Que é um desaparecido? (...) É uma incógnita, é um desaparecido, não tem entidade, não está nem morto nem vivo, é um desaparecido".
Deng Xiaoping assume o comando do governo chinês.
A Arábia Saudita eleva o preço do barril de petróleo para US$ 24.

1980

GEISEL, GOLBERY E FIGUEIREDO

FEVEREIRO De Teresópolis, Geisel remete a Heitor Ferreira um documento que lhe foi enviado, com a observação: "Não sabem ainda que o Figueiredo é o presidente".

Diante do boato de que o senador Paulo Brossard poderia ser nomeado para o STF, Golbery responde: "Eu, hein? Mas não seria tão ruim assim...".

ABRIL Golbery, o general Octavio Medeiros e Heitor Ferreira acertam um plano para blindar Figueiredo e suas explosões emocionais.

O general Milton Tavares de Souza, comandante do II Exército, suspeita que Golbery e Lula tenham canais secretos de comunicação.

MAIO Guilherme Figueiredo briga com seu irmão. Ele insinua que o general Octavio Medeiros, chefe do SNI, é candidato a presidente.

Golbery e Octavio Medeiros distanciam-se.

JUNHO Geisel deixa seu retiro de Teresópolis e aceita a presidência da Norquisa, um conglomerado de empresas do setor petroquímico do Polo de Camaçari (BA).

JULHO Golbery faz uma palestra na Escola Superior de Guerra e expõe a estratégia da abertura, com pares de ações, ora contra a esquerda, ora contra a direita.

Chega a Golbery uma carta de um policial endereçada a Figueiredo identificando o automóvel do qual saiu a pessoa que botou uma bomba numa banca de jornal de Campinho, no Rio. O automóvel pertencia ao DOI do I Exército. A denúncia foi para o arquivo.

OUTUBRO Figueiredo vai ao Chile. Entre os assessores de Pinochet está o coronel Sergio Arredondo, que foi adido em Brasília e em 1973 participou da "Caravana da Morte", assassinando presos políticos. Ambos tornaram-se amigos durante cavalgadas em Brasília.

DEZEMBRO A revista *O Cruzeiro*, dirigida por Alexandre von Baumgarten, traz um artigo acusando Golbery de ter desmontado a máquina partidária do governo. O general, que sabia das ligações de Baumgarten com o SNI, anota: "*Muy amigo...*".

Comentando a operação de pontes de safena do ministro do Exército, general Walter Pires, Figueiredo diz: "Eu mesmo também estou todo entupido".

POLÍTICA

No ano, explodem pelo menos 24 bombas em diversas cidades. Bancas de jornal continuam sendo atacadas.

JANEIRO Em sua primeira *Apreciação Semanal*, o SNI diz que o ano começa com uma "expectativa pessimista".

O governo anuncia que concluiu um acordo nuclear com o Iraque.

Morre Petrônio Portella.

FEVEREIRO Fundado o Partido dos Trabalhadores.

MARÇO Militares argentinos sequestram no Rio Horacio Campiglia e Mónica Susana Pinus de Binstock. Têm a ajuda de oficiais do CIE.

O SNI faz uma *Apreciação Semanal* listando 63 problemas, quase todos insolúveis, e um assessor de Figueiredo comenta: "Esses caras estão com bosta na cabeça?".

ABRIL O chefe da seção de operações do DOI do Rio recebe uma proposta de atentado contra o show programado para o Riocentro no dia 1º de maio. Recusa-a.

Diante das dificuldades econômicas, Tancredo Neves propõe a formação de um "governo de união nacional". A proposta é repelida.

Greve no ABC. O governo intervém no Sindicato dos Metalúrgicos e prende Lula.

JUNHO O papa João Paulo II visita o Brasil.

Desaparecem em Uruguaiana (RS) os montoneros argentinos Lorenzo Viñas e Jorge Adur.

JULHO Um grupo de intelectuais reúne-se em São Bernardo com Lula. Formam-se duas correntes. Uma, liderada por Fernando Henrique Cardoso, quer ficar no PMDB. A de Lula segue com o PT.

AGOSTO Uma carta-bomba mata Lyda Monteiro da Silva, secretária do presidente da Ordem dos Advogados do Brasil. É o primeiro caso de atentado letal do surto terrorista de direita. Outra bomba mutila um funcionário da Câmara Municipal do Rio. Figueiredo discursa pedindo que joguem as bombas contra ele e promete investigar.

Ao perceber que seria preso, um casal de jovens argentinos toma cianureto e morre numa barca que ia de Porto Meira para Puerto Iguazú.

Cronologia

ECONOMIA E SOCIEDADE

Hector Babenco lança o filme *Pixote*. O menino Fernando Ramos da Silva, que interpretou o papel-título, seria assassinado em 1987.

A banca internacional emprestou ao Terceiro Mundo US$ 400 bilhões, grande parte desses créditos está em bancos americanos.

A IBM encomenda aos jovens Bill Gates e Paul Allen um programa para seus computadores pessoais e lhes cede o direito de comercializar o sistema DOS.

JANEIRO Cai o ministro da Fazenda, Karlos Rischbieter. Vai para o lugar Ernane Galvêas, que presidia o Banco Central.

FEVEREIRO Delfim Netto e Galvêas começam a viajar para tranquilizar a banca internacional.

William Rhodes, do Citibank, renegocia a dívida da Nicarágua.

MARÇO Morre aos 42 anos o artista plástico Hélio Oiticica.

A inflação americana vai a 15%.

JUNHO A dívida externa já ultrapassa US$ 50 bilhões e o Brasil paga um *spread* de 1,35% em seus novos empréstimos. É o triplo do que pagam a Argentina e as Filipinas.

Seguindo uma política de exportação de armas, o governo autoriza a venda de metralhadoras para a Líbia. Entre os clientes estão Iraque, Chile, Paraguai, Bulgária e Malásia.

JULHO A inflação brasileira chega a 100% pela primeira vez na história.

Desaparece a Rede Tupi de televisão, fundada em 1950.

AGOSTO O governo tenta controlar os altos salários nas empresas estatais.

SETEMBRO Os juros americanos vão a 13%.

Delfim Netto reúne-se com banqueiros em Londres. O clima entre eles é de pessimismo. De volta, relata que há pressões para que o Brasil recorra ao FMI.

DEZEMBRO Seis bancos americanos têm em suas carteiras mais de US$ 1 bilhão em empréstimos ao Brasil. O Citibank tem US$ 4 bilhões.

O governo manda uma equipe a Washington para começar a conversar com o FMI, mas minimiza a importância da negociação.

O ano termina com a inflação (IGP-DI) em 110,2% e o PIB cresce 9,2%.

MUNDO

No ano: erradicada a varíola. Estima-se que, só no século XX, ela tenha matado entre 300 e 500 milhões de pessoas.

JANEIRO Israel e Egito restabelecem relações diplomáticas.

É preso em Moscou e banido para a cidade de Gorki o físico Andrei Sakharov, prêmio Nobel da Paz de 1975.

FEVEREIRO Golpe no Suriname. O sargento Desi Bouterse torna-se o governante de fato do país. Está lá até hoje.

Robert Mugabe torna-se primeiro-ministro do Zimbábue. Aos poucos amplia seus poderes e governa o país até hoje.

MARÇO Por causa da invasão do Afeganistão, Jimmy Carter decide boicotar as Olimpíadas de Moscou e embarga as exportações de trigo para a Rússia.

ABRIL Fidel Castro permite que cubanos deixem sua ilha pelo Porto de Mariel. Em outubro, quando essa porta foi fechada, 125 mil pessoas tinham ido para os EUA.

Morre em Paris o filósofo Jean-Paul Sartre.

MAIO Morre o presidente iugoslavo Josip Tito, que governava o país desde 1944.

JUNHO Vai ao ar o canal de notícias CNN.

AGOSTO O operário polonês Lech Walesa lidera a primeira greve do estaleiro de Gdansk e consegue ver suas reivindicações atendidas.

SETEMBRO Começa a guerra Irã-Iraque. Durará oito anos, matando cerca de 2 milhões de pessoas.

Um comando sandinista mata em Assunção o ex-ditador Anastasio Somoza, da Nicarágua.

OUTUBRO O governo da Polônia reconhece o movimento Solidariedade, de Lech Walesa.

Morre no Rio Marcello Caetano, o último governante da ditadura portuguesa derrubada em 1974.

NOVEMBRO Começa em Pequim o julgamento da Gangue dos Quatro, que mandou no país durante a Revolução Cultural de Mao Tsé-Tung. Sua viúva, Jiang Qing, é condenada à morte, tem a sentença comutada e mata-se na cadeia em 1991.

Ronald Reagan é eleito para a Presidência dos EUA. Com sua vitória, fecha-se o quarteto de grandes líderes mundiais do final do século XX: ele, nos EUA; Margaret Thatcher, na Inglaterra; João Paulo II, no Vaticano; e Deng Xiaoping, na China.

DEZEMBRO Assassinado em Nova York o ex-beatle John Lennon.

Nesse ano, um em cada sessenta uruguaios tinha sido preso.

1981

FIGUEIREDO, GOLBERY E GEISEL

JANEIRO Figueiredo: "O que falta ao povo brasileiro é vivência democrática".

MARÇO Figueiredo dá a Silvio Santos e ao grupo Manchete duas concessões de redes de televisão. Na disputa, estavam o *Jornal do Brasil* e a Editora Abril.

MAIO Dias depois do atentado no Riocentro, Golbery ouve de Octavio Medeiros que o general José Luiz Coelho Netto estava envolvido no caso.

Golbery não encontra espaço na agenda para receber o economista Friedrich Hayek, expoente do pensamento liberal. Anos antes, Geisel não tivera agenda para receber Milton Friedman.

JULHO Figueiredo padece de dores na perna. É seu velho problema de coluna. A ele somam-se a cardiopatia e uma conjuntivite crônica.

Golbery escreve uma carta a Figueiredo denunciando um "núcleo de governo paralelo". O presidente morreria sem admitir que a recebeu.

AGOSTO Golbery pede demissão da chefia do Gabinete Civil. Geisel, ao receber a notícia: "Eu estava com medo disso".

Figueiredo coloca no lugar de Golbery o professor João Leitão de Abreu, que ocupara o cargo durante todo o governo Médici. Com a demissão de Simonsen em 1979 e a morte de Petrônio Portella em 1980, desaparece a influência do governo de Geisel sobre o de Figueiredo. No Planalto resta só Heitor Ferreira, secretário particular de Figueiredo, que é isolado por Leitão de Abreu.

SETEMBRO Golbery encontra-se com Geisel. Durante o governo Figueiredo viram-se poucas vezes.

Figueiredo enfarta. Viaja para exames na Clínica Cleveland. Depois de 24 horas de indefinição, Aureliano Chaves assume. O sistema circulatório do marechal Costa e Silva explodira em 1969, no 896º dia de governo. O de Figueiredo, no 918º.

Geisel passa a defender privadamente a renúncia de Figueiredo. Quando o indicou, sabia que o general era um cardiopata.

NOVEMBRO Figueiredo reassume a Presidência.

POLÍTICA

No ano, explodem pelo menos seis bombas, além daquelas que danificavam bancas de jornal.

JANEIRO O jornalista Alexandre von Baumgarten começa a escrever seu romance *Yellow cake*, tratando das transações nucleares com o Iraque.

FEVEREIRO Nelson Marchezan é eleito presidente da Câmara, derrotando o deputado Djalma Marinho. Heitor Ferreira lançara-se ostensivamente em sua campanha.

A ex-presa política Inês Etienne Romeu localiza a "Casa da Morte" de Petrópolis. O ministro do Exército solta uma nota oficial defendendo os militares que combateram o terrorismo, denunciando o que chama de "revanchismo".

MARÇO Chega ao general Octavio Medeiros a informação de que se planeja um atentado contra um show programado para o Riocentro.

ABRIL Noticiado um assalto em São Paulo no qual teria sido esfaqueado o ex-ministro Roberto Campos. A polícia do governador Paulo Maluf prende trezentos suspeitos. Ao ouvir a notícia, o general Medeiros diz: "Pra cima de mim?". (Campos fora atacado por uma namorada.)

Explode a bomba no Riocentro, matando um sargento e ferindo um capitão do DOI do I Exército. O Exército apresenta a versão de que eles foram vítimas. Passados mais de trinta anos, essa continua sendo a versão oficial. Todos os hierarcas da época reconheceram publicamente que ela é falsa.

NOVEMBRO Estudantes de Brasília jogam ovos contra o ex-secretário de Estado Henry Kissinger.

DEZEMBRO O governo altera as leis eleitorais e vincula os votos para o pleito de 1982. O eleitor será obrigado a escolher candidatos a deputado, senador e governador sempre de um mesmo partido. Diante disso, o Partido Popular de Tancredo Neves vai se juntar ao PMDB.

Heitor Ferreira deixa a residência oficial da granja do Riacho Fundo, onde vivia desde o início do governo Figueiredo. Os presidentes Médici e Geisel passavam ali os fins de semana.

ECONOMIA E SOCIEDADE

Durante o primeiro semestre, realizam-se dois embarques clandestinos de pasta de urânio para o Iraque.

MARÇO A Polônia suspende o pagamento de sua dívida externa.

ABRIL A agência do Banco do Brasil em Nova York começa a ter dificuldades para fechar seu caixa. Ouro extraído da mina de Serra Pelada será usado para garantir depósitos de emergência feitos pelo banco Morgan em Nova York.

MAIO Gesualdo Constanzo, vice-presidente do Citibank, diz que as preocupações com os empréstimos feitos ao Terceiro Mundo são "fantasias apocalípticas".

O bilionário americano Daniel Ludwig abandona o Projeto Jari, na Amazônia. Nos anos 1970, esse investimento era uma das joias do Milagre Econômico.

A censura brasileira veta uma série de shows da cantora americana Joan Baez. Ela era a musa das canções de protesto.

JULHO A economia americana entra em recessão.

O Brasil fica praticamente sem reservas em moedas estrangeiras.

A Costa Rica suspende o pagamento de sua dívida externa.

AGOSTO Morre Glauber Rocha. Tinha 42 anos.

Surge o canal de música MTV.

SETEMBRO Inaugurado em Brasília o Memorial JK. Oscar Niemeyer é acusado de tê-lo projetado com uma forma semelhante à da foice e do martelo.

Ronald Reagan, quando lhe perguntam onde conseguirá dinheiro para seu programa de armamentos: "Bem, não será do Brasil".

OUTUBRO Walter Wriston, presidente do Citi, prevê que no futuro "o Brasil poderá tomar empréstimos ainda maiores".

DEZEMBRO O Citibank lucrou US$ 555 milhões; 19% desse dinheiro veio de operações com o Brasil.

O ano termina com a inflação (IGP-DI) em 95,2% e o PIB contrai-se 4,3%.

MUNDO

JANEIRO Ronald Reagan toma posse.

São libertados os reféns da embaixada americana em Teerã.

O papa João Paulo II recebe no Vaticano uma delegação do movimento polonês Solidariedade.

FEVEREIRO Tentativa fracassada de golpe de Estado na Espanha.

O governo do Iraque reclama das vendas de metralhadoras brasileiras ao Irã, com quem está em guerra. O Brasil vendia armas aos dois.

MARÇO Atentado a bala contra Reagan. Apesar das informações divulgadas nos primeiros dias, sua vida correu perigo.

O general chileno Augusto Pinochet é empossado para mais um mandato de oito anos.

ABRIL A Coca-Cola abre sua primeira fábrica na China.

MAIO Atentado a bala em Roma contra João Paulo II.

O socialista François Mitterrand é eleito presidente da França.

Um júri internacional escolhe por unanimidade o projeto de Maya Lin para o Memorial aos americanos mortos na Guerra do Vietnã. São placas de mármore negro com 57.661 nomes de soldados mortos.

JUNHO Identificados em Los Angeles os cinco primeiros casos de aids.

Num ataque que durou um minuto, a aviação israelense bombardeia e destrói o reator nuclear iraquiano. Saddam Hussein fica quieto.

JULHO Reagan nomeia a primeira mulher para a Suprema Corte, Sandra O'Connor.

AGOSTO Reagan quebra a espinha do sindicalismo americano enfrentando e derrotando uma greve de controladores de voo.

SETEMBRO O mural *Guernica*, de Pablo Picasso, deixa o Museu de Arte Moderna de Nova York e vai para o Prado, em Madri.

OUTUBRO Durante um desfile militar, é assassinado o presidente do Egito, Anwar Al Sadat. Assume o general Hosni Mubarak.

DEZEMBRO Lei marcial na Polônia.

1982

GEISEL, GOLBERY E FIGUEIREDO

FEVEREIRO Figueiredo reclama das pessoas que lhe escrevem pedindo cavalos. Já deu dois.

MARÇO Figueiredo entra na segunda metade de seu mandato.

Num discurso de um deputado que condenava a eleição indireta, Figueiredo anota: "E se for eleito indiretamente um presidente pela oposição?".

MAIO Figueiredo viaja aos EUA e se reúne com Ronald Reagan. Insinua que se houver um conflito militar com a Inglaterra na disputa pelas ilhas Malvinas, o Brasil poderá apoiar a Argentina.

Estreia na TV Globo o programa semanal *O povo e o presidente*. Dura pouco mais de um ano.

Golbery e Heitor Ferreira evitam falar por telefone. Comunicam-se por bilhetes.

JUNHO Figueiredo manda cassar as credenciais dos repórteres do *Jornal do Brasil* e da *Veja* no Planalto, mas em seguida recua.

Geisel representa Figueiredo no funeral do rei da Arábia Saudita.

Figueiredo reclama que seriam necessários três orçamentos para atender a todos os pedidos feitos em ano eleitoral.

JULHO Geisel e Figueiredo encontram-se em Teresópolis durante um grande almoço na casa do ex-ministro Armando Falcão. Os dois estão distantes. Desde que ligou para o Planalto e Figueiredo não devolveu a chamada, Geisel ficou em silêncio.

SETEMBRO Floyd Loop, o cardiologista que examinou Figueiredo em Cleveland, escreve-lhe: "O senhor pode estar cavando sua sepultura com o talher". Figueiredo responde que passará a comer em pé, para reduzir o apetite.

DEZEMBRO Durante sua visita ao Brasil, o presidente Ronald Reagan encanta-se por *Gymnich*, um dos cavalos de Figueiredo. Ele o oferece de presente, mas as leis americanas proíbem mimos desse valor. Combinam que levará o bicho, emprestado. Muda seu nome para *Granjo*.

POLÍTICA

FEVEREIRO O Partido Popular de Tancredo anuncia sua fusão com o PMDB. O governo acha que pode impedi-la. Se ela se concretizar, significará o desmanche da manobra de Golbery, que pretendia tirar uma costela do PMDB.

O SNI diz que a fusão do Partido Popular de Tancredo com o PMDB é, acima de tudo, uma vitória da esquerda.

ABRIL José Sarney, presidente do PDS, propõe a Leitão de Abreu "um congelamento de preços" para ajudar o PDS na eleição daquele ano. Anos depois, na Presidência, Sarney faz o Plano Cruzado, congelando preços em ano eleitoral.

MAIO Leitão de Abreu e o general Medeiros afastam-se.

O governador Paulo Maluf movimenta-se ostensivamente como candidato à Presidência. Tem o apoio de Golbery.

OUTUBRO Desaparecem no Rio o jornalista Alexandre von Baumgarten, sua mulher e o barqueiro da traineira *Mirimi*, na qual haviam saído para passear. Dias depois ele é sepultado como vítima de afogamento.

NOVEMBRO Quarenta e oito milhões de eleitores vão às urnas. O PMDB elege os governadores de Minas Gerais (Tancredo Neves), São Paulo (Franco Montoro) e Paraná (José Richa). Pela primeira vez desde 1969, oposicionistas administrarão orçamentos milionários. O PMDB perde em Pernambuco, Rio Grande do Sul e Bahia. No Rio de Janeiro elege-se Leonel Brizola pelo PDT.

Lula, candidato ao governo de São Paulo pelo PT, fica em quarto e último lugar. Teve 1,1 milhão de votos num pleito vencido por Franco Montoro com 19 milhões. Seu partido elege apenas oito deputados. Maluf, candidato a presidente, torna-se o deputado mais votado do país, com mais de 600 mil votos.

A eleição para o Congresso e para as Assembleias garante ao governo o controle do Colégio Eleitoral que indicará o próximo presidente da República em 1985, com mandato de seis anos, até 1991.

Cronologia

ECONOMIA E SOCIEDADE

JANEIRO Com a saída do bilionário Daniel Ludwig do Projeto Jari, o magnata Augusto de Azevedo Antunes oferece-se para resgatar o empreendimento, com ajuda do BNDE. Consegue o financiamento, mas o projeto definha.

MARÇO Depois da estreia do filme *Pra frente Brasil*, que mostrava cenas de tortura, o diplomata Celso Amorim é demitido da presidência da Embrafilme, que financiara o projeto.

O SNI monitora espetáculos com cenas "atentatórias à moral e aos bons costumes"; em Recife eles chegariam a 72,7% e em Brasília, a 58,3%.

JULHO Itália 3 x 2. O Brasil sai da Copa do Mundo sem chegar às semifinais.

Num documento sobre a economia brasileira, um técnico do FMI classifica o panorama de "sinistro", mas sustenta que nada deveria ser feito antes da eleição de novembro.

AGOSTO Diante do colapso da dívida mexicana, no Brasil a diretoria do Banco Central prevê um desastre, mas seu presidente, Carlos Langoni, diz que a situação do país é "completamente diferente".

SETEMBRO Delfim Netto, diante da crise mexicana: "Nosso negócio é pagar".

O Brasil faz um saque de emergência no FMI. Logo depois, o Tesouro americano entra com um socorro de US$ 1,25 bilhão.

Pedro Malan, Persio Arida, André Lara Resende e Edmar Bacha organizam um seminário no Departamento de Economia da PUC, no Rio de Janeiro, mostrando a gravidade da crise da dívida externa e a futilidade do discurso oficial. Eles argumentavam que a linha do "nosso negócio é pagar" não se sustentaria.

O ano termina com a inflação (IGP-DI) em 99,7% e o PIB cresce 0,8%.

MUNDO

No ano: o consumo de crack expande-se nas comunidades pobres das grandes cidades americanas.

JANEIRO Um garoto de quinze anos cria o primeiro vírus de computadores.

ABRIL Paul Volcker começa a socorrer secretamente o México. O país está quebrado e terá eleições presidenciais em julho.

O general argentino Leopoldo Galtieri manda ocupar as ilhas Malvinas. Contrariando as expectativas dos EUA e de quase todo mundo, a primeira-ministra inglesa, Margaret Thatcher, despacha uma frota para expulsar os invasores. Depois de alguns combates, eles se rendem em junho. Nas ruas de Buenos Aires, grita-se: "*Galtieri, borracho, mataste a los muchachos*".

MAIO Com a incapacidade de Leonid Brejnev, Yuri Andropov, chefe da KGB, torna-se o governante de fato da URSS.

JUNHO Estreia nos Estados Unidos o filme *E.T.*, de Steven Spielberg.

Os militares argentinos depõem Leopoldo Galtieri e dias depois põem no lugar o general Reynaldo Bignone.

JULHO Eleições presidenciais no México. É eleito Miguel de la Madrid.

AGOSTO O ministro da Fazenda do México joga a toalha: o país quebrou e ele pede uma moratória para o pagamento de US$ 10 bilhões. Começa a Crise da Dívida do Terceiro Mundo.

SETEMBRO Morre a ex-atriz Grace Kelly, princesa de Mônaco.

OUTUBRO O Partido Socialista vence as eleições na Espanha. Felipe González será o próximo primeiro-ministro.

NOVEMBRO Morre Leonid Brejnev, de 75 anos. Para seu lugar sobe Yuri Andropov, de 68 e com saúde débil.

Surge o CD. Primeiro no Japão, meses depois na Europa e nos EUA.

DEZEMBRO O FMI empresta US$ 4,9 bilhões ao Brasil e o governo fecha um acordo provisório com a banca.

Ronald Reagan visita o Brasil. Num banquete saúda o "povo da Bolívia". Ao perceber o erro, diz que a Bolívia seria o próximo país que visitaria. Não era.

Michael Jackson lança seu álbum *Thriller*, o maior sucesso comercial de todos os tempos.

A revista *Time* escolhe o computador pessoal como O Homem do Ano, chamando-o de A Máquina do Ano.

1983

GEISEL, GOLBERY E FIGUEIREDO

JANEIRO O PDS delega ao presidente o comando de sua sucessão.
Figueiredo diz que o país está em "economia de guerra". Mostra-se abatido, lamentando que seu mandato dure seis anos. Restam-lhe dois.
O presidente da Câmara, Nelson Marchezan, lança a ideia da reeleição de Figueiredo.

FEVEREIRO Geisel e Figueiredo se reúnem em Porto Alegre.
Golbery encontra-se com Geisel.

MARÇO Diante da crise da economia, Figueiredo pede uma trégua política.
O SNI vigia Golbery e Maluf.

MAIO Figueiredo anota na carta de uma mãe que critica o otimismo de Delfim e conta que seu filho se matou por causa da crise econômica: "Não entendo mais nada!".
Figueiredo admite sua reeleição, manobra que exigiria uma emenda constitucional.
Figueiredo diz que não quer a reeleição.

JULHO Figueiredo embarca para Cleveland, onde é operado imediatamente. Coloca uma ponte de safena e uma mamária. Aureliano Chaves assume e fica 43 dias na Presidência. Os longos expedientes que dava no Palácio envenenam suas relações com Figueiredo.

AGOSTO Golbery: "Figueiredo não tem vontade de dirigir o país, não está interessado em dirigir o país e não tem mais saúde para dirigir o país".
Figueiredo reassume mas ainda não vai ao Planalto.

SETEMBRO Geisel sinaliza seu apoio a Aureliano Chaves. Numa conversa com Marco Maciel ele já defendera a renúncia de Figueiredo.
O SNI fotografa quem vai ao escritório de Golbery.

OUTUBRO Figueiredo demite Heitor Ferreira. Ele estava na secretaria particular do presidente desde 1974. Leitão de Abreu pusera a questão em termos de "ele ou eu". Heitor nunca mais veria Figueiredo.

NOVEMBRO Durante uma viagem à África, Figueiredo diz que é a favor das eleições diretas, mas seu partido é contra. Depois corrige: "Continuo contra as diretas".

DEZEMBRO Figueiredo desiste de coordenar a própria sucessão.

POLÍTICA

JANEIRO O deputado Paulo Maluf instala-se em Brasília numa mansão, com escritório na área comercial.
Leitão de Abreu diz privadamente que "Maluf é rejeitado pelo tecido da Nação".
Heitor Ferreira incomoda-se com a expressão "governadores da oposição" e diz que assim "podemos chegar ao ponto de, um dia, chamar o Tancredo de 'presidente da oposição'".
A revista *Veja* mostra que Alexandre von Baumgarten não morreu afogado, mas de tiro. Na semana seguinte, divulga um dossiê que ele deixou, acusando o general Newton Cruz e o SNI de tramarem seu assassinato.

FEVEREIRO Lula diz que prefere um general a Maluf na Presidência.

MARÇO O deputado Dante de Oliveira apresenta o seu projeto de emenda constitucional restabelecendo as eleições diretas para a Presidência. Passa despercebido.
O vice-presidente Aureliano Chaves é candidato a presidente.
Empossados os novos governadores.

ABRIL O ministro do Interior, Mário Andreazza, admite ser candidato a presidente, mas acha "espetacular" a ideia da reeleição de Figueiredo.
Manifestantes derrubam as grades do palácio dos Bandeirantes. Seguem-se dias de medo em São Paulo, com duzentos saques. Os saques espalham-se por diversas cidades.

MAIO Tancredo e Ulysses se acertam: Tancredo apoia as diretas, mas deixa aberto o caminho para uma candidatura de consenso.
Brizola aceita a reeleição de Figueiredo para um mandato de dois anos.

JUNHO Aureliano defende as diretas.
Tancredo diz que a luta pelas diretas é "necessária, porém lírica".
Primeiro comício pelas Diretas, em Goiânia, com 5 mil pessoas.

JULHO Maluf encontra-se com Médici e janta com Geisel, que no dia seguinte janta com Aureliano.

AGOSTO Newton Cruz assume o Comando Militar do Planalto.

NOVEMBRO Maluf garante que tem maioria no Colégio Eleitoral: "O jogo está encerrado".
O PT realiza em São Paulo um comício pelas diretas.
A *Folha de S.Paulo* começa sua campanha pelas diretas.

DEZEMBRO Leitão de Abreu detona o Colégio Eleitoral ao dizer que nele não há obrigação de fidelidade partidária.

Cronologia

ECONOMIA E SOCIEDADE

JANEIRO A dívida externa está em US$ 70 bilhões.
O governo apresenta ao FMI uma carta de intenção e promete inflação de 78% no ano.
A Mercedes demite 2.900 operários.
Morre o jogador Garrincha.
O governo manda ao Congresso seu primeiro projeto de arrocho nos aumentos salariais, que estavam indexados pela taxa da inflação.
Anualizada, a inflação de janeiro vai a 104,9%, a maior de todos os tempos.

FEVEREIRO Delfim desvaloriza a moeda em 30%.
Ocupadas duas fábricas em São Paulo.

MARÇO Luis Fernando Verissimo cria a "Velhinha de Taubaté", uma senhora que acreditava em tudo o que o governo dizia.
Surge o slogan "o povo está a fim da cabeça do Delfim".

MAIO O governo manda ao Congresso um novo decreto para os reajustes salariais.

JUNHO Vai ao ar a Rede Manchete.
A banda Kiss toca no Maracanã para mais de 100 mil pessoas.
Criada uma nova comissão dos bancos para tratar da dívida. Na sua direção fica William Rhodes, do Citi.
Congresso rejeita decreto do governo sobre correção de salários.

JULHO Delfim: "A crise continua, e eu também".
O grupo Matarazzo pede concordata.
Greve geral com fortes adesões em São Paulo e no Rio Grande do Sul.
A inflação do mês fica em 13,3%, outro recorde histórico.

AGOSTO Fundada a CUT.

SETEMBRO Onda de saques no país: 93 no Nordeste; 84 no Rio; 50 em São Paulo. Brizola diz que a CIA estaria "por trás".
Cai o presidente do Banco Central, Carlos Langoni.

OUTUBRO Aos 31 anos, mata-se a poeta Ana Cristina Cesar.
O Congresso derruba mais uma lei de reajustes salariais.
Figueiredo coloca Brasília sob medidas de emergência para a votação da nova lei salarial.
O ano termina com a inflação (IGP-DI) em 211% e o PIB contrai-se 2,9%.

MUNDO

Os EUA têm 10 milhões de computadores.
A Motorola lança comercialmente o seu primeiro aparelho de telefonia celular.

JANEIRO Surge o relógio Swatch.
A Apple lança o computador pessoal Lisa.

MARÇO Ronald Reagan chama a URSS de "Império do Mal".

ABRIL Reagan manda o diretor da CIA a Brasília para informar que invadirá o Suriname. Pede apoio ao governo, mas não consegue. Desiste.

JUNHO O partido conservador de Margaret Thatcher vence as eleições inglesas por ampla margem.

JULHO Suspensa a lei marcial na Polônia. O governo concede anistia a alguns presos políticos.

SETEMBRO Caças soviéticos derrubam um avião comercial coreano que entrara inadvertidamente em seu espaço aéreo, matando 269 pessoas.
Vai ao ar o Disney Channel.

OUTUBRO Os EUA invadem a ilha caribenha de Granada, resgatam jovens americanos, encarceram o primeiro-ministro e capturam 638 soldados cubanos.
Duzentos e quarenta e um militares americanos e 58 franceses morrem num atentado a bomba em Beirute, no Líbano.
O polonês Lech Walesa ganha o prêmio Nobel da Paz.
Nelson Piquet é bicampeão mundial de Fórmula 1. Dias depois, aos 23 anos, o jovem Ayrton Senna ganha o campeonato inglês de Fórmula 3.
O advogado Raúl Alfonsín é eleito presidente da Argentina. É o fim da mais sangrenta das ditaduras sul-americanas.

NOVEMBRO A Chrysler lança a primeira minivan.
Reagan cria o feriado nacional pela memória de Martin Luther King.

DEZEMBRO Trinta países já refinanciaram a dívida externa, num montante de US$ 400 bilhões.

1984

GEISEL, GOLBERY E FIGUEIREDO

JANEIRO Geisel apoia publicamente Aureliano Chaves.
Golbery anuncia seu apoio a Maluf.

ABRIL Durante uma viagem ao Marrocos, Figueiredo diz a um deputado que se estivesse no Rio iria ao comício das Diretas. No dia seguinte, ambos corrigem o comentário.
Dulce, mulher de Figueiredo, ignora a presença de Vivi, mulher de Aureliano Chaves, numa cerimônia.

MAIO Golbery dá uma entrevista defendendo Maluf. Teme ser preso.

JUNHO O SNI informa que Mario Henrique Simonsen vem tentando marcar um encontro de Tancredo com Geisel.
Figueiredo diz ao deputado Marcondes Gadelha que aceita continuar, com um mandato de quatro anos. Gadelha acha que teve uma "alucinação auditiva".
Figueiredo aceita que José Sarney, presidente do PDS, faça uma prévia para escolher o candidato do partido. Dias depois recua, Sarney renuncia ao cargo, abandona o partido e se aproxima de Tancredo.

JULHO Geisel reúne-se com Figueiredo em Brasília. A conversa dura três horas e ele reclama da inação de Figueiredo. Foi a última tentativa de levar o presidente para a candidatura de Aureliano.
Encontram-se no Rio Geisel e Aureliano. O vice-presidente anuncia que apoiará Tancredo.

AGOSTO Diante da vitória de Maluf na convenção do PDS, Figueiredo diz que "a opção não foi minha, foi o meu partido".

SETEMBRO Antonio Carlos Magalhães desafia o ministro da Aeronáutica, Délio Jardim de Mattos. Nada lhe acontece.
Geisel recebe Tancredo em seu escritório e deixa-se fotografar abraçando-o. Recomenda-lhe ficar longe dos militares.
Figueiredo diz que uma vitória de Tancredo poderá resultar na esquerdização do país. Diz coisa parecida ao ex-secretário de Estado americano Henry Kissinger.
Geisel diante da inquietação militar: "Quem promove aberturas políticas como o general Figueiredo promoveu, não pode ter medo de meia dúzia de bandeiras vermelhas".

DEZEMBRO Geisel: "O Golbery me mandou um cartão de Natal e eu respondi. Não o procuro porque eu quero preservar essa amizade".

POLÍTICA

JANEIRO A *Folha de S.Paulo* começa a publicar a programação da campanha das Diretas. Só para janeiro anuncia vinte eventos.
Leitão de Abreu prevê a derrota de Maluf no Colégio.
Comício das Diretas em Curitiba.
Grande comício das Diretas na praça da Sé, em São Paulo.

FEVEREIRO Comício em Belo Horizonte.

ABRIL Comício das Diretas no Rio. A multidão canta *Caminhando*, música proibida em 1968.
Comício no Anhangabaú, em São Paulo, o maior da história. No Brasil, estima-se que 4 milhões de pessoas já tenham ido às ruas pedindo eleições diretas.
Brasília é colocada sob o regime de medidas de emergência. Suspende-se o direito de reunião e impõe-se censura parcial à imprensa. O comandante militar do Planalto, general Newton Cruz, bota sua tropa na rua e sai montando um cavalo branco.
Numa sessão que durou dezessete horas, a Câmara rejeita a emenda Dante de Oliveira. Tem 298 votos, mas faltam-lhe 22.

MAIO Antonio Carlos Magalhães diz a Tancredo que se Maluf ganhar a convenção do PDS ele o apoia no Colégio Eleitoral.
A campanha das Diretas-Já transforma-se em Tancredo-Já.
Tancredo anuncia que disputará a Presidência.
A convenção do PDS escolhe Paulo Maluf. Derrotado, Andreazza não o apoia, e Antonio Carlos Magalhães, seu principal articulador, embarca na candidatura de Tancredo.

SETEMBRO Tancredo encontra-se com o ministro do Exército, general Walter Pires.

OUTUBRO Tancredo diz que teme um golpe, "gesto inconsequente desse general Newton Cruz".

NOVEMBRO Tancredo é avisado de que o general Newton Cruz perderá o comando da tropa de Brasília.
O Tribunal Superior Eleitoral decide que na eleição presidencial de janeiro os delegados não estarão presos à fidelidade partidária. É o fim de Maluf.

DEZEMBRO Novo comício na praça da Sé. Festeja-se antecipadamente a vitória de Tancredo. Na ponta do lápis, ele já tem maioria no Colégio Eleitoral.
O poderoso empresário Antonio Gallotti, um dos fundadores do IPÊS, na noite do Réveillon: "É uma sorte que depois de vinte anos a gente saia dessa com o Tancredo".

ECONOMIA E SOCIEDADE

JANEIRO O empresariado afasta-se do regime. Olavo Setubal, do banco Itaú, e o empresário Antonio Ermírio de Moraes apoiam a candidatura de Aureliano Chaves e, mais tarde, a de Tancredo Neves.

FEVEREIRO Depois de dificuldades em suas negociações com o FMI, o governo prepara mais uma carta comprometendo-se com uma inflação de 105%. É a quinta carta com promessas.

Aureliano Chaves diz que o Brasil não tem condições para cumprir os compromissos que assume. Depois de ter sido demitido da presidência do Banco Central em 1983, Carlos Langoni diz a mesma coisa.

ABRIL O presidente argentino Raúl Alfonsín ameaça declarar moratória.

JUNHO Delfim Netto: "Se tivéssemos um pouco de governo, ainda faríamos alguma coisa. Mas está a zero, mesmo".

JULHO Tancredo diz que romper com o FMI "é uma tolice". Essa proposta da esquerda do PMDB e do PT vai aos poucos perdendo força.

AGOSTO Tancredo avisa que não aceita a ideia de moratória unilateral da dívida externa.

SETEMBRO Walter Wriston deixa a presidência do Citibank. É substituído por John Reed, que comandara o projeto de caixas eletrônicos.

DEZEMBRO O governo manda ao FMI sua sétima carta de promessas e o Fundo diz que só discutirá com o próximo governo, que assumirá em março.

O ano termina com a inflação (IGP-DI) em 223,8%, a maior de todos os tempos, e o PIB cresce 5,4%. Depois de vinte anos a ditadura vai para seu fim com resultados econômicos piores que os de João Goulart.

MUNDO

Em 1984, o ano em que o escritor inglês George Orwell fixou a época em que o mundo viveria sob um regime totalitário, as ditaduras comunistas estão na crise da qual não sobreviverão. O livro foi publicado em 1949.

JANEIRO A Apple lança o computador Macintosh, com seu célebre anúncio "1984".

É preso na Argentina o primeiro general da ditadura. Semanas depois prende-se um ex-presidente.

FEVEREIRO Morre Yuri Andropov, Konstantin Chernenko assume o governo da URSS.

MARÇO O Irã mostra que o Iraque estava usando armas químicas na guerra entre os dois países.

ABRIL Identificado o vírus da aids.

JULHO Olimpíadas de Los Angeles. Como os EUA haviam boicotado os Jogos de Moscou, os países de regime socialista boicotam-na. A briga política mutilou a carreira de uma geração de atletas.

AGOSTO Num teste de transmissão radiofônica, Ronald Reagan diz o seguinte: "Compatriotas americanos, tenho o prazer de anunciar que assinei as ordens para acabar com a URSS. Começaremos a bombardeá-la em cinco minutos".

SETEMBRO Terroristas explodem a embaixada americana em Beirute e matam 24 pessoas.

A Inglaterra concorda em devolver Hong Kong à China em 1997.

OUTUBRO O bispo negro sul-africano Desmon Tutu ganha o Nobel da Paz.

Assassinada Indira Gandhi, primeira-ministra da Índia.

NOVEMBRO Nos cinemas, *Os gritos do silêncio* (*Killing fields*), expondo os crimes da ditadura comunista no Camboja.

Julio María Sanguinetti é eleito presidente do Uruguai. Terminam doze anos de ditadura militar.

Ronald Reagan é reeleito.

É preso na Argentina José Alfredo Martínez de Hoz, o czar da economia da ditadura. É libertado 77 dias depois.

1985

GEISEL, GOLBERY E FIGUEIREDO

JANEIRO Figueiredo submete-se a uma cirurgia da coluna no Rio. Não passa o cargo a Aureliano Chaves. Restabelecendo-se, posa para uma fotografia no jardim da casa de saúde, prostrado. Tancredo vai visitá-lo. Geisel não vai.

Golbery diz que não procura Geisel. Argumenta que mesmo não tendo apoiado Tancredo abertamente, Geisel será responsável pelo que vier a acontecer: "Se der certo, muito bem, os louros irão para ele, mas se houver um desastre, não é justo que venha dizer que nada tinha a ver com isso".

Numa entrevista, Figueiredo pede aos 70% dos brasileiros que apoiam Tancredo ("o povão") "que me esqueçam".

José Sarney, vice-presidente eleito, encontra-se com Geisel.

MARÇO Com Tancredo internado, Figueiredo recusa-se a passar a faixa presidencial a José Sarney, deixa o palácio por uma porta lateral, pega o avião e vai para o apartamento de um amigo no Rio.

Numa conversa, Figueiredo prevê que se Tancredo não resistir "Sarney não governa" e o desfecho seria o retorno dos militares ao poder.

ABRIL Durante o velório de Tancredo no palácio do Planalto, Geisel e Ulysses Guimarães cumprimentam-se. Figueiredo não comparece.

Com o fim da ditadura, Geisel, Golbery e Figueiredo afastam-se da vida pública.

POLÍTICA

JANEIRO Na madrugada da ceia do Réveillon, Tancredo sente-se mal. Sua irmã, a religiosa Esther, diz que ele precisa ver um médico. Ele responde: "O SNI vai saber e vão aproveitar". Dias depois fica febril, liga para seu médico mineiro e pede um antibiótico oral.

Tancredo Neves é eleito presidente da República por 480 votos contra 180 de Paulo Maluf. Cita o poeta francês Verlaine e diz que recebe a vitória "com êxtase e terror". Realizam-se comícios-festas em várias cidades.

Tancredo diz ao médico Renault Mattos Ribeiro que sente dores na virilha.

Tancredo embarca para uma viagem para Itália, França, Portugal, EUA, México e Argentina. Durante sua passagem por Washington, tem uma dura conversa com o secretário de Estado, George Shultz. Diz que pretende fazer um governo de austeridade, honrando os compromissos do país, mas se os bancos se fecharem as consequências serão imprevisíveis.

MARÇO Tancredo Neves deverá tomar posse no dia 15, uma sexta-feira. No dia 12, seu estado de saúde se agrava. Na noite de 14, é levado às pressas para o Hospital de Base, em Brasília, e é submetido à primeira cirurgia.

José Sarney é empossado na Presidência da República, com o ministério de Tancredo.

No dia 20, Tancredo passa por uma nova cirurgia. Uma semana depois, posa para uma foto num cenário maquiado. No dia seguinte, é transferido para São Paulo e vai para a terceira cirurgia.

O Alto-Comando do Exército caroneia o general Newton Cruz na lista de promoções à quarta estrela e ele é transferido automaticamente para a reserva.

ABRIL No dia 2, ocorre a quarta cirurgia de Tancredo. Até o dia 12, mais três.

Em 21 de abril, Dia de Tiradentes, é anunciada a morte de Tancredo Neves. Depois de ser velado em Brasília e Belo Horizonte, ele é sepultado em São João del Rei (MG).

AGOSTO A deputada Bete Mendes acusa o coronel Carlos Alberto Brilhante Ustra de tê-la torturado no DOI de São Paulo. O ministro do Exército, general Leonidas Pires Gonçalves, informa que mantém sua confiança em Ustra.

OUTUBRO Morre o ex-presidente Médici.

Cronologia

ECONOMIA E SOCIEDADE

JANEIRO Realiza-se o primeiro show Rock in Rio.
O FMI diz que não discutirá com o governo brasileiro a sua sétima carta de intenção. Prometia 60% de inflação no ano.
Em sua primeira entrevista coletiva como presidente eleito, Tancredo diz que dívida "se paga com dinheiro, não se paga dinheiro com fome, miséria e desemprego".

FEVEREIRO O diretor-geral do FMI congela os entendimentos com o Brasil.
Em visita ao Brasil, o banqueiro americano David Rockefeller visita Tancredo e responde à sua frase sobre a dívida externa: "Dívida é dívida e seu conceito não varia".

MARÇO Num dos primeiros atos do novo governo, o Banco Central intervém no Grupo Brasilinvest, do paulista Mario Garnero. Ele fora um dos mais destacados líderes empresariais da ditadura.

ABRIL O ministro da Fazenda, Francisco Dornelles, reabre as negociações da dívida externa com o FMI e os bancos. Ela está em US$ 103 bilhões.
No circuito do Estoril, em Portugal, Ayrton Senna consegue sua primeira vitória na Fórmula 1.

JUNHO Estreia na TV Globo a novela *Roque Santeiro*, de Dias Gomes. Ela fora vetada pela Censura em 1975.
Identificados os restos mortais do criminoso nazista Josef Mengele. Ele morrera em 1979 em São Paulo e fora sepultado com a identidade falsa com que vivia.

JULHO O Peru decreta moratória de sua dívida externa.

AGOSTO Francisco Dornelles deixa o Ministério da Fazenda e Sarney coloca em seu lugar o empresário Dilson Funaro.

NOVEMBRO Jânio Quadros é eleito prefeito de São Paulo, derrotando Fernando Henrique Cardoso.

DEZEMBRO O ministro Dilson Funaro indica aos bancos credores que o Brasil pode entrar no caminho da decretação de uma moratória. Em fevereiro de 1986 cumpriria a promessa.
O ano termina com a inflação (IGP-DI) em 235% e o PIB cresce 7,85%.

MUNDO

FEVEREIRO Depois de passar um tempo sumido, o dirigente soviético Konstantin Chernenko é visto em público. Parece sonado.
Nelson Mandela rejeita o oferecimento de liberdade sob condições impostas pelo governo da África do Sul. Seria libertado em 1990, sem condições.

MARÇO A Food and Drug Administration libera o primeiro teste para detectar o vírus HIV.
Morre o pintor Marc Chagall.
Morre Chernenko. Mikhail Gorbachev vai para seu lugar.

ABRIL Boris Yeltsin é tirado da chefia de um governo provincial e levado para Moscou, onde cuidaria da construção civil. Em dezembro assumiria a administração de Moscou.

MAIO Cientistas ingleses detectam na Antártica um buraco na camada de ozônio da atmosfera.
Gorbachev faz um discurso em Leningrado e usa pela primeira vez a palavra *perestroika*, que significa "reestruturação".

JUNHO Vai ao ar o Discovery Channel.

AGOSTO Aspen torna-se a primeira cidade americana a banir o fumo em restaurantes.

SETEMBRO Steve Jobs é afastado da diretoria da Apple, empresa que fundara. Voltaria em 1997. Com o iPhone e o iPad, transforma-se, mais tarde, em símbolo de empresário inovador americano.

NOVEMBRO A Microsoft lança seu sistema Windows.

DEZEMBRO A resistência afegã enfraquece o regime apoiado pela invasão soviética.
O general Jorge Rafael Videla, ex-ditador da Argentina, é condenado à prisão perpétua. Fica cinco anos preso, é solto, volta a ser encarcerado e morre na cadeia em 2013.
No ano, os EUA têm catorze bilionários. A China, nenhum. Em 2014 os bilionários americanos seriam 615 e os chineses, quatrocentos. Nos anos 1980, Jack Ma, hoje o homem mais rico da China, vivia como professor de inglês. Bill Gates, que hoje é o homem mais rico do mundo, faria seu primeiro bilhão em 1986, aos 31 anos.

Fontes e bibliografia citadas

ARQUIVOS, BIBLIOTECAS

Arquivo de Ernesto Geisel/CPDoc
Arquivo do Autor
Arquivo do Departamento de Estado dos EUA
Arquivo Médici/IHGB
Arquivo Nacional
Arquivo Privado de Golbery do Couto e Silva/Heitor Ferreira
Arquivo Privado de Therezinha Zerbini
Arquivo Público do Estado de São Paulo
Foreign Broadcast Information Service
National Security Archive (EUA)

INFORMANTES

Americo Mourão
Antonio Carlos Magalhães
Antonio Delfim Netto
Antonio Gallotti
Antony Gebauer
Bechara Jalkh
Carlos Alberto Brilhante Ustra
Carlos Augusto Santos Neves
Claudio Bardella
Ernesto Geisel
Fernando Henrique Cardoso
Francisco Dornelles
Franco Montoro
Gastão Vidigal
Gilson Menezes
Golbery do Couto e Silva
Heitor Ferreira
Hugo Perez
Humberto Barreto
Ivan de Souza Mendes
Jô Soares
João Baptista Figueiredo
João Ribeiro Dantas
John Reed
Jorge Bastos Moreno
José Papa Júnior
José Sarney
Leonidas Pires Gonçalves
Luiz Inácio Lula da Silva
Marcelo Cerqueira
Marcio Thomaz Bastos
Marcos Vianna
Mário Andreazza
Miro Teixeira
Newton Cruz
Paulo Castello Branco
Paulo Egydio Martins
Paulo Francini
Paulo Maluf
Paulo Nogueira Batista
Paulo Tarso Flecha de Lima
Pedro Paulo de Sena Madureira
Raimundo Rodrigues Pereira
Raul Ryff
Said Farhat
Sérgio Barcelos
Sonia Portella
Thales Ramalho
Therezinha Zerbini
Violeta Arraes
Yvan Bentes Monteiro

PERIÓDICOS

DIÁRIOS

Correio Braziliense
Diário de Brasília
Folha de S.Paulo
Gazeta do Povo
Gazeta Mercantil
Jornal de Brasília
Jornal do Brasil
O Estado de S. Paulo
O Globo
The New York Times
Tribuna da Luta Operária
Última Hora
Valor Econômico
Zero Hora

SEMANAIS

CartaCapital
Época
IstoÉ
Movimento
O Pasquim
Veja

OUTROS

A Defesa Nacional
Em Tempo
Playboy
Venceremos

SÉRIES DOCUMENTAIS, DOSSIÊS

ABREU, Alzira Alves de; BELOCH, Israel; LATTMAN-WELTMAN, Fernando; LAMARÃO, Sérgio Tadeu de Niemeyer (coords.). *Dicionário histórico-biográfico brasileiro pós-1930*. Vols. 1 a 5. 2ª ed. rev. e atualizada. Rio de Janeiro: Editora FGV/CPDoc, 2001.

BAFFA, Ayrton. *Nos porões do SNI — O retrato do monstro de cabeça oca*. Rio de Janeiro: Objetiva, 1989.

Brasil dia-a-dia. Edição especial do Almanaque Abril. São Paulo: Abril, 1990.

Projeto Brasil: nunca mais. Tomo I: *O regime militar*. Tomo II, vol. 1: *A pesquisa BNM*; vol. 2: *Os atingidos*; vol. 3: *Os funcionários*. Tomo III: *Perfil dos atingidos*. Tomo IV: *As leis repressivas*. Tomo V, vol. 1: *A tortura*; vol. 2: *As torturas*; vol. 3: *As torturas*; vol. 4: *Os mortos*. Tomo VI, vol. 1: *Índice dos anexos*; vol. 2: *Inventário dos anexos*. São Paulo: Arquidiocese de São Paulo, 1985. 6 tomos.

DEPOIMENTOS, ENTREVISTAS, DIÁRIOS, MEMÓRIAS

BENJAMIN, Cid. *Gracias a la vida — Memórias de um militante*. Rio de Janeiro: José Olympio, 2013.

CAMPOS, Roberto. *A lanterna na popa — Memórias*. Rio de Janeiro: Topbooks, 1994.

CARTER, Jimmy. *White House Diary*. Nova York: Farrar, Straus and Giroux, 2010.

CELIBERTI, Lilián; GARRIDO, Lucy. *Meu quarto, minha cela*. Porto Alegre: LP&M, 1989.

FROTA, Sylvio. *Ideais traídos*. Rio de Janeiro: Zahar, 2006.

GABEIRA, Fernando. *O que é isso, companheiro? — Depoimento*. 10ª ed. Rio de Janeiro: Codecri, 1979.

GRAEL, Dickson M. *Aventura, corrupção, terrorismo — À sombra da impunidade*. Petrópolis: Vozes, 1985.

LYRA, Fernando. *Daquilo que eu sei — Tancredo e a transição democrática*. São Paulo: Iluminuras, 2009.

MACIEL, Licio. *Guerrilha do Araguaia — Relato de um combatente*. São Paulo: Schoba, 2008.

MAGALHÃES, Antonio Carlos. *Política é paixão*. Rio de Janeiro: Revan, 1995.

PARANÁ, Denise. *Lula, o filho do Brasil*. São Paulo: Editora Fundação Perseu Abramo, 2003.

SILVA, Luiz Inácio da. *Lula — Entrevistas e discursos*. São Bernardo do Campo: ABCD-Sociedade Cultural, 1980.

FONTES SECUNDÁRIAS
BRASIL

ABRAMO, Laís Wendel. *O resgate da dignidade — Greve metalúrgica e subjetividade operária*. Campinas: Editora da Unicamp, 1999.

ABREU, Hugo. *O outro lado do poder*. 4ª ed. Coleção Brasil — Século 20. Rio de Janeiro: Nova Fronteira, 1979.

_____. *Tempo de crise*. Rio de Janeiro: Nova Fronteira, 1980.

ANTUNES, Ricardo. *A rebeldia do trabalho (O confronto operário no ABC paulista: as greves de 1978-80)*. São Paulo/Campinas: Ensaio/Editora Unicamp, 1988.

AQUINO, Rubim Leão de; CARVALHO, Regilena da Silva. *Araguaia — Da guerrilha ao genocídio*. Rio de Janeiro: Multifoco, 2011.

ARGOLO, José Amaral; RIBEIRO, Kátia; FORTUNATO, Luiz Alberto. *A direita explosiva no Brasil*. Rio de Janeiro: Mauad, 1996.

ASSEMBLEIA LEGISLATIVA DO ESTADO DE MINAS GERAIS. *Rondon Pacheco*. Coleção Memória Política de Minas, volume 5. Belo Horizonte, 2003.

AUGUSTO, Agnaldo Del Nero. *A grande mentira*. Rio de Janeiro: Biblioteca do Exército, 2001.

_____. *Médici: a verdadeira história*. Belo Horizonte: Artes Gráficas Formato Ltda., 2011.

_____; MACIEL, Licio; NASCIMENTO, José Conegundes do (orgs.). *Orvil — Tentativas de tomada do poder*. São Paulo: Schoba, 2012.

AZEVEDO, Carlos. *Jornal Movimento — Uma reportagem*. Belo Horizonte: Manifesto, 2011.

BARBOZA, Mario Gibson. *Na diplomacia, o traço todo da vida*. Rio de Janeiro: Record, 1992.

BASTOS, Paulo de Mello. *Salvo-conduto — Um voo na história*. Rio de Janeiro: Garamond, 1998.

BATISTA, Pedro César. *Gilson Menezes: o operário prefeito — Experiências e desafios*. Brasília: Brasil-Grafia, 2004.

BERCHT, Verônica. *Coração vermelho — A vida de Elza Monnerat*. São Paulo: Anita Garibaldi, 2002.

BETTO, Frei. *Batismo de sangue — A luta clandestina contra a ditadura militar — Dossiês Carlos Marighella e Frei Tito*. 11ª ed. rev. e ampliada. São Paulo: Casa Amarela, 2000.

BITTENCOURT, Getúlio. *A quinta estrela — Como se tenta fazer um presidente no Brasil*. São Paulo: Livraria Editora Ciências Humanas, 1978.

BRITTO, Antônio. *Assim morreu Tancredo*. Porto Alegre: LP&M, 1985.

CABRAL, Otávio. *Dirceu — A biografia*. Rio de Janeiro: Record, 2013.

CABRAL, Pedro Corrêa. *Xambioá — Guerrilha no Araguaia — Novela baseada em fatos reais*. Rio de Janeiro: Record, 1993.

CAMARGO, José Maria de Toledo. *A espada virgem — Os passos de um soldado*. São Paulo: Ícone, 1985.

CAMPOS, Pedro Henrique Pereira. *Estranhas catedrais — As empreiteiras brasileiras e a ditadura civil-militar, 1964-1988*. Niterói: Editora da UFF, 2014.

CARVALHO, Apolonio de. *Vale a pena sonhar*. Rio de Janeiro: Rocco, 1997.

CARVALHO, Luiz Maklouf. *O coronel rompe o silêncio — Licio Augusto Ribeiro, que matou e levou tiros na caçada aos guerrilheiros do Araguaia, conta sua história*. Rio de Janeiro: Objetiva, 2004.

CENTENO, Ayrton. *Os vencedores — A volta por cima da reação esmagada pela ditadura de 1964*. São Paulo: Geração Editorial, 2014.

CHAGAS, Carlos. *113 dias de angústia — Impedimento e morte de um presidente*. Rio de Janeiro: Agência Jornalística Image, 1970.

_____. *A guerra das estrelas (1964/1984) — Os bastidores das sucessões presidenciais.* Porto Alegre: L&PM, 1985.

CORRÊA, Manoel Pio. *O mundo em que vivi.* Rio de Janeiro: Expressão e Cultura, 1995.

COUTO, Ronaldo Costa. *Tancredo vivo, casos e acasos.* Rio de Janeiro: Record, 1995.

CUNHA, Cláudio Luiz. *Operação Condor — O sequestro dos uruguaios.* Porto Alegre: LP&M, 2008.

D'AGUIAR, Hernani. *A revolução por dentro.* Rio de Janeiro: Artenova, 1976.

D'ARAUJO, Maria Celina; CASTRO, Celso (orgs.). *Ernesto Geisel.* Rio de Janeiro: Editora FGV, 1997.

_____; SOARES, Gláucio Ary Dillon. *Visões do golpe — A memória militar sobre 1964.* Rio de Janeiro: Relume Dumará, 1994.

_____. *A volta aos quartéis — A memória militar sobre a abertura.* Rio de Janeiro: Relume Dumará, 1995.

DAFLON, Rogério. *Bons ventos — A trajetória vencedora da família Schimidt.* Rio de Janeiro: Senac, 2007.

DANIEL, Herbert. *Passagem para o próximo sonho.* Rio de Janeiro: Codecri, 1982.

DELGADO, Lucília de Almeida Neves (org.). *Tancredo Neves — Sua palavra na História.* Brasília: Editora Fundação Presidente Tancredo Neves, 1988.

DIAS, Erasmo. *Reflexões de uma vida.* S. l: Ind. Embal. Santa Inês, 1988.

DIMENSTEIN, Gilberto; NEGREIROS, José; NOBLAT, Ricardo; LOPES, Roberto; FERNANDES, Roberto. *O complô que elegeu Tancredo.* Rio de Janeiro: Editora JB, 1985.

DULLES, John W.F. *Castello Branco — O presidente reformador.* Brasília: Editora UnB, 1983.

ECHEVERRIA, Regina. *Sarney — A biografia.* São Paulo: Leya, 2011.

EGYDIO, Paulo. *Paulo Egydio conta.* São Paulo: Imprensa Oficial, 2007.

FALCÃO, Armando. *Tudo a declarar.* Rio de Janeiro: Nova Fronteira, 1989.

FERRI, Omar. *Sequestro no Cone Sul — O caso Lilián e Universindo.* Porto Alegre: Mercado Aberto, 1981.

FREIRE, Alipio; ALMADA, Izaías; PONCE, J.A. de Granville (orgs.). *Tiradentes, um presídio da ditadura — Memória de presos políticos.* Rio de Janeiro: Scipione, 1997.

FREITAS, Alípio de. *Resistir é preciso — Memória do tempo da morte civil do Brasil.* Rio de Janeiro: Record, 1981.

GARNERO, Mario. *Jogo duro — O caso Brasilinvest e outras histórias de velhas e novas Repúblicas.* São Paulo: Best Seller, 1988.

GASPARI, Elio. *A ditadura derrotada.* 2ª ed. Rio de Janeiro: Intrínseca, 2014.

_____. *A ditadura encurralada.* 2ª ed. Rio de Janeiro: Intrínseca, 2014.

_____. *A ditadura envergonhada.* 2ª ed. Rio de Janeiro: Intrínseca, 2014.

_____. *A ditadura escancarada.* 2ª ed. Rio de Janeiro: Intrínseca, 2014.

GODOY, Marcelo. *A Casa da Vovó — Uma biografia do DOI-CODI (1969-1991), o centro de sequestro, tortura e morte da ditadura militar.* São Paulo: Alameda, 2014.

GUARANY, Reinaldo. *A fuga.* Cantadas Literárias, nº 18. São Paulo: Brasiliense, 1984.

GUERREIRO, Ramiro Saraiva. *Lembranças de um empregado do Itamaraty.* São Paulo: Siciliano, 1992.

GUTEMBERG, Luiz. *O jogo da gata-parida.* 2ª ed. Rio de Janeiro: Nórdica, 1987.

_____. *Moisés, codinome Ulysses Guimarães — Uma biografia*. São Paulo: Companhia das Letras, 1994.

INIMÁ, Simões. *Salas de cinema em São Paulo*. São Paulo: Secretaria de Cultura, 1990.

JORDÃO, Fernando Pacheco. *Dossiê Herzog — Prisão, tortura e morte no Brasil*. São Paulo: Global, 1979.

Jornal Nacional — A notícia faz história. Memória Globo. Rio de Janeiro: Zahar, 2004.

JUPIARA, Aloy; OTÁVIO, Chico. *Os porões da contravenção*. Rio de Janeiro: Record, 2015.

JUREMA, Abelardo. *Sexta-feira, 13 — Os últimos dias do governo João Goulart*. Rio de Janeiro: Edições O Cruzeiro, 1964.

KECK, Margaret E. *The workers' party and democratization in Brazil*. Connecticut: Yale University Press, 1995.

KINZO, Maria d'Alva Gil. *Legal opposition politics under authoritarian rule in Brazil — The case of the MDB, 1966-79*. Nova York: St. Martin's Press, 1988.

KOTSCHO, Ricardo. *Explode um novo Brasil — Diário da campanha das diretas*. São Paulo, Brasiliense, 1984.

KRIEGER, Daniel. *Desde as Missões — Saudades, lutas, esperanças*. Rio de Janeiro: José Olympio, 1976.

LAGE, Francisco. *O padre do diabo — A Igreja ausente na hora de mudar*. São Paulo: EMW, 1988.

LAMOUNIER, Bolivar (org.). "O voto em São Paulo". In *Voto de desconfiança — Eleições e mudança política no Brasil (1970-1979)*. Petrópolis: Vozes, 1980.

LAQUE, João Roberto. *Pedro e os Lobos — Os anos de chumbo na trajetória de um guerrilheiro urbano*. São Paulo: Ava Editorial, 2010.

LEITE, Antonio Dias. *Brasil, país rico — O que ainda falta*. Rio de Janeiro: Elsevier, 2012.

LEITE, Paulo Moreira. *A mulher que era o general da casa — Histórias da resistência civil à ditadura*. Porto Alegre: Arquipélago, 2012.

LEONELLI, Domingos; OLIVEIRA, Dante de. *Diretas Já — 15 meses que abalaram a ditadura*. Rio de Janeiro: Record, 2004.

LIMA, Samarone. *Clamor — A vitória de uma conspiração brasileira*. Rio de Janeiro: Objetiva, 2003.

LOBO, Amilcar. *A hora do lobo, a hora do carneiro*. Coleção Memória dos Vencidos. Petrópolis: Vozes, 1989.

LOPES, Roberto. *Rede de intrigas — Os bastidores do fracasso da indústria bélica no Brasil*. Rio de Janeiro: Record, 1994.

LOPEZ, Emilio Mira (org.). *Almir Dutton Ferreira — A vida é o grande momento de todos nós*. Rio de Janeiro: Achiamé, 2005.

MARCONI, Paolo. *A censura política na imprensa brasileira — 1968/1978*. São Paulo: Global, 1980.

MARKUN, Paulo. *O sapo e o príncipe — Personagens, fatos e fábulas do Brasil contemporâneo*. Rio de Janeiro: Objetiva, 2004.

MEDEIROS, Rogério; NETTO, Marcelo. *Memórias de uma guerra suja — Cláudio Guerra em depoimento*. Rio de Janeiro: Topbooks, 2012.

MELHEM, Celia Soibelmann; RUSSO, Sonia Morgenstern (orgs.). *Dr. Ulysses — O homem que pensou o Brasil*. São Paulo: Artemeios, 2004.

MEZAROBBA, Glenda. *Um acerto de contas com o futuro — A anistia e suas consequências*. São Paulo: Humanitas/Fapesp, 2006.

MIR, Luis. *O paciente — O caso Tancredo Neves*. São Paulo: Editora de Cultura, 2010.

MOLICA, Fernando. *O homem que morreu três vezes — Uma reportagem sobre o Chacal brasileiro*. Rio de Janeiro: Record, 2003.

MOTTA, Aricildes de Moraes (org.). *1964 — 31 de março*. Tomo 14. Rio de Janeiro: Biblioteca do Exército Editora, 2003. 15 tomos.

NETO, Lira. *Castello — A marcha para a ditadura*. São Paulo: Contexto, 2004.

NOSSA, Leonencio. *Mata! — O major Curió e as guerrilhas no Araguaia*. São Paulo: Companhia das Letras, 2012.

OKUCHI, Nobuo. *O sequestro do diplomata — Memórias*. São Paulo: Estação Liberdade, 1991.

PAIVA, Mauricio. *O sonho exilado*. Rio de Janeiro: Mauad, 1986.

_____. *Companheira Carmela*. Rio de Janeiro: Mauad, 1996.

PALMAR, Aluízio. *Onde foi que vocês enterraram nossos mortos?*. Curitiba: Travessa dos Editores, 2005.

PINTO, Almir Pazzianotto. *100 anos de sindicalismo*. São Paulo: LEX, 2007.

PRESTES, Anita Leocádia. *Luiz Carlos Prestes — Um comunista brasileiro*. São Paulo: Boitempo, 2015.

RAINHO, Luís Flávio; BARGAS, Osvaldo Martines. *As lutas operárias e sindicais dos metalúrgicos em São Bernardo, 1977-1979*. São Bernardo do Campo: Associação Beneficente e Cultural dos Metalúrgicos de São Bernardo do Campo e Diadema, 1983.

RIBEIRO, José Augusto. *Tancredo Neves — A noite do destino*. Rio de Janeiro: Civilização Brasileira, 2015.

RICUPERO, Rubens. *Diário de bordo — A viagem presidencial de Tancredo*. São Paulo: Imprensa Oficial, 2010.

SÁ, Glênio. *Araguaia — Relato de um guerrilheiro*. 2ª ed. São Paulo: Anita Garibaldi, 2004.

SANTOS, José Anselmo dos. *Cabo Anselmo — Minha verdade*. São Paulo: Cultrix, 2015.

SANTOS, Wanderley Guilherme dos. *Poder & política — Crônica do autoritarismo brasileiro*. Rio de Janeiro: Forense-Universitária, 1978.

SCARTEZINI, Antonio Carlos. *Segredos de Medici*. São Paulo: Marco Zero, 1985.

_____. *Dr. Ulysses — Uma biografia*. São Paulo: Marco Zero, 1993.

SCHNEIDER, Ben Ross. *Politics within the State — Elite bureaucrats & industrial growth in authoritarian Brazil*. Pittsburgh: University of Pittsburgh Press, 1993.

SILVA, Ernani Ayrosa da. *Memórias de um soldado*. Rio de Janeiro: Bibliex, 1985.

SILVA, Vera Alice Cardoso; DELGADO, Lucília de Almeida Neves. *Tancredo Neves — A trajetória de um liberal*. Petrópolis: Vozes, 1982.

SIRKIS, Alfredo. *Os carbonários — Memórias da guerrilha perdida*. 14ª ed. Rio de Janeiro: Record, 1998.

SOUZA, Aluísio Madruga de M. *Guerrilha do Araguaia — Revanchismo*. Brasília: Edição do Autor, 2002.

SOUZA, Maria do Carmo Campello de. *Estado e partidos políticos no Brasil — 1930 a 1964*. São Paulo: Alfa Ômega, 1976.

SOUZA, Percival de. *Autópsia do medo — Vida e morte do delegado Sérgio Paranhos Fleury*. São Paulo: Globo, 2000.

SPEKTOR, Matias (org.). *Azeredo da Silveira — Um depoimento*. Rio de Janeiro: FGV, 2010.

TAVARES, Flávio. *Memórias do esquecimento*. São Paulo: Globo, 1999.

_____. *O dia em que Getúlio matou Allende e outras novelas do poder*. Rio de Janeiro: Record, 2004.

Tempo de Congresso — Coletânea de discursos parlamentares de Petrônio Portella. Brasília: Centro Gráfico do Senado Federal, 1973.

TOURINHO, Genival. *Baioneta calada, baioneta falada — Episódios biográficos de Genival Tourinho*. Belo Horizonte: Solar, 2012.

TUPINAMBÁ, Mariza. *Eu fui testemunha*. Petrópolis: Vozes, 1984.

USTRA, Carlos Alberto Brilhante. *Rompendo o silêncio — OBAN-DOI/CODI/29 SET. 70-23 JAN. 74*. Brasília: Editerra Editorial, 1987.

_____. *A verdade sufocada — A história que a esquerda não quer que o Brasil conheça*. Brasília: Ser, 2006.

VENTURA, Zuenir. *1968 — O ano que não terminou*. Rio de Janeiro: Nova Fronteira, 1988.

VIANA FILHO, Luís. *O governo Castelo Branco*. Rio de Janeiro: Biblioteca do Exército Editora, 1975.

VIANNA, Helena Besserman. *Não conte a ninguém... — Contribuição à história das sociedades psicanalíticas brasileiras*. Rio de Janeiro: Imago, 1994.

VIANNA, Martha. *Uma tempestade como a sua memória — A história de Lia, Maria do Carmo Brito*. Rio de Janeiro/São Paulo: Record, 2003.

VIEIRA, Liszt. *A busca — Memórias da resistência*. Rio de Janeiro: Record, 2008.

GERAL

ABREU, Marcelo de Paiva; FRITSCH, Winston. "As lições da história: 1929-33 e 1979-8?". In ARIDA, Persio (org.). *Dívida externa, recessão e ajuste estrutural — O Brasil diante da crise*. Coleção Estudos Brasileiros. São Paulo: Paz e Terra, 1983.

AMADO, Jorge. *Os subterrâneos da liberdade*. São Paulo: Companhia das Letras, [1954] 2011.

CARNEIRO, Dionísio Dias. "O terceiro choque: é possível evitar-se a depressão?". In ARIDA, Persio (org.). *Dívida externa, recessão e ajuste estrutural — O Brasil diante da crise*. Coleção Estudos Brasileiros. São Paulo: Paz e Terra, 1983.

CONGDON, Tim. *The debt threat — The dangers of high real interest rates for the world economy*. Nova York: Blackwell, 1988.

CONRAD, Joseph. *Lord Jim*. São Paulo: Abril Cultural, [1900] 1971.

DINGES, John. *The Condor years — How Pinochet and his allies brought terrorism to three continents*. Nova York: The New Press, 2004.

GORDON, Lincoln. *A segunda chance do Brasil — A caminho do Primeiro Mundo*. São Paulo: Ed. Senac, 2002.

GORENDER, Jacob. *Combate nas trevas — A esquerda brasileira: das ilusões perdidas à luta armada*. 5ª ed. rev., ampliada e atualizada. São Paulo: Ática, 1998.

GREIDER, William. *Secrets of the temple — How the Federal Reserve runs the country*. Nova York: Simon & Schuster, 1989.

Greve na voz dos trabalhadores, A — Da Scania a Itu. Col. História Imediata, nº 2 — Equipe Oboré. São Paulo: Alfa Ômega, 1979.

HACKET, Sir John. *The Third World War — August 1985*. Nova York: MacMillan, 1978.

HUMPHREY, John. *Capitalist control and worker's struggle in the Brazilian auto industry*. Princeton: Princeton University Press, 1982.

JUPIARA, Aloy; OTÁVIO, Chico. *Os porões da contravenção*. Rio de Janeiro: Record, 2015.

KUCZYNSKI, Pedro-Pablo. *Latin American debt*. Baltimore/Londres: Twentieth Century Fund/The Johns Hopkins University Press, 1988.

LAGO, Luiz Aranha Correa do. "A programação do setor externo em 1983". In ARIDA, Persio (org.). *Dívida externa, recessão e ajuste estrutural — O Brasil diante da crise*. Coleção Estudos Brasileiros. São Paulo: Paz e Terra, 1983.

LINZ, Juan J. "The future of an authoritarian situation or the institutionalization of an authoritarian regime". In STEPAN, Alfred (org.). *Authoritarian Brazil*. Connecticut: Yale University Press, 1973.

LOPES, Francisco. "A crise do endividamento externo: alguns números e suas consequências". In ARIDA, Persio (org.). Dívida externa, recessão e ajuste estrutural — O Brasil diante da crise. Coleção Estudos Brasileiros. São Paulo: Paz e Terra, 1983.

MALAN, Pedro. "Recessão e renegociação". In ARIDA, Persio (org.). Dívida externa, recessão e ajuste estrutural — O Brasil diante da crise. Coleção Estudos Brasileiros. São Paulo: Paz e Terra, 1983.

PALMER, Alan. Bismarck. Brasília: Editora UnB, 1982.

PERRONE-MOISÉS, Leyla. Vinte luas — Viagem de Paulmier de Gonneville ao Brasil: 1503-1505. São Paulo: Companhia das Letras, 1992.

POWER, Timothy Joseph. "Brazil and the Carter human rights policy". Dissertação de mestrado apresentada à Graduate School da Universidade da Flórida, EUA, 1986.

RESENDE, André Lara. "A ruptura no mercado internacional de crédito". In ARIDA, Persio (org.). Dívida externa, recessão e ajuste estrutural — O Brasil diante da crise. Coleção Estudos Brasileiros. São Paulo: Paz e Terra, 1983.

RHODES, William R. Banker to the world — Leadership lessons from the front lines of global finance. Nova York: McGraw-Hill, 2011.

ROCHA, Justiniano José da. "Ação; Reação; Transação". In MAGALHÃES JUNIOR, R. Três panfletários do Segundo Império. Rio de Janeiro: Academia Brasileira de Letras, 2009.

ROGOFF, Kenneth; REINHART, Carmen. This time is different. Princeton: Princeton University Press, 2009.

SACHS, Jeffrey (org.). Developing country debt and the world economy. Massachusetts: NBER, 1989.

SHULTZ, George. Turmoil and triumph. Nova York: Books on Tape, 1995.

SILBER, William L. Volcker — The triumph of persistence. Nova York: Bloomsbury Press, 2004.

SINCLAIR, David. The land that never was — Sir Gregor Macgregor and the most audacious fraud in History. Cambridge: Da Capo Press, 2004.

TIMMERMAN, K.R. The death lobby. Nova York: Bantam Books, 1992.

TREASTER, Joseph B. Paul Volcker — The making of a financial legend. Nova Jersey: Wiley, 2005.

VICTOR, J. Confissões de um ex-torturador — Revelações. São Paulo: Semente, 1980.

WALTERS, Vernon A. Missões silenciosas. Rio de Janeiro: Record, 1978.

YERGIN, Daniel. The prize — The epic quest for oil, money & power. Nova York: A Touchstone Book, 1992.

ZWEIG, Phillip L. Wriston — Walter Wriston, Citibank, and the rise and fall of American financial supremacy. Nova York: Crown, 1995.

INTERNET[1]

Arquivo Nacional — <http://imagem.arquivonacional.gov.br/sian/arquivos/1013096_2729.pdf>

Colectivo Ex Presos Politicos y Sobrevivientes — <http://www.desaparecidos.org/arg/victimas/g/goldenbergl/>

Comissão da Verdade do Rio — <http://www.cev-rio.org.br/institucional/>

Comissão Nacional da Verdade — <http://www.cnv.gov.br/todos-volume-1.html>

Digital Archive Wilson Center — <https://digitalarchive.wilsoncenter.org/assets/media_files/000/007/781/7781.pdf>

Investigación Histórica sobre Detenidos Desaparecidos — <https://www.presidencia.gub.uy/comunicacion/informes/investigacion-historica-sobre-detenidos-desaparecidos>

---

[1] Até setembro de 2015 verificou-se o acesso aos sites mencionados.

Créditos das imagens

Capa (da esquerda para a direita): *Jornal do Brasil*, 31 de dezembro de 1978, 1ª página/CPDoc JB; Anibal Philot/Agência O Globo; Fernando Pereira/CPDoc JB; Carlos Namba/Abril; J. Cardoso/CPDoc JB; Almir Veiga/CPDoc JB; Ybarra Jr./CPDoc JB.

ABERTURAS **Parte I:** J.P. Guimarães/CPDoc JB; A. Dorgivan/CPDoc JB; Acervo Cedem/Unesp; Arquivo/Agência O Globo; Acervo Resistir É Preciso/Instituto Vladimir Herzog; Amiccuci Gallo/Abril. **Parte II:** Sonja Rego/CPDoc JB; Salomon Cytrynowicz/Abril; Ricardo Malta/N Imagens; Bruno Barbey/Magnum/Magnum Photos/Latinstock; Acervo Iconographia/Reprodução. **Parte III:** Amiccuci Gallo/Abril; Cynthia Brito/CPDoc JB; Ricardo Chaves/Abril; Reprodução/CPDoc JB; Anibal Philot/Agência O Globo; Acervo Fundação Maurício Grabois. **Parte IV:** J.C. Brasil/CPDoc JB; I. Feitosa/CPDoc JB; J.C. Brasil/CPDoc JB; F. Pereira/CPDoc JB; J.C. Brasil/CPDoc JB. **Parte V:** Ariovaldo dos Santos/CPDoc JB; Ari Gomes/CPDoc JB; Coleção Centenária/CPDoc JB; Acervo Cedem/Unesp; Iugo Koyama/Abril. **Epílogo:** Fundo Deops/Arquivo Público do Estado de São Paulo; Adi Mera/Fundo Última Hora/Arquivo Público do Estado de São Paulo; Reprodução; Acervo Iconographia; Fotos Públicas/Acervo Histórico; Fotos Públicas/Acervo Histórico; Felipe Rau/Estadão Conteúdo; Rodrigo Félix Leal/Futura Press/Folhapress.

ENCARTES **Caderno I:** p.1 Ricardo Chaves/Abril; p.2 Luis Humberto/Abril (acima), Sebastião Marinho/Agência O Globo (abaixo); p.3 AP Photo (acima), Walter Firmo (abaixo); p.4 Carlos Namba/Abril (acima), Carlos Namba/Abril (abaixo); p.5 Roberto Stuckert (acima e abaixo); p.6 Guilherme Romão/CPDoc JB (acima), J. Cardoso/CPDoc JB (abaixo); p.7 Luciano Andrade/Estadão Conteúdo (acima), Fernando Pereira/CPDoc JB (abaixo); p.8 Lemyr Martins/Estadão Conteúdo (acima), Kenji Honda/Estadão Conteúdo (abaixo, esquerda), Messias A. Silva/Estadão Conteúdo (abaixo, direita); p.9 Acervo Iconographia (acima), Folhapress (abaixo); p.10 Acervo Iconographia/Reprodução (acima, esquerda), Célio Apolinário/Abril (acima, direita), Sonja Rego/CPDoc JB (abaixo); p.11 Daniel de Andrade Simões (acima), Armênio Abascal Meireles/Agência RBS (abaixo, esquerda), Ricardo Chaves/Abril (abaixo, direita); p.12 Carlos Namba/Abril (acima), Acervo Iconographia/Reprodução (abaixo, esquerda), Acervo Resistir É Preciso/Instituto Vladimir Herzog (abaixo, direita); p.13 Sonja Rego/CPDoc JB (primeiro retrato), Carlos Namba/Abril (segundo retrato), S. Hassad/Abril (terceiro retrato), Sonja Rego/CPDoc JB (quarto retrato); p.14 Luciano Vicioni (acima), João Carlos Brasil/CPDoc JB (abaixo, esquerda), Folhapress (abaixo, direita); p.15 Luciano Vicioni (acima), W. Santos/CPDoc JB (abaixo); p.16 *Jornal do Brasil*, 31 de dezembro de 1978, 1ª página/CPDoc JB. **Caderno II:** p.1 J. Cardoso/

CPDoc JB; p.2 Salomon Cytrynowicz/Abril (acima), Carlos Namba/Abril (abaixo); p.3 Carlos Namba/Abril (acima), Ybarra Jr./CPDoc JB (abaixo); p.4 Fernando Pereira/CPDoc JB (acima), Salomon Cytrynowicz/Abril (retrato, esquerda), Arquivo do autor (abaixo, esquerda), Ricardo Malta/N Imagens (abaixo, direita); p.5 Juca Martins (acima), Nair Benedicto/N Imagens (abaixo); p.6 Rogério Reis/CPDoc JB (acima), Carlos Mesquita/CPDoc JB (abaixo, direita), Ricardo Chaves/Abril (abaixo); p.7 Ybarra Jr./CPDoc JB (acima), Ivan Cosenza de Souza (henfil@globo.com) (abaixo); p.8 Orestes Araújo/Abril (acima), Carlos Namba/Abril (abaixo, esquerda), Renato dos Anjos/Abril (primeiro retrato, direita), Orlando Brito/Abril (segundo retrato, direita); p.9 Orestes Araújo/Abril (acima), APGCS/HF (abaixo); p.10 Anibal Philot/Agência O Globo (acima), Luiz Morier/CPDoc JB (abaixo); p.11 Revista Veja/Abril (acima, esquerda), Revista *Status*/Reprodução do suplemento (acima, direita), *Jornal do Brasil*, 2 de fevereiro de 1983, 1ª página/CPDoc JB (abaixo); p.12 Jorge Araújo/Folhapress (acima), Almir Veiga/CPDoc JB (abaixo); p.13 A. Dorgivan/CPDoc JB (primeiro retrato, esquerda), Isaias Feitosa/CPDoc JB (segundo retrato, esquerda), Aguinaldo Ramos/CPDoc JB (terceiro retrato, esquerda), Luciano Andrade/CPDoc JB (quarto retrato, esquerda), Orlando Brito/Abril (quinto retrato, direita); p.14 Carlos Namba/Abril (abaixo); p.15 Vidal Trindade/CPDoc JB (acima), Iugo Koyama/Abril (abaixo); p.16 Eduardo Tavares/Abril.

Índice remissivo

I Exército, 13-14, 22, 187-88, 190, 193, 195, 198, 199, 203, 219, 283, 292, 311, 327, 360, 365, 394, 396
1º Regimento de Reconhecimento Mecanizado (RecMec), 13, 14
II Exército, 32, 53, 55, 184, 197, 250, 270, 352, 355, 357-58, 394
III Exército, 32, 102, 110, 115, 125, 283
IV Exército, 284
13º Batalhão de Infantaria Blindado, 101

abertura política, 16-17, 57, 61, 62, 69, 75, 109-10, 115, 294, 321, 354, 390, 392, 394, 402
Abi-Ackel, Ibrahim, 140n, 257n
Abicair, Myrian, 213
Abramo, Claudio, 335-36
Abranches, Lauro, 84n
Abreu, Consuelo, 26
Abreu, Hugo, 25-27, 49-50, 69, 101, 104, 125, 392
   apoia Euler, 97-98, 100, 106
   combate à guerrilha do PCdoB, 100-1
   demissão, 27, 101, 390
   e a Dow Chemical, 117-18, 120
   espionagem telefônica pelo SNI, 78-79, 107
   e Geisel, 26-27, 117-18, 120
   Informação, 26-27
   prisão disciplinar, 102n
   Relatório Hugo Abreu, 106, 107, 390
   sobre a corrupção, 117-18
Academia Brasileira de Letras (ABL), 285, 322, 327, 347

Academia Militar das Agulhas Negras (AMAN), 13
Academia Nacional de Polícia, 354
Ação Libertadora Nacional (ALN), 15, 88, 162, 204, 215, 296, 333, 363
"Ação; Reação; Transação", de Justiniano José da Rocha, 279

Aeroporto dos Guararapes, atentado, 351
Afonso, Almino, 329
Agência Brasileira de Inteligência (ABIN), 354
agentes estrangeiros agindo clandestinamente, 111
Agripino, João, 236n
Aguiar, Amador, 30n, 333
Albernaz, Benoni de Arruda, 357
Albuquerque, Pedro, 366
Albuquerque, Rômulo Noronha de, 392
Alcântara, Lucio, 339
Alcântara, Waldemar, 339
Alckmin, Geraldo, 342
álcool, programa de produção de (Proalcool), 155
Aleixo, Pedro, 212, 236n, 294
   impedimento (1968), 31, 212n
Alemanha, 67, 176, 373, 379, 381, 390
   Acordo Nuclear Brasil-Alemanha, 35-36, 119, 346
   Bonn, 344
   Alemanha Oriental (RDA), 319
Alencar, Marcello, 332-33, 353
Alexander, Murilo, 354

Alfonsín, Raúl, 272, 319, 402, 403
Aliança Renovadora Nacional (Arena), 28n, 42, 59, 66, 69, 73, 93, 94, 97, 99, 103, 105, 123-24, 140, 152, 163, 164n, 165, 286, 330, 338, 390, 392
  ver também Partido Democrático Social
Allende, Salvador, 103, 319, 327, 373
Almeida, Crimeia Schmidt de, 366
Almeida, Livia de, 384
Almeida, Micheas Gomes de (Zezinho), 367
Almeida, Rômulo de, 51
Almeida Fontes, Luis Eduardo de, 200n, 201n, 202n
Aloisio Reis ver Perdigão Pereira, Freddie
Alpha, 142
Alto-Comando do Exército, 50, 100, 272, 283, 292, 390, 404
Alto-Comissariado das Nações Unidas para Refugiados (ACNUR), 111, 114
Álvarez, Gregorio, 320
Alves, Aluízio, 310
Alves, Dario Castro, 84, 85n
Alves, Myrian Luiz, 367
Alves Correa, Samuel, 102-3, 109, 125, 218n
Alvim, Francisco, 347
Alvorada, palácio da, 27, 69, 147, 212, 221-22
Amado, Jorge, 329
Amaral, Guida, 370
Amazonas, João, 367
América Latina, 149-50, 318
  ditaduras da, 36, 110-11, 319-20, 401
  ver também países específicos
Amin Dada, Idi, 238
Amorim, Celso, 347, 399
Amorina, Henos, 167
Amoroso Lima, Alceu (Tristão de Athayde), 349
anarquia militar, 15, 31, 105, 117, 194, 283, 292, 308, 343
Andrade, Francisco, 106n
Andrade, Luciano, 51
Andrade, Roberto, 332
Andrade Gutierrez, 332
Andreazza, Mário, 55, 138-40, 178, 239, 324-25, 392

  e acusado de corrupção, 138-39
  candidato a presidente, 242-43, 244, 259, 260, 266, 272-73, 278-79, 299, 400
  derrotado por Maluf, 287, 402
  e Figueiredo, 138, 169
  unidade monetária, 151
Andreazza-Aureliano, chapa, 266
Andropov, Yuri, 352, 399, 403
Angelo, Otavio, 374
Angola, 373, 376, 378, 393
  Luanda, 346
anistia, 17, 83-92, 110-11, 140, 157-63, 229-30, 265, 270, 281, 311, 349, 376, 390, 392, 401
  "anistia ampla geral e irrestrita", 62, 68, 72, 89
  e crimes comuns, 72, 88, 391
  Lei da Anistia, 158
  lista da, 88-89, 374
  projetos de, 68-69, 159-62
  restrita, 81, 88, 158-62, 391
  significado da, 86-87
  último preso anistiado, 162
  vozes contrárias a, 89
Antunes, Augusto Trajano de Azevedo ("Doutor Antunes"), 30n, 55, 331, 399
aparelho repressivo, 16, 31, 42, 71, 84, 102, 115, 144, 154, 157, 183-84, 188, 201, 227, 284, 310, 317, 327, 333, 343, 344, 353, 356, 362, 363, 374
  ver também Centro de Informações do Exército; Destacamento de Operações de Informações
Apesar de você (Chico Buarque de Hollanda), 92, 270, 274
Apocalypse now, filme, 275, 393
Apreciações Sumárias (SNI), 31, 72, 79-81, 123, 125, 186, 188-90, 246, 394
Aquino, Rubim Santos Leão de, 366
Arábia Saudita, 147, 242, 393, 398
Aragão, Candido da Costa ("Almirante do Povo"), 326
Aragarças, levante de, 83, 101
Araguaia, 25, 28, 100, 284, 354, 363-67
  extermínio, 184, 192, 200, 353, 364

Índice remissivo

Aranha, Oswaldo, 121, 122n
Arantes, Gustavo, 306
Araújo, Carlos Franklin Paixão de (*Max*), 370-71
Araújo, David dos Santos (*Capitão Lisboa*), 359
Araújo, José Maria Ferreira de, 375-76
Araújo Castro, João Augusto de, 328
Archer, Renato, 303, 310
Arena *ver* Aliança Renovadora Nacional
Argélia, 85, 185, 326, 336
    Argel, 158
Argentina, 36, 85, 86, 112, 114, 127, 159, 173, 190, 299, 319, 345, 371n, 372, 379, 391, 393, 394, 395, 398, 399, 401, 404
    Buenos Aires, 36, 89, 110, 112, 190n, 361, 399
    disputa pelas ilhas Malvinas, 190, 272, 398, 399
    ditadura da, 36, 110-11, 189, 272, 318, 401, 403, 405
    fugitivos da, no Brasil, 36
Arida, Persio, 319, 348, 399
Arinos, Afonso, 243n
armas, 159, 217, 218, 322, 333, 395, 397
    nucleares, 37, 397
    químicas, 403
Arns, cardeal d. Paulo Evaristo, 29, 36-37, 74, 84, 111, 113, 145, 350, 352, 393
Arquidiocese do Rio de Janeiro, 36, 111, 350
Arquidiocese de Fortaleza, 350
Arquidiocese de São Paulo, 36, 111, 350
Arraes, Miguel, 87, 98, 158, 164, 238, 274, 330, 336, 337
Arredondo, Sergio, 394
Arrelia, palhaço, 267
Arroyo, Ângelo, 367
Articulação de Organizações Feministas do Mercosul, 362
Artoni, Roberto, 358
Arzua, Ivo, 325
As-PTA, ONG, 378
assassinatos, 89, 114, 158, 170n, 192, 198n, 219, 220, 221, 258, 270, 295, 311, 351, 353, 355, 358, 360, 367, 368, 369, 371, 374, 376, 381, 394, 395, 397, 400, 403

Assembleias de Vila Euclides, greve dos metalúrgicos, 134, 144-46, 168
Assis, Denise de, 203
Associação Brasileira de Imprensa (ABI), 31, 191, 206, 207n
Associação de Empresas de Crédito e Financiamento, 30
Associação dos Trombadinhas, 272
Associação Nacional dos Fabricantes de Veículos Automotores, 334
Astiz, Alfredo, "O Anjo Louro da Morte", 190
atentados, 16n, 109-10, 115, 170n, 182, 183-94, 203, 354, 356, 361, 362
    ver também bomba, atentados a; Riocentro, atentado do; terrorismo de direita
Atlântica Boavista, 138
Ato Institucional nº 2 (AI-2), 294
Ato Institucional nº 5 (AI-5), 24, 28, 31, 60-62, 65-66, 69, 75, 80, 86, 94, 98, 123, 127, 140, 234, 236, 237, 243, 285, 317, 319, 321, 324, 326, 330, 349, 356, 381, 390
    término, 127
Atos Institucionais, 68, 84n, 104
Augusto, Agnaldo Del Nero, 364
Auler, Marcelo, 15n, 219n, 220n
Austrália, 319, 346
Automóvel Clube, São Paulo, 233, 283, 317
Avelino, Confucio Danton de Paula, 354
Avibrás, 354
Aylwin, Patricio, 319
Azevedo, Maria Madalena Lacerda de, 363

Bacha, Edmar, 348, 399
Bachelet, Michelle, 319
Baffa, Ayrton, 354
Bagé (RS), 114, 321
Baggio, Sebastiano, 350-51
Bahia, Luis Alberto, 206
bancas de jornal:
    atentados a bomba em, 182, 191-92, 394, 396
    lista de jornais censurados, 187
Banco Boavista, 332
Banco Central, 152, 175, 177, 234n, 300, 319n, 348, 393, 395, 399, 401, 403, 405

Banco do Brasil, 53, 152, 174, 176-77, 228, 229, 234, 397
Banco do Estado da Bahia, 366
Banco do Estado de São Paulo (Banespa), 145, 242
Banco Itaú, 93, 281, 331, 332, 333, 343, 348, 403
Banco Lavra, 334
Banco Mercantil de São Paulo, 40, 332
Banco Morgan, 155, 172, 176-77, 347, 397
Banco Mundial, 143n, 337
Banco Nacional de Desenvolvimento Econômico (BNDE), 37, 48, 94, 119-20, 390, 399
Banco Nacional de Desenvolvimento Econômico e Social (BNDES), 328, 348
Banco Nacional, 98, 325
Banco Sumitomo, 371
"Banda de Música", políticos da UDN, 339
Bandeira, Antonio, 192, 364
Bandeirante, trem, 242
Bandeirantes, palácio dos, 226, 245, 247, 269, 271, 281, 400
Bangladesh, 345
banidos *ver* exilados
Barata, Agildo, 83
Barbosa, Abelardo (Chacrinha), 274
Barbosa, Newton Borges, 230
Barbosa Franco, José Antônio, 102n
Barboza, Lázaro, 341
Barboza, Mario Gibson, 345
Bardella, Claudio, 30n, 146, 334, 384
Barreiros, Adalto Lupi, 101, 102n
Barreto, Bruno, 372
Barreto, Humberto, 25, 125, 126, 128n, 129, 321, 383
Barros, Adhemar de, 345, 378, 380
Barros, Divany Carvalho (*Doutor Áureo*), 198
Base Aérea de Brasília, 233, 322
Bastos Neto, José Diogo, 384
Bastos, Justino Alves, 325
Bastos, Paulo de Mello, 329
Batista, Paulo Nogueira, 176, 346
Baumgarten, Alexandre von, 215-21
  Operação O Cruzeiro, 216, 219
  e SNI, 81, 216-17, 219-20
  Xico Vargas investiga a morte de, 219
  Yellow cake, 217-19, 396
BBC, 275
Belém (PA), ataques a bomba, 16
Belham, José Antonio Nogueira, 353, 360
Belloque, Maria Luiza, 369
Beloque, Leslie Denise, 369
Beltrão Lessa, José Crispiniano, 188n
Beltrão, Hélio, 319, 324
Benedicto, Nair, 369, 385
Benevides, Mauro, 340
Benjamin, Cid, 378
Bentley, Robert, 57
Bercht, Verônica, 367
Berlim, queda do Muro de, 344
Besserman Vianna, Helena, 193
Bethlem, Fernando, 31-32, 66-67, 69, 110, 323
Betim (MG), 142
Bevilaqua, Pery, 86, 326-27, 391
Bezerra, Gregorio, 377
Biale, José, 128n, 129
Biblioteca Widener, Universidade Harvard, 384
Bignone, Reynaldo, 320, 399
Binstock, Mónica Suzana Pinus de, 190n, 394
bipartidarismo, 68, 140, 164, 237, 392
Bittar, Jacó, 167
Bittencourt, Getúlio, 72-73, 390
Bittencourt, Niomar Moniz Sodré, 335
Bloch, Adolpho, 335
Boal, Augusto, 89
boatos, 102, 250, 394
Boaventura, Francisco, 101
Bohadana, Estrella, 370
Bolívia, 83, 110, 342, 399
bomba, atentados a, 15-16, 109-10, 115, 183-94, 293, 390, 396
  em bancas de jornal, 182, 191-92, 394, 396
  em igrejas, 109, 185-86, 392
  cartas-bomba, 16, 191, 192, 203, 360, 394
  em redações de jornal, 15n, 109, 186
  ver também Riocentro, atentado do; terrorismo de direita

Índice remissivo

bomba atômica, 217
Borges, Jorge Luis, 299
Borges, Mauro, 336-37
Borja, Célio, 191
Bornhausen, Jorge, 280-81, 337
Bradesco S.A., 138, 332, 333
Braga, Geraldo Araújo Ferreira, 288, 295-96, 353
Braga, Ney, 62, 140n, 337
Braga, Sônia, 270, 391
Brandão, Avelar, 350
Brandt, Willy, 90
"Brasil Grande", 138
Brasilinvest, 334, 405
Braspetro, 260
Brassano, Hugo Miguel (*Nahuel Moreno*), 111
Brejnev, Leonid, 37, 399
Bressane, Julio, 256
Bretas, Pedro Paulo, 379
Brigada Para-Quedista, 26, 79, 101
Brito, Elinor, 377
Brito, Frei Fernando de, 351
Brito, Manoel Francisco do Nascimento, 243n, 335
Brito, Maria do Carmo (*Lia*), 361, 373n, 378
Brito, Orlando, 197n
Britto, Antônio, 304, 306
Brizola, Leonel, 35-36, 87, 90, 192, 206, 235, 248, 267, 297, 336, 392, 401
   asilo no Uruguai, 35, 201
   asilo nos EUA, 35-36, 90
   no comício das Diretas, 268, 270
   e Figueiredo, 90, 254, 270, 400
   é eleito, 229-30, 398
   e Golbery, 90, 201, 390
   funda o Partido Democrático Trabalhista, 165, 392
   retorna ao Brasil, 158, 164
Brookings Institution, 344
Brossard, Paulo, 50, 97, 341, 394
Brugueras, Miguel, 345
Brugueras, Tania, 345
Buarque de Holanda, Sérgio, 167, 349
Buarque de Hollanda, Chico, 31, 91-92, 188, 270, 274, 381

Bucher, Giovanni Enrico, 351, 371, 372, 373-74, 376
Bueno Vidigal Filho, Luis Eulálio de, 39-40, 60, 142n, 333
Bulhões, Octavio Gouvêa de, 137, 324
Burity, Tarcísio, 339
Burnier, Diva, 370
Burnier, João Paulo, 83, 88, 356
Burton, Victor, 384
buscas de exilados em aeroportos, 158
Bush, George, 352
Búzios (RJ), 327, 375

Cabo Anselmo *ver* Santos, José Anselmo dos
Cabral, Pedro Corrêa, 364
Caemi, 331
Caetano, Marcello, 395
Café Filho, João, governo, 60
Caixa Econômica Federal (CEF), 25, 94, 186, 341
Calandra, Aparecido Laertes (*Capitão Ubirajara*), 230, 359
Caldas, Breno, 335
Calheiros, bispo Waldyr, 351
Calmon, Ângelo, 171n
Cals, Cesar, 243-44
Câmara, d. Helder, 118, 157, 349-50
Câmara dos Deputados, 28, 235, 284n, 302, 330, 377
Camarão *ver* Pinheiro Lima, Antonio Waneir
Camargo, Afonso, 238, 273, 295, 300, 310
Camargo, Edmur Pericles de, 371n
Camargo, José Maria de Toledo, 259
   emenda que permitiria a reeleição de Figueiredo, 244, 254, 255, 287, 299
Camargo, Sebastião, 332
Camargo Correa, empreiteira, 332
Camio, padre Aristides, 214n
Campiglia, Americo, 30-31
Campiglia, Horacio, 190n, 394
Campinas, manifestações em, 250, 268, 269n
Campinho, atentado contra banca de, 187, 191-92, 197-98, 394
Campins, Herrera, 153-54

Campista, Ary, 43-45, 60
Campo das Princesas, palácio do, 336
Campos, Altair Lucchesi, 378
Campos, Antonio da Silva, 354
Campos, Carlos Wilson, 330
Campos, Eduardo, 336
Campos, Milton, 235n
Campos, Raymundo Ronaldo, 361
Campos, Roberto, 137, 242, 324, 396
Campos, Wilson, 330
Campos Elíseos, palácio dos, 94
Campos Filho, Romualdo Pessoa, 367
Canale, Antonio Mendes, 119n
câncer, 165, 265, 307, 327, 341
candidatos à Presidência, lista de possíveis, 99-100, 140, 166, 241
Candido, Antonio, 167
Cantarino da Silva, Magno (*Guarany*), atentado da OAB, 203, 360
Capanema, Gustavo, 121-22
Capitão Guimarães ver Guimarães Jorge, Ailton
Capobianco, Maria Ângela, 200-1n
Capuava, refinaria de, 87
Cardoso, Adauto Lucio, 236n
Cardoso, Dirceu, 341
Cardoso, Fernando Henrique, 50, 62, 86, 302, 318-19, 327, 336, 339, 340, 342, 384, 394, 405
Carinhoso (Pixinguinha), 268
Carlos, Erasmo, 267
Carlos, o Chacal, 381
Carlucci, Frank, 344
Carneiro, Danilo, 366
Carneiro, Maria Augusta, 380
Carneiro, Ruy, 341
Carneiro Rocha, Antonio Luiz *ver* Angelo, Otavio
Carrefour, 30, 269, 391
Carta, Mino, 335
CartaCapital, 335
Carter, Jimmy, 35-37, 84, 150, 391, 393
e Arns, 36, 37, 84
boicote às Olimpíadas de Moscou, 395
no Brasil, 36-37, 390
e direitos humanos, 35, 36, 37

e Geisel, 35, 37
opõe-se ao Acordo Nuclear Brasil-Alemanha, 35, 36
Carter, Rosalynn, 35-36
Caruaru (PE), 234
Carvalho, Antonio Fernando Hughes de, 361
Carvalho, Apolônio de, 167, 377
Carvalho, Ary Pereira de, 361
Carvalho, Daniel José de, 371n
Carvalho, João Henrique Ferreira de (*Jair, Jota*), 363
Carvalho, José de, 371n
Carvalho, Luiz Maklouf, 364
Carvalho, Regilena da Silva, 366
Carvalho, René de, 377
Carvalho, Sérgio Miranda de (*Sérgio Macaco*), 88-89, 356
"Casa Azul", Araguaia, 364
"Casa da Morte", Petrópolis, 15, 355-56
Casa Branca, EUA, 299, 344, 393
Casa de Correção do Rio de Janeiro, 158
Casa de Cultura do Brasil, Luanda, 346
Casa grande & Senzala (Freyre), 349
Casado, José, 195n, 384
Casaldáliga, Pedro, 351
Castello Branco, Carlos, 61, 78, 100, 105, 160, 221, 244
Castello Branco, Carlos Eduardo, 72
Castello Branco, José Hugo, 302
Castello Branco, Humberto de Alencar, 25, 27, 31, 75, 100-1, 103, 139n, 147, 184, 194, 197, 213, 233, 236, 284, 294, 325
Castro, Celso, 321
Castro, Fidel, 36, 345, 395
Castro, Maria Cristina de, 370
Castro, Raul, 36n
Castro, Sebastião Ramos de, 25, 53n, 57n, 78n, 79, 81, 98n, 107n, 110, 186, 352
Catedral de Santo Antônio, Nova Iguaçu, bomba explode na, 185-86, 392
Catete, palácio do, 233
Cauduro, Mila, 85
Cavalcante, Dower, 366
Cavalcanti, José Costa, 140n, 325
Cavalcanti, Tereza Cristina, 366

Índice remissivo

Caymmi, Dorival, 370
Celiberti, Lilián, 112-15, 189, 362, 391
censura, 28, 54, 92, 105, 157, 212, 228, 277, 326, 339, 344, 381, 397, 402
  fim da, 78, 86, 118, 185, 390, 405
  ver também Ato Institucional no 5
Centrais Elétricas Brasileiras S.A. (Eletrobras), 55
Central de Medicamentos (CEME), 341
Central Única dos Trabalhadores (CUT), 401
Centro Brasil Democrático (Cebrade), 188, 190, 195, 198
Centro de Estudos do Pessoal do Forte do Leme, 230
Centro de Informações da Marinha (Cenimar), 356
Centro de Informações e Segurança da Aeronáutica (CISA), 356, 378
Centro de Informações do Exército (CIE), 15, 21-22, 32, 89, 101, 106, 110, 161, 168, 171n, 183-85, 189-90, 193, 201, 202, 209, 219, 220n, 230, 234, 290, 292-95, 353-54, 355-56, 358, 359, 361, 363-65, 371n, 391, 394
Centro de Informações do Exterior (CIEX), 84, 346
Centro de Instrução de Guerra na Selva, 365
Centro de Operações de Defesa Interna (CODI), 32, 101, 102, 209
Centro de Pesquisa e Documentação de História Contemporânea (CPDoc/FGV), 77n, 102, 321, 326, 337, 345
Centro de Pesquisa e Documentação do Jornal do Brasil (CPDoc/JB), 385
Centro de Preparação dos Oficiais da Reserva de Belo Horizonte, 169
Centro de Saúde-Escola do Butantã, 370
Centro Integrado de Educação Pública (CIEP), 349
Cerqueira, Chico Otávio, 202n
Cerqueira, Marcelo, 16, 169, 193
  atentados a bomba, 191, 193
Cerqueira, Marinete Leite, 40n
Cerqueira, Nilton, 200, 201n, 353
Cerqueira Lima, Haroldo, 72, 390

Cerveira, Joaquim Pires, 110, 371n
"Chafurdo do Natal", 365
Chagas, Carlos, 49-51, 78
Chapin, Frederic, 44n, 344
Chaves do Canto, Marival, 359
Chaves, Aureliano, 22, 24, 123, 140, 166, 212, 213, 214n, 239, 244, 255-56, 268, 272, 282-83, 290-91, 302, 310, 338, 390, 392, 396, 400, 402, 403, 404
Chaves, Vivi, 278, 402
Chiaparini, Newton, 52-53
Chile, 85, 110, 318, 319, 326, 327, 373, 376, 378, 391, 394, 395, 397
  fugitivos do, no Brasil, 36, 391
  MIR, 380
  Operação Condor, 365
  serviço de informações chileno, 36
China, 127, 218, 326, 391, 393, 395, 397, 403, 405
  Pequim, 346, 395
Christo, Carlos Alberto Libânio ver Frei Betto
Chuahy, Eduardo, 326
Church, Frank, 344-45
CIA (Central Intelligence Agency, EUA), 344-45, 352, 401
cianureto, suicídios com, 189, 394
Cinelli, Leo Frederico, 202n, 364-65
Cirillo, Dalmo Lúcio Muniz, 357
Citibank, 173, 175, 348, 393, 395, 397, 403
Citicorp, 348
Civilização Brasileira, editora, 336
clandestinidade, 86-87, 111, 167, 187-88, 199n, 319, 328, 329, 355, 358, 362, 371-72, 374, 376, 397
Claret, Carlos Alfredo, 111
Clínica de Cleveland (EUA), 212, 255, 396, 398, 400
"Clube da Barragem", 119n
Cobrasma, 333
Coelho, Waldyr, 200
Coelho Neto, Henrique ("Príncipe dos Prosadores"), 184-85
Coelho Netto, José Luiz, 77n, 184-86, 192, 199, 208-9, 354, 355, 361, 396
Cola, Camilo, 220n

Colégio Eleitoral, 25, 69, 117, 229, 239, 241, 243, 260, 266, 268, 270, 272-73, 278, 282, 285, 287-88, 398, 400, 402
Collor de Mello, Fernando, 319, 325, 336, 340, 342, 343, 347, 348
Coluna Prestes, 83
Comando de Caça aos Comunistas, 109, 125, 191
Comando de Libertação Nacional (Colina), 170, 317, 380
Comando Militar da Amazônia (CMA), 365
"combate das caravelas", 219, 311
   ver também Baumgarten, Alexandre von
comércio de armas, 218
   ver também armas
comícios, 265-75, 277, 281, 400, 402, 404
Comissão da Anistia do Ministério da Justiça, 368
Comissão da Verdade do Rio de Janeiro, 203, 355
Comissão de Anistia, 319, 363
Comissão de Relações Exteriores do Senado dos EUA, 344-45
Comissão Nacional da Verdade (CNV), 319, 343, 353, 357, 358, 361, 363
Comissão Parlamentar de Inquérito (CPI), 119, 391
Comissões Internas de Prevenção de Acidentes (Cipas), 41
Comitê Assessor/Comitê de Reestruturação dos bancos credores da dívida externa, 176
Comitê Brasileiro pela Anistia, 86, 89, 391
Comitê Central do PCB, 72, 188-89, 329
Comitê Executivo da Anistia Internacional, 84n
Commerzbank, 176
Companhia de Limpeza Urbana do Rio de Janeiro, 377
Companhia de Transportes Coletivos do Rio de Janeiro, 378
Companhia Docas da Bahia, 326
Companhia Hidro Elétrica do São Francisco, 328
Companhia Siderúrgica de Tubarão (CST), 119

Companhia Siderúrgica Nacional (CSN), 74, 351
Companhia Siderúrgica Paulista (Cosipa), 330
computação eletrônica dos votos na eleição de 1982 no Rio, 229
comunidade de informações, 109, 140, 184, 214, 295
comunistas, 16, 31, 32, 48, 57, 83, 85, 88, 90, 106, 109-10, 125, 148, 158, 167-68, 188-89, 191, 196, 216, 230, 234, 284, 289, 293, 295, 318, 323, 326, 372, 377, 403
Confederação Brasileira de Futebol (CBF), 338
Confederação Nacional da Indústria, 57
Confederação Nacional dos Trabalhadores na Indústria (CNTI), 43, 329
Conferência das Nações Unidas para o Comércio e Desenvolvimento, 347
Conferência Nacional dos Bispos do Brasil (CNBB), 31, 60, 81, 88, 146, 350, 391
Conforto, Sérgio, 15n, 190n, 196n, 198n, 203n
Congregação das Irmãs Franciscanas Hospitaleiras da Imaculada Conceição, 380
Congregação dos Bispos, 350-51
Congresso das Classes Produtoras, 30, 50
congresso estudantil, 72, 236
Congresso Nacional como Constituinte (1983), 163-64
Conrad, Joseph, 197
Conselho de Defesa dos Direitos da Pessoa Humana de São Paulo, 368
Conselho de Desenvolvimento Industrial, 120
Conselho Regional de Medicina, 359 ??? Seria Conselho Regional?
Conselho de Segurança Nacional, 65-66, 98n, 213, 284, 324, 390
Conselho Nacional do Petróleo (CNP), 87
Consolidação das Leis do Trabalho (CLT), 43
Constituição de 1967, 69-70, 94, 104-5, 210
Constituição de 1988, 274, 308, 320, 322, 329, 334, 336, 342, 375
Constituinte, campanha pela, 61-62, 163-64, 237, 238, 250-51, 281, 302

Índice remissivo

Constran, 332
Conteúdo Estadão, 385
Controladoria-Geral da União, 328, 343
Convergência Socialista, 43, 44, 111
Cony, Carlos Heitor, 335
Cooperativa de Garimpeiros de Serra Pelada, 363
Coppola, Francis Ford, 275, 393
Coqueiro, Aderval, 371n
Corbage, Riscala (*Doutor Nagib*), 360
Cordeiro de Farias, Osvaldo, atentado contra familiar de, 16, 194
Corpo de Bombeiros, 360
Correa, Edine Souza, 75n, 78n
Corrêa, Hércules, 329
Corrêa, Pio, 346
Correa de Oliveira, Plínio, 267
Correio da Manhã, 333, 335
Correio do Povo, 335
corrupção, 66-68, 106, 117-18, 121, 138-39, 292, 330, 333, 337-38, 363, 373, 374
  eleitoral/fraude, 68, 229
Côrtes, Marcos, 346
Cortez, Raul, 268
Costa, Carmen, 268
Costa, Emília Viotti da, 369
Costa, José, 119n
Costa, Maria Aparecida, 370
Costa, Melcides Porcino da, 379
Costa, Robêni Baptista da, 369
Costa e Silva, Artur da, 66, 71, 75, 98, 101, 138, 169, 192, 212, 285, 294, 305, 308, 310n, 320, 396
Costa Rica, 347, 379, 397
Couto e Silva, Esmeralda do, 323
Couto e Silva, Golbery do, 13, 14, 16, 22-27, 44, 58, 62-63, 85, 90, 98, 100-1, 107n, 117, 124, 128n, 129, 135-36, 138, 140, 145, 152, 182, 183, 192, 193-94, 199, 210, 215-16, 223, 228, 233, 242, 243-44, 273, 284, 286, 323, 331, 357, 383, 385, 390, 392, 394, 396, 398, 402
  anistia e, 87, 140, 159-64, 237, 392
  Brizola e, 90, 201, 390
  carta a Figueiredo sobre o IPM do Riocentro, 207-9, 394
  demissão, 209-10, 220-21
  e a Dow Chemical, 106-7, 119-20
  encontro com Ulysses, 87, 237
  Geisel e, 31-32, 56, 60, 61, 94, 286, 323, 390, 396, 400, 402, 404
  Figueiredo e, 16, 22-23, 63, 94, 135-36, 138, 166, 256, 390, 394, 396
  Heitor e, 13-14, 27, 60n, 138n, 140, 167, 170, 187, 207-8, 218, 221, 222, 323, 398
  integra a FEB, 23-24
  Lula questionado sobre, 170-71, 394
  e Marcos Vianna, 119-21
  "Minimax", 63
  "Pacote de Abril", 63
  Petrônio Portella e, 59-60, 62-63, 124, 140, 159-60, 165, 210
  propõe a extinção do DOI-CODI, 209
  "O panorama mundial e a segurança nacional", palestra, 233
  e o SNI, 77, 100-1, 106-7, 169-70, 186, 258, 352, 400
  sobre o atendado do Riocentro, 204-9, 362
  Star wars e, 24
Couto, Ronaldo Costa, 283n
Covas, Mário, 230, 341-42
crescimento, desaceleração do, 29-30
Crimmins, John, 36
Crise da Dívida do Terceiro Mundo/Crise da Dívida Latino-Americana, 172-73, 176, 399
Crise de 1929, 176
crises econômicas, 147-49, 153-54, 171-79, 227-28, 297, 392, 399, 400
Cruz, Newton Araújo de Oliveira e ("Nini"), 84n, 106n, 171n, 185, 199, 216, 217n, 219n, 220, 258, 277, 289-90, 292, 294, 295, 352, 353, 361, 383, 400, 402, 404
  diz que Maluf propôs o assassinato de Tancredo, 294n
Cruzeiro do Oeste (PR), 87, 158
Cruzeiro, O, 81, 216, 221, 394
Cuba, 85, 87, 110, 326, 345, 368, 370, 372, 374, 375-76, 377, 378, 379, 380, 395

central de treinamento de guerrilha de, 29
soldados cubanos, 401
Cunha, Bocayuva, Luiz Fernando 329
Cunha, Luiz Cláudio, 113-15
Cunha, Vasco Leitão da, 328
Cunha da Rocha, Maria Nazareth, 92, 390
Curitiba, 109, 125, 268, 269n, 272, 281, 402

D'Araujo, Maria Celina, 321
Dale Coutinho, Vicente de Paulo, 49n, 284n
Daniel, Herbert, 372
Dantas, San Tiago, 234
Darcy de Oliveira, Rosiska, 347
Da-Rin, Silvio, 372
Dauster, Bruno, 379
David, Anísio Abraão, 355
David, Paulo Roberto de Almeida, 200n
David Rockefeller Center for Latin American Studies, Universidade Harvard, 384
De Gaulle, Charles, 118
  fuzilamento de oficiais terroristas, 185
De Millus, 142
Declaração Universal dos Direitos Humanos, 71
decretação do estado de sítio, 65-67
Decreto nº 477 (Lei de Segurança Nacional), 29, 71, 392
Defesa Nacional, 216
déficit, 149
Delegacia de Ordem Política e Social (DOPS), 32, 42, 48, 53, 111, 112, 114, 125, 142, 169-71, 230, 293, 318n, 358, 368
Delegacia Regional do Trabalho, 48, 52, 168n
Delfim Netto, Antonio, 29, 101n, 134, 166, 169, 248, 255-56, 296, 298, 324, 325, 384, 399, 401
  como possível sucessor de Figueiredo, 166, 241
  crescimento e controle inflacionário, 139
  e Figueiredo, 23, 93-94, 139, 178, 400
  no governo Figueiredo, 137-40, 152-53, 155, 171-72, 174, 177-79, 213, 222, 254, 283, 392, 393, 400, 401, 403

  no governo Médici, 139, 210
  medidas para conter a inflação, 153
  vetado por Geisel, 93, 95
  viagens internacionais, 155, 172, 255, 395
demissões, 33n, 83, 142, 146, 401
Departamento de Inteligência da Polícia Civil de São Paulo, 359
Departamento de Polícia Política e Social (DPPS), 92
Departamento Estadual de Ordem Política e Social (Deops), 187
Departamento Estadual de Trânsito (Detran), 377
Departamento Nacional de Estradas de Rodagem, 138
Dersa, 352
desaparecimentos, 28, 36, 89, 110, 112-14, 144, 157, 189, 210, 215, 219, 340, 362, 366, 369, 391, 393, 394, 398
desemprego/desempregados, 245, 247, 249, 254, 405
Destacamento de Operações de Informações (DOI), 15-16, 31-32, 40, 90, 101, 102, 110, 171, 182, 184, 187-88, 190, 193, 194, 195-96, 198, 201, 202-3, 208-9, 230, 270, 284, 295, 311, 353, 354, 355, 357-62, 363, 368, 394, 396, 404
Di Cavalcanti, 206
Diadema (SP), 270, 331, 377
Diários Associados, 335
Dias, Álvaro, 340
Dias, Erasmo, 358
Dias, Nivaldo, 102n
Dias de Oliveira, Tercina, 368, 371n
Dias de Oliveira, família, 368
Dias Gomes, Alfredo 405
Díaz, Universindo, 112, 114-15, 189, 362, 391
"Didi Pedalada" *ver* Lucas, Orandir Portassi
Dines, Alberto, 335
Dirceu, José, 87, 158, 314, 373, 374
  como Carlos Henrique Gouvea de Melo, 87, 158
direitos humanos/direitos do homem, 35-37, 71, 135, 350, 353, 354, 368

Índice remissivo

direitos políticos cassados, 66, 83-84, 236, 310, 327, 330
diretas, campanha pelas eleições, 17, 245, 250-51, 255n, 259-60, 264, 265-75, 286, 303, 324, 331, 400, 402
   comício do PT no Pacaembu, 265-66, 400
   comício da Candelária, 264, 274-75, 277, 281, 402
   comício em Belo Horizonte, 271-72, 402
   comício da praça da Sé, 268-71, 281, 402
   comício no vale do Anhangabaú, 264, 275, 402
   comício em Curitiba, 268, 272, 402
   comícios, 268-72, 274-75, 400
   "Diretas Já", 268, 275
   manifestações/passeatas, 267-71, 274, 281, 282, 285
dissidência fardada, 100
dissídio, 43, 45
   ver também salários, negociações de
ditadura, lista de subversivos, 32, 90
ditadura, lista punitiva da (1964), 328-29
dívida externa, 153-54, 172, 177-78, 188, 253, 265, 287, 297, 300, 309, 391, 393, 395, 399, 401, 403
   países suspendem o pagamento da, 175-76, 397, 399, 403, 405
   refinanciamento da, 150, 174, 348, 401, 405
Dívida Externa, Recessão e Ajuste Estrutural, seminário na PUC-Rio, 348
Docenave, 139n
Domingos, Guilherme Afif, 250n, 334
"Dopinha", centro clandestino de torturas de Porto Alegre, 362
Dória, Seixas, 336-37
Dornelles, Francisco, 243, 297-98, 301-2, 307, 310, 342-43, 405
Dowbor, Ladislas (Jamil), 373n, 377
Duarte, Regina, 270
Dutra, Olívio, 112, 167

Editora Abril, 396
   Dedoc da, 385
Eid, Calim, 260

Eisenhower, Dwight, 36
El Salvador, 344, 393
Elbrick, Charles, 101, 162, 201, 292n, 368, 371, 372, 375, 377, 380
eleições diretas estaduais, 70, 125, 228-29, 294
eleições diretas presidenciais, 104, 245, 278, 294, 400
Em Tempo, semanário, 186
   lista de torturadores, 70, 109, 185, 390
Embrafilme, 347, 399
emenda Dante de Oliveira, 245, 266, 268, 271, 273-74, 277-78, 281, 400, 402
Empresa Brasil de Comunicação, 375
empresários/empresariado, 29-32, 48, 50, 52-58, 137, 139, 141-46, 152, 168, 245, 255, 281, 297, 331-34, 393, 403, 405
Empresas Nucleares Brasileiras S.A. (Nuclebras), 176, 346
empréstimos, 149, 154-55, 173-74, 176, 178-79, 255, 395, 397
Engesa, 218, 333
Ericsson, 340
Escabosa, Eduardo Gonzalo, suicídio com cianureto, 189, 394
Escola de Aperfeiçoamento de Oficiais, 49
Escola de Comando e Estado-Maior do Exército, 32, 49
Escola Nacional de Informações (EsNI), 78-79, 80, 140n, 352
Escola Superior de Guerra (ESG), 233, 346, 394
Estadão, 79
Estádio Nacional de Santiago, Chile, 372
estado de emergência, 62
   versus medidas de emergência, 67-68
Estado de S. Paulo, O, 49, 55, 335
Estado Novo (1937-1945), 43, 56, 118, 281
Estado-Maior da Aeronáutica, 68-69
Estado-Maior das Forças Armadas (EMFA), 66n
Estado-Maior do Exército, 32, 50, 184, 365
Estados Unidos (EUA), 35-37, 43, 67, 111n, 176-77, 218, 299, 300-1, 337, 338, 344-45, 352, 393, 395, 398, 399, 401, 404, 405

déficit orçamentário dos EUA, 154
economia em recessão, 149, 173-74
injeta dólares nas contas brasileiras, 176-77
Washington, 36n, 81, 150, 300, 328, 344, 347, 395, 404
estudantes, 29, 44, 54, 71-72, 86, 121, 164, 247, 251, 367, 377, 392, 396
Etchegoyen, Cyro (*Doutor Bruno*), 355
Etiópia, 218, 344
Excelsior, jornal, 113
Executiva Nacional do PDS, 15
exilados, 35-36, 44, 69, 80, 83-85, 87-92, 113, 148, 157-59, 162, 190, 229-30, 311, 319-20, 322, 326, 327, 328, 329, 335-36, 342, 346, 347, 348, 349, 350, 351, 366, 368, 369, 370, 371-81, 392, 393, 395
Expedito Filho, 89n, 359

Fabiana (Geraldo Vandré), 381
Faculdade de Arquitetura da Universidade Mackenzie, 109
Faculdade de Direito do largo de São Francisco, 40
Faculdade de Economia da Fundação Alvares Penteado, 347
Faculdade Nacional de Filosofia, 349
Fadul, Wilson, 327-28
Fafá de Belém, 265, 318n
Fagundes, Eduardo Seabra, 191
Falcão, Armando, 54, 94, 129, 283, 323, 380, 398
Faoro, Raymundo, 29, 37, 60, 62, 87, 390
Faria Lima, Floriano, 234, 283n, 338
Fase de Segurar o PR (Ferreira), 205
Federação das Indústrias do Estado de São Paulo (Fiesp), 40, 53, 60, 141-42, 146, 222, 333, 334
Federal Reserve (FED, EUA), 149-50, 172, 173, 175, 393
Felix, Aladino (*Sábato Dinotos, Dunatos Menorá, Dino Kraspedon*), 362
Feltrinelli, Giangiacomo, 204
Fensterseifer, Delci, 379
Fernandes, Florestan, 86, 348-49

Fernandes, Hélio, bomba no carro de, 185
Fernando de Noronha, ilha, 35, 98, 337
Ferrari, Elenice, 385
Ferreira, Adroaldo, 210n
Ferreira, Almir Dutton, 377-78
Ferreira, Heitor, 24-26, 28n, 70, 84, 94, 99, 117, 119n, 129, 136, 137n, 140, 151-52, 165, 174, 205-6, 213, 222n, 256, 257, 273, 279-80, 293, 383, 385, 390, 396, 400
 apoia Maluf, 241, 242, 260, 287
 carta de Benjamin Hadba, 273
 Cronologia do Governo Geisel, 136
 e Daniel Ludwig, 119
 dossiê sobre Hugo Abreu, 27
 especulações sobre a eleição de 1984, 139-40, 165, 166, 241, 392
 e Figueiredo, 14, 16, 53n, 60, 63n, 125n, 196, 222, 323, 396, 400
 e Geisel, 14, 22n, 25-26, 27, 60, 74n, 284n, 323, 392, 394
 e Golbery, 13-14, 27, 60n, 138n, 167, 170, 187, 207-8, 218, 221, 222, 323, 398
 Ibrahim Sued sobre, 221-22
 e Projeto Jari, 106
 SNI e, 99-100, 151n, 170-71, 295
 traduz biografia de Bismarck, 221
Ferreira, Hirohito Peres, 202n
Ferreira, Joel, 210n
Ferreira, Kathia, 384
Ferreira, Romeu Antonio (*Doutor Fábio*), 190, 203
Ferreira, Tarcísio Nunes, 101, 102n
Ferri, Omar, 113-14
Fiat, 142
Fichário de Pessoas com Registro de Atividades Nocivas à Segurança Nacional, 84
Fiel Filho, Manoel, 196, 354, 357, 358
Figueiredo, Carlos Eduardo Sena, 84
Figueiredo, Dulce, 278, 321, 402
Figueiredo, Euclides, 83, 86, 158-59, 197
Figueiredo, Guilherme, 206, 394
Figueiredo, João Baptista, 14, 16-17, 20, 22-24, 26-28, 49-50, 71-75, 90, 93-95, 97-100, 103-4, 107-8, 118, 124, 128-29, 135, 160, 169-72, 206-10, 223, 239, 250-51, 253-60, 272-73,

Índice remissivo

275, 285-87, 291, 310, 320-21, 323, 326, 353, 354, 383, 390, 392, 394, 398, 402
e a abertura política, 108, 109, 115, 392
e anistia, 87, 157-63, 392
atentados a bomba e, 183-87, 189, 191, 193, 196-98, 199, 202n, 394
carta de Edyla Mangabeira Unger, 158-59
carta de Golbery sobre o IPM do Riocentro, 207-9, 394
caso com Myrian Abicair, 213n
e Castello Branco, 101, 197,
Constituinte, 163-64
e *Corsário* (cavalo), 256
crise no governo, 151-54, 169-72, 174, 177-78, 254, 257, 400
defende a Constituinte, 163
e Delfim, 23, 93-94, 139, 178, 400
Delfim no governo de, 137-40, 152-53, 155, 171-72, 174, 177-79, 213, 222, 254, 283, 392, 393, 400, 401, 403
denúncia no *Movimento*, 118
e os direitos do homem, 135
emenda que permitiria a reeleição de Figueiredo, 244, 254-55, 287, 299, 400
encontro com estudantes, 71-72, 164, 166
Geisel e, 22-23, 24, 26, 28, 60, 69, 125-26, 390, 398, 402
Golbery e, 16, 22-23, 63, 256, 390, 394, 396
no governo Médici, 23
Heitor e, 14, 16, 53n, 60, 63n, 125n, 196, 221, 222, 323, 396, 400
e Herrera Campins, 153-54
incidente em Florianópolis, 71-72, 164, 166, 205, 392
e a Lei da Anistia (agosto de 1979), 158
medida de emergência, 277, 401
ministérios no governo de, 125-26, 135-39
petróleo e, 148, 153
e Portella, 60, 124, 166, 392, 396
e Reagan, 227-28, 398
romance com Edine Souza Correa, 75n, 78n

rompe com Aureliano, 255-56, 293, 308-9
"salto para frente", 153, 171-72
saúde de, 75, 205, 211-13, 253-56, 394, 396, 400, 404
e SNI, 20, 22, 23, 25, 31, 77-79, 102, 107, 139, 246, 258, 352, 390
sobre Delfim Netto, 139
sobre privatização, 74-75
e a sucessão, 140, 241-43, 259-60, 279-82, 308-9, 400, 404
e Tancredo, 165, 270, 305, 402, 404
terrorismo de direita e, 109-15, 185-86, 206-7
Figueiredo, João Batista Leopoldo de ("primo rico"), 53, 57
Figueiredo, Jorge Duprat, 53, 57
Figueiredo, Maria Regina, 84
Fiocruz, 379
Fiúza de Castro, Adyr, 21-22, 354
Flecha de Lima, Paulo Tarso, 218
Fleury, Carlos Eduardo Pires, 371
Fleury, Sérgio, 362, 392
Florianópolis, incidente de Figueiredo em, 71-72, 164, 166, 205, 392
Folha de S.Paulo, 79, 114, 219, 245, 247, 294n, 335, 390
 campanha pelas diretas, 251, 267, 400, 402
Folhapress, 385
Fomin, Andrei, 345
Fontoura, Carlos Alberto da, 352
Fontoura, Fernando, 346
Fontoura, Walter, 335
Força Aérea Brasileira (FAB), 83, 88, 202n, 319, 356, 364, 381
Força Expedicionária Brasileira (FEB), 16, 23-24, 101, 184
Forças Armadas, 16, 21, 31, 117, 125, 161, 186, 295, 357
Ford, negociações salariais, 48, 52-54, 56
Fordlândia 2.0, 106
Fortaleza (CE), 250, 271, 366
Forte de Copacabana, 201, 326
Fortes, João, 191
Fortini, Roberto Antonio de, 379

Fortunato, Alberto, 14n, 15n
Fórum de Reparação e Memória do Estado do Rio de Janeiro, 369
Foz do Iguaçu, 189, 371n
França, 149n, 218, 242, 299, 327, 339, 370, 372, 373, 375, 376, 377, 378, 391, 397, 404
   Paris, 88, 90, 92, 137, 148, 158, 206, 218, 260, 301, 322, 336, 344, 347, 349, 378, 380, 381, 390, 395
Francini, Paulo, 146, 334, 384
Franco, Albano, 339
Franco, Augusto, 339
Franco, Itamar, 103-4, 234, 340, 341, 347
Frati, Rolando, 380
Frei Betto, 351
"Frei Chico", José Ferreira da Silva, irmão de Lula, 43
Freire, Marcos, 341
Freire, Paulo, 348
Freitas, Alípio de, 351-52
Freitas, Carlos Alberto Soares de, 174n, 175
Freitas Nobre, José de, 160
"Frevo das diretas" (Moraes Moreira), 270
Freyre, Gilberto, 267, 349
Friedman, Milton, 154, 396
Fritsch, Winston, 178
Frota, Sylvio, 31-32, 35, 59, 61, 78, 94, 102n, 107n, 118, 193-94, 286, 323
   demissão de, 17, 21-22, 24-25, 30, 39, 125, 139, 183, 194, 293, 323, 354
Fundação Habitacional do Exército, 353
Fundo Monetário Internacional (FMI), 149, 155, 172, 176-77, 179, 245, 255-57, 287, 299-301, 393, 395, 399, 401, 403, 405
Furtado, Celso, 327, 336
Furtado, Alencar, 331

Gabeira, Fernando, 87, 134, 157-59, 162, 372, 373, 375
Gadelha, Marcondes, 402
Gallotti, Antonio, 55, 99, 297, 331, 402
Galtieri, Leopoldo, 320, 399
Galvêas, Ernane, 177-78, 253n, 395
Garcia de Lima, Francisco Diomedes, 282, 298, 303, 304

garimpo, 176, 355, 363
Garnero, Mario, 334, 405
Garotinho, Anthony, 360
Garotinho, Rosinha, 360
gás lacrimogêneo, bombas de, 248
Gasparian, Fernando, 336
Gato, Marcelo, 330
Gazeta Mercantil, 30, 334
Gebauer, Antony, 347-48, 384
Geisel, Amália Lucy, 129, 321
Geisel, Augusto, 321
Geisel, Ernesto, 14-15, 17, 20, 21-28, 35-37, 59-62, 73-74, 75n, 77, 80, 83, 86-87, 98, 99-100, 101, 102-5, 106-8, 113, 115, 117-22, 123-26, 128-30, 136-39, 152, 171n, 178, 185, 189, 196-97, 210, 222, 232, 234, 237, 255, 258, 259, 272-73, 277, 280-81, 283-85, 291-92, 318, 321, 324, 330-31, 338, 339, 350, 357, 380, 383, 390, 392, 394, 400, 402, 404
   abertura e, 24, 44, 61-62, 115
   e anistia, 86-7
   conversa com Jô Soares, 129
   demissão de Frota, 17, 21-22, 24-25, 30, 39, 125, 139, 183, 194, 293, 323, 354
   e Euler, 49-50, 101
   e Figueiredo, 22-23, 24, 26, 28, 60, 69, 94, 125-26, 178, 213, 257, 390, 396, 398, 402, 404
   Golbery e, 31-32, 56, 60, 61, 286, 323, 396, 400, 402, 404
   e as greves, 54, 56
   Heitor Ferreira e, 14, 22n, 25-26, 27, 60, 74n, 284n, 323, 392, 394
   Hugo de Abreu e, 26-27, 117-18, 120
   e Jimmy Carter, 35, 37
   e José Biale, 129
   número de telefone, 128n
   se ofende com a visita de Rosalynn Carter, 35
   "Pacote de Abril", 28, 66
   Portella e, 59-60, 61, 128n, 234n, 396
   projeto de reforma política, 65-69, 127
   revogação do AI-5, 28, 86, 123, 390
   e o SNI, 110

sobre decretação do estado de sítio, 67-68
sobre Marcos Vianna, 120-21
sobre questão nuclear, 35, 36, 37
sucessão de, 22, 24, 26, 50, 69, 80, 87, 123, 124, 241
em Teresópolis (Recanto dos Cinamomos), 20, 127-29
"os três patetas", 74n
veta Delfim, 93-95
Geisel, Lucy, 129
Geisel, Orlando, 184, 210, 284, 321, 392
Genoino Neto, José, 249, 314, 366, 370
Gerdau, Jorge, 30n, 334
Ghisi, Ademar, 210n
Gil, Gilberto, 267, 270, 381
Giovannetti, Gilberto, 363
Globo, O, 271, 335
Godoy, Marcelo, 358
Goiânia (GO), 269, 290, 400
Goldemberg, Liliana Inés, suicídio com cianureto, 189, 394
golpe chileno do general Pinochet, 372, 373, 376
golpe de 1964, 31, 59, 83
Gomes, Eduardo, 104
Gomes, Henriqueta, 334
Gomes, Jeová Assis, 371n
Gomes, Severo, 30n, 50, 334
Gomes Monteiro, Dilermando, 53, 55, 284n
Gonçalves, Benedito, 392
Gonçalves, Leonidas Pires, 272n, 283, 284n, 302, 310, 343, 383, 404
Gonçalves, Orocílio Martins, 393
Gonçalves, Waldomiro, 119n
Gonzaga, Francisca (Chiquinha), 209
Gonzaga, Octávio, Jr., 143n
Gonzaga Júnior, Luiz (Gonzaguinha), 268
Gopfert, Edmauro, 378
Gordon, Lincoln, 344
Gorender, Jacob, 372
Goulart, Denise, 85, 322
Goulart, João (Jango), 13-14, 49, 51, 53, 57, 85-86, 98, 100n, 117n, 197, 212n, 230, 232, 233, 235-36, 257, 282, 283, 310-11, 322, 325, 326, 327, 328, 331, 333, 339, 346, 403
Goulart, João Vicente, 322
Goulart, Maria Thereza, 322
Gouriou, François, 214n
Gouvea de Melo, Carlos Henrique *ver* Dirceu, José
governo de transição, 104, 105
Grabois, Maurício, 365
Grael, Dickson, 101, 190, 200-2, 360
Grancieri, Pedro Mira (*Capitão Ramiro*), 359
Granja do Ipê, Brasília, 308
Granja do Torto, Brasília, 25, 75, 128n, 206, 208, 254
Gravina, Dirceu (JC), 368
Greenwich Village, bomba em, 204
Grêmio de Porto Alegre, 211
greves, 44-45, 48-49, 51-58, 124, 137, 141-46, 167-69, 242, 246, 281, 331, 334, 355, 390, 391, 401
e d. Cláudio Hummes, 145-46, 169, 350
internacionais, 395, 397
legalidade/ilegalidade das, 54, 143, 168, 169, 238
Lula e as, 53-55, 143-46, 167-71, 394
negociações sindicais, 39, 43, 47, 49, 53, 56, 143-46, 167-70
SNI e as, 141, 167, 169, 392
Assembleia de Vila Euclides, 144-46, 168
doação de dinheiro e alimentos, 145
medidas para conter as, 142-43
projeto de lei de, 238
ver também fábricas específicas
Grupo Anti-Comunista, 110
Grupo de Assessoramento Especial (GAE), 31n, 32, 79-81
Grupo Monteiro Aranha, 340
Grupo Tortura Nunca Mais, 368-69
Grupo Votorantim, 231n
Guanabara, palácio, 14
Guarany, Reinaldo, 379
Guarulhos (SP), greve em, 142
Guatemala, 344
Guazzelli, Sinval, 337
Gudin, Eugênio, 333

Guedes, Armênio (Julio), 158
Guedes, Edison Boscacci, 353
Guerra Civil Espanhola (1936-1939), 377
Guerra das Malvinas (1982), 190, 272, 399
Guerra do Pacífico (1879-1883), 300
Guerra, Cláudio, 14n, 355
Guerreiro, Ramiro Saraiva, 154n, 218n, 345-46
guerrilha, treinamento de, 29, 189
guerrilheiros, 25, 28, 83, 200, 353, 363, 364, 365, 366, 370
   ver também Araguaia
Guevara, Ernesto "Che", 170n, 346
Guimarães, Mora, 342
Guimarães, Ulysses, 50, 51, 61, 74n, 97-98, 165, 233-34, 235-39, 265, 274, 304, 318, 334, 342, 343
   bipartidarismo e, 237
   campanha pela Constituinte, 61-62, 342
   campanha pelas eleições diretas, 245, 251, 267-68, 270, 271, 281
   candidato à Presidência, 239, 266, 342
   e Golbery, 87, 237
   e a greve do ABC, 51-52
   história, 235
   no MDB, 236-37, 390
   no Santos Futebol Clube, 236
   e Sarney, 206, 308
   sobre a posse de Sarney, 308
   e Tancredo, 51, 235, 237, 238-39, 251, 266, 302, 400, 404
   e o término do AI-5, 127
Guimarães Jorge, Ailton (Capitão Guimarães), 361
Guiné-Bissau, 373, 376, 377
Guinle, Octavio Eduardo, 346
Guinle de Paula Machado, Cândido, 332
Gusmão, Roberto, 302, 343
Gutemberg, Luiz, 78

habeas corpus, 29, 42, 62-63, 65, 86
Habegger, Norberto, 111-12, 391
Hackett, Sir John, 129n
Hadba, Benjamin, 273
Haddad, Claudio, 384

Haddad, Fernando, 338
Hallier, Luiz Carlos, 365
Harazim, Dorrit, 385
Hasslocher, Ivan, 333
Henning, Geraldo, 69
Herzog, Jesus Silva ("Chucho"), 175-76
Herzog, Vladimir, 115, 196, 230, 270, 358, 359, 390
Hidrelétrica de Itaipu, 325, 337
Hino nacional, 146, 153, 271, 299
Holanda, 111, 345
Holliday Inn, hotel, 49
Honduras, 150
Hora do Povo, semanário, bombas na redação, 186
Hospital de Base de Brasília, 304-7, 404
Hospital dos Servidores do Estado (HSE), 211-12
Hospital Miguel Couto, 200
Hotel Roosevelt, Nova York, 36
Hoveyda, Amir, fuzilamento, 148
Hummes, bispo d. Cláudio, apoio aos grevistas, 145-46, 169, 350
Hussein, Saddam, 217-18, 397

IBM, 30, 395
Ibrahim, José, 44, 48, 375
Igel, Pery, 333
Igreja, 56, 88, 344, 349-52
   e política, 81, 246, 251
igrejas, bombas em, 109, 185-86, 392
Ilha Grande (RJ), 329
Illia, Arturo, 319-20
imposto sindical, 43-44
incentivos fiscais, 121, 126
Independência do Brasil (1822), 281
Índia, 127, 218, 393, 403
Índice Geral de Preços — Disponibilidade Interna (IGP-DI), 391, 393, 395, 397, 399, 401, 403, 405
   ver também inflação
Índice Nacional de Preços ao Consumidor (INPC), 258
indústria, 29-30, 39-40, 57, 119-21, 142, 146, 331

Índice remissivo

automobilística, 47-48, 52-54, 56, 126, 142
inflação, 29, 39n, 136, 139, 143, 145, 150-54, 167, 172, 179, 245, 253, 257-58, 297, 299-302, 309, 324, 340, 391, 393, 395, 397, 399, 401, 403, 405
Infraero (Empresa Brasileira de Infraestrutura Aeroportuária), 330
injustiça, 87-88, 159, 186, 308
Inquérito Policial-Militar (IPM), 169-70, 198-99, 202n, 207-8, 296, 354
Instituto Brasileiro de Ação Democrática (IBAD), 333
Instituto Brasileiro de Geografia e Estatística (IBGE), 152, 370
Instituto Carlos Éboli, 201n
Instituto de Aposentadoria e Pensões dos Comerciários (IAPC), 173n
Instituto de Pesquisas e Estudos Sociais (IPÊS), 331
Instituto do Açúcar e do Álcool, 328
Instituto do Patrimônio Histórico, 321, 327
Instituto Fernando Henrique Cardoso, 347
Instituto Gallup, 269
Instituto Histórico e Geográfico Brasileiro, 321
Instituto Médico-Legal, 219
Instituto Oswaldo Cruz, 349
Instituto Paranaense de Desenvolvimento Econômico e Social, 370
Instituto Pasteur de Paris, 349
Interpol (International Criminal Police Organization), 337
Intrínseca, editora, 384
Irã, 345, 346, 393
   crise do petróleo, 147-49, 172
   guerra com o Iraque, 172, 395, 397, 403
Iraque, 217-18, 242, 333, 391
   Bagdá, 204, 218
   guerra com o Irã, 172, 395, 397, 403
   relações do Brasil com o, 217-18, 393, 394, 395, 396, 397
Irmandade Santa Cruz dos Militares, 361
Irmãs de São Jose de Lyon, congregação das, 380

ISIS, grupo islâmico, 204
IstoÉ, 335, 390
Itamaracá (PE), presídio de, 89
Itamaraty, 37, 84, 85n, 110, 234, 302, 317, 328, 343, 346, 347, 370, 390

Jalkh, Bechara, 183n
Janini, Rubens Macuco, 359
Jardim de Mattos, Délio, 62, 292-93, 402
Jatene, Adib, 187
Jersey, ilha de, paraíso fiscal, 337
Jesus, Nelson Pereira de, operário assassinado, 142
Jô Soares, visita a Geisel, 129
João Paulo II, papa, 350, 391, 393, 394, 395, 397
João Pessoa (PB), manifestação, 271
Joãozinho Trinta, 42
Joaquim, Ailton, 170, 361
Jobim, Danton, 341
Jockey Club de São Paulo, 266
Jornal do Brasil (JB), 15n, 127, 243n, 264, 328, 335, 385, 390, 396, 398
Julião, Francisco, 329
Julinho da Adelaide *ver* Buarque de Hollanda, Chico
Jundiaí (SP), greve, 143n
Junta de Coordenação Revolucionária (JCR), 189
Junta Militar, 74, 117, 210, 317, 322
Jurema, Abelardo, 328
juros americanos, alta dos, 154, 173-74, 177, 393, 395
Juruna, Mario, 257, 259
Justiça do Trabalho, greve e, 52
Justo, Vinícius de Melo, 384

Kayano, Rioco, 366, 370
Kelly, Prado, 60
Keramane, Hafid, 345
Kertzscher, Ubiratan Borges, 379
KGB (URSS), 352, 399
Khader, Anísio, 71
Khomeini, aiatolá Ruhollah, 147-48, 172, 177, 391, 393
   depõe o xá Reza Pahlevi, 134, 147

Khoury, Raul Roa, 345
Kissinger, Henry, 291, 344, 396, 402
Kobashi, Nair Yumiko, 369
Kotscho, Ricardo, 266
Krieger, Daniel, 236n, 285, 339-40
Kristel, Sylvia, 61
Kruel, Amaury, 325
Kubitschek, Juscelino, 98, 101, 104, 172, 233, 236, 322
Kubitschek, Márcia, 322
Kubitschek, Maristela, 322
Kubitschek, Sarah, 322

La Tablada, quartel em Buenos Aires, 112
Lacerda, Carlos, 14, 98, 233, 235, 282
   João Goulart e, 14
Lacerda, Siguimar, 365
Lage, Francisco, 351
Lamarca, Carlos, 29, 200, 353, 378, 390
Laque, João Roberto, 378-79
Lara Resende, André, 178, 348, 399
Laranjeiras, palácio das, 14, 28, 98, 184, 212
Larosière, Jacques de, 149, 179, 301, 393
Latin America Report, 119n
Lavechia, Daniel, 371n
Lavechia, Joel, 371n
Lavechia, Jose, 371n
Lee Anderson, Jon, 346
Legião de Honra, 377
Lei da Anistia (6.683/1979), 158
Lei de Segurança Nacional (Decreto no 477), 29, 71, 392
Leitão de Abreu, João ("Dr. Leitão"), 152, 210-12, 221-23, 244, 255-57, 260, 273, 279, 285-87, 302, 305, 308, 323, 396, 398, 400, 402
Leite, Antônio Dias, 324
Leite, Luiz Helvecio da Silveira, 184-85, 354
Leite Chaves, Francisco, 340
Lembo, Claudio, 152
Lent, Herman, 349
Lesbaupin, Ivo, 351
Lessa, José Crispiniano Beltrão (*Doutor Diogo*), 188
Levy, Herbert, 174

Líbano:
   Beirute, atentados em, 401, 403
   treinamento de guerrilha no, 189
Liga Independente das Escolas de Samba, 361
Ligas Camponesas no Nordeste, 329
Light, 99, 297, 331
Lima, Eraldo Tavares de, 292
Lima, frei Tito de Alencar, 351, 372n
Lima, Maurício Lopes, 357
Lima, Umberto Trigueiros, 379
Lima, Wilberto, 272
Lima Filho, Oswaldo, 327
Lima Sobrinho, Barbosa, 191
"linha dura", oficiais da, 31, 100, 102
Linhares, Claudio Galeno, 370
Linhares, Maria Yedda, 349
Linz, Juan, 227
lista de subversivos do CIE, 32
lista de torturadores, 70, 109, 185, 390
Lobão, Edison, 286
Lobo, Amílcar (*Doutor Cordeiro*), 193, 355
   Inês Etiene Romeu invade o escritório de, 193
Lobo, Elza, 370
Lombardi, Bruna, 267
Loop, Floyd, 253, 398
Lopes, Francisco, 178, 348
Lopes, Guiomar da Silva, 369
Lopes, Ney, 330
Lord Jim (romance de Joseph Conrad), 197
Lorscheider, Aloísio, 88, 350, 391
Lorscheiter, d. Ivo, 60
Losada, Manuel Piñeiro (*Barbarroja*), 345
Loss, Eliane, 385
Lott, Henrique, 104, 235n, 326
Lovato, Edson, 202n, 220n
Lucas, Orandir Portassi ("Didi Pedalada"), 113-15, 362
Lucena, Damaris de Oliveira, 375-76
Lucena, família, 375-76
Lucena, Mário Paglioli de, 68
Ludwig, Daniel, 106, 119, 397, 399
Ludwig, Rubem, 212, 273-74
Luís, Washington, 95n

Índice remissivo

Lula da Silva, Luiz Inácio, 20, 39-43, 44, 56, 60, 265, 279, 314, 318-19, 324, 328, 330, 333, 334, 347, 351, 353, 372, 374, 375, 377, 381, 390, 394, 400
  comícios, 265-66, 268-69
  disputas eleitorais, 230, 336, 338, 340, 343, 398
  entrevista à TV Cultura, 54-56
  greves e, 53-55, 143-46, 167-71, 394
  interrogado na prisão, 170-71
  Maluf sugere prisão de, 145
  e negociações sindicais, 39, 43, 47, 49, 53, 56, 143-44, 146, 167-70
  preso na greve de 1980, 169-71, 394
  se reúne com José Sarney, 206
  sem militância política, 44, 54
  sobre Tancredo, 279
  suspeito de ter ligação com Golbery, 170-71, 394
  ver também Sindicato dos Metalúrgicos de São Bernardo; greves
Lustosa, Iris, 292-93, 353
Lustosa, Paulo, 210*n*
luta armada, 29, 86, 88, 187, 377
Lyra, Carlos Eduardo Fayal de, 378
Lyra, Fernando, 234, 302, 310, 343
Lyra Tavares, Aurélio de, 74*n*, 193, 210, 322

Macedo, Joelmir Araripe de, 69
Macedo, Murilo, 145-46, 171*n*
Maceió (AL), 271
Machado, Adhemar Costa da, 272*n*, 284, 327
Machado, Expedito, 327
Machado, Homero Cesar, 357
Machado, João Bina, 327
Machado, Lenira, 368
Machado, Ronaldo Dutra, 380
Machado, Wilson (*Doutor Marcos*), 16, 188, 195, 360
  e o atentado do Riocentro, 182, 195-96, 198, 200, 204-5
Maciel, Audir Santos (*Doutor Silva*), 358
Maciel, Licio Augusto Ribeiro (*Doutor Asdrúbal*), 364
Maciel, Lysâneas, 89, 330

Maciel, Marco, 62, 70, 140*n*, 257, 259, 310, 339, 400
Maciel, Maria de Lourdes ("dona Lurdinha"), 223
Maddison, Angus, 127
Mafra, Marcia, 370
Magalhães, Agamenon, 121, 122*n*
Magalhães, Antonio Carlos, 55, 105, 135-36, 139, 140*n*, 166, 221*n*, 243*n*, 256, 259, 266, 273, 278-80, 287, 292-93, 295, 302, 306, 310, 338, 340, 384, 402
Magalhães Junior, Antonio Carlos, 338
Magalhaes Neto, Antonio Carlos, 338-39
Magalhães, Luís Eduardo, 293, 338
Magalhães, Vera Silvia, 380
Magalhães Pinto, José de, 97-99, 103, 325
Maia, José Agripino, 339
Maia, Lavoisier, 339
Maia, Tarcísio, 339
Maio de 1968, manifestação na praça da Sé, 48
Malan, Pedro, 177-78, 348, 391, 399
malha rodoviária, 138
Malhães, Paulo (*Doutor Pablo*), 15, 219-20, 355
Maluf, Paulo, 94-95, 139-40, 143, 145, 166, 168, 187*n*, 221-22, 239, 241-44, 256*n*, 259-60, 266, 272-73, 298, 323, 338, 340, 352, 391, 396, 398, 400
  candidatura de, 278-88, 291, 292, 294*n*, 295, 337, 396, 398, 402
  derrotado por Tancredo, 298-99, 404
  Newton Cruz diz que ele propôs o assassinato de Tancredo, 294
Manchete, 335
Manchete, grupo, 335, 396, 401
Mangabeira, Otavio, 159
manifestações, 48, 51, 257-58, 267-71, 274, 277, 333, 362, 391, 392, 393, 400
  estudantis, 42, 71-72, 164, 205, 392
  pelo preço das passagens de ônibus, 246-49
  ver também comícios; greves; paralisações
Manifesto dos Coronéis, 49, 100*n*, 233
Manifesto dos Oito, 334
Mannesmann, empresa alemã, 30

Mano, Lucyanne, 385
Maquiavel, Nicolau, 232
Marabá (PA), 102
Maranhão, Marco, 373n
Marchetti, Ivens, 380
Marchezan, Nelson, 221, 254, 260, 396, 400
Marcondes Filho, Gentil, 198
Maria, Agenor, 341
Marighella, Carlos, 351
Marin, José Maria, 338
Marinho, Djalma, 396
Marinho, Roberto, 183n, 283, 335
Martins, André, 72
Martins, Franklin, 372
Martins, Juca, 385
Martins, Lucia Regina, 366
Martins, Paulo Egydio, 22, 33n, 41, 53-54, 93, 94n, 145, 171n, 196, 337
Martins Rodrigues, José, 236n
Marx, Karl, 246
marxismo, 41, 79, 91, 393
Massachusetts Institute of Technology (MIT), 300
Mattos Beltrão, Innocencio Fabricio de, 357
Mattos Ribeiro, Renault, 298, 303-4, 404
Maxwell, 48, 391
Mazzilli, Ranieri, 57, 236n
McGregor, Gregor, 149
Medalha do Pacificador, 32, 90, 359
Medeiros, Octavio Aguiar de, 79, 102n, 106, 128n, 139-40, 150-51, 160n, 164n, 169, 182, 183, 198, 199, 205-6, 211, 213n, 216-17, 218n, 220, 242n, 287-88, 293, 361, 390, 394, 396
Médici, Emílio Garrastazu, 15, 22-23, 24, 25, 75, 98, 101, 107, 110, 124, 126, 128n, 138-39, 152, 168, 170, 185, 210, 222-23, 227, 241, 242, 244, 273, 310n, 321, 328, 344, 346, 352, 396, 400, 404
Médici, Roberto, 107n, 222n
Médici, Scylla, 321
medidas de emergência, 67-68, 258, 277, 401, 402
Meireles, Iná, 370
Mello, Ednardo D'Avila, 197, 357-58

Mello, Márcio de Souza, 74n, 322
Mello de Almeida, Reynaldo, 22, 78, 183n, 283, 284
Mello Franco, família, 257
Melo, Carlos Henrique de, 202n
Melo, Ovídio de, 346
Melo, Uruguai, 114
Memorial da Resistência, São Paulo, 368
Memorial JK, Brasília, 348, 397
Mendes, Bete, 404
Mendes, Ivan de Souza, 77n, 272n, 283-84, 302, 308, 310, 343, 383
Mendes, Murilo, 333
Mendes Júnior, empreiteira, 333, 344
Meneguel, Maria das Graças (Xuxa), 274
Meneguelli, Jair, 52n
Menezes, Gilson, 47, 48n, 270, 331, 384
Menicucci, Eleonora, 369
mensalão, 366, 373, 374, 375
Mercedes, 48, 54, 401
Mesquita, família, 335
Mesquita, Ruy, 55, 79
Mesquita Neto, Julio, 37
Mestrinho, Gilberto, 329
Metal Leve, 334
metalúrgicos, 39-40, 44, 141, 143, 145, 167-68, 197, 302, 391, 392
    ver também greves
Metropolitana, 332
México, 88, 90, 101, 112, 173, 175-77, 201, 329, 351, 380, 393, 399, 404
Meyer, Marco Antonio, 379
Mezarobba, Glenda, 162
Milagre Econômico (1969-1973), 30, 139, 153, 157, 171-72, 179, 227, 245, 281, 324, 397
Minc, Carlos, 378
Mindlin, José, 30n, 37, 334
"Minimax" (general Golbery), 63
Ministério da Educação e Cultura (MEC), 369
Ministério da Guerra, 13
Ministério Público (MP), 186n, 188n, 202n, 203-4, 355, 357, 358, 361
Ministério Público Federal (MPF), 354
Mir, Luis, 303n
Miranda, Ana, 368-69

Miranda, Leonel, 325
Mirimi, traineira, 215, 219, 398
Missão Permanente do Brasil em Genebra, 346
míssil brasileiro, criação do primeiro, 179
Moçambique, 346, 352, 373, 376
moeda, desvalorização da, 150, 153-54, 245, 401
moeda, valorização da (1994), 39*n*, 340
Moledo, Rosalba de Almeida, 370
Molica, Fernando, 381
Molinas, Julio (*Doutor Fernando*), 198, 202*n*, 360
Monnerat, Elza, 367
Montagna, Cesar, 201*n*, 326
Monteiro, Euler Bentes, 20, 22, 49, 98-99, 101-4, 108, 193, 239, 326, 330
   cerco a, 105-6
   no comando da Escola de Comunicações do Exército, 100*n*
   e Geisel, 22, 49-50
   morte de, 108*n*, 326
   possível candidato à Presidência, 49-51, 69, 78, 97-98, 102, 103, 106, 341, 390
   promessas eleitorais, 104-5
   recebe apoio de Hugo Abreu, 97-98, 100, 106
   sobre a anistia, 87-88, 104
   no sítio do Pica-Pau Amarelo, 50
   vigilância do SNI, 50-51, 106
Monteiro, Renato de Miranda, 356
Monteiro, Yvan Bentes, 50*n*
Montenegro, Fernanda, 270
Montevidéu, Uruguai, 113-14, 232
Montoneros, Argentina, 189, 394
Montoro, Franco, 56, 70, 230, 233-34, 245, 248, 265-69, 302, 329, 341, 342, 398
Moraes, Antonio Ermírio de, 30*n*, 119, 334, 403
Moraes, Olacyr de, 332
Moraes Moreira, 270
Moraes Neto, Geneton, 16*n*, 199*n*
Moraes Rego, Gustavo de, 27, 60*n*, 69*n*, 93, 102, 128*n*, 258, 284*n*
moratória, 150, 175-76, 265, 287, 399, 403, 405

"moratória branca", 253
Moreira, Magno Braz, 200*n*, 201*n*, 202*n*
Moreira Alves, Marcio, 88-89, 192, 212, 213, 257, 335
Moreira Salles, Walther, 233-34, 332, 333
Moreno, Jorge Bastos, 51, 213*n*
Moretti, Áurea, 369
Moura, Arthur, 344
Moura, Sebastião Rodrigues de (*Major Curió*), 363
Mourão, Américo, 75*n*, 128*n*
Mourão Filho, Olympio, 13, 325
Movimento, semanário, 20, 117, 187
Movimento Comunista Internacional, 85, 168, 188
Movimento Contra o Desemprego e a Carestia, 246, 247
Movimento de Libertação Popular, 374
Movimento Democrático Brasileiro (MDB, atual PMDB), 20, 27*n*, 28, 31, 37, 42, 44, 49-51, 56-57, 61, 70, 73, 78, 86, 90, 93, 97, 99, 101-3, 105, 121-22, 123-24, 140, 160, 165, 228, 234, 236-37, 310, 325, 331, 340, 390, 392
Movimento Feminino pela Anistia (MFPA), 85, 86, 112, 368
Movimento Popular de Libertação de Angola (MPLA), 346
Movimento Revolucionário 8 de Outubro (MR-8), 44, 244
Movimiento de Izquierda Revolucionaria (MIR, Chile), 380
Mujica, Jose (*Pepe, Ulpiano, Facundo*), 320
Müller, Amaury, 330
Müller, Filinto, 59
Muniz, Waldyr, 186, 360
Muricy, Antonio Carlos, 325
Museu de Arte Moderna (MAM), 391
Museu de Bagé, 321

Nahas, Jorge, 377
Nahas, Maria José, 377
Nascimento, Edson Arantes do (Pelé), 236
Nascimento, João Pessoa do, 247
Nascimento, José Conegundes do, 364

Nascimento, Milton, 188, 270
Nascimento, Wilson Barbosa do, 377
Nascimento Silva, Luiz Gonzaga do, 68-69
Natel, Laudo, 93, 333, 391
navio-plataforma P-57, 377
Neves, Aécio, 303-4, 306, 318, 320
Neves, Carlos Augusto Santos, 37n
Neves, Esther, 307, 404
Neves, família, 231n
Neves, Lucas Moreira, 350
Neves, Risoleta, 282, 298n, 318
Neves, Tancredo, 70, 97, 140, 230, 231-34, 236, 239, 243, 248, 254, 264, 266, 280, 289-90, 295, 296, 302, 309, 310, 317, 318, 321, 323, 324-25, 327, 328, 337, 342-43, 347, 349, 353, 356, 383, 384, 394, 405
   e ACM, 278, 287, 293
   aliança com Aureliano, 266-67, 285, 292-93
   e anistia, 88
   campanha pelas eleições diretas, 251, 267, 268, 281, 400
   eleição para a Presidência, 17, 273-74, 278-88, 297-99, 402, 403
   e Figueiredo, 270, 404
   e FMI, 300-1
   e Geisel, 232, 290, 402
   e Getulio Vargas, 232-33
   inflação no governo, 302
   intervenção militar contra, ideia de, 292-95
   e Jango, 232-33
   líder do Partido Popular, 165, 228, 238, 392, 396
   Lula sobre, 279e o MDB/PMDB, 70, 140, 160, 228-29, 390, 398
   ministérios no governo, 302-3
   morte de, 307
   posse de Sarney, 307-8
   e Reagan, 299
   e Sarney, 206, 285, 286, 303, 305, 402
   saúde de, 282, 298, 303-7, 404
   e Ulysses, 51, 235, 237, 238-39, 251, 265, 66, 302, 400, 404
   viagens internacionais, 299

Neves da Cunha, Andrea, 195
New York Times, The, 148
Nicarágua, 150, 174n, 370, 393, 395
Niemeyer, Oscar, 188, 348, 397
Niemeyer, Paulo, 208
Nigris, Theobaldo de, 40, 60
Nixon, Richard, 35, 344
Nóbrega, José Araújo "Sete Vidas", 378
Nogueira, Rose, 368
Nordeste, taxa de crescimento, 126
Norquisa, 130, 321, 394
Nossa, Leonencio, 363
Novela da Traição, série, 107
Nuclebras, 176, 346
Nunciatura Apostólica, 381

Oakim, Jorge, 384
Observatório da Imprensa, 335
Ochsendorf, Jacy, 361
Ochsendorf, Jurandyr, 361
Odebrecht, empreiteira, 391
Odebrecht, Marcelo, 332
Odebrecht, Norberto, 332
Okuchi, Nobuo, 85, 88, 371, 375-76, 378, 380
Olinda (PE), comício, 269, 271
Oliveira, Dante de ("Mosquito Elétrico"), 244-45, 269n
   emenda, 245, 266, 268, 271, 273-74, 277-78, 281, 400, 402
Oliveira, Diógenes Carvalho de, 373n, 376
Oliveira, Ernesto Carlos Dias de ("Ernesto Cubano"), 368
Oliveira, Jomair de, 196n
Oliveira, José Aparecido de, 230, 310, 328
Oliveira, José Sales de, 162
Oliveira, Luiz Carlos Dias de, 368
Oliveira, Manuel Cirilo de, 162
Oliveira, Miguel Darcy de, 347
Oliveira, Octavio Frias de, 79, 267, 335
Oliveira, Pedro Lobo de, 378
Oliveira Brito, Antônio Ferreira de, 328
Oliveira Netto, Manoel Cyrillo de, 372-73
Onganía, Juan Carlos, 319-20
ônibus, aumentos de tarifas de, 245-46
Operação Bandeirante, 40

Índice remissivo

Operação Condor, 365
Operação Cristal, 192
Operação Lava-Jato, 332-33, 374
Operação O Cruzeiro, 216, 219
Operação Sucuri, 363, 365
Opinião, semanário, 186, 336, 369
Ordem das Vicentinas, 231n
Ordem dos Advogados do Brasil (OAB), 29, 191, 206, 258, 390
   atentado a bomba, 16, 191-92, 203, 360, 394
Organização das Nações Unidas (ONU), 328, 344
Organização dos Estados Americanos (OEA), 340
organizações clandestinas, 29, 86, 319
organizações trotskistas, 44
Orquestra Sinfônica Brasileira, 324
Orquestra Sinfônica de Campinas, 275
Osasco (SP), 44, 142, 167, 250
   ver também greves
Osawa, Shizuo (*Mário Japa*), 373n, 376, 378
Oxiteno do Nordeste, 121

Pacca, Ariel, 69
Pacheco, Agonalto, 375
Pacheco, Osvaldo, 329
Pacheco, Rondon, 325
"Pacote de Abril", 28, 62-63, 66, 105, 238
Paes, José de Barros, 358
Pahlevi, Ashraf, 147, 391
Pahlevi, xá Reza, 134, 147-48, 346
Paiva, Glycon de, 233
Paiva, Mauricio, 379
Paiva, Rubens, 193, 310-11, 340, 353, 355, 360, 361, 381
Paiva Abreu, Marcelo de, 178
Paiva Chaves, João, 286n
Palácio do Governo de São Paulo, 247-48
Palhares, João Carlos, 139n
Palmar, Aluízio Ferreira, 374
Palmeira, Vladimir, 375, 377
Pamplona, Fernando, 79
Papa Junior, José, 334
Papuda (DF), penitenciária da, 366

Paraguai, 110, 318, 320, 323, 395
paraíso fiscal, 337
paralisações, 48, 49, 56, 141-42, 238
   ver também greves
Paraná, marquês de, 232, 279, 281
Paranhos, Fernando Pessoa da Rocha, 356
Parra, Paulo *ver* Perera, Antonio Expedito Carvalho
Partido Comunista, 15, 28, 40, 43, 48, 72, 197, 220, 234, 270, 291, 356, 377
   chinês, 391
Partido Comunista Brasileiro (PCB), 41, 44, 72, 188, 234n, 289, 292, 328, 328-29, 358, 375
Partido Comunista Brasileiro Revolucionário (PCBR), 89, 158, 162, 372, 377
Partido Comunista do Brasil (PC do B), 25, 44, 100, 200, 230n, 246, 248n, 269, 271, 272, 290, 293, 318n, 363, 365, 366, 367
   ver também Araguaia
Partido da Social Democracia Brasileira (PSDB), 320, 342, 353
Partido da Vitória do Povo (PVP, Uruguai), 112-13
Partido Democrático Social (PDS), 165, 207, 221n, 229-30, 238-39, 241, 243, 259-60, 266, 268, 270, 277-82, 284-85, 287, 289, 392
Partido Democrático Trabalhista (PDT), 165, 322, 329, 330, 371, 378, 392, 398
Partido do Movimento Democrático Brasileiro (PMDB), 187, 228, 229-30, 238, 239, 241, 245, 250-51, 260, 265-68, 271, 273-74, 281, 284, 286, 290, 302-3, 324-25, 329, 331, 334, 337, 339, 340, 342, 343, 363, 377, 392, 394, 396, 398, 403
   ver também Movimento Democrático Brasileiro
Partido dos Trabalhadores (PT), 166-67, 187, 230, 248n, 265-66, 270-71, 281, 320, 324, 329, 330, 331, 341, 343, 348-49, 366, 368, 372, 373-78, 390, 392, 394, 398, 400, 403
Partido Popular (PP), 165, 228, 238, 281, 392, 396, 398
Partido Popular Socialista (PPS), 329, 330

Partido Social Democrático (PSD), 235-36
Partido Socialismo e Liberdade (PSOL), 378
Partido Trabalhista Brasileiro (PTB), 90, 165, 229n, 326, 330, 378, 392
Partido Verde (PV), 341, 372, 375, 378
Pasquim, semanário, 85, 186, 336, 369
passaportes negados, 84-85, 89, 317, 347
Passarinho, Jarbas, 120n, 140n, 285, 319, 325
Passeata dos Cem Mil (1968), 71, 268n, 380
passeatas, 105, 226, 247, 250, 267-71, 274, 281, 282, 285
Passo Fundo (RS), 111
Passos, Oscar, 236
pasta de urânio (*yellow cake*), 217-19, 397
Pastoral da Terra, 210n
Pastore, Afonso Celso, 300
Paulipetro, 242
Paulistur, 269
Paulo VI, papa, 351, 391
Pazzianotto, Almir, 302
Pedra do Cavalo, obra de, 119n
Pedro, Erasmo Martins, 37n
Pedro I, d, 281
Pedrosa, Mário, 167
Pellacani, Dante, 329
Perdigão Pereira, Freddie (*Aloisio Reis, Doutor Roberto, Doutor Flávio*), 13-15, 184, 196, 220n, 296, 355
  atentado do Riocentro, 15-16, 200, 311
  na Agência do SNI, 15, 184, 196, 220, 311
  carreira no exército, 15
  carta-bomba na OAB, 203
  na "Casa da Morte", 15, 32
  e "combate das caravelas", 219-20, 311, 355
  Medalha do Pacificador, 32, 90
Pereda, João Batista Rita, 371n
Pereira, Jesus Soares, 87
Pereira, José Cortez, 330
Pereira Campos, Pedro Henrique, 332n
Pereira Filho, André Leite (*Doutor Edgar*), 358
Perenha, Itamar, 102n
Perera, Antonio Expedito Carvalho (Paulo Parra), 381

Peres, Aurélio, 248
Perón, Juan Domingo, 103
Pertini, Sandro, 299
Petrobras S.A., 22, 26, 27, 74, 83, 119, 126, 136, 213, 284, 319, 324, 333, 373, 374, 390, 392
petróleo, 217, 242
  crises do, 147-49, 153-54, 172, 174, 391, 393
Petrópolis (RJ), 15, 32, 193, 355, 356, 396
Pezzuti, Angelo, 380
Pezzuti, Carmela, 379, 380
PIB mundial, 127
Pimentel, Fernando, 373
Pinheiro, Álvaro, 365
Pinheiro, Enio, 352
Pinheiro Lima, Antonio Waneir (*Camarão*), 355
Pinheiro Rocha, Francisco 304-7
Pinochet, Augusto, 164, 319, 330, 397
Pinto, Bilac, 236n, 339
Pinto, Francisco, 164, 330
Pinto, Onofre, 371n
Piola, Bruno, 376
Piola, Geny, 371n, 376
Pirajá, Luis Carlos, 207
Piratini, palácio, 298
Pirelli, 331
Pires, Waldir, 310, 328, 343
Pires, Walter, 139-40, 183, 192-93, 198, 209, 212, 257, 272, 287, 290-93, 323, 394, 402
Planalto, palácio do, 17, 24, 57, 77, 101, 129, 160, 162, 205, 222, 293, 306, 310, 318, 404
Plano Brady, 348
Plano Cruzado, 398
Plano Nacional de Desenvolvimento, II (PND), 30
Playboy, 78
pluralismo político, 30
Polícia do Exército (PE), 170, 361
Polícia Federal, 42
Polícia Militar (PM), 42, 54, 111, 114, 139, 192, 230, 290, 358, 364
Polo Petroquímico de Camaçari (BA), 130, 321

Polônia, 345, 377, 393, 395, 397, 401
Ponta Grossa (PR), passeata, 269
Pontifícia Universidade Católica do Rio de Janeiro (PUC-Rio), 177, 348, 358, 391, 399
Ponzi, Charles, 173n
  jogo de, 173, 175
Portella, Petrônio, 59-61, 119n, 140, 164n, 286
  e o desmanche do AI-5, 140
  encontro com lideranças, 60, 171n
  e Figueiredo, 60, 124, 166, 392
  Geisel e, 59-60, 61, 128n, 234n, 396
  Golbery e, 59-60, 62-63, 124, 140, 165, 210
  morte de, 166, 394
  negociação da anistia, 140, 159-60
  saúde de, 165-66
Porto, Sérgio, 349
Porto de Santos, greve, 167, 169
Portugal, 85, 90, 159n, 328, 340, 344, 345, 352, 371, 372, 373, 375, 376, 380, 395, 404, 405
  Lisboa, 88, 113, 158, 337, 352, 371
português, uso do, 73-74, 257
Posoni, Irma, 248
Poyais, reino de, 149-50
Pra frente Brasil, filme, 347, 399
Pra não dizer que não falei das flores/Caminhando (Geraldo Vandré), 274, 381, 402
Prado, Gary, 170n
Prado, Iara, 369
Prado Júnior, Caio, 348
Prêmio Direitos Humanos, 356
Prestes, Anita Leocádia, 188-89
Prestes, Júlio, 95n
Prestes, Luiz Carlos, 88-89, 158, 188, 326, 328, 377
Prieto, Arnaldo, 171n
prisão perpétua, 89, 190, 320, 405
prisioneiros, trocas de, 85, 101, 110, 158-59, 162, 371-78, 380
prisões de ditadores, 319-20, 405
prisões durante a ditadura, 43, 84, 86, 90, 101, 102, 110-11, 113, 117, 143, 164, 250, 290, 293, 318-19, 330, 348, 352, 354, 355, 356, 360, 366, 373, 379, 381, 392

Produto Interno Bruto (PIB), 136, 153-54, 179, 391, 393, 395, 397, 399, 401, 403, 405
Projeto de Anistia, 159
Projeto Jari, 106, 397, 399
propaganda eleitoral, 28, 105, 229, 243, 268
Puma, 15-16, 195, 198-200, 202-3
  ver também Riocentro, atentado do
Purificação, Mário da, 128n

Quadros, Jânio, 13, 17, 73, 95n, 104, 138, 140n, 164, 210n, 232, 234, 235, 282-83, 326, 329, 405
Quaresma, Airton, 200-1n
Queirós, Ademar de ("Tico-Tico"), 83, 128n
Quércia, Orestes, 56, 341, 342
"queremismo", 282
Quinta sinfonia (Beethoven), 275
Quintal, Josias, 360
Quitaúna (SP), 29

Rademaker, Augusto, 74n, 322
radicalismo militar, 24-25, 31-33, 80, 91, 103-4, 110, 184, 188, 201
Rádio Bandeirantes, 248
Ramalho, Thales, 60n, 87n, 90, 121-22, 194n, 237-38, 273, 295, 384
Ramos, Tony, 274
Raposo, Amerino, 101
Rasputin, 207
Reagan, Ronald, 227-28, 299, 393, 395, 397, 398, 399, 401, 403
reator nuclear, 217, 218, 397
Recanto dos Cinamomos, Teresópolis, 127-28, 129
recessão de 1981, 172-74, 397
Record, grupo, 336
Rede Bandeirantes, 271, 372
Rede Tupi, 335, 395
refugiados, 111n, 190, 391
Regan, Donald, 175
Regência, período de, 232, 279
Regresso, movimento, 232
Reis, Daniel Aarão, 373n, 376-77
Reis, Luzia (*Baianinha*), 366
Reis, Rangel, 127n

Relatório do Riocentro, 201n, 202n
Relatório Especial de Informações (general Bethlem), 32
Relatório Hugo Abreu, 106, 107, 390
remanejamento de comandos militares, 21-22, 136, 221
renda *per capita*, 127, 254, 309
repatriamento, pedidos de, 190
repressão, 16, 31, 42, 71, 84, 102, 115, 144, 154, 157, 183-84, 188, 201, 227, 284, 310, 317, 327, 333, 343, 344, 353, 356, 362, 363, 374
 ver também Centro de Informações do Exército; Destacamento de Operações de Informações
República Dominicana, 347
República Islâmica, 148, 393
República Velha, 159n, 342
Resende, Eliseu, 138, 243
Resende, Eurico, 37n
Resolução Política do Comitê Central do Partido Comunista Brasileiro, 72
Revolta Constitucionalista de São Paulo, 159n
Revolução de 1930, 159n
Rezende, Iris, 290
Rhodes, William, 348, 395, 401
Riani, Clodesmidt, 329
Ribeirão Preto (SP), 88, 258, 353, 380
Ribeiro, Amaury, Jr., 364
Ribeiro, Antonio do Prado, 199n
Ribeiro, Darcy, 230, 310-11, 327, 349
Ribeiro, José Augusto, 298n
Ribeiro, José Luiz Whitaker, 218, 333
Ribeiro, Octavio, 363
Richa, Carlos Alberto, 342
Richa, José, 230, 268, 295, 342, 398
Ricupero, Rubens, 300-1, 347
Riff, Lucia, 384
Rio Claro (SP), manifestações, 268, 269n
Riocentro, atentado do, 15-16, 17, 182, 190, 195-208, 220, 258, 295, 311, 352, 355, 360-61, 365, 394, 396
Rio-Niterói, ponte, 138
Riotur (Empresa de Turismo do Município do Rio de Janeiro), 380

Rischbieter, Karlos, 150-51, 153, 171n, 395
Rocha, Álvaro de Rezende, 356
Rocha, Avertano, 106n
Rocha, Edson Sá (*Doutor Silvio*), 190
Rocha, Glauber, 275, 285, 397
Rocha, João Leonardo da Silva, 371n
Rocha, Justiniano José da, 279
Rocha, Vera Maria, 379
Rockefeller, David, 150, 393, 405
Rockefeller, Nelson, 393
Roda viva, peça, agressão aos atores, 187
Rodrigues, Darcy, 378
Rodrigues, Rosangela, 385
Rodrigues Alves, Francisco de Paula, 59-60
Rohrsetzer, Átila, 362
Romano, Guilherme, 222
Romeu, Inês Etienne (*Olga*), 15n, 193, 355, 356, 396
Rompendo o silêncio (Ustra), 357
Rondon Pacheco (Assembleia Legislativa do Estado de Minas Gerais), 325
Rosário, Guilherme Pereira do (*Wagner*), e o atentado do Riocentro, 15-16, 195, 198, 200-4, 360
Rosário, Sueli José do, 203, 360
Rossetti, Nadyr, 330
Rossi, Agnello, 350
Roteiro das Diretas, 267
Rousseff, Dilma (*Estela*), 314, 318-19, 320, 324, 334, 356, 357, 370-71, 374
 na "Torre das Donzelas", 32-33, 86, 317, 318-19
Rússia, 164, 395
Ryff, Raul, 328

Sá, Carlos de Figueiredo, 92n
Sá, Glênio, 366
Sá Pinho, Jorge de, 272n, 284, 327
Sacchetta, Vladimir, 385
Safdiê, Edmundo, 210, 323
Saito, Antonio, 359
salário mínimo, valor do, 39n
salários, negociações de, 29, 39-40, 43-45, 48, 52-53, 141-43, 146, 172, 257-58, 401
 ver também greves

Índice remissivo

Sales, cardeal d. Eugênio, 36-37, 60, 111-12, 350, 391
Salles, Iza (Iza Freaza), 369
Salles, José, 188
Salvador (BA), 51, 187, 268, 269n, 292, 339, 350, 379, 381, 390
Sampaio, Mario Orlando Ribeiro, 353
Sampaio, Plínio de Arruda, 329
Sampaio, Rubens Paim (*Doutor Teixeira*), 355
Sant'Anna, Job Lorena de, 199, 204, 208
Santa Cruz, João, 363
Santa Sé, Cuba, 345
Santana, Fernando, 329
Santarém (PA), 102n
Santayana, Mauro, 268n, 269n
Santo Amaro (SP), manifestações de, 246-49, 271
Santos, Amaro Fernando dos, 201n
Santos, José Anselmo dos (*Cabo Anselmo*), 362-63
Santos, Osmar, 268
Santos, Paulo de Tarso, 329
Santos, Roberto, 268
Santos, Theodomiro Romeiro dos, 381
Santos, Wanderley Guilherme dos, 62
Santos Futebol Clube, 51, 236
São Bernardo (SP), greves, 39-44, 47, 51, 56, 141-46, 169, 171, 390, 392, 394
São Borja (RJ), 118, 232, 311
São João del Rei (MG), 231n, 404
São José dos Campos (SP), greve, 143n
São Pedro da Aldeia (RJ), 50, 108
saques, 226, 246-47, 249-50, 271-72, 400, 401
Sarasate, Paulo, 236n
Sardenberg, Ronaldo, 37n
Sarmento da Paz, Carlos Eugenio (*Clemente*), 88-89
Sarney, José, 163n, 164n, 278-80, 320, 326, 327, 328, 337-38, 339, 341, 342, 343, 346, 347, 353, 384, 402, 404, 405
  apoio a Figueiredo, 206-7
  Constituição de 1988, 320
  Plano Cruzado, 398
  sobre Figueiredo, 278-79
  saúde de, 305
  e Tancredo, 206, 285-86, 303, 305, 402
  toma posse, 17, 307-9, 404
Sarney, Marly, 305
Sarney, Roseana, 339
Saturnino, Roberto, 97, 120, 340, 390
Sauer, Wolfgang, 267
SC-4, 169
Scalco, João Baptista, 113, 114
Scania, greve, 47-49, 51-57, 142, 167, 270, 331, 391
Scartezini, Antonio Carlos, 321
Scatena, Cassio, 142
Scherer, cardeal Vicente, 88
Schiller, Gustavo, 380
Schneider, Ben Ross, 310
Schoenberg, Arnold, 175
Schreier, Chael, 359
Secretaria de Direitos Humanos do município de São Paulo, 369
Secretaria de Finanças de Minas Gerais, 234
Secretaria de Planejamento (Seplan), 23n, 135-38, 151n
Secretaria Especial de Políticas para as Mulheres, 369
Seelig, Pedro, 362
Segunda Guerra Mundial, 24, 275
Segundo Reinado, 232
Seixas, família, 369
Seixas, Joaquim, 369
Sena, Adalberto, 341
Senador Camará, saques, 250
sequestros/sequestradores, 83, 85, 87-88, 92, 110, 112-15, 125, 157-58, 162, 189-90, 201, 220, 351, 361, 362, 368, 371-72, 373-74, 375, 376, 377-78, 380, 391, 394
Serpa, Antonio Carlos de Andrada, 193
Serra, José, 342, 346
Serra Pelada, 176-77, 363
Serviço Federal de Informações e Contra-Informações (SFICI), 138, 140n
Serviço Nacional de Informações (SNI), 14-15, 22-25, 27, 31-32, 41, 45, 49-51, 53, 57, 72, 75, 77-79, 81, 84, 85, 89-90, 99-102, 106-8, 110, 123-25, 128n, 138-39, 140n, 141, 151n, 165n, 167, 169-70, 182, 184-86, 188-90,

196, 199-200, 211, 216-17, 220, 222, 229, 243, 246-47, 256, 258, 280, 287-88, 295, 298, 302, 308, 310-11, 343, 346, 352, 354, 355, 360, 361, 383, 390, 392, 393, 394, 398, 399, 400, 402, 404
   colabora com a ditadura Argentina, 189-90
   greves e, 141, 167, 169, 392
   questionário, 90-91
   interceptações telefônicas, 50-51, 77-79, 98n, 106-7, 205n, 222, 255-56, 283, 288, 295, 338
   ver também Apreciações Sumárias
Serviço Secreto israelense, 217
Setenta, filme, 372
Setúbal, Fátima, 369
Setúbal, Laerte, 30
Setubal, Olavo, 93, 280-81, 287, 302, 310, 333, 343, 403
Setubal, Roberto, 343
Sfat, Dina, 268
Shibata, Harry, 230, 359
Shultz, George, 299-302, 404
Siemens, 331, 346
Sigaud, Geraldo de Proença, 350
Silva, Adilson Ferreira da (Ari), 29, 390
Silva, Alberto, 339
Silva, Aristides da, 40
Silva, Claudio Torres da, 372-73
Silva, Ernani Ayrosa da, 358
Silva, Eudaldo Gomes da, 371n
Silva, Frederico Pessoa da, 171n
Silva, Gilberto Azevedo, 79n
Silva, Ilda Martins da, 368
Silva, Luiz Hildebrando Pereira da, 349
Silva, Lyda Monteiro da, assassinada por uma carta-bomba, 191, 192, 203, 394
Silva, Murilo Pinto da, 380
Silva, Virgílio Gomes da, 368
Silveira, Antonio Francisco Azeredo da, 345, 391
Silveira, Badger, 336-37
Silveira, Emília, 372
Silveira, Ênio, 336
Silveira, Ênio Pimentel da (Doutor Ney), 190, 355-56

Silveira, Madre Maurina Borges da, 89-90, 380
Silveira, Rosana Agrella da, 384
Silvio Santos, grupo, 335, 396
Simas, Carlos, 325
Simon, Pedro, 337, 343
Simonsen, Mario Henrique, 67-68, 128n, 129, 134, 135-40, 141-42, 145, 147, 148, 150-53, 166, 169, 172, 177, 178n, 205, 210, 222, 324, 391, 392, 393, 396, 402
sindicalismo/sindicatos, 30, 39-45, 47-49, 52-57, 86, 124, 136, 142-46, 167-69, 185, 248n, 329, 330, 334, 370, 390, 392, 394, 397
   ver também sindicatos específicos
Sindicato dos Bancários de Porto Alegre, 167
Sindicato dos Estivadores de Santos, 329
Sindicato dos Metalúrgicos de Osasco (SP), 44
Sindicato dos Metalúrgicos de Santo André (SP), 44, 248n
Sindicato dos Metalúrgicos de São Bernardo (SP), 39, 40, 44, 390, 394
   ver também Lula da Silva, Luiz Inácio
Sindicato dos Petroleiros de Paulínia (SP), 167
Sindicato Nacional da Indústria de Autopeças, 39
Sindicato Nacional da Indústria de Tratores, Caminhões e Automóveis (Sinfavea), 52
Sipahi, Rita, 368
Sirkis, Alfredo, 372
Sistema Único de Saúde (SUS), 369
Skazufka, Eva Teresa, 368
Soares, Edmundo Macedo, 325
Soares, Henrique, 128n
Soares, Jair, 140n
Sobral Pinto, Heráclito, 274
Sociedade Brasileira para o Progresso da Ciência (SBPC), 85
Sodré, Abreu, 48, 270, 337
Sonde, Rholine, anistia negada, 89
Souza, Aluísio Madruga de M., 364
Souza, Amaral de, 33n
Souza, Maria do Carmo Campello de, 370

Índice remissivo

Souza, Milton Tavares de 168, 170, 184-85, 187, 192, 286, 353, 354, 355, 394
Souza, Percival de, 171n, 359
Souza, Ubiratan de, 379
Souza Costa, Artur de, 121, 122n
Souza Cruz, 89
Souza Filho, Arídio Mário de, 289-90
Star wars (filme), 24-25, 140
Stroessner, Alfredo, 320
Subterrâneos da liberdade, Os (Jorge Amado), 329
Suécia, 373, 379-80
   Estocolmo, 87, 111, 158
Sued, Ibrahim, 221-22, 297
Suíça, 333, 338, 377
   Genebra, 89, 346, 347
Suíte do pescador (Dorival Caymmi), 370
Superintendência do Desenvolvimento do Nordeste (Sudene), 49, 126n
Superintendência Nacional da Marinha Mercante, 139
Superior Tribunal Militar (STM), 83-84, 86, 90, 162, 199, 214n, 392
Suplicy, Marta, 368
Supremo Tribunal Federal (STF), 83, 164, 192n, 210, 330, 339, 341, 356, 374, 394
Suruagy, Divaldo, 339

Tarc (agente que interrogou Lula), 170-71
Tavares, Flávio, 113, 375
Távora, Juarez, 104
Tchecoslováquia, 329
Teatro Opinião, atentado, Rio de Janeiro, 187
Teixeira, Francisco, 326
Teixeira, José Brant (*Doutor Cesar*), 354
Teixeira, Miro, 229, 304n
Tel-Aviv, Israel, 218
Teles, Gofredo da Silva, 267
Terra em transe (Glauber Rocha), 275
terrorismo, fracassos do, 204-5
terrorismo de direita, 185
   surto, 29, 162, 184, 188, 284, 295, 364, 394
   ver também bomba, atentados a; "tigrada"; Riocentro, atentado do
Theodoro, Janice, 369
"tigrada", 31, 92, 101, 109-15, 160-61, 185-86, 220, 234, 258, 292n, 317
   ver também Centro de Informações do Exército; Destacamento de Operações de Informações
Tiradentes, presídio, 32, 86, 236, 317, 367
Tirana, rádio da Albânia, 246
Tito, Josip, 37, 395
Tito, Marcos, 331
Torres, Carlos Sérgio, 364-65
"Torre das Donzelas", presídio Tiradentes, 32, 86, 317, 367-71
tortura/torturados, 31, 33, 43, 70, 86, 89, 109, 112-15, 125, 157-59, 170, 185, 192, 330, 357-58, 359, 360, 361, 362, 368, 391
   denúncias de, 28, 70, 84, 109, 185, 191, 344, 347, 390, 399, 404
   ver também nomes específicos
tortura como política de Estado *versus* oficiais em atentados terroristas, 185
torturadores, 115, 159, 185, 330, 357-58, 368
   lista de, 70, 109, 185, 390
   ver também nomes específicos
Tourinho, Ayrton, 99, 101, 107
Tourinho, Genival, 192, 212
Tradição, Família e Propriedade (TFP), organização católica, 267
Transamazônica, 138, 139
TransBrasil, 321
Travassos, Luis, 380
Tribuna da Imprensa, 185, 390
Tribuna da Luta Operária, semanário, 182, 246
Tribunal Federal de Recursos, 89
Tribunal Regional do Trabalho (TRT), 168-69
Trindade, ilha (RJ), 35
Tristão de Athayde *ver* Amoroso Lima, Alceu
tropas legalistas, 14
trotskismo argentino, 111
Tuma, Romeu (*Tum*), 170, 171n, 230, 249-50, 358
tupamaros, Uruguai, 114, 320
TV Cultura, 54

TV Globo, 54, 215, 271, 274, 283, 368, 372, 398, 405
TV Mulher, 368

Ueki, Shigeaki, 126, 129, 392
Última Hora, 333, 336
Ultra, grupo, 333
Unger, Edyla Mangabeira, carta ao general Figueiredo, 158-59
Unger, Nancy Mangabeira, 158, 162, 377
União das Repúblicas Socialistas Soviéticas (URSS), 393, 399, 401, 403
  Moscou, 29, 81, 88, 107, 328, 329, 395, 403, 405
União Democrática Nacional (UDN), 339
União Nacional dos Estudantes (UNE), 236, 249, 342
  congresso de Ibiúna, 236
Unibanco, 332
Universidade Candido Mendes, 72, 323
Universidade de Brasília, 102, 348
Universidade de Columbia, EUA, 349
Universidade de São Paulo (USP), 334, 349, 369, 377
Universidade de Sorbonne, Paris, 378
Universidade do Estado do Rio de Janeiro (UERJ), 71, 369, 370
Universidade Estadual de Campinas (Unicamp), 74, 373
Universidade Federal da Bahia, 377
  congresso estudantil, 72
Universidade Federal de São Paulo (Unifesp), 369
Universidade Federal do Rio de Janeiro (UFRJ), 72, 349, 351, 369
Universidade Federal Fluminense (UFF), 332n, 349, 376
Universidade Harvard, EUA, 348, 384
Universidade Johns Hopkins, EUA, 344
Universidade Nova de Lisboa, Portugal, 379
Universidade Patrice Lumumba, Moscou, 29
Universidade Santa Úrsula (RJ), 349
Universidade Yale, EUA, 227, 349, 369
Urban, Maria Lucia, 369-70

Uruguai, 35-36, 110-15, 189, 201, 311, 318, 320, 326, 327, 329, 346, 362, 370, 375, 381, 391, 395, 403
  Montevidéu, 113-14, 232
Uruguaiana (RS), 190, 394
Urutu, blindados, 333
Usina Nuclear de Angra 2, 119
Ustra, Carlos Alberto Brilhante, 22, 357, 358, 404

Vainer, Carlos, 377
Vale do Rio Doce, 74, 331, 380
Valle, Sérgio Vallandro do, 195n
Vandré, Geraldo, 274, 381
Vanguarda Armada Revolucionária Palmares (VAR-Palmares), 29, 32, 86, 193, 317, 377, 390
Vanguarda Popular Revolucionária (VPR), 44, 85, 198, 199, 319n, 356, 361, 363, 372, 377
Vargas, Getulio, 17, 49, 51, 104, 118, 197, 232, 282, 283
Vargas, Ivete, 165, 206, 392
Vargas, Xico, 219
Vasconcelos, Bernardo Pereira de, 232
Vaz, Thaumaturgo Sotero (Doutor Sabino), 365
Veja, 50, 219, 286, 324, 335, 398, 400
Velhinho, Paulo, 30n
Velloso, João Paulo dos Reis, 66, 171n, 324
Veloso, Caetano, 268, 381
Venceremos, jornal clandestino, 215
Venceslau, Paulo de Tarso, 372-73
Venezuela, 90, 153-54, 257, 326, 349, 379
  Caracas, 153-54
Venturini, Danilo, 128n, 138n, 140, 160, 164n
Veríssimo, Franklin, 75n
Verissimo, Luis Fernando, 228, 401
Viação Aérea São Paulo (VASP), 215, 229, 242
Viação Itapemirim, 220n
Viana Filho, Luiz, 340
Vianna, Eremildo, 349
Vianna, Marcos, 37, 119-21
Videla, Jorge Rafael, 36, 320, 393, 405
Vidigal, Gastão, 40, 332

Índice remissivo

Viedma, Soledad Barrett, 375-76
Vieira, Arlindo (*Piauí*), 365
Vieira, Elise, 85
Vieira, Evelásio, 341
Vieira, Gleuber, 142n
Vieira, Liszt, 85, 378
Vietnã, 326, 344, 346, 393, 397
    Hanói, 346
Vilas, Ricardo, 375
Vilela, Teotônio, 50, 265, 275, 286
Villares, 142, 334
Villares, Paulo, 30n, 334
Virgílio, um dos sequestradores de Charles Elbrick, 368
Vital Brasil, Vera, 369
Vitória (ES), manifestações, 268, 269n
Volcker, Paul, 150, 154, 175, 177, 393, 399
Volkswagen, 52, 142, 267
Voluntários da Pátria, 107
Von Holleben, Ehrenfried, 110, 368, 371-72, 374, 375, 377, 378
Vox Populi, 54, 55

Wainer, Samuel, 336
Wallich, Henry, 173
Walters, Vernon, 344
Watergate, caso, 344
Weather Underground, grupo, 204
Weid, Jean Marc von der, 373n, 378
Westernhagen, Ernst von, 170n
Wilheim, Jorge, 32, 33n
Wisnesky, João Carlos, 366
Withaker, José Luis, 218
Wrinston, Walter, 173

Yellow cake (Baumgarten), 217, 219, 396
Young, Andrew, 148

Zamith, José Ribamar, 186, 361
Zanconato, Mario, 377
Zappa, Italo, 346
Zarattini, Ricardo, 374
Zenkner, Gilberto (*Doutor Nunes*), 365
Zerbini, Euryale de Jesus, 86
Zerbini, Therezinha de Godoy, 368, 109, 384
    mobilização pela anistia, 85-86, 88-89, 368
    na "Torre das Donzelas", 86

1ª edição	JUNHO DE 2016
reimpressão	JUNHO DE 2016
impressão	GEOGRÁFICA
papel de miolo	PÓLEN SOFT 70G/M²
tipografias	SWIFT E AKZIDENZ GROTESK